近代日本の夜間中学

三上敦史 著

北海道大学図書刊行会

目次

序章

一　近代日本の教育制度における夜間中学の位置

一-一　「卒業しても資格を得られない」中学

札幌市中央区の豊平川近くに、「Let's 中央」という看板を掲げた鉄筋コンクリート三階建ての建物がある。正式名称を「札幌市中央勤労青少年ホーム」といい、会議室・音楽練習室・学習室から、軽食堂や体育館まで設置した社会教育施設である。現代の若年労働者の雇用形態の流動化によるのであろうか、昼夜を問わず歓声や楽器のリズムが響いている。

この施設の一隅に、古めかしい木造校舎をイメージして床・壁・天井に木材を張りつけ、黒板・机・椅子をセットした常設の展示室、「札幌遠友夜学校記念室」が設置されており、壁の歴史年表や写真のパネルが裸電球の下で真剣に学ぶ生徒たちの姿を現在に伝えている。陳列棚のなかには学校印・日誌・蔵書・卒業証書・校友会誌などが並べられているが、なかでもひときわ目立つのは、かつて校内に掲げられていた墨痕鮮やかな扁額「学問より実行」「With malice toward none, With charity for all」で、それぞれ「稲造」「Inazo Nitobe」との落款がある。札幌農学校教授、第一高等学校長、東京女子大学長、国際連盟事務次長などを歴任した新渡戸稲造である。かつてこの地には新渡戸が私財を投じて設置し、自ら校長を務めた札幌遠友夜学校があった。

豊平川に沿うこの一帯は「士《さむらい》部落」(1)と呼ばれる貧民窟で、経済的事情により小学校にすら通学できない子どもたちが多数居住していた。彼らの救済を目的として一八九四(明治二七)年に誕生した小学校程度の夜学校が札幌遠友夜学校である。必要経費は新渡戸の私財と市民の寄付でまかない、教師には札幌農学校(のちに東北帝国大学農科大学を経て北海道帝国大学)の学生有志が無償で出講、生徒は授業料・学用品代などの負担なく学んだ。やがて小学校への就学が一般化したため、一九二一(大正一〇)年四月に中等部を設置、夜間授業を行う「中学校ニ類スル各種学校」――いわゆる夜間中学(2)――へと発展を遂げ、二三年には財団法人を組織して経営基盤を安定させた。だが、第二次世界大戦中の一九四四(昭和一九)年に廃校となり(3)、土地を寄贈された札幌市は勤労青少年ホームを建設、五〇年に及ぶ札幌遠友夜学校の歴史を後世にとどめるべく記念室を設置したのである。

一九九五(平成七)年九月、『思い出の遠友夜学校』と題する本が出版された。編者は北海道大学の関係者が作った札幌遠友夜学校創立百年記念事業会。消滅して久しい同校であってみれば、教師はもちろん卒業生まで鬼籍に入る年齢となった。同窓会は存在しないため、これが最後の学校記念誌になると感じた卒業生たちが多数文章を寄せた。そのなかに、次のようなくだりがある。

「私は、卒業しても資格を得られない当時の仕組みによって専検を受けることを志し、新渡戸先生の〝学問より実行〟のお言葉を〝学問も実行〟と解釈し、昭和八年七月、合格証書を手に入れました(4)」

「あるとき、工場の先輩であり、遠友夜学校に通学していた仕上職場の久我幹夫さんと出会って初めて遠友夜学校のことを伺った。当時、夜間中学に甲と乙があることも知った。遠友夜学校は乙ではあるが、先生方は北海道帝国大学の学生さんであること、授業料は無料で、学生さん方は無報酬、有能、かつ優秀な先生でとても良い学校だと聞かされた(5)」

「卒業しても資格を得られない」とか「乙」といった部分に疑問を抱く向きは多いだろう。しかし、これは錯誤ではない。そして、こうした回想は同校の卒業者にのみ特徴的なものではない。近代日本の夜間中学で学んだ者にとって、もし中学校卒業者に付与される資格・特典が必要であれば、回想中に登場する「専検」すなわち「専門学校入学者検定試験」に合格する必要があるのは常識であった(6)。

それにしても、なぜ卒業しても何ら資格・特典の付与されない中学などというものが存在し、生徒を集め得たのであろうか。また、そうした事情を承知で昼働き夜学ぶ労苦をいとわない生徒の心性はどのように形成され、維持されていたのであろうか。彼らの学びは何を目指したものだったのであろうか。

一-二　近代日本の中学校制度

まず、近代の中学校について制度的なアウトラインを整理しておこう。

近代日本の学校制度を規定した初めての法令は、一八七二(明治五)年八月三日文部省布達第一三号別冊「学制」である。中学については次のようにある。

第二十章　学校ハ三等ニ区別ス大学中学小学ナリ

第二十九章　中学ハ小学ヲ経タル生徒ニ普通ノ学科ヲ教ル所ナリ分チ上下二等トス

二等ノ外工業学校商業学校通弁学校農業学校諸民学校アリ此外廃人学校アルヘシ(7)

一見してわかるように、学制では「小学」・「大学」を除くすべての学校を網羅する概念として「中学」の名称を用いており、大学との接続関係については明示していない。実際、学制を発布したといっても、文部省は初等教育の普及と大学の整備に全力を傾注したから、中学は全くの自由放任であり、低度の私立中学が次々に誕生しては消えてゆく状態だった。(8)当面、「初等―中等―高等」という学校階梯を構築できる見込みはなかったから、現実的な判断といえよう。

なお、翌一八七三年四月二八日文部省布達第五七号「学制二編追加」で、中学に並行する学校として「外国語学校」を規定したが、こちらは「外国語学校ハ外国語学ニ達スルヲ目的トスルモノニシテ専門学校ニ入ルモノ或ハ通弁等ヲ学ハント欲スルモノ此校ニ入リ研業スヘシ」(第一九五章)と接続関係を明示した。専門学校は「御雇外国人」から外国語で直接教授を受ける学校で、こちらは緊急に設置しなければならないと認識されていたのであろう。

この学制に代わったのが、一八七九年九月二九日勅令第四〇号「教育令」である。教育令は、学制で規定した中学のうち、上等中学・下等中学と外国語学校を再編して高等普通教育を行う「中学校」とし、これ以外は「各種ノ学校」とした。

第二条　学校ハ小学校中学校大学校師範学校専門学校其他各種ノ学校トス

第四条　中学校ハ高等ナル普通学科ヲ授クル所トス(9)

とはいえ、依然として中学については自由放任であった。また初等教育・高等教育との接続関係について規定がない。それを補ったのが一八八一年七月二九日文部省達第二八号「中学校教則大綱」である。

第二条　中学校ヲ分テ初等高等ノ二等トス

第八条　初等中学科卒業ノ者ハ高等中学科ハ勿論普通文科、普通理科其他師範学科、諸専門ノ学科等ヲ修ムルヲ得ヘシ

第九条　高等中学科卒業ノ者ハ大学科、高等専門学科等ヲ修ムルヲ得ヘシ

但大学科ヲ修メントスル者ハ当分ノ内尚必須ノ外国語学ヲ修メンコトヲ要ス

第十条　初等中学科ヲ修メントスル生徒ハ小学中等科卒業以上ノ学力アル者タルヘシ(10)

かくして中学校は「初等―中等―高等」という学校階梯のなかに位置づけられた。ただし、これもあくまで文言上のことで、実際に小学校から順に学校をたどって大学まで達する者の数は極めて少なかった。

このように試行錯誤を重ねながら進めてきた中学校制度の整備に一つの答えを打ち出したのが、森有礼初代文部大臣の主導で制定されたいわゆる諸学校令の一環としての一八八六年四月一〇日勅令第一五号「中学校令」であった。同令は次のように規定する。

第一条　中学校ハ実業ニ就カント欲シ又ハ高等ノ学校ニ入ラント欲スルモノニ須要ナル教育ヲ為ス所トス

第二条　中学校ヲ分チテ高等尋常ノ二等トス高等中学校ハ文部大臣ノ管理ニ属ス

第六条　尋常中学校ハ各府県ニ於テ便宜之ヲ設置スルコトヲ得但其地方税ノ支弁又ハ補助ニ係ルモノハ各府

県一箇所ニ限ルヘシ[11]

さらに文部省は、同令の細則として六月二二日文部省令第一四号「尋常中学校ノ学科及其程度」で極めて厳格な設置基準を示した。中学校令第六条で示したいわゆる「一府県一尋常中学校」とあわせ、低度の公立中学校が濫設されている現状を一挙に改善しようとしたのである。ただし、中学校(尋常中学校)が「初等―中等―高等」という学校階梯のなかに位置づけられ、進学準備機関として機能するようになったのは一九〇〇年頃のことであり[12]、これ以降もややしばらく接続関係は曖昧であった。

これ以後の主な改正を追うと、次のようになる。

①一八九一年：「一府県一尋常中学校」を上限から最低基準に変更、土地の状況によっては複数校の設置が可能となる。

②一八九四年：高等中学校が「高等学校[13]」として独立。これに伴い、九九年には尋常中学校を中学校と改称する。

③一九一八年：高等学校が中高一貫の七年制(尋常科四年・高等科三年)を本則としたため、中学校に高等学校尋常科が並行するようになる。

こうした微調整はあったものの、その後、一九四三年までの五七年間、中学校(尋常中学校)制度の大枠には変動がなかった。

中学校令は第二次世界大戦中の一九四三年に、高等女学校令・実業学校令とともに廃止され、勅令第三六号「中等学校令」に切り換えられた。

第一条　中等学校ハ皇国ノ道ニ則リテ高等普通教育又ハ実業教育ヲ施シ国民ノ錬成ヲ為スヲ以テ目的トス

第二条　中等学校ヲ分チテ中学校、高等女学校及実業学校トス

中学校ニ於テハ男子ニ、高等女学校ニ於テハ女子ニ高等普通教育ヲ施シ実業学校ニ於テハ実業教育ヲ施スモノトス(14)

そして敗戦後の一九四七年三月二九日法律第二六号「学校教育法」により、近代日本の中学校のほとんどは、高等女学校・実業学校とともに、翌四八年四月一日付で新制高等学校へと移行したのである。

一-三　近代日本の夜間中学

次に近代日本の中学校制度において、夜間授業はどう規定されていたのだろうか。学制は、中学の一区分たる「諸民学校」にのみ夜間授業の可能性を明示していた。

第三十三章　諸民学校ハ男子十八歳以上女子十五歳以上ノモノニ生業ノ間学業ヲ授ケ又十二歳ヨリ十七歳マテノ者ノ生業ヲ導カンカ為メ専ラ其業ヲ授ク故ニ多ク夜分ノ稽古アラシムヘシ(15)

ただし、前述したように文部省は中学については全く放任だったから、実際にはあらゆる中学で夜間授業が実施可能であった。各年の『文部省年報』の中学校一覧表には「夜学校」「夜間部」を称する多くの中学が掲載されているし、そうした名称を付さなくても夜間授業を実施した中学校が多数あったことは各自治体の記念誌などで確認できる。学制に代わった教育令では中学校の夜間授業に関する規定はないが、実態は学制時代と同様で

あった。

しかし、中学校令の細則である文部省令第一四号「尋常中学校ノ学科及其程度」には次の条文がある。

第二条　尋常中学校ノ修業年限ハ五箇年トス
第三条　尋常中学校ニ於テハ五級ヲ設ケ毎級ノ授業期限ヲ一年トシ一年内ニ於テハ凡四十週授業スヘキモノトス
第四条　尋常中学校ノ各学科授業ノ時数凡左ノ如シ〔略、各学年とも週二八時間授業――三上注、以下同じ〕(16)

一連の条件(特に第四条)を夜間授業のみで満たすことは物理的に不可能となり、事実上禁止となった。つまり近代日本の中学校は、その歴史の大部分を占める五七年間にわたって夜間授業を実施し得なかったのである。

これを解禁したのは中等学校令で、規定は次の通りであった。

第九条　中等学校ニハ特別ノ必要アルトキハ夜間ニ於テ授業ヲ行フ課程ヲ置キ又ハ之ノミヲ置クコトヲ得〔以下略〕(17)

しかし、それでは冒頭で挙げた回想は何か。中学校の夜間授業が禁止されている時代における夜間中学とはいかなる存在であったのか。

実は一般に「夜間中学」と称される学校は、学校名・学科名で「中学」「中等」を名乗り、中学校程度の教育課程を実施するものの、制度としては「中学校」以外で設置されたさまざまな教育機関の総称――あるいは俗

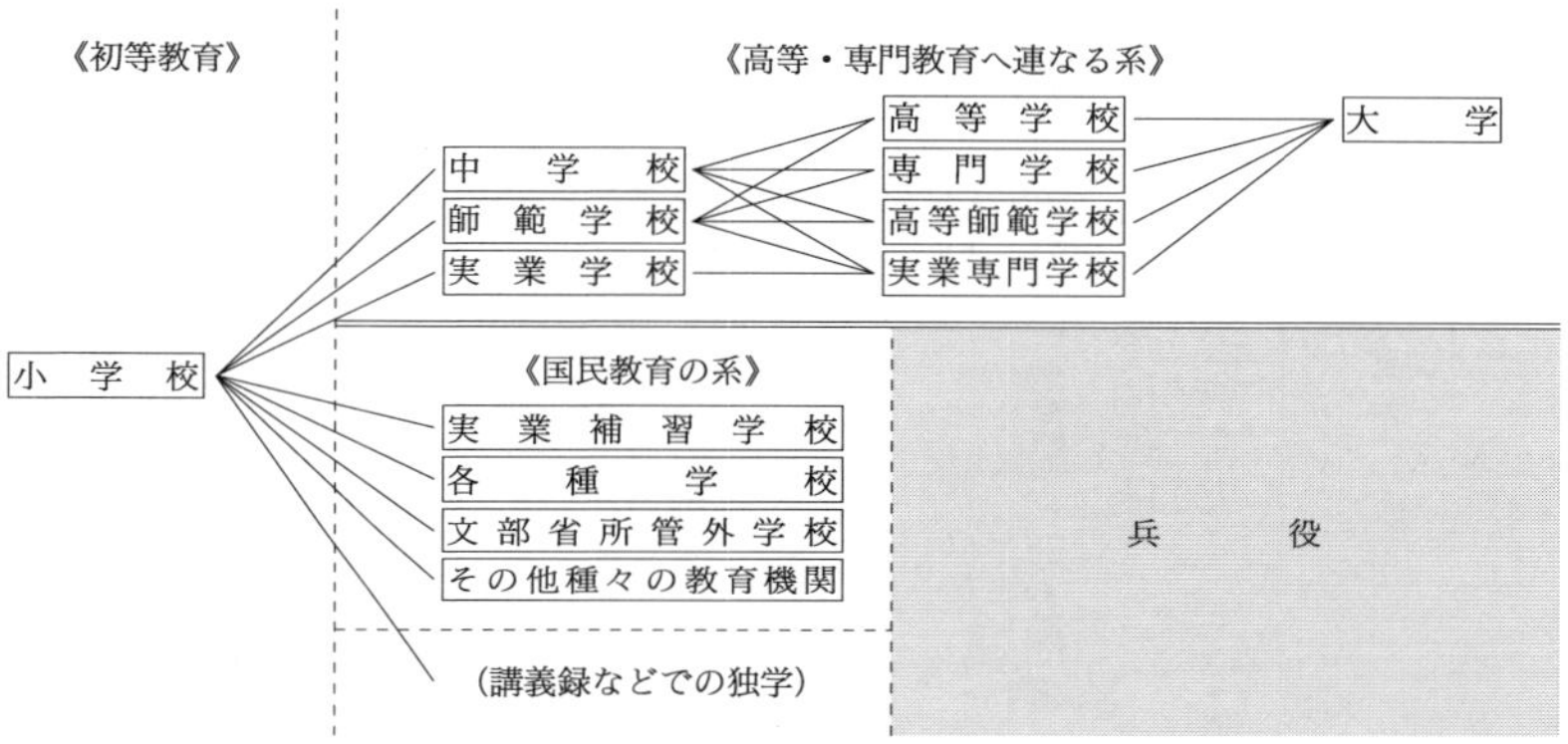

実業学校は甲種に限る。また，予科・専科・専攻科などは煩雑になるので省略する。

図1　近代日本の青少年期の学びの構造図(1920年代前半)

称・通称――だったのである。各種学校[18]として設置された事例が多いが、実業補習学校(のちに青年学校)[19]、学林[20]、さらには講習会・私塾のように学校としての設置認可を受けないものも含まれていた。現代の高等学校に定時制課程があり、大学に夜間部があるというのと同様の形態、すなわち中学校の夜間部として夜間中学が存在していたのではない。「卒業しても資格を得られない」のはここに起因している。

近代日本の学校制度の特徴は、小学校卒業後の中等段階で多岐に分かれる「複線型」であったことはよく知られている。多様な学校群は、目指すべき終着点に注目すれば「高等・専門教育へ連なる系」と「国民教育の系」とに二分できる。大まかにいえば、前者は中学校および師範学校・実業学校[21]、後者は実業補習学校・各種学校・文部省所管外学校やその他種々の教育機関などである。このほか、学校には通わず、講義録を購入して「独学」に励む青少年が無数に存在していた。夜間中学が全国各地に広がる一九二〇年代前半において、これらを図示すれば図1のようになる。

このグループ分けは、単に上級学校進学の可否を示すばかりではない。「高等・専門教育へ連なる系」の各学校の場合、在学者には事実上の兵役免除である徴集延期、卒業者には普通文官(判任官)の無試験任用資格[22]、陸軍幹部候補生の受験資格[23]、小学校教員免許の無試験検定資格[24]に代表される種々の資格・特典が付与された。一方、「国民教育の系」に位置づけられる学校の場合、これらの特典とは全く無縁であった。中学校・師範学校・実業学校という三種類の学校が、正規の中等教育機関として高い威信を確保していたのも当然である[25]。これらの学校の卒業者以外が資格・特典を得たければ、前述の専検に代表される検定試験に合格しなければならず、その多くは極めつけの難関だった。

そうしたなかで、夜間中学は中学校ではなく「国民教育の系」に位置するいくつかの学校区分のなかに分散して存在していた。中学校の在学者・卒業者が獲得する資格・特典と無縁であるばかりか、職業教育を目標としないのだから「手に職」がつくということもなかった。さらに、「百姓(商人、職人、……)に学問はいらない」といった教育自体を不要視する考え方は、都鄙を問わず根強くあった。いわば学習意欲を減殺する「三重苦」に囲繞されていたといってもよい。かかる「逆境」にもかかわらず、夜間中学は内地・外地を問わず全国各地に広がった。一般に近代日本の教育制度が完成したとされる時期にあたる一九〇〇年から、新学制に切り換えられる四八年までの間に設置されたことが確認できる夜間中学は、四一道府県および樺太・朝鮮・台湾で二二六校に及ぶ(巻末の参考資料を参照)。地方都市・郡部でも設置されていたし、中心都市では複数校が設置されたという事例も多い[26]。その制度的展開をたどり、そこでの学びを志した青少年の思いや社会的な位置づけを明らかにしておくことは、近代日本教育史にとって重要な作業の一つである。

二　先行研究の整理

夜間中学に関する研究は、一九八〇年代後半に至るまで、事典類や自治体史・学校記念誌のわずかな記述を除けばほとんど存在しなかった。そもそも中等教育の研究が蓄積されるようになったのが一九六〇年代半ばだから、[27]夜間中学が注目されなかったのも当然といえる。そのようななかであえて始祖を探せば、小塚三郎・桑原三二にたどり着く。

小塚の著書『夜学の歴史――日本近代夜間教育史論――』(東洋館出版社、一九六四年)は、明治初期から昭和三〇年代までと歴史の幅を長くとり、夜間授業を行う小学校から大学までを網羅的に述べたものである。しかし、歴史的事実の認定自体に大きな誤謬をいくつも含んでおり、[28]今となっては見るべき点は少ない。

桑原の著書『東京府における公立夜間中学設置の経緯(東京府公立夜間中学発達史)』(東京都立九段高等学校、一九七八年)は、東京都立教育研究所編『東京教育史資料大系』(一九七一年)所収の設置認可申請書に依拠し、東京府・市の各種統計書の数値を使って肉付けしたものである。時間の経過とともに教育課程が整備されてゆく過程がわかること、関係者の回想で実際の学校生活がうかがえることなど、東京府の公立夜間中学の通史としては見るべき点も多い。だが、考察対象は東京府内の公立一三校のみに限定されており、その考察を夜間中学一般に敷衍することはできない。[29]

それらの小さくない問題点を克服し、夜間中学を教育史研究の俎上に載せたのは菅原亮芳である。全国の夜間中学に目を向けて、八本にのぼる論文・資料を執筆した功績は大きい。まずは菅原の著作を時系列に従って並べ、その内容を整理しておこう。

①論文「昭和戦前期「夜間中学」史試論――基礎的資料の整理を手がかりに――」(教育史学会紀要編集委員会編『日本の教育史学』第三〇号、一九八七年)

同論文は一九〇三(明治三六)～四三(昭和一八)年に設置された夜間中学の総数を九七校とし、そのうち三三～四

○年度の文部省普通学務局編『専門学校入学者検定規程ニ依ル指定学校ニ関スル調査』に登場した全国四五校を考察した。結果は次の四点である。

第一、夜間中学の歴史は制度史的観点から三段階に区分できる。その画期は、夜間中学に対する専検指定が始まった一九三二年、中等学校令によって中学校の夜間授業が可能となった四三年の二つである。三二年以前は夜間中学の卒業者に何ら特典が付与されない「夜間中学無資格期」であった。三二〜四三年は成績優良な夜間中学に専検指定が実施されて「正格化」の前段階となり、四三年以降は正規の中学校の課程として夜間授業を実施できるようになって「正格化」が実現した。

第二、専検指定は夜間中学「正格化」への大きな契機となった。専検指定を受けるため公立移管する学校が多く、就学援助機関から上級学校進学保障機関へ変質した。

第三、夜間中学は多様な設置主体――校長主体、篤志家主体、教育会主体、青年自身の主体、宗教主体、地方自治体主体、その他と七区分――のもとで全国各地に設置された。ただし、いずれも勤労青少年に中等教育の学習機会を保障しようとしたこと、専検指定の開始後はそれを目標に努力を払ったことは共通している。

第四、専検指定を受けた学校では入学志願者の増加、それに伴う選抜機能の強化、中途退学者の減少、上級学校進学者の増加といった変化が起きた。

以上をもとに、夜間中学は勤労青少年に中等教育の学習機会を保障しようとする就学援助機関から、上級学校進学保障機関へとその性格を変質させていったと結論づけた。

②資料「私立夜間中学の沿革――その一――」(『日本私学教育研究所調査資料』第一三九号、一九八八年)

③資料「私立夜間中学の沿革――その二――」(同右第一五四号、一九九〇年)

この二本は、①で取り扱った夜間中学およびその後発見した事例について、各個別の沿革史の形態でまとめたものである。①の段階では九七校(考察対象は四五校)であった夜間中学の事例が、②では『法令全書』ならびに文部省による『専門学校入学者検定規程ニ依ル指定学校ニ関スル調査』をもとに八三校、それ以外に各個別の学校沿革史や都道府県教育史などをもとに四六校、計一二九校に増加している。わずかな期間のうちに丹念な資料収集がなされたことがわかる。

③は国立公文書館蔵「中学校台帳」「夜間中等学校台帳」に掲載された夜間中学に限定したため事例は一〇二校と減少したが、新たに六県で夜間中学の設置を確認しており、地域的な広がりを明らかにするという点で前進した。また、専検指定を受けた夜間中学の多くが、一九四三年以降に中学校第二部へと改組されたことを確認した。

ただし、原資料の誤記がそのまま転載されたことにより、中学校第二部については修業年限四年のものと三年のものがあるとしたり、同一学校の改称前と改称後を別個の学校として記載するなど、若干事実と相違する点がある。

④論文「近代日本における私立中等学校の特質とその社会的機能に関する研究(一)——一九二〇—三〇年代における夜間中学校「正格化」問題をめぐって——」(『日本私学教育研究所紀要』第二八号(一)、一九九三年)

この論文はこれまでとは視点を変え、教育ジャーナリズムの記事を通して一九二〇〜三〇年代における夜間中学公認運動の推移について考察している。主要な資料は『教育時論』『教育週報』といった教育雑誌である。

夜間中学卒業生に対する資格問題は一九〇〇年代初頭から始まり、二〇年代に夜間中学の教師・生徒が公認運動を活発化させたことで社会問題化した。しかし、当時の夜間中学校認定を求める声は入学難緩和を目的としたものであり、文部省は難色を示していた。その文部省が一九二五年七月に夜間中学の一部を専検指定する方針を明らかにしたことで、夜学生・独学者・私学教員を中心とする「正格化」運動が高まりをみせることとなった。一方、文部省内は「正格化」をめぐって意見が割れていた。反対派の中心は当時の文部大臣岡田良平であったから、その在任中は運動が実ることはなかった。二八年に文相が更迭された後、夜間中学問題は再び文部省内で議論となる。この頃には社会政策的施設として夜間中学の認定を求める声が高まっていた。文部省もこれに応え、夜間中学校の制度案を文政審議会に諮問することとなったが、結局諮詢案は直前に撤回されている。

同論文には結論が書かれていない。タイトルに(一)とあるように、今後の論文の導入としての役割を担うものであったためであろう。それでも夜間中学「正格化」の歴史が複雑な展開をたどったことは把握できる内容となっている。

⑤論文「昭和戦前期「夜間中学」史試論(一)――設置の主体と設置の形態を中心として――」(『日本私学教育研究所紀要』第二九号(一)、一九九四年)

⑥論文「昭和戦前期「夜間中学」史試論(二)――入学・在学・卒業の動向を中心として――」(同右第三〇号(一)、一九九五年)

⑦論文「昭和戦前期「夜間中学」史試論(結)――夜間中学生にとって夜間中学とは何であったのか――」(同右第三一号(一)、一九九六年)

この三本は一体のもので、④の継続研究であるという。内容的には①を深化させたもので、新事例の発掘に努めたため夜間中学の設置数が一四六校に増加するなど、引用資料は質量ともに充実した。ただし、論旨については①の枠組みをそのままに内容の高度化に努めたもので、新しい主張はなされていない。

⑤は各設置主体――校長主体、篤志家主体、教育会主体、青年主体、宗教主体、地方自治体主体、その他――ごとに沿革についてまとめた。結論としては、第一に夜間中学は多様な主体によって設置されたこと、第二に一九三二年の専検指定と四三年の「正格化」が夜間中学の歴史の画期となっていること、第三に専検指定によって設置主体に変化が生じたこと、第四に専検指定によって夜間中学は就学援助機関から上級学校進学保障機関へと変質したことを導いている。

⑥は教育の実態や機能を考察した。専検指定を契機に、入学者選抜が厳しくなること、在学者数・卒業者数が増加――すなわち退学者が減少――することを指摘している。

⑦は生徒の側に焦点を当てて夜間中学の特質を明らかにした。保護者の職業には商業が多く(東京を除く)、生徒は昼間給仕として働きながら学び、さらに上級学校進学を希望している者が多かった。また、専検指定を契機として夜間中学生の中学生としての意識に大きな変化がみられるという。

⑧論文「昭和戦前期「夜間中学」像の再検討に関する史的研究――山形県鶴岡夜間中学(校)を事例として――」(『高崎商科大学紀要』第一七号、二〇〇三年)

この論文は、これまでとは異なり、地方所在の一夜間中学の実態について行ったケース・スタディーで、夜間中学一般について述べたものではない。というのは、廣田照幸を代表とする文部省科学研究費補助金による共同研究「近代化過程における中等教育の機能変容に関する地域研究」の一環をなすものとして、山形県立鶴岡南高等学校保存資料・行政文書や新聞記事、さらには卒業者に対する聞き取り調査の結果をもとに執筆されたためである。その結果、鶴岡夜間中学(校)に関しては、卒業者の進学率は低く、違う自分を発見するといった「精神的メリットとしての夜間中学」であったという。

以上のように夜間中学に関してほぼ唯一の先行研究である菅原の研究は(最後の一本を除き)、その名に反して中学校ではなかった夜間中学が紆余曲折を経て正規の中学校の一角へと「正格化」してゆく過程を明らかにしたものだといえよう。特に、夜間中学が昼間の中等教育機関に進み得なかった勤労青少年の学習要求を充足したこと、専検指定によって高等学校・専門学校などの上級学校へ進学を果たす者の数が増加したことなどを見いだし、中等教育史研究に新たな一ページを開いたことは高く評価できる。

しかし、菅原の研究は重要な問題を残している。それは分析対象を「正格化」した夜間中学というごく狭小な範囲に限定し、そのなかで考察を行ったことである。例えば、②には多種多様な教育機関が夜間中学として登場しており、そのなかには「正格化」しなかったものも少なくないのだが、考察においてそれらは黙殺されている。果たして夜間中学にとっての「正格化」は唯一の進路で、それ以外の選択肢はなかったのだろうか。文部省が実施した夜間中学に関する調査にしても、直後に消滅してしまうような脆弱な学校を多数含んでいる(本書第四章を参照)。官民問わず夜間中学とは、名称・種別・規模などに関係なく、中学校程度の夜間授業を行う教育機関を網羅する概念だったのである。だとすれば、「正格化」しなかった学校をも含み込む叙述が必要ではないか。

この点に注目すると、夜間中学の歴史を「就学援助機関から上級学校進学保障機関へ」という発達史で把握することは果たして妥当かという疑問が頭をもたげてくる。すなわち、菅原が描いたものは「夜間中学の歴史」ではなく「夜間中学「正格化」の歴史」「「正格化」する夜間中学の歴史」だったのであり、夜間中学の歴史の全体像はいまだ描かれてはいないのではないか、ということである。

もちろん、「正格化」した夜間中学に絞るという分析視角自体は有効である。筆者自身、そこから多大な示唆を受けており、その研究がなければ本書も存在しなかった。そのうえで、「正格化」しない幾多の学校も等しく夜間中学とみなされていたことを踏まえ、その全体を貫くストーリーを描くことが本書の目的である。それはまた、夜間中学「正格化」の歴史的意義を正しく把握する作業でもある。

三　本書の課題設定

本書の課題は、一八八六(明治一九)年の中学校令によって近代日本の中学校制度の基盤が誕生した時から、一九四八(昭和二三)年の学校教育法施行によって現在の高等学校が誕生するまでを対象の時期として、夜間中学の全体像を描くことである。明らかにすべきものは二つあり、一つは「中学」を称し(あるいは称され)ながら中学校ではなかった夜間中学なるものの制度的変遷である。もう一つは、かかる事情にもかかわらず、夜間中学を設置しようとした者の意識、学びに身を投じた青少年の学習要求、それをとりまいていた社会の在りようの歴史的変遷である。この二点を基盤にして、近代日本教育史における夜間中学の意味を解明したい。それにあたって、次の三点に留意する。

第一に、考察対象を「正格化」によって制限せず、夜間に中学校程度の普通教育を行っていた学校を広く渉猟することである。

学ぶ側からすれば、働きながらでも学びたいという欲求はいつの時代にも存在するはずであるし、その対象が中学校の教育内容に向かわなかったはずがない。また教える側からすれば、学校とて一つの組織(私学の場合は一つの経営体)である。夜間小学校は近代を通じて常に存在していた。職業教育・実業補習教育は、むしろ夜学校で行われる方が主流であった。私立の高等・専門教育機関の多くは、多角経営のために夜間授業を行う学科を併設していた。そうしたなかで、中学校だけは夜間授業を行おうとしなかったと考えるのは難しい。夜間に中学校程度の授業を行う動機は、学ぶ側、教える側の双方にあったはずである。本書はここに立脚し、そうした学校がいつ、いかなる目的で、どのような形態・内容によって設置され、どのような希望を持った生徒が学んだか、その学びは社会的にどのように受け止められたかを調査分析する。具体的な考察対象は、次の各項目——もちろん一校につき一項目のみとは限らない——に該当する学校である。

①文部省関係の台帳・簿冊、官公庁の各種印刷物に「中学校ニ類スル各種学校」として収録された夜学校。

②新聞・雑誌などで「中学」「中等夜学校」「夜間中学」として報じられた夜学校。

③要覧・校友会誌・学校記念誌などで「中学」「中等夜学校」「夜間中学」「中等部」を自認し、あるいはそれに類する名称を付した夜学校。

④一九三二年以降に専検指定を受けた夜間各種学校。

⑤一九四三年以降に中等学校令によって設置された中学校第二部。

第二に、各種検定や文部省所管外学校、さらには実業補習学校(のちに青年学校)など、同じ次元——すなわち正規の中等教育機関で学び得ない青少年に学習機会を提供するという性格——で存在した学校との関連で夜間中学を意味づけることである。

近代日本の教育制度の重要な特徴は、「中学校—高等学校—帝国大学」に代表される文部省所管の学校階梯以外に、バイパスとなる検定制度や、別ルートである文部省所管外学校を並存させていたことにある。無論、帝国大学に至る学校階梯が最も汎用性が高く、最もメリットが大きく、したがって最も高い威信を誇っていた。しかし、設置校数はごく少なく、設置場所は都市に限られていた。また、その授業料負担は一般家庭にとって過重であった。義務教育を終えた者は労働力となることが期待される社会にあって、青年たちが学校階梯を進むには学力以前に経済的条件が何にもまして重要であった。それゆえ中等程度の学習を希望する青年(の多数)の眼前に広がっていたのは、多くの場合、中学校をはじめとする学校群ではなく、多種多様な官費学校、働きながら学ぶ各種学校や、検定合格を目指す独学の世界といった、正規の学歴とならない学習機会だった。そのなかにあって、夜間実業学校のように学習によって獲得するメリットが可視的ではなく、講義録・青年夜学会のように比較的自由に接近できる学習機会でもないのが夜間中学である。それを選択した青少年の思いや、学びの場としての意義・社会的機能について考察を深めることが必要である。

第三に、「正格化」の意味を再吟味することである。本来は設置基準・教育課程などが融通無碍な存在だった夜間中学が、専検指定学校・中学校第二部へと「正格化」する過程において次第に規制の網にからめとられてゆく様を描出することが重要である。

時の政策・思潮にあるいは翻弄され、あるいは相克をなしつつ、一つの結論として逢着した「正格化」は、しかし同時に夜間中学の変質をももたらしたはずである。例えば、各種学校に設置基準はないが、専検指定学校は中学校に準ずる厳格な設置基準が課せられる。有資格教員数や教科書から始まり、わずかな増改築や教員の任免に至るまで地方長官の副申を経て文部大臣の許可を得る必要がある。一挙手一投足を縛る規制を受け入れることと引き換えに手にするのが、中学校卒業者と同等の資格・特典なのである。望ましい改善の陰に、望ましからざる改悪もあったに違いない。そうした視点を欠落させたままでは夜間中学の歴史を描いたことにはならず、ひいては大多数の青少年にとっての学びについて考察しない近代日本教育史を横行させることにもつながろう。(30)

また、分析手法についても付言しておく。特に重要な史料となるものを作成者・編集者ごとに列挙すれば、次のようになる。

政　府：「学則・規則・認可」「中学校設置廃止認可」「公立各種学校設置廃止認可」「認定指定総規」「夜間中等学校台帳」「各種学校台帳」「兵役法及文官任用令認定各種学校台帳」「陸軍省密大日記」などの

公文書、『文部省年報』『文部時報』『文部省例規類纂』『明治以降教育制度発達史』『官報』、各省庁の公報、国会・各種審議会の議事録

地方庁：各都道府県図書館・公文書館などの保存資料、公報・統計書・議会速記録、各自治体の通史・教育史

各学校：学校沿革史、官公庁との往復文書類、当時発行された学校要覧・校友会誌、のちになって発行された同窓会誌・学校記念誌

民　間：新聞、雑誌

事実の確定にあたっては可能な限り公文書・学校文書によって行うが、多くの夜間中学の場合、設置認可は地方庁の所管であった。文部省所管となるのは、中学校（専検指定学校を含む）または府県立学校のみである。市町村立・私立学校の場合は、学校区分を問わず地方庁所管であった。中央省庁における文書類の保存・公開状況の悪さはつとに知られているが、都道府県・市区町村レベルではそれに輪をかけてひどい。中学校・専検指定学校を除けば、設置廃止の事実認定すら困難を極めるのが実情である。

また、官公庁は毎年一回は一覧・統計書などを作成するが、夜間中学すなわち各種学校・実業補習学校などは、各調査項目ごとに全体の合計数のみ掲載というのが通例である。各校の教員数・生徒数・卒業者数といった個別のデータを捉えるのは、それゆえ容易なことではない。そのため、数字の根拠を示せないまま新聞・雑誌や、関係者の日記・回想に依拠した記述を行わざるを得ない場合もあることを、あらかじめ断っておく。

（1）　北海道方言では、ばた屋・屑拾いを「士」、集落を「部落」と称した。後者は、地域によっては今も現役の用法。
（2）　夜間中学といえば、一般には一九九三年公開の映画「学校」（山田洋次監督）で取り上げられた現代の夜間中学がまず想起

されるであろう。だが、それは本書が扱う近代の夜間中学とは異なる。

現代の夜間中学は、戦後の教育改革によって新制中学校が誕生したにもかかわらず多数の長期欠席者・不就学者が存在した大都市の商工業地帯において、一九四九年以降、学校教育法第二五条に基づく中学校の課程（第二部）として設置されたもので、旧制の中等学校との連続性を有していない。あえてルーツを求めるなら、義務教育の普及徹底を目指して設置された夜間小学校（尋常夜学校・国民夜学校など）となろう。

一方、近代の夜間中学は、現代の高等学校定時制課程の淵源である。テレビ番組では一九八七年のＮＨＫ連続テレビ小説「はっさい先生」（高橋正圀原作）、小説では自らも夜間中学で学んだ芥川賞作家の高橋揆一郎が自伝的小説として執筆した『北の旗雲』『少年給仕』などで取り上げているが、こちらは必ずしも広く知られた存在ではなかろう。

（3）この間の経緯は、拙稿「札幌遠友夜学校の終焉――北海道帝国大学関係者による社会事業と総力戦体制――」北海道大学百二十五年史編集室編『北大百二十五年史』論文・資料編（二〇〇三年、二〇二～二四〇頁）を参照。

（4）土門サカエ「戦後も続いた同窓会（光遠会）」札幌遠友夜学校創立百年記念事業会編『思い出の遠友夜学校』北海道新聞社、一九九五年、八六頁。文中の「専検」については後述。

（5）金木重義「鉄道省苗穂工場から夜学校へ」前掲『思い出の遠友夜学校』九七頁。文中の「甲」「乙」は、卒業者に中等教育機関の卒業者としての資格が付与されるかどうかを示す俗語。語源は実業学校で、高等小学校卒業程度を入学資格とする修業年限四年以上の教育課程で、卒業者には中学校卒業者と同程度の資格を付与する学校を「甲種」、それ以外の入学資格・修業年限のため資格を付与し得ない学校を「乙種」と称したことに由来する。この呼称は無用の差別感を惹起させるとして、一九二一年以降は法令上使用しないこととなったが、それ以降も中等程度の学校の性格を一言で表せる便利な語として、人口に膾炙していた。

（6）現在の「大学入学資格検定試験」（いわゆる大検）の前身にあたるが、文部大臣が指定した学校の卒業者全員を無試験で合格者と認定する制度を認めていた点が大きく異なる。この認定を受けることを俗に「専検指定」「専入指定」などと称し、それを受けた学校は正規の中学校とほぼ同一の社会的評価を獲得することができた。師範学校は一九〇三年文部省告示第九九号によって専検規程制定と同時に、実業学校は一九二四年文部省告示第一〇九号によって専検指定を受けている。同様に、学習院中等科・陸軍幼年学校などの文部省所管外、各種学校として設置された宗教系私学の卒業者は、専検指定によって一般中学校卒業者と同じ資格を付与されていた。

(7) 教育史編纂会編『明治以降教育制度発達史』第一巻、龍吟社、一九三八年、二八二頁。
(8) 学制・教育令期の中等教育については、神辺靖光『日本における中学校形成史の研究(明治初期編)』(多賀書店、一九九三年)、新谷恭明『尋常中学校の成立』(九州大学出版会、一九九七年)、四方一瀰『「中学校教則大綱」の基礎的研究』(梓出版社、二〇〇四年)などを参照。
(9) 教育史編纂会編『明治以降教育制度発達史』第二巻、龍吟社、一九三八年、一六一頁。
(10) 同右、二八二頁。
(11) 教育史編纂会編『明治以降教育制度発達史』第三巻、龍吟社、一九三八年、一五〇頁。
(12) この間の中学校制度の推移については、米田俊彦『近代日本中学校制度の確立――法制・教育機能・支持基盤の形成――』(東京大学出版会、一九九二年)を参照。
(13) なお、この後、一九〇三年三月二七日勅令第六一号「専門学校令」によって高等学校の実業専門教育を行う課程が「専門学校」として独立する。
(14) 内閣印刷局『官報』第四八〇五号、一九四三年一月二一日付、三二六頁。
(15) 前掲『明治以降教育制度発達史』第一巻、二八七頁。
(16) 前掲『明治以降教育制度発達史』第三巻、一五五頁。
(17) (14)に同じ。
(18) 各種学校は設置基準や教育内容・水準に関する法的規制はなく、設置・廃止の手続き規定のみが制定された。公立各種学校は、一八八一年一月三一日文部省達第四号「府県立学校幼稚園書籍館等設置廃止規則」および同第五号「町村立私立学校幼稚園書籍館等設置廃止規則」のいずれかによる。私立各種学校は当初、設置・廃止の手続きさえ不要であったが、一八九九年八月三日勅令第三五九号「私立学校令」制定後は同令によって所定の手続きをなすこととなった。
(19) 一八九三年文部省令第一六号「実業補習学校規程」によって誕生した学校で、小学校教育の補習と簡易な職業教育を行うことを目的とし、中等教育とはみなされなかった。一八九九年勅令第二九号「実業学校令」以降は実業学校の一区分とされたが、在学・卒業に対して付与される特典はないという実態は変わらなかった。その後、一九三五年四月一日勅令第四一号「青年学校令」によって青年訓練所と統合、青年学校となり、兵役に関する特典が付与されるようになる(詳細は後述)。
(20) 学林は寺院が僧侶教育のために設置する部内教育機関である。一八九九年「私立学校令」施行後は、私立学校とみなされた。

(21) 師範学校・実業学校を「国民教育の系」に含める向きもあるが、それは妥当性を欠く。師範学校は軍隊調で画一的な教育内容に加え、卒業後は原則として奉職義務が課せられるというマイナス・イメージがつきまとうが、専検指定によって卒業後の資格・特典は中学校卒業者と同等以上だった。実業学校は職業に関する資格を得るために教育課程が組まれており、進学先が実業専門学校に限られること(ただし、実業専門学校卒業者は傍系ながら大学進学が可能)、小学校教員免許の無試験検定受験資格がないことなど若干見劣りする点はあったが、それ以外の職業上の資格・特典に関しては中学校以上に恵まれていた。さらに一九二四年以降は専検指定を受け、資格・特典については中学校以上に恵まれた学校となった。いずれも「高等・専門教育へ連なる系」の学校だとみなすのが当然である。

なお、高等女学校(実科高等女学校を含む)・女子実業学校も一応はこちらのグループに入ると考えられるが、女子教育については本書の対象外である。

(22) 判任官は官僚制の最下層にあたる身分で、官名でいえば属・技手・警部・裁判所書記・帝国大学助手・二等郵便局長・駅長などに相当する。文官高等試験(高文)に合格した者にとっては採用時から数年の一階梯だが、小学校卒業の学歴しかない者にとっては人並み外れた努力を重ねても到達し得るかどうかという地位であった。

(23) 兵役に就く一年間(通常の半分)の費用を自弁することを条件に陸軍に入営し、特別な教育を受けて予備役下士官として帰郷後、勤務演習で合格すれば予備役将校となる制度。

(24) 師範学校と同等以上の学力を有する者に対し、書類審査のみで教員免許状授与の可否を判断する制度。この資格が付与されたのは中学校卒業者(および専検合格者)のみで、実業学校卒業者は除外されていた。

(25) ただし、師範学校・実業学校の場合、本来は限定的な資格しか付与されていない。中学校と同等なのは、一括して専検指定を受けていたことによるものである。

(26) 札幌遠友夜学校が設置されていた札幌市の場合、人口が一六万人(市域を接しており、のちに編入される隣接町村を合計しても二二万人)程度だった一九三三年の段階で、『北海道庁統計書』は「中学校ニ類スル各種学校」として、札幌遠友夜学校・札幌夜間中学・札幌青年学校・北海夜学校・中等夜学有鄰館の五校を掲載している。

(27) 前掲『尋常中学校の成立』一九頁。

(28) 特に、「大正時代の教育制度上最も注目しなければならないことは、中等教育機関ならびに高等教育機関の増設と拡充とが大きく推し進められたことであった。〔中略〕すなわち、中等教育機関としては札幌夜間中学校《ママ》、佐世保夜間中学校《ママ》、神奈川夜間《ママ》中学校《ママ》、神戸市立第二神港商業学校、山形夜間中学校《ママ》、米沢夜間中学校《ママ》などが創設され」(同書、一二二頁)という名称の取り違えや、専検指定に触れず「夜間中学校《ママ》の卒業者には、「中学校卒業」の資格が与えられなかったのである。〔中略〕このゆえにこそ昭和十八年一月に公布された中等学校令〔中略〕の意義は、きわめて重かつ大であった」(同書、一八五頁)とする記述は、夜間中学の制度史に関する基本的な知識の欠落を示している。

(29) 桑原の著作としては『東京府公立中学校教育史』(私家版、一九八一年)もあるが、夜間中学に関する記述内容は基本的に同書と同様である。

(30) 関連して私見を述べれば、一九四八年の学校教育法による新制高校夜間課程の発足がもっぱら占領政策の帰結として説明されることの大きな要因の一つが、日本国内の夜間中学・夜間実業学校などの歴史研究が十分になされてこなかったことにあると思われる。近代日本の教育制度において中等教育・産業教育・社会教育にまたがる「働きながら学ぶ場」の一つであった夜間中学の歴史を明らかにしておくことの意味は大きい。

第一章　夜間中学の誕生

はじめに

夜間中学の起源については定説がない[1]。夜間中学が全国に広がり始めた一九二〇年代初頭、東京府の私立中等夜学校長だった水津謙介は次のように語っている。

「麻布中学校長の清水由松先生が、麻布中等夜学校創設の際、君は夜間中学の先覚者だから、少し夜間中学に就て、話して呉れとの話があったことがある、これでなくては真の夜間中学校は出来ない訳だ。（中略）十月号の社会学雑誌に、明治三十二年東帝大文科に高木正義（当時哲学科で社会学の講義をした人）外布川岡三輪樋口等の学生諸君が主体となって、社会学研究会を創設した写真が出て居るが、之れが日本始めての社会学研究者で、其当時に於てこの夜間中学校案を提出し、直ちに其実現に取かゝったのが中等夜学校といふので、此名称は当時の教諭、今の山口県女子師範の野中氏が考へ付いて此名称にしたのであった[2]」

清水由松という著名な教育者の名を借り、自分こそが「夜間中学の先覚者」だと言っているわけだが、主張の根拠は明らかにされておらず鵜呑みにはできない。「中等夜学校」の語を案出した人物の名が出されているが、管見の限り確認がとれない。

一方、近代日本の教育言説をリードした雑誌の一つである『教育時論』は、夜間中学への専検指定を控えた一九三二(昭和七)年四月号で次のように説明している。

> 「夜間中学校(ママ)の創始は古い、今の東京開成中等学校橋健三翁が明治十二年金沢に於て、現文部普通学務局長武部欽一氏厳父、学務監督の下に、夜間法律を教授し十四年普通教育を施すに至った。その頃信州松本にもこれと同様の学校が設立されて居た。これが夜間中学の嚆矢である(3)」

こちらは一挙に中学校令以前にまで遡る。橋健三、武部欽一も当時の教育界では名の通った人物であり、何やら権威ありげな説明である。しかしこれも根拠が示されておらず、また金沢・松本にあったとされる「夜間中学」についても確認がとれない。

城戸幡太郎・阿部重孝らが編集した『教育学辞典』(岩波書店刊)では、当時、東京帝国大学文学部助手であった細谷俊夫が次のように説明している。

> 「夜間中学の歴史は比較的新しく「札幌夜間中学」(大正十二年創立)・「佐世保市立夜間中学」(大正十三年創立)等がその最初で、その後漸次各地に設立される(4)」

この記述は、執筆当時に設置されていた夜間中学のうち、公立の専検指定学校のみに注目した結果だと推測される。しかし、そもそもその限定自体がおかしい。例えば私立開成中等学校(一九〇三年設置、専検指定済み)は両校よりはるかに長い歴史を有するが、それを排除する理由は示していない。

このように夜間中学の起源に関する説明は、いずれも根拠を示さないまま、自らイメージするところの夜間中学像に従って範囲を限定して語られてきた。その多くが各種学校であって、設置基準もなければ満足な史料の蓄積もないのだから、複雑な事情に深入りせず「公立中学校」「名門私立中学校」「専検指定学校」「文部省高官」など自らに都合のいい切り口で拾った事例のなかで話をまとめるのが無難だと考えたのであろう。本書のとらざるところである。

第一節　中学校令施行後における中学校程度の各種学校

一　勤労青少年教育を意図しない私立夜間各種学校

一八八六(明治一九)年四月一〇日、初代文部大臣森有礼の主導による諸学校令の一環として、勅令第一五号「中学校令」が出されたのを契機として、中学校の夜間授業は物理的に不可能となった。この結果、中学校令に代えて中等学校令が出される一九四三(昭和一八)年までの五七年間にわたって、夜間授業を行う中学校は設置されなくなった。

ここで誤解してならないのは、中学校程度の夜間授業を行うこと自体を禁止したわけではないということである。各都道府県の自治体史・教育史をひもとけば、この時代に無数の私立各種学校が叢生しており、教授科目をみると、中学校の教育課程と共通する多くの学科目を並べた学校、「中学程度」「中学」と表記された学校は数多く存在することは容易にみてとれる。そのなかには夜間授業を行う学校も、当然含まれていた。夜間中学の原初的形態——の少なくとも一つ——は、この時期の夜間授業を行う私立各種学校にあるのは確かである。(5)

ここでは、経営内容や教育実態に関する記録が残っている三つの学校について、その実態をみておきたい。

① 北海英語学校(札幌)

北海道では地方行政事務の一切を開拓使が取り仕切っており、文部省の政策が直接施行されることはなかった。一八七〇年代に函館(6)・札幌(7)に官立(開拓使立)中学校あるいはそれに類する学校を設置したものの程なく廃止となっており、中学校令が施行されても「一府県一尋常中学校」が実現することはなかった。他府県のように私立中学校が設置されることもなく、開拓使の後身である北海道庁が一八九五年に札幌・函館に尋常中学校を設置するまでは空白期間だった。

この間の一八七五年には、開拓使仮学校が東京府芝の増上寺境内から札幌へ移転し、翌七六年、教育課程を高度化して札幌農学校(Sapporo Agricultural College)となった。同校は修業年限三年・入学資格一二歳以上という予科を設置し、さらに八一年には修業年限を四年、八九年には五年に延長した。教授科目は和漢学・英語・算術・代数・幾何・地理・歴史といった普通学で、他府県の中学校と大差ない内容であったが、(8)入学者の多くは他府県の中学校・私立学校の卒業者・中退者であり、地元からの入学は相当困難だった。(9)開拓使官員の子弟を中心とした入学希望者は、農学校学生を家庭教師に雇って学力をつけるか、他府県の中学校・私立学校へ遊学するしかなかった。

表1　札幌農学校予科受験を目的とする私立学校

設置期間	学校名	年限	代表者(職業)	特記事項
1880〜81	克己塾	?	大岡助右衛門(不明) 武林盛一(不明)	詳細不明。
1881〜84 1888〜92	敬業館 敬業塾	? 3	大谷発(開拓使御用掛)	1881年に在籍者120名。84年に生徒減のため廃止。88年に再興するも数年で廃止。
1881〜85	豊振夜学校	?	不明	1881年の入学者143名，授業料年額84円。85年に生徒減のため教育内容を改正，修身付加。
1882〜84	戴星義塾	?	佐藤勇(札幌県職員)	地方出身者のために寄宿舎を設置。1884年に生徒減のため廃止。
1885 〜1907	北海英語学校	4	大津和多理 (札幌県師範学校教諭)	豊振夜学校の校舎・設備を継承して開設。

北海道教育研究所編『北海道教育史』全道編4(1964年)，北海百年史編集委員会編『北海百年史』(1986年)より作成。

こうした需要に応じて、一八八〇年代には表1のような私立学校が次々に誕生する。いずれも夜間授業を行う私立学校として開校し、農学校予科の受験科目である英語・漢文・数学などの学科を教授した。夜間授業を行ったのは、中等程度の授業を担当できる人材が開拓使・農学校の職員・学生にほぼ限られており、彼らが本業の余暇を使って教授する形だったためで、学ぶ側の都合にあわせた措置ではない。また、授業料は豊振夜学校しか判明していないが、年額八四円というのは極めて高額である。勤労青少年教育という意図は全くなかったとみてよい。

これらの夜学校のうち、注目すべきは北海英語学校である。同校は、札幌農学校を卒業して札幌県師範学校教諭(兼戴星義塾教師)を務めていた大津和多理が「札幌には中等教育の学校がないのは残念である。将来どうしても必要だから、今差当り夜学校でも設けたい」[10]として設置した。旧豊振夜学校の校舎を借用、代言人小平元労を校主とし、農学校学生を助教に委嘱して、一四〇余名の入学生を迎えた。授業時間は一六〜一八時、修業年限は四年であった[11]。同校は単なる農学校予科の受験予備校ではなく、開校当初から月一回、生徒・父母を対象に学術講演会を行ったほか、春には遊戯会、秋には運動会を実施した。一八八七年に第二代校長に就任した札幌区長浅羽靖も内容の充実に努め、翌八八年には「尋常中学校ノ課程ニ則リ学科ヲ高尚ニシ又便利ヲ計リ新ニ寄宿舎ヲ設ケ」た。九〇年には校友会を組織し、一一月から昼間授業の中学予備科(修業年限四年)を設置、昼夜二学科の体制となった。この直後の九一年一月一八日には、同校にも教育勅語謄本が下付されている。こうした積極的な学校経営が好評を博し、同校は北海道で尋常中学校程度の教育を受けられる唯一の学校として安定経営を維持し、開校からの一五年間で三〇四〇名の生徒が学んだ。

しかし、一八九一年からは風向きが変わる。この年、北海道庁の肝煎りで尋常中学校に準じた授業を行う各種学校(昼間授業)として私立北鳴学校が開校し、翌九二年にはさっそく農学校予科(定員五八名)に二六名を送り込んだ。北海英語学校からの入学者は一六名であり、農学校予科へのメインルートではなくなった。さらに四年後の九五年、北鳴学校は北海道庁立に移管のうえ札幌尋常中学校に改組された。同校には入学志望者が殺到し、激しい進学難をきたした。

市民の間では同校の定員増とともに私立中学校設置を求める声が高まった。北海英語学校は一九〇一年に昼間授業の中学部(修業年限五年)を別校舎で新設し、〇五年にはこれを中学校令による私立北海中学校に改組したが、従来からあった夜間授業の北海英語学校本科も存続させた。目的は引き続き農学校予科の受験準備で、修業年限四年、〇一年度の生徒数は三五名であった。授業時間は一八～二〇時で専任教師はなく、中学部の教師が出講した。翌〇二年四月の『北海タイムス』には次のようにある。

「同校夜学部にては今回学科課程及教科書を改正し授業時間を三時間とし月曜日及木曜日には別に一時間宛科外講義として名士の講話あり亦専科を設け英、漢、数の専修を許す等商家の子弟などには特に便益あり尚授業料は一円なりと云」[17]

従来通り、受験予備校にとどまらない教育内容が維持されていたことがわかる。また、授業料は月額一円と、[18]中学部の一円五〇銭より安価に抑えられている。一九〇四年六月には「近来非常に学生の増加を見其数八十余名の多きに達」[19]しており、官公庁・会社などで働く勤労青少年の学習要求を的確に捉えていたことがうかがわれる。

しかし一九〇七年五月一〇日の札幌大火で夜学部は校舎を焼失し、程なくして北海英語学校の消息は途絶えてしまう。現在のところ、直接の廃止時期・理由は不明である。

② 済々黌外塾（熊本）

一八八〇年、熊本市で開校した私立中学校同心中学舎は、八一年に同心学校、八二年には私立済々黌と改称した。同校は、県立師範学校・中学校が「学齢に制限あり、試験に厳選あり、入校に期限あり、月謝金をも徴収せらる。依りて貧困なる者、不学の者は、之に入学するを得ざるもの多かりき。又仏国ルーソーの民約説を主張する詭激論者起り、動もすれば郷党の青年子弟、之に迷はされむとするものある景況」であることを憂い、「教師には報酬を与へず、生徒より月謝金を徴収せず、同志相愛の情を以て、専ら慈善を主とすること」[20]を掲げる特異な性格の学校だった。また、毎月五里以上の遠足を行ったり、国家の祝祭日には国旗を掲げるなど、独自の校風をもって知られていた。教育内容は、当初は漢学を中心に普通教科を加味した教育課程であったが、次第に普通教科の比重を高めたという。八一年以降、同校は各種学校に再区分されて『文部省年報』の中学校一覧表から姿を消すが、八三年五月二一日には宮内省から特旨を以て金五〇〇円を下賜されている。[21]各種学校への再区分は「泡沫私学」扱いではなく、特殊な教育機関とみなされた結果だったのかもしれない。

さて、一八八六年八月三一日付の『紫溟新報』は次のような記事を掲載した。

「私立普通学校設立の計画　済々黌英学兼算術教師伊藤鏗太郎池邊春義の両氏は今回一の私立学校を設立し遍く生徒を募り該校放課後を以て英学、数学、理学、化学の四科を教授し普通高等科に入るの階梯と為さんと目下計画中にて不日其の筋へ開申する由、当地学生は一般普通学の思想に冷淡なる識者の夙に慨する所なるに今両氏の此の設立ある実に当地学術の救弊ともなるべく且つ平素常業ありて通常の学校に入る能はざる者の為めには頗る受業の便益あれば開校の上は定めて隆盛に赴くなるべし[22]」

この私立普通学校は「済々黌外塾」と名付けられ、済々黌の一部として設置された。同校では入塾資格の第三項に「篤志にして家業の余暇学問に従事せんとする者」を追加、校地西側の土地を購入して校舎を新築、夜間授業を開始している。入学対象者は「師範、中学両校に入る者」なので受験予備校のようにもみえるが、学校記念誌によれば主な生徒は学力未熟者、家業の合い間に勉強する者、「不良生徒」などであったという[23]。事実とすれば極めて門戸の広い学科であったことになる。なお、この時点で済々黌は各種学校だったため、夜間授業を行っても中学校令との齟齬はきたさない。

その後、済々黌は一八八七年一〇月から中学校令に準拠した教育課程を導入、同月九日文部省告示第一一号によって官公立中学校と同等以上と認定され、徴集猶予の対象校となった。八八年三月には県立熊本中が廃止されたため[24]、県内唯一の中学校程度の学校となった。この間も外塾は経営を維持し、八九年には済々黌附属予備学校と改称する[25]。その後も経営は順調だったようで、『熊本県統計書』によれば、翌九〇年段階の予備学校の教授学科は「予備学」、修業年限三年、授業料総額四六三・八円、歳費総額三七五・二五円、教員数六名、生徒数一三六名、卒業者数三五名とある。

一八九二年、済々黌は他の私立各種学校二校と統合し、選修学校と改称する。この段階で夜間授業を行っていたかどうかは確認がとれない。ただし九四年には中学校に改組し、いわゆる府県管理中学校(熊本県尋常中学済々黌)となったから、遅くともここで夜間授業は途絶えたはずである。

③　私立修道学校(広島)

私立修道学校は旧広島藩校修道館の流れを汲む各種学校で、「完全ナル中学科程ヲ授クルト同時ニ、海軍思想ヲ養成シ、以テ海軍ニ商船ニ其他海上ノ事業ニ身ヲ立ツルノ便ヲ与ヘ、且一般ノ業務ニ就カントスル者ト雖トモ、決シテ蹉跌無カラシメンコトヲ期[26]」して整備に努めていた。しかし、一九〇〇年には生徒数が三〇余名にまで激減し、経営困難に陥った。物価が高騰したためと伝えられるが[27]、校主山田養吉は「完全ナル中学科程」に見切りをつけ、自分一人で行う漢学教授のみに絞って学校を維持することを決意した。

この決定に反対する同校拡張委員水山烈は教師四名と連名で定約書を作成し、従来の普通学教授を夜間において行うことを申し出た。ただし、定約書には「歴史アリ功績アリシ該校ヲシテ、俄ニ廃絶スルハ甚ダ遺憾ナルノミナラス、現ニ在学中ノ生徒三十数名ヲシテ、此学期中途ニ廃学セシメ、方向ニ迷ハシムルハ、育英事業上為スヘカラサルコトト信シ[28]」とあるだけで、勤労青少年の教育といった意図はうかがえない。

かくして同年一二月一四日、同校は学則を改正、昼間に漢学、夜間に中学程度の普通学を教授するようになった。一九〇〇年代における中学校程度の夜間授業を行う学校としては、これが初めての事例である。

教育課程を夜間授業に転換するや、同校の生徒数は一挙に増加した。ただし、どのような者が集まったのかは判然としない。歓喜した山田校主は、一二月二一日に五名に対して感謝状を贈っている。

翌一九〇一年三月、山田・水山らは次のような目標を掲げた。

「現今中学ノ施設ハ、未夕以テ彼等子弟ヲ悉ク収容スル能ハス、空シク学界ノ進路ニ迷ヒ、前途ニ彷徨セシメ、止ムナク進学ノ念ヲ抛ラシメ、其天才ヲ発揮スル能ハサラシム。此ノ如キモノ当地ニ在ツテスラ、年々既ニ幾百ヲ以テ数フ、豈ニ惜ム可キノ至リナラスヤ。此等不幸ノ子弟ヲ収容シ各々其才ヲ達シ其智徳ヲ啓カシムハ刻下ノ急務ニシテ、実ニ国家社会ニ対スルノ一大公益事業ナリ（中略）茲ニ之ヲ拡張シ、以テ完全ナル中学組織トナシ、併セテ陸海軍出身志願者ノ為ニ須要ナル教育ヲ施シ、国家社会ノ冀望ニ応セント欲ス（29）」

同年九月に山田校主は病没、昼間の漢学教授は自然消滅し、夜間部のみとなった。代わって校主に就任した水山のもとでも、表2に示すように安定した経営状態であった。

表2　修道学校の概要

年度	教員数	生徒数	修了者数	経　費
1901	5名	135名	45名	2,028円
1902	6	176	73	1,396
1903	6	176	116	1,425
1904	5	112	92	1,232
1905	8	225	83	1,867

学校法人修道学園編『創始二百三十三年　私学八十年記念　修道学園史』(1957年)より作成。

一九〇五年四月、水山は財団法人修道中学校（現在の修道中・高）を設置し、修道学校は同校に併置する形とした。修道中では修道学校からの編入学を許すことにしていたが、実際にそれを果たす者もいた。修道中一期生である渡部常蔵は次のように回想している。

「夜学も昼の中学と並行してありました。私も夜学におったことがあります。あのころの建物はボロでしたが、藩校の続きだというのでプライドを持っていたものです（30）」

また、生徒層については、一九〇〇年代末までには貧困のため中学校に進学できなかった青少年が入学するようになった。金属学の大家、増本量は修道学校の一二期生だが、次のような回想を残している。

「昼間の修道中学は、広島県下では県立中学に次ぐしっかりした中学とされていたが、夜の修道学校は一言にして申せば百鬼夜行の玉石混淆であった。その建学の精神としては、貧困家庭に生れた子弟に対しても志操堅固ならば職業の傍ら中級の学識を授けて行くべきであるとの旧藩以来の精神によって、年齢職業の如何も問わず入学を許し、五か年間の中等教育を行うことになっていた。〔中略〕クラスの中の二割三割は怠け者もいれば居眠りするものもあった。けれども先生は昼間の修道中学の教諭と兼務のしっかりした先生が多く〔以下略〕」(31)

修道学校の場合、中学校附設の夜間各種学校という方式がとられていた点、中学校への編入も可能であった点で注目される。同校ではこの体制のまま経営を維持、一九三三年には専検指定を受け、四四年には第二修道中学校へと「正格化」してゆく。

以上、三つの事例については、共通点を二点指摘することができよう。

第一に、夜間に中学校程度の授業を行う学校・学科は、設置当初から勤労青少年教育を意図していたのではなく、教える側の都合によって始まったということである。中学校の代替機関(北海英語学校)、受験予備校(済々黌外塾)、経営合理化の一環(修道学校)と理由はさまざまだが、いずれも勤労青少年教育を意図したものではない。

第二に、にもかかわらず設置後は一定数の生徒を確保し、火災・中学校転換といった重大事件を生じるまでは経営し続けたことである。しかも近代日本の学校制度がほぼ形を整えた一九〇〇年代に入ると、授業料を昼間の中学校より安価に設定するとか、昼間就学し得ない青少年の学習要求に応える方針を打ち出すといった新方針がみられる。これは義務教育を終えて社会に出たものの、勤務の傍らさらに中等教育を受けたいという青少年が、数の多寡は別として、確実に存在するようになっていたことの反映ともとれる。

ただし、例えばジャーナリズムによってこうした学校の存在が全国に報じられ、同種の学校が設置されるようになるとか、昼間の中学校同様に資格付与を求める声が出るといった動きはなかった。各地域のローカル新聞・雑誌にもあたってみたが、閉鎖する際の記事はなく、勤労青少年の学びの場を守るべきだという意識が広まっていたとは思えない。

二　東京府における「中等夜学校」群の勃興

一九〇〇年代の東京府では、中学校程度の夜間授業を行う学校が次々に誕生した。記録に残る最古の事例は、私立大成中の経営母体である大成学館が〇一年に設立した大成学館隔夜学校である。同校は国語・漢文・英語・数学を夜間教授するもので、諸官庁で働く勤労青少年に歓迎されたが、残念ながら永続しなかった(32)。

翌一九〇二年になると三校が各種学校として設置認可を受け、うち二校は「中等夜学校」を名乗った。さらに一〇年までの間に五校が相次いで設置認可を申請している。これらのうち『東京教育史資料大系』に掲載されている七校の基本データを表3に示す。

ほとんどは学校名に「中学」「中等」を名乗っている(私立開成夜学校は学科名が「夜間中学科」)。設置箇所は

表3　1900年代の東京府で設置された中等夜学校の概要①

認可申請	学　校　名	位置	代表者	入学程度	年限	授業時間	考査料	入学料	授業料
1902. 1. ?	私立東華中学院	浅草区	村田黄雲	高2	5	17:00-22:00	—	0.5	1.0-1.6
1902. 2. 7	私立中等夜学校	神田区	水津謙介ほか	高4	3	17:00-21:00	0.5	—	1.5
1902. 3. 31	私立下谷中等夜学校	下谷区	酒井利吉ほか	高2	3	17:00-22:00	—	0.5	0.8
1903. 2. 9	私立開成夜学校	神田区	田邊新之助	高2	3	17:00-21:00	0.5	1.0	1.5
1903. 4. 30	私立中等国民夜学校	神田区	小池素康ほか	高4	3	不　明	—	1.0	1.5
1904. 3. 31	私立麻布夜学校	麻布区	黒崎信	高4	3	不　明	—	1.0	1.0
1907. 7. 24	私立牛込中等夜学校	牛込区	山下安太郎ほか	高2	3	18:00-21:30	—	0.5	0.8-1.0

東京都立教育研究所編『東京教育史資料大系』第8巻(1974年)より作成。
入学程度の「高2」は高等小学校2年修了程度，「高4」は高等小学校4年卒業程度を指す。
考査料・入学料・授業料の単位は円。「—」は徴収せず。

いずれも東京市内の人口密集地で、郊外に校地を求めた例はない。入学程度は高等小学校の二年修了・卒業が入り交じるが、修業年限は特別な事情が強く疑われる東華中学院[33]を除けば、いずれも三年で統一されている。授業時間も大きな差異はない。昼間授業の学校に附設されているのは三校だけである[34]。以下、東華中学院を除く六校について検討してみよう。

まずは教育課程である。科目ごとの授業時間数を表4に示す。

学校によって多少のばらつきはあるものの、設定された教科やその配当時数に大差はない。実業科目は簿記・珠算を除いてみられず、職業教育上の配慮はほとんどなされていない。また、体操・図画・習字のような実技教科に配当される授業時間もごく少ない。そのぶんが英語・数学に振り当てられているといってよく、総授業時間数に対する比率は、この二教科だけで各校とも約半分を占める。昼間の中学校の場合は約三分の一であるから、比率からいえば昼間の中学校以上に英語・数学を重視していることになる。

次に、設置の目的をみよう。申請では表5のように届けられている(下線は引用者)。

このなかで異色なのは「日中就学ヲ得サル」理由が不分明な開成夜学校である。同校の沿革史は、「本校ハ開成予備学校ノ一部トシテ(中略)昼間業務ヲ執ル少年ノ為ニ普通学ヲ修メントスル目的ヲ以テ[35]」開校したと述べ

表4　1900年代の東京府で設置された中等夜学校の概要②[科目ごとの授業時数]

学校名	修身	倫理	国漢	読書	作文	習字	英語	数学	簿記	簿記珠算	地理	歴史	法制経済	博物	物理化学	理化博物	図画	唱歌	体操	合計
私立中等夜学校	3	—	12	—	—	—	24	12	—	—	3	5	3	3	5	—	2	—	—	72
私立下谷中等夜学校	—	3	13	—	—	—	18	16	—	—	6	6	—	6	4	—	3	—	—	75
私立開成夜学校	3	—	—	12	3	2	22	12	2	—	3	3	2	—	—	3	3	—	—	70
私立中等国民夜学校	3	—	11	—	—	—	21	13	1	—	5	4	4	4	5	—	1	—	—	72
私立麻布夜学校	3	—	14	—	—	—	25	12	1	—	2	3	3	2	3	—	1	—	—	69
私立牛込中等夜学校	3	—	18	—	—	—	17	15	—	3	9		1	6	5	—	2	—	—	79
平均値(四捨五入)	3		14				21	15			10			8			2	0	0	73
中学校の授業時数	5		33				34	20			18			14			4	3	15	146

東京都立教育研究所編『東京教育史資料大系』第8巻(1974年)より作成。
数字は修業年限3年を通じてのもの。最下段に示した中学校は修業年限5年であることに注意。

表5　1900年代の東京府で設置された中等夜学校の概要③[設置の目的]

学校名	設置の目的
私立中等夜学校	昼間業務アル男子ニ須要ナル高等普通教育ヲ為ス
私立下谷中等夜学校	業務ノ傍各官立学校ニ入学セント欲スル者及実業ニ従事セント欲シテ而モ資ニ乏シキ者等ニ必要ナル中等普通教育ヲ授クルモノナリ要スルニ時間及学費ノ便ヲ図リテ以テ中等教育ノ普及ニ資セントスル
私立開成夜学校	日中就学ヲ得サル者ノ為メ夜間ニ於テ高等普通教育ヲ施ス
私立中等国民夜学校	昼間他ニ勤務ノタメ中学ニ入学スルコト能ハザル子弟ニ須要ナル高等普通教育ヲ授クル
私立麻布夜学校	昼間他ノ業務ニ就キ昼間授業スル所ノ学校ニ入学スルコトヲ得ザル子弟ニ中等教育中，必須ナル科目ヲ教授スル
私立牛込中等夜学校	業務ノ為メ昼間余暇ナキモノヽ為メニ夜間ヲ利用シテ男子ニ必要ナル普通教育ヲ施ス

東京都立教育研究所編『東京教育史資料大系』第8巻(1974年)より作成。

るが、次のような回想がある。

「創立当初は、入学生のほとんどが、途中で開成中に転校している。夜学といっても「いずれは開成中に編入するんだ」と、腰かけていどの気持で、夜学に在籍していた生徒が多かったのだろう。第一回入学生の順天高校事務局長、大岩秀亜氏は、開成中を受検しようとしたが、すでに願書は締切られ、しかたなく夜学に入ったという。〔中略〕その学期の平均点が八五点以上の生徒は、昼間の開成中学に編入できるという制度があった。大岩氏ら第一回入学生のうち五人は、一年の一学期が終ると、さっそく開成中に移った[36]」

勤労青少年の学びの場というよりも、昼間の開成中学校への編入希望者のプールといった機能の方が中心だったというのである。

斉藤利彦が明らかにしたように[37]、明治期の府県立中学校は退学者数が卒業者数を常に上回っており、しかもほぼ毎学年にわたって大量の退学者を発生させていた。私立中学校の多くはそうした者を編入させることで経営の一助としていたが、開成中の場合、一八九五年四月から一九〇一年三月まではいわゆる「府県管理中学校」であり、経営実態は府県立中学校と同様であったと考えられる。その後は純粋な私立中学校に戻ったものの、いきなり退学者を絞るような体制にはシフトできなかったのではないか。他校に比べ、図画・書道といった実技科目の授業時間が多いのは、開成中編入後も授業に支障なく入ってゆけることを考慮した結果であろう。

ただし、私立中等夜学校を創設した水津謙介は、この経営手法を、「夜間中学を以て昼間中学の補ひにするなどは以ての外である。夜間は昼間業務ある特別の事情のある者のみを収容しなくては、其教育の効果は充分でない。開成予備校式のものでは駄目だ[38]」と批判している。夜間中学は勤労青年の進学・職業上の一般教養をささえる学びの場でなければならず、「昼間中学の補ひ」を目的とするなど以ての外というわけだ。実際、私立中等夜学校の場合は、「社会政策的に起った中等教育なので、一定の職務と職業を有するものに非らざれば入学を許さなかった[39]」。他の中等夜学校もそこまで厳格な措置をとっていたかどうかはわからないが、少なくとも「夜間中学＝勤労青少年教育」という性格を打ち出していたことは明白である。

ここでもう一度、表3に目を向け、授業料に注目してみよう。下は八〇銭から上は一円五〇銭までの幅がある。現代において、定時制高校・大学夜間部の授業料は昼間のそれよりも安価というのが一般的な理解であろうが、それはこの時代にも適合するのだろうか。比較のために、当時の東京府内の中学校(昼間授業)を表6に、教育形態が類似する夜間各種学校を表7に示す。

表6　東京府内の中学校の授業料等

学　校　名	位置	考査料	入学料	授業料
府立尋常中学校	(共通)	0.5	—	1.6
私立尋常中学順天求合社	神田区	0.2	1.0	1.2
私立青山学院尋常中学部	渋谷村	—	2.0	1.2
私立早稲田尋常中学校	戸塚村	—	1.0	1.2
私立麻布尋常中学校	麻布区	0.2	—	1.0
私立商工中学校	麹町区	0.2	1.0	1.5
私立明治義会尋常中学校	麹町区	—	1.0	1.5
私立尋常中学郁文館	本郷区	—	1.0	1.5
私立錦城学校尋常中学	神田区	0.2	1.0	1.5
私立日本中学校	麹町区	—	1.0	1.2
私立攻玉社尋常中学校	芝　区	—	2.0	1.5
私立早稲田実業中学	牛込区	—	1.0	2.0

東京都立教育研究所編『東京教育史資料大系』第8巻(1974年)より作成。1900年の数値。
考査料・入学料・授業料の単位は円。「—」は徴収せず。

中等夜学校の多くは昼間の中学校と大差ない授業料を徴収しており、夜間は昼間より安価という図式は符合しない。また、他の夜間各種学校と比較すると相当高額である。これで生徒数を確保できたのかどうかはわからないが、夜間授業だからといって授業料を安価にするという発想は薄かったことは確かだろう。

ただし、この状況は日露戦争後の経済混乱を経て大きく変化した[40]。私立中学校の授業料は、一九〇六年の私立芝中学校が月額二円五〇銭、〇八年の私立日本済美学校中学部が年額三五円(月額三円二五銭)と急騰する。夜間各種学校も同様で、〇六年の日本工芸学校が年額二四円、〇七年の城南薬学校が月額一円

表7　東京府内の夜間各種学校の授業料等

学　校　名	学科または教授科目	入学程度	年限	授業時間	考査料	入学料	授業料
私立東橋庶民夜学校	商工其他実業ニ必須ナル知識	尋小卒	?	18:00-21:00	—	—	0.2-0.4
英語夜学校	英語	高小卒	?	18:00-20:00	—	—	0.5
帝国簿記学校	簿記	高小卒	?	18:00-21:00	—	—	0.4
私立鉄道学校	技術系・事務系の計10学科	16歳〜	1	18:00-21:00	0.5	—	1.3
尚道館	英・漢・数	尋小卒	3	15:00-21:00	—	0.3	0.4-0.5
私立日本橋区英語講習会	英語	高小卒	2	18:00-22:00	—	—	1.0
速成簿記専門学校	簿記	高2修	?	18:00-21:00	—	0.6	0.4

東京都立教育研究所編『東京教育史資料大系』第8巻(1974年)より作成。1897年の数値。
考査料・入学料・授業料の単位は円。「—」は徴収せず。

八〇銭、電機学校が月額二円五〇銭、〇八年の日本工学校が月額二円と、表7とは比較にならない高騰ぶりを示す。

だが、中等夜学校の授業料改定幅はさほど大きくなかった。牛込中等夜学校は、設置年度自体が一九〇七年であり、その段階で八〇銭〜一円というのは低廉である。他校については、一九一一年段階での生徒数・授業料収入(総額)[41]が下谷中等夜学校で二七名・三六〇円、牛込中等夜学校で六〇名・七二〇円と、単純計算では月額一円〜一円二〇銭程度ということになる。開成夜学校の場合、一八年になっても授業料が月額一円五〇銭であった[42]。授業料値上げのペースが緩やかだった理由は定かでないが、一九一〇年代にはさまざまな夜学校のなかで中等夜学校が相対的に安価な教育機関ということになった。

なお、これ以降の各校の足取りは表8のようになっており、中学校編入者のプールとして機能する開成夜学校のみが長く経営を維持することになった。前述した水準の開成夜学校批判には、ある種のやっかみが込められているのかもしれない。

三　中学校程度を標榜する私立夜間各種学校の広がり

一九〇〇年頃に「中学」「中等」を名乗り、勤労青少年を対象とする私立

表 8　1900 年代の東京府で設置された中等夜学校の概要④［その後の展開］

学 校 名	事 項
私立中等夜学校	1918 年『東京府管内私立学校並教育法人一覧』によれば，9 月 14 日に廃校。
私立下谷中等夜学校	1911 年『東京府学事統計書』第 2 編に各種データ掲載。これ以後は不明。
私立開成夜学校	1927 年；開成中等学校と改称，32 年；専検指定，36 年；昌平中学と改称，44 年；昌平中学校を設置，48 年；昌平高校に移行。
私立中等国民夜学校	不明。
私立麻布夜学校	不明。
私立牛込中等夜学校	1925 年；牛込中等学校と改称し，昼間授業に転換。

東京都立教育研究所編『東京教育史資料大系』第 8 巻（1974 年）より作成。

夜間各種学校が設置されたのは東京だけではない。同じ事例は各地でみられた。おそらく教育史における新しい潮流であったと思われる。以下、管見の限りでケースを挙げておく。

一九〇一年、広島の究数学院商工学校（私立広陵中学校附設）は広島実業中学と改称した[43]。同じ広島の私立修道学校が夜間授業を開始したことは既に述べたが、その翌年のことである。中学校程度の夜間各種学校が、学校名に「中学」を名乗った初めての事例である（東京府の中等夜学校群より一年早い）。

同校は、究数学院（各種学校・昼間授業）を経営する鶴虎太郎が、一八八九年に実業夜学会の名で開設したもので、翌一九〇〇年に究数学院商工学校と改称、さらに〇一年に究数学院が中学校令により私立広陵中学校となるのにあわせて広島実業中学へと再改称したものである。わずか二年の間に「夜学会」→「学校」→「中学」と改称し、そのたびに高度な印象を与える語を新たに学校名に取り入れている点が興味深い。この時期の同校の生徒数は不明だが、卒業者数は判明している。それが表9だが、惨憺たる状況というほかない。しかし、夜間各種学校の場合、卒業が学歴・資格と結びつかないことを忘れてはならない。問題は生徒数を確保し得たか否かである。広島実業中学への改称以降、雑誌『芸備教育』が掲載した生徒募集広告で募集人員を追うと、一九〇八年の「一二三四各十名、一年生五十名」[44]が翌〇九年には「一年級五十名二三年級数名」[45]となる。二年生以上の募集人員が「数名」となったのは、中途退学者が減少したことを示す可能性が高い。また、同校はこれ以降も長く経営を維持するから、[46]「中学」への改称は生徒募集によい影響をもたらし、経営に寄与する結果につながったとみてよい。

同じ一九〇一年には、「中学」を称する夜間各種学校は外地にも広がった。台湾の台北市では、「中学程度ニシテ青年者ニ対シ時間外修養ノ為メニ」[47]私立台北中学会が設置された。同校は「内地人本島人に中学校教育を施す」学校[48]として、一九三〇年代後半まで経営を維持した。

また、東京府の中等夜学校群と同時期の一九〇三年六月一九日には、荏原保が私立熊本中等夜学校を開設し、少なくとも表10に示す四年間にわたって経営を維持した。[49]同校は、一九〇六年を最後に廃校となったらしく、教育課程や授業料額、生徒の入学目的などは一切不明だが、「中等夜学校」の名称が地方都市でも設置されるようになったことは注目される。

こうしたいくつもの事例からすれば、一九〇〇年頃には全国的に勤労青少年の間でも中等教育要求が高まってきていたことは確かであろう。

ところで、このように地方都市にあって中学校程度の夜間授業を実施する私立各種学校で学んだ生徒は、その後、どのような進路をとったのであろうか。ここでは愛媛県の私立松山夜学校を事例に、卒業生の進路を追ってみよう。

同校は、コルネリオ・ジャジソン(アメリカン・ボード婦人伝道会宣教師)が、自宅を使って貧困家庭の子女に授業料無償・学用品支給で小学簡易科に準じた教育を行うため、一八九一年に開校した。九四年に各種学校としての認可を受け、[50]尋常小学校に準じて修業年限を三年から四年に延長、九九年には高等小学校程度の高等科

表9　広島実業中学の卒業生数

年度	回数	人数
1904	第1回	9名
1905	2	2
1906	3	4

学校法人広陵学園編『広陵学園八十年史稿』(1976年)より作成。

表 10　私立熊本中等夜学校の概要

年度	学級数	教員数	生徒数	卒業者数	授業料額	経　費
1903	2	4 名	40 名	なし	記載なし	記載なし
1904	2	4	40	なし	280 円	280 円
1905	2	4	51	なし	367	278
1906	2	4	48	13 名	360	360

熊本県『熊本県統計書』各年度より作成。

を設置したのちの一九三八年には専検指定を受ける。

高等科設置の経緯を、創立当初からジャジソンとともに教育にあたった校長西村清雄と、第一期生の木村正光は次のように述べている。

「彼等六人は揃も揃ふて好学心に富み尋常小学校四年程度の修業では、どうしても満足せぬので無理遣りに、余に対し補習科の新設を強要して止まなかった。無論経費がないので補習科を新設して一学級を殖やす事は不可能であったが、余りに彼等が熱心に要求するので余も何とかならぬものかと独で考へて〔中略〕終に明治三十二年一月六名の卒業生と三名の新入生を合せ五名を一組にして高等科と命名(51)」

「四年間小学校の教育を受けましたが、〔中略〕更に勉強したくて補習科を設けて高等小学校の教育を授けて下さることを強要した(52)」

一九〇〇年頃には、尋常小学校程度の教育では飽き足らずにさらなる高みを求める青少年が、地方都市においても一定数存在するようになってきていたことがうかがわれる。

中学校程度の本科設置も同じ文脈にある。西村はいう。

「本校は創立後已に十五年の歳月を経過して居たにも係はらず依然として創立当時と余まり変りの無い不完全な特殊小学校に過ぎなかった。然し我が国一般教育界の形勢はと云へば駸々として進歩し、十五年以前と当時とを比較すれば隔世の感があった。殊に日露戦争後我が国が世界列強の班に伍するや官民挙げ各方面の戦後経営に熱中し、別けて教育の振興に力を注ぎ、就中国民教育の普及に意を用いて、赤貧洗ふが如き貧困児までも、一人も残さず就学せしむるため明治三十三年発布の小学校令に依り尋常小学校の授業料も全廃せしのみならず、学用品から衣食の料迄も補給するの道を開いたので、最早特殊小学校として本校を存続する必要は全然無くなった。然し我等は飽迄無産子弟の友となって彼等を幸福にするために教育して居るのであるから、此の上は大英断を以て本校教育の程度を高かめて特殊の中学校とし、中等教育の埒外に振り落されて居る無産青年に中等程度の教育を授けて、彼等の向上を計る事が今後に於ける吾等の使命であると言はねばならぬ[53]」

かくして実施した一九〇六年九月の教則改正により、同校は中学校程度で修業年限三年（のち四年に延長）の本科（男子のみ）、高等小学校程度で修業年限二年の予科（男女共学）を置くこととし、尋常小学校程度の教育から手を引いた。本科は一〇月一日に入学者六〇余名を迎えて授業を開始したが、その第一期生は次のように回想している。

「私は丁度其の当時、尋常小学校四年の課程を了え、高等一年を修了して、父が事業に失敗したため学校を中途で止め、大工の働きをなすこととなった。けれども、向学の精神に燃えていた私は、毎日家の前を、中学生が多数通学する姿を見ては、自分もあのように学校に行き度いと願う心が強く胸に湧いていた時であった。松山夜学校に中学部が設けられたことが新聞に載ったので、父の許しを得て入学した。入学式に列すると少年や、青年や、壮年が八十名程来校していた[54]」

「西村先生をはじめジャジソン先生ハマノ先生御三人共愛の御精神に徹し、私共生徒を愛撫していただきま

表 11　私立松山夜学校の本科(第 1〜10 期)卒業生の 1925 年段階における職業・在学先など

卒業期(卒業年)	人数	1925 年段階の職業・在学先など
第 1 期(1910 年)	3	巡査 1，検事 1，死去 1
第 2 期(1910 年)	2	伊予鉄道主任 1，牧師 1
第 3 期(1911 年)	4	巡査 1，商業 1，銀行 1，記載なし 1
第 4 期(1912 年)	?	死去 1
第 5 期(1914 年)	?	裁判所勤務 1，不明 2，死去 1
第 6 期(1915 年)	?	東京高校教授 1，国勢調査院勤務 1，家業 1，死去 2
第 7 期(1916 年)	?	愛媛県属 1，会社員 1，商店経営 1
第 8 期(1917 年)	?	伊予鉄道助役 1，電気会社 1，文検浪人 1，京都帝大在学 2，死去 2
第 9 期(1919 年)	?	伊予鉄道貨物係 1，会社員 1，高校浪人(松山高商中退)1，同志社在学 1，死去 2
第10期(1920 年)	?	同志社在学 1

松山教会『みつばさ』第 16 号(1925 年)より作成。なお，1913・18 年は卒業者なし。

した。又親睦会を開き意志の疎通を図られ、〔中略〕或る冬の日北条の高縄山に登山した事もありました(55)」

その後の同校は、一九〇八年に男子寄宿舎を設置するなど、順調に経営を続ける。その結果、〇九年からは内務省の奨励金、一三年からは愛媛県の助成金を受けるようになる。この時期の生徒が真摯に学習に励んだことは、第一〇期生までの卒業生のその後によく現れている。彼らが一九二五年段階でどのような職業・在学先などにあったかを表11に示す。

とりわけ目を引くのは、「東京高校教授」「京都帝大在学」「高校浪人」「同志社在学」である。卒業しても上級学校進学資格が付与されない各種学校の卒業生が、どうやって進学を果たしたのであろうか。一般的には二つの道がある。一つは、専門学校入学者検定試験(専検)に合格することである。もちろん科目合格制が導入されていない当時、合格を果たすのは容易なことではない。いま一つは、正規の中学校・実業学校の四年生以下に編入し、二年以上の在学で中学校を卒業する道である。こちらも昼間の職業を続けるわけにはゆかず、収入を絶って学ぶのは困難を極めるだろうが、それでも本来は五年を要するところを最短二年で済むという利点がある。

そこで同校の学校記念誌などを種々調査してみたが、検定合格による進学者については一件も掲載されていないから、ほとんどは編入によって進学を果たしたと思われる。最も多かった編入先は、同じ松山市内に設置されていた私立北豫中学校である。同校では「松山夜学校の内申書は全く正直に書かれていて割引せずに受取」り、編入希望者は「殆んど全部入学」を許可していた(56)。

この事例から二つのことが読みとれる。第一に、地方都市に設置された社会事業的な学校にあってすら、一九〇〇年頃には中学校程度の教育を求める声が高まりつつあったということである。第二に、進学・就職などで中等学歴を求める生徒もあり、正規の中等学校の上級学年へのバイパス的な機能も果たしていたということである。

四　県立中学校長による私立夜間各種学校経営の始まり

一九〇九年二月二七日、日比野寛(愛知県立第一中学校長)は私財を投じ、私立育英学校を設置した。『愛知教育雑誌』は、この件を次のように報じている。

「本県一中校長日比野寛氏の設立せる市内東区松山町(宮出町通り駿河町北入)の私立育英学校は本月十日より授業を開始する筈にて学科を三部に分ち第一部は実業科として実業家の子弟若くは雇人の昼間業務を執りて充分の学資と時間を有せざるものに実業の知識を授くるもの第二部は中学の課程を速成的に修養せしむるもの第三部は中学予備科なり校主は前記日比野氏校長は稲葉宗太郎氏なりと(57)」

府県立中学校長が私立夜間中学を経営する形態は一九二〇年代に全国で広まるが(後述)、この時期には類例をみない。県庁がどういう経緯で兼業を許可したのかは不明だが、学校紛擾沈静化の期待を担って、農商務官僚から教職経験を一切持たないまま校長へ登用という日比野の異色の経歴がものをいったのかもしれない。[58]

さて、育英学校の経営状況だが、翌一九一〇年には表12のような活況を呈している。一九一五年に名古屋市が発行した『名古屋市史』は、同校を「各種学校」ではなく「中学校」として掲載した。数ある各種学校のうち、同校のほか曹洞宗第三中学林(現在の愛知中・高)・浄土宗教校(現在の東海中・高)と三校が中学校扱いを受けていることからすると、この措置は単なる誤記ではなく、中学校程度の学校として広く認知されていたことの証左ととるのが妥当であろう。この後、一九一七年に日比野は一中を退職し、第一三回総選挙で当選して衆議院議員となるが、[59]育英学校長の職にはあり続けた。同校は専検指定を受けないまま、少なくとも三七年度までは経営を維持している。

表12　1910年の育英学校の概要

学　科	修業年限	生徒数
中学速成科	3年	190名
予備科	1	50
実業科	2	100

愛知教育会『愛知教育雑誌』(1910年)より作成。

第二節　中学校卒業者に与えられる特典との関連

前節でみたように、一九〇〇年頃には全国各地で同時多発的に「中学」「中等」を標榜し、中学校程度の夜間授業を行う私立各種学校が叢生し、勤労青少年の学習要求に応え始めた。この背景には何があったのであろうか。

この時期の夜間各種学校は、卒業することによって得られる具体的な特典は何もないという点で特徴づけられる。中学校の在学者・卒業者には、無試験での普通文官任用、在学中の徴集猶予、高等学校・専門学校の受験資格、小学校教員無試験検定の受験資格といった広範な特典が付与されていたことと比較すると雲泥の差であった。もちろん実業教育ではないので、「手に職」もつかないのである。ただし、中学校編入、検定試験合格といった方法で資格を取得する道は存在していた。それらの資格の取得方法や効用について、根拠法令とともに確認しておくことにしよう。

一　中等学校編入による資格取得

開成夜学校のように私立中学校編入者のプールという機能を持っていた学校はもちろんだが、松山夜学校のように貧困者・勤労青少年を主たる対象として設置された学校でも、当該地域に設置されている私立中学校に編入することで正規の学歴を獲得する者がいたことは既に考察した。中学校の半途退学率は年を追って減少し、一九一〇年には卒業者数が半途退学者数を超えるが、受験案内書[60]では中学校編入学の記事は途絶えなかったから水路が完全に遮断されたわけではない。「苦学生」や捲土重来を期する者にとって、それは大きな意味を持ったはずである。

ただ、こうしたルートをたどって正規の中学校卒業資格を手に入れようとする(あるいは手に入れた)者がどれほどの規模で存在し、そのハードルを越えるためにはどれほどの努力が必要だったのかを明らかにする史料は発見できなかった。この点は今後の課題である。

二　検定による資格取得（一）——一九〇三年以前の状況

「苦学生」にとって現実的な資格・特典の取得方法は、講義録などで学び各種の検定に合格することであった。以下、文官任用、兵役、上級学校進学という三つの点から、その具体的な内容を明らかにしておく。

①　文官任用

一八八七年七月二三日、勅令第三七号「文官試験試補及見習規則[61]」が制定され、翌年一月から施行された。同規則は初代内閣総理大臣伊藤博文が、就任直後に各省大臣に示達した「各省事務ヲ整理スルノ綱領」を具体化したもので、一八九〇年に迫った国会開設を控えて官吏の任用基準を明確にしておくための措置であった[62]。これにより、高等官・判任官[63]の採用試験として、文官高等試験（高文）・文官普通試験（普文）が登場した。薩長藩閥を中心とする政治的な事情によって任意に行われてきた官吏の任用に、初めて法的な規制が加わったのである。

文官試験試補及見習規則〔傍線は筆者〕

第四条　官立府県立中学校又ハ之ト同等ナル官立府県立学校及帝国大学ノ監督ヲ受クル私立法学校及司法省旧法学校ノ卒業証書ヲ有スル者ハ普通試験ヲ要セス判任官見習ヲ命スルコトヲ得

第五条　試験ヲ分テ高等試験普通試験ノ二種トス高等試験ハ試補ニ任用セラレンコトヲ望ム者ノ為ニシ普通試験ハ判任官見習ニ任用セラレンコトヲ望ム者ノ為ニス

第三十四条　普通試験ノ科目ハ各官庁所掌ノ事務ヲ斟酌シテ普通試験委員之ヲ選定シ文官試験局長官ノ認可

表13　1888年以降の内務省普通試験科目

一．読書　漢文，漢字交り文	一．作文　漢文，漢字交り文，往復文
一．筆写　楷書，行書，草書	一．数学　算術，代数，幾何，三角法
一．地理　自然政治，本邦地理，外国地理	一．歴史　本邦歴史，外国歴史
一．簿記　単記，複記	一．図画　自在画法，用記画法

・受験資格は不問。
・試験科目の程度は中学校の学科課程を標準とし，3〜5科目を5時間以内で解答させる。
・外国語，法律，政治，理財の各科目で受験を希望する者は，上記の各科目に加え又はこれに代えて受験できる。
・受験科目の平均点が60点以上で，50点未満の科目がない者を合格とする。

和田善一「文官銓衡制度の変遷（II）——文官試験試補及見習規則施行時代——」（『試験研究』第12号，1955年）より作成。

ヲ経テ試験ノ期日一箇月前ニ官報又ハ其他ノ方法ヲ以テ之ヲ公告スヘシ

第三十五条　各官庁ハ其需要ニ従ヒ官立府県立中学校又ハ之ト同等ナル官立府県立学校及帝国大学ノ監督ヲ受クル私立法学校及司法省旧法学校ノ卒業証書ヲ有スル者及普通試験ニ及第シタル者ニ判任官見習ヲ命スヘシ

判任官見習ヲ命セラレタル者ハ所属長官ノ指命スル所ニ就キ二箇年ヨリ短カラサル期限間事務ヲ練習シ判任官ノ欠員ヲ待テ本官ニ任セラルヘシ(64)

特徴の第一は、中等学歴と判任官資格が結びつけられており、しかもその対象は「官立府県立」のみとしたことである。私立中学校は官立府県立中学校と同様の設置基準・教育課程を強制されるにもかかわらず、卒業者は普文受験を免除されない。

第二は、中等学歴を持たない者が「立身出世」のために目指すべき地平（の一つ）として、「中学校程度」という指標が立ち現れてきたことである。普文の場合、一八八八年中に各省ごとに試験科目・手続が定められた。内務省では表13のように実施したが、他省でも同様の仕組みであった(65)。実際に判任官に採用される者の多くは無試験の中学校出身者であり、普文合格による者は例外的ないしは補充の意義しか持たなかった。(66) だが、独力で社会的上昇を果たしてゆくルートが可視的になったという点で、同規則制定の意義は大きい。

一八九三年一〇月三〇日、文官試験試補及見習規則に代わり、勅令第一八三号「文官任用令」ならびに第一九七号「文官試験規則」が施行された。

文官任用令〔傍線は筆者〕

第二条　判任文官ハ別ニ任用ノ規程ヲ設クルモノ、外左ノ資格ノ一ヲ有スル者ノ中ヨリ之ヲ任用ス

一　文官普通試験ヲ経テ其ノ合格証書ヲ有スル者

二　文官高等試験ヲ経テ其ノ合格証書ヲ有スル者

三　官立公立尋常中学校又ハ文部大臣ニ於テ之ト同等以上ト認メタル官立公立学校ノ卒業証書ヲ有スル者

四　高等商業学校旧附属主計学校及主計専修科ノ卒業証書ヲ有スル者並ニ文部大臣ノ認可ヲ経タル学則ニ依リ法律学政治学又ハ経済学ヲ教授スル私立学校ニ於テ本令施行前ニ卒業証書ヲ得タル者

五　満三年以上文官ノ職ニ在リタル者但特別任用ノ規程ニ依リ在職シタル者並ニ教官技術官ノ在職年数ヲ除ク

第五条　満五年以上雇員トシテ同一官庁ニ勤務シタル者ハ文官普通試験委員ノ銓衡ヲ経テ直ニ其ノ官庁ノ判任文官ニ任用スルコトヲ得(67)

文官試験規則〔傍線は筆者〕

第二条　文官試験ヲ分チテ文官高等試験及文官普通試験ノ二種トス
第四条　年齢満二十年以上ノ男子ニシテ左ノ諸項ノ一ニ該当セサル者ハ文官試験ヲ受クルコトヲ得〔以下略、犯罪・破産など欠格条件を列挙〕
第九条　文官高等試験ヲ分チテ予備試験及本試験トス
予備試験ニ合格シタル者ニアラサレハ本試験ヲ受クルコトヲ得ス
第十条　予備試験ハ受験人尋常中学校以上ノ官立公立学校ヲ卒業シ又ハ之ト同等以上ノ学力ヲ有スル者ニシテ本試験ヲ受クルニ相当ナル学科ヲ修メタル者ト認ムヘキヤ否ヤヲ考試スルヲ以テ目的トス
第十九条　文官普通試験ノ科目ハ尋常中学校ノ科程ヲ標準トシ各官庁所掌ノ事務ヲ斟酌シテ文官普通試験委員之ヲ定メ文官高等試験委員ノ承認ヲ経ヘシ(68)

帝国大学卒業者優遇の弊害を除去するために行われたこの改革により、高等官については、例外的な特別任用を除き、無試験任用は姿を消した。この結果、実際の合格・採用状況は別として、公平公正な高等官任用制度が発足したという印象は確実に広まった。また、判任官については、雇員から無試験で抜擢するルートが追加された。雇員の採用方法には、高等小学校卒業程度または尋常中学校二年修了程度で実施される雇員資格試験と、傭人からの無試験での抜擢とがある。「傭人→雇員→判任官」という抜擢が実際にあり得たかどうかはわからないが、中学校へ進めない者にとって雇員・傭人も登竜門の一つと映るようになったのは確かであろう。

こうした官吏任用制度の整備改善は、官界での立身出世を志す無学歴者に尋常中学校卒業あるいは二年修了程度の学力獲得の必要性を強く印象づける結果となった。一八九〇～一九〇〇年代に全国各地で「中等夜学校」が誕生したことの背景の一つとして、このことは見逃せない。一九〇七年に東京の私立下谷中等夜学校に入学した藤川福衛は、昼働き夜学ぶ生活に身を投じた理由を次のように説明している。

「俺は恁うしては居られない、早く東京へ出て学問をしよう、それが唯一つの出身の道だと信じた。先づ如何なる順序によって勉強するかを考へた、次に何を目標にして進むかを考へた。第一の答案は、基礎学としての普通学を修めることであった、第二の目標は鉄道の役人として相当の地位を獲得するためには、高等試験に合格することであった(69)」

中等夜学校を卒業したからといって特典が付与されるわけではないが、そこで中学校卒業程度の学力をつければ、高文を経て官界に飛び込むことができる。そうした「文官受験予備校」という機能が、一九〇〇年代には期待されるようになっていた。

② 兵　役

学校と兵役の関係については、兵役の免除・猶予・短縮といった「回避」と、軍学校進学、将校・下士への登用といった「接近」とがある。しかし、各種学校たる夜間中学は「回避」とは全く無縁であったので、ここでは「接近」についてのみ考察する。具体的には、将校(士官)を養成する学校――陸軍士官学校(陸士)・海軍兵学校(海兵)・海軍機関学校(海機)・海軍経理学校(海経)など――の受験、そして陸軍の予備役将校を養成する一年志願兵の受験である。

まず、中学校令施行の翌年に出された一八八七年六月一六日「陸軍士官学校条例」では、受験に際して学歴不問であった。このため、一八九〇年代前半までの志願者の大多数は、尋常中学校を中退して予備校で受験勉強した者であった。(70)海軍の各学校もこれと同様で、学力さえあれば合格できるシステムだったため、成城学校（のちの成城中学校）・海軍予備校（のちの海城中学校）などの私立各種学校（受験予備校）が脚光を浴びていた。

しかし、一九〇三年一一月三〇日勅令第一八五号「陸軍補充条例改正」は、陸士の受験資格に制限を加えた。

陸軍補充条例改正〔傍線は筆者〕

第七条　士官候補生ニ採用シ得ヘキ者ハ左ノ如シ但シ准士官下士（現役各兵科下士ヲ除ク）兵卒（一年志願兵ヲ除ク）及陸軍諸生徒ハ之ヲ採用セス

一、中央幼年学校本科卒業ノ者

二、中学校又ハ之ト同等以上ノ学校ヲ卒業シ召募試験ニ及第シタル者

三、一年志願兵ニシテ隊長又ハ所属長官ノ保証ヲ得且召募試験ニ及第シタル者

四、陸軍現役各兵科下士中品行方正志操確実ナル者ニシテ隊長又ハ所属長官ノ保証ヲ得且召募試験ニ及第シタル者

第二号及第三号ニ該当スル者ハ入隊スヘキ隊長ノ承認ヲ請クルヲ例トス(71)

これにより独学者や私立各種学校卒業者は、陸軍士官候補生の受験資格を失った。(72)彼らが陸軍での立身出世を目指す場合は、一兵卒として入隊した後で部内の召募試験に挑戦するしかない。間口は極端に狭くなったわけだが、そのルートに希望を見いだす者は相当数存在したようで、回想はいくつも見つかる。

「明治三十八年徴兵のため入営する迄学校にいました。入営後はよく勉強し士官学校へ入ろうと思っていま

した。その勤勉な態度は皆学校で養われたものです[73]」

「大正五年の一月再び同会〔大日本国民中学会〕に入学した。当時私の目的は中学を卒業してゐない者は現役兵より下士になれば、士官候補生の採用試験が受けられるからさうしよう、然して士官にならうと云ふのであった[74]」

なお、海軍の場合、学歴による制限は規定上なかった[75]。

次に、一八八九年一月二二日法律第一号「徴兵令」で創設された陸軍の一年志願兵である[76]。これは官立府県立の中学校・師範学校の卒業者から志願によって採用し、一年間の在営費用を自己支弁しながら現役兵として任務に就いた後、予備役将校・下士官に編入されて除隊する制度である。

徴兵令〔傍線は筆者〕

第十一条　年齢満十七歳以上満二十六歳以下ニシテ官立学校（帝国大学選科及小学校ヲ除ク）府県立師範学校中学校若クハ文部大臣ニ於テ中学校ノ学科程度ト同等以上ト認メタル学校若クハ文部大臣ノ認可ヲ経タル学則ニ依リ法律学政治学理財学ヲ教授スル私立学校ノ卒業証書ヲ所持シ若クハ陸軍試験委員ノ試験ニ及第シ服役中食料被服装具等ノ費用ヲ自弁スル者ハ志願ニ由リ一箇年間陸軍現役ニ服スルコトヲ得

但費用ノ全額ヲ自弁シ能ハサルノ証アル者ニハ其幾部ヲ官給スルコトアル可シ

前項ノ一年志願兵ハ特別ノ教育ヲ授ケ現役満期ノ後二箇年間予備役ニ服セシム

〔以下略[77]〕

この「陸軍試験委員ノ試験」は、尋常小学校卒業の学歴しかない者でも志願・合格することは可能であった(78)。なお、徴兵令に代わって一九二七年に兵役法が制定されたのに伴い、同年一一月三〇日勅令第三三一号「陸軍補充令」で一年志願兵に代わって幹部候補生制度を創設した。

陸軍補充令

第五十三条　各兵科幹部候補生ハ左ニ掲グル資格ヲ具ヘ幹部候補生タルコトヲ志願スル者ヲ以テ之ニ充ツ

一　予備役及後備役士官タルノ希望ヲ有スル者ナルコト

二　年齢十七年以上二十八年未満(志願ノ年ノ十二月一日ニ於ケル年齢トス)ノ者ニシテ陸軍大臣ノ定ムル検査ニ合格シタル者ナルコト

三　左ノ各号ノ一ニ該当シ且当該学校ノ配属将校(陸軍現役将校配属令又ハ大正十四年勅令第二百四十六号ニ依リ配属シタル将校ヲ謂フ以下之ニ同ジ)ニ於テ行フ教練ヲ修了シ其ノ検定ニ合格シタル者ナルコト

(イ)　配属将校ヲ附シタル学校(研究科、選科等ノ別科ヲ除ク)ヲ卒業シタル者

(ロ)　配属将校ヲ附シタル高等学校高等科又ハ大学令ニ依ル大学予科ノ第一学年ノ課程ヲ修了シタル者

(ハ)　配属将校ヲ附シタル学校ニシテ陸軍大臣ニ於テ高等学校高等科ト同等以上ト認ムルモノノ第一学年ノ課程ヲ修了シタル者

四　陸軍大臣ノ定ムル所ニ依リ修業期間中ノ食料、被服、装具等ノ費用ヲ自弁スル者ナルコト〔以下略〕(79)

学歴不問だった一年志願兵とは異なり、配属将校のいる学校――最低でも正規の中学校か専検指定学校――を

卒業していなければ志願することすらできない。学校教練を重視する潮流の激しさによって、独学者や各種学校で学んだ者は弾き飛ばされたのである。

③　上級学校進学

中等教育機関から高等教育機関への進学に関する規程は、一八八六年の諸学校令を受けて直ちに制定をみた。同年七月一日文部省令第一六号「高等中学校ノ学科及其程度」[80]、同年一〇月一四日文部省令第一八号「高等師範学校生徒募集規則」がその嚆矢である。

高等中学校ノ学科及其程度

第六条　高等中学校ノ第一年級ニ入ルコトヲ得ヘキモノハ品行端正身体健康年齢満十七年以上ニシテ尋常中学校ヲ卒業シタルモノ若クハ之ニ均シキ学力ヲ有スルモノトス

第二年級ニ入ルコトヲ得ヘキモノハ品行身体年齢ノ資格前項ニ準シ其級ノ課程ヲ修メ得ヘキ学力ヲ有スルモノトス

第七条　高等中学校ニ於テハ予科ヲ置クコトヲ得此場合ニ於テハ尋常中学科第三年級以上ノ学科及其程度ニ拠ルモノトス[81]

高等師範学校生徒募集規則

第二条　高等師範学校ノ男生徒ハ尋常師範学校ヲ卒業シタルモノヨリ選挙シ女生徒ハ尋常師範学校ノ二箇年ノ課程ヲ終リタルモノ若クハ之ニ均シキ学力並資格ヲ有スルモノヨリ選挙スヘシ[82]

いずれも中等学歴を有していない者に関する規定はみられない。ただし、学歴不問でフリーパスだったのではなく、各学校別に何らかの検定を実施したり、学歴の有無によって入試科目を変更するといった措置をとっていたと考えられる。(83)

次いで一九〇二年四月二五日文部省告示第八二号「高等学校大学予科入学試験規程」が制定され、高等学校・大学予科の受験者には中学校卒業の学歴を要求するとともに、それを満たさない者については予備試験に合格することを明文化した。(84)

高等学校大学予科入学試験規程〔傍線は筆者〕

第一条　入学試験ヲ分チテ予備試験選抜試験ノ二トス

第二条　予備試験ハ中学校卒業者ニアラスシテ高等学校ニ入学セントスル者ニ就キ之ヲ行フモノトス

第三条　選抜試験ハ中学校卒業者及予備試験合格者ニ就キ之ヲ行フモノトス

第四条　入学試験ヲ受ケントスル者ハ左ノ資格ヲ具備シ且体格検査ヲ受ケ之ニ合格スルヲ要ス

予備試験

一　年齢満十七年以上ナルコト

二　品行方正ナルコト

三　現ニ中学校ニ在学セサルコト

選抜試験

一　品行方正ナルコト

二　中学校ヲ卒業シ又ハ予備試験ニ合格シタルコト

第六条　予備試験ハ各高等学校ニ於テ之ヲ行フ

第七条　予備試験ハ中学校ノ各学科目(当分ノ内法制経済及唱歌ヲ除ク)ニ就キ中学校卒業ノ程度ニ依リ之ヲ行フ

第八条　予備試験ノ出願期間及試験期日ハ毎回之ヲ告示ス

第九条　予備試験ヲ受ケントスル者ハ其ノ試験ヲ受クヘキ高等学校ニ乙号様式ノ願書及履歴書ヲ差出スヘシ

第十条　予備試験ヲ受ケントスル者ハ収入印紙ヲ以テ検定料金五円ヲ納ムヘシ但シ一旦納メタル後ハ如何ナル事情アルモ之ヲ還付セス

第十一条　予備試験ニ合格シタル者ニハ合格証書ヲ交付ス

第十二条　予備試験合格証書ノ効力ハ二箇年トス

第十三条　選抜試験ノ学科目ハ中学校ノ学科目(当分ノ内法制経済及唱歌ヲ除ク)中ニ就キ毎回之ヲ告示ス

選抜試験ノ程度ハ中学校卒業ノ程度ニ依ル

第十八条　選抜試験ヲ受ケントスル者ハ甲号様式ノ願書ニ履歴書、学校長ノ証明書又ハ予備試験合格証書ノ写及写真ヲ添ヘ試験ヲ受ケントスル高等学校ニ差出スヘシ

予備試験合格者ニシテ其ノ年ノ選抜試験ヲ受ケントスルモノハ其ノ予備試験ヲ受ケタル高等学校ニ於テ之ヲ受クルコトヲ要ス但シ此ノ場合ニ於テハ写真ヲ差出スコトヲ要セス(85)

同規則は高等学校・大学予科の入学資格のみの規定であり、程度を同じくする専門学校に適用されていない。それどころか専門学校には統一的な学校令すら出されておらず、各校ごとに文部省の認可を受けて制定する学則

によって入学資格を規定する状態であった。いくつか具体例を挙げる。

札幌農学校［一八九八年制定(86)］

第百八拾条　予修科ニ入学スルコトヲ得ルモノハ尋常中学校ヲ卒業シタルモノ若クハ之ト同等ノ学力ヲ有シ品行方正年齢十七歳以上ニシテ募集ニ応シ入学試業ニ及第シタルモノトス
尋常中学校卒業生ニシテ学力優等成績抜群ナルモノハ特ニ予修科第二学年級ニ入学セシムルコトアルヘシ

東京工業学校［一八九九年制定(87)］

第十三条　入学者ハ中学校卒業者ニシテ左ノ資格ヲ具ヘ第十四条ノ入学試験ニ合格スルヲ要ス
一　品行善良ナル者
一　身体壮健ナル者
一　将来工業ニ従事セントスル志望ノ鞏固ナル者
第十四条　前条入学試験ハ左ノ学科目ニ就キ之ヲ行フ但在地方中学校卒業生ノ試験ハ所在地中学校ニ依嘱シ之ヲ行フ
一　英語
一　数学
一　物理及化学
一　図画
第十六条　第十四条ノ入学試験ニ合格スルモノ募集定員ニ充タサルトキハ第十三条各号ノ資格ヲ有スル一般

入学志望者ニ就キ試験ヲ行ヒ合格者ヲ以テ之ヲ補フ
前項入学試験ハ中学校卒業程度ニ依リ左ノ学科目ニ就キ本校ニ於之ヲ行フ
一　国語
一　英語
一　算術
一　代数
一　幾何
一　三角法
一　博物
一　物理
一　化学
一　図画(自在画用器画)

東京高等商業学校[一九〇二年制定](88)

第十条　本校ニ於テ適当ト認メタル公私立中学校ノ卒業生ニシテ該校長ノ品行方正学術優等身体壮健ト認証シタル者ハ相当ノ人員ヲ限リ試験ヲ要セス予科ニ入学ヲ許スコトアルヘシ
其他官公立学校ニシテ普通学ノ程度中学校ト同等以上ト認メタル学科ノ卒業証書ヲ有スル者ハ前項ニ準ス
第十一条　第十条ニ掲クル外ノ入学志願者ハ年齢十七歳以上ニシテ身体壮健品行方正左ノ試験ニ合格スヘキ学力ヲ有スル者タルヘシ

予科入学試験課目
一　和漢文（訓点　解釈）
一　書法（楷行草三体）
一　作文（公私用文記事論説文ノ内）
一　数学（算術　代数　幾何平面立体　三角術初歩）
一　地理（内外国）
一　歴史（内外国）
一　図画（自在画　用器画）
一　物理
一　化学
一　博物
一　英語（書取　会話　反訳）
一　体格

第十二条　本校ニ於テ適当ト認メタル公私立商業学校ノ卒業生ニシテ該校長ノ品行方正学術優等身体壮健ト認証シタル者ハ特ニ第十一条ノ試験課目ヲ省略スルコトアルヘシ
第十三条　入学試験ハ中学卒業ノ程度ニ依ル
第十四条　大学予科ノ卒業証書ヲ有スル者ハ試験ヲ要セス本科第一年級ヘ入学ヲ許スヘシ但人員ノ都合ニ依リテハ入学ヲ謝絶スルコトアルヘシ

この当時、各地に増設された中学校が多数の卒業生を出すようになり、官立の高等教育機関では入学難が現出しつつあった。中等学歴を持たない者の入学は既に相当困難であったから、条文にみられる学歴制限は彼らを排除する意図で作られたとは考えられない。中学校卒業者には予備試験あるいは入学試験自体を免除するという特典を与え、無学歴者には検定というハードルを課すことで、平等性を確保しようとしたものであろう。

三　検定による資格取得(二)――一九〇三年「専門学校入学者検定規程」以降

ここまでみてきたように、中学校卒業者に付与される資格・特典は、それぞれの分野ごとに実施される試験に合格することで個別に付与されていた。逆にいえば、ある個人を中学校卒業程度の学力を有するとみなす統一的な制度や判断基準はなかったのである。

しかし、こうしたあり方は二つの側面から問題が指摘されるようになる。第一に、一八八〇～九〇年代にかけて高等教育機関の増設が進んだことである。従来、高等教育機関に関する規程は官立学校のみに関するものであった。公立学校はいまだ存在しておらず、私立学校はさまざまな資格・特典から排除される代わりに入学資格・教育課程などは自由で、官立学校並みの待遇を希望する場合のみ、一八八八年五月五日文部省令第三号「特別認可学校規則」、一八九九年六月二八日文部省令第三四号「公立私立学校認定ニ関スル規則」などを満たす必要があった。ところが、こうした法令によって認可／認定された学校でも、実際には中学校卒業程度の検定を行うことなく「単に一片形式的の入学試験に依るものの如きも往々にして存在した」[89]。自由放任の結果、私立高等教育機関は一部で無政府状態を呈していたといえよう。

第二に、文官任用・兵役といったさまざまな社会制度が次第に整備されたことである。これに伴い、種々に分かれている中等段階の学校や、包括的な学校令を持たない実業学校・専門学校の卒業者、また無学歴者――独学

表 14　文部省が発した学校認定に関する回答・通牒(1897〜99 年)

1897. 8. 21	「私立海軍予備校徴兵令上ニ於ケル認定方」(東京府へ)
9. 21	「高等師範学校卒業生ニ対スル大学予科学力検定施行方」(各高等学校へ)
11. 6	「陸軍補充条例第七条第二ニ依リ指定スヘキ尋常中学校ノ具備要件解義」(東京府へ)
1898. 1. 20	「高等学校予科終業尋常中学科卒業証書所有者ノ文官任用令上ニ於ケル資格」(大蔵省へ)
3. 19	「高等商業学校附属外国語学校ノ徴兵令第十三条ニ関スル資格」(鹿児島県へ)
3. 29	「明治二十二年文部省訓令第一号徴兵令第十三条中学校ノ学科程度同等以上ト認ムヘキ学校ノ要件第四項ニ関スル疑義」(東京府へ)
8. 23	「高等学校専門部入学志願者取扱方」(各地方庁へ)
12. 15	「帝国大学選科修業生ノ文官任用令ニ関スル資格」(台湾総督府へ)
1899. 4. 5	「学習院中等学科卒業生ノ高等学校入学資格」(第一高等学校へ)
4. 28	「北海道庁立師範学校文官任用令上ニ於ケル等位認定」(横浜税関へ)
6. 5	「師範学校卒業生ノ高等学校医学部入学ノ資格」(第一高等学校へ)
9. 18	「実科中学校卒業生ノ直轄学校へ入学方及文官任用令ニ於ケル資格」(長野県へ)
11. 20	「公立私立学校認定ニ関スル規則第二条第一号ニ関シ徴兵令上ノ特典ヲ受クヘキ者ノ取扱方」(東京府・愛知県・三重県へ)

者、各種学校卒業者、正規の中等教育機関を中途退学した者など――の取り扱いに関して疑義が生じ、文部省に照会が寄せられることが多くなった。一八九七〜九九年の三年間に限っても、『文部省例規類纂』には表14のように多数の回答・通牒が掲載されている。当然ながら、前述したように中学校卒業程度の学力検定を満足に実施しない私立高等教育機関は「徴兵逃れ」という指弾を浴びることとなる。

かくして専門学校の程度を明確に示す新たな学校令として、高等教育会議への諮詢を経て制定されたのが一九〇三年三月二七日勅令第六一号「専門学校令」である。同令は第五条において、「専門学校ノ入学資格ハ中学校(中略)ヲ卒業シタル者又ハ之ト同等ノ学力ヲ有スルモノト検定セラレタル者」と規定した。

この「検定」にかかる細則が、同年三月三一日文部省令第一四号「専門学校入学者検定規程」である。同規程の全文を次に示す。

専門学校入学者検定規程

第一条　専門学校ノ本科ニ入学セントスル者ニシテ中

学校若ハ修業年限四箇年以上ノ高等女学校ヲ卒業セサル者ハ此規程ニ依リ検定ヲ受クヘキモノトス

第二条　検定ヲ受ケントスル者ハ左ノ資格ヲ具備スルコトヲ要ス

一　年齢男子ハ満十七年以上女子ハ満十六年以上ナルコト

二　身体健全ナルコト

三　品行方正ナルコト

四　現ニ中学校若ク《ママ》ハ高等女学校ニ在学セサルコト

第三条　検定ヲ分テ試験検定、無試験検定ノ二トシ試験検定ハ官立、公立ノ中学校若ハ修業年限四箇年以上ノ高等女学校ニ於テ便宜之ヲ行ヒ無試験検定ハ当該専門学校ニ於テ生徒入学ノ際之ヲ行フ

第四条　試験検定ノ学科目及其程度ハ中学校若ハ修業年限四箇年以上ノ高等女学校ノ学科目及其ノ卒業ノ程度トス但シ中学校若ハ高等女学校ニ於テ加除シ又ハ課セサルコトヲ得ル学科目ハ之ヲ省ク

第五条　官立、公立ノ中学校若ハ高等女学校ニ於テハ試験検定ニ合格シタル者ニハ試験検定合格証書ヲ交付スヘシ

第六条　官立、公立ノ中学校若ハ高等女学校ニ於テハ試験検定ノ問題、答案及成績表ハ五箇年以上保存スヘシ

第七条　官立、公立ノ中学校若ハ高等女学校ハ試験検定手数料ヲ徴収スルコトヲ得

第八条　左ニ掲クル者ハ無試験検定ヲ受クルコトヲ得

一　文部大臣ニ於テ専門学校ノ入学ニ関シ中学校若ハ修業年限四箇年以上ノ高等女学校ノ卒業者ト同等以上ノ学力ヲ有スルモノト指定シタル者

二　明治三十五年文部省告示第八十二号ニ依リ高等学校入学ノ予備試験ニ合格シタル者

付　則

本令ハ明治三十六年四月一日ヨリ施行ス(90)

この規程には、三つの特徴がある。

第一に、「身体健全」「品行方正」と、学力以外の基準をも要求していることである。しかし実際に身体検査や、出身小学校から調査書の提出を求めることはなかったから、専門学校の入学者として望まれる人物像についての努力規定と考えてよい。前節で示したように各専門学校の学則にもこうした規定はあり、その受験資格を獲得するための専検で同様の内容を明示することは不自然ではなかったはずである。

第二に、試験検定は実施の有無、問題の難易度について、地方官庁・中学校に幅広い裁量を持たせたが(91)、いわゆる科目合格制をとらず、中学校(女子専検は高等女学校)で課される必修科目の試験すべてに一度で合格しなければならなかったことである。そもそも試験を実施するかどうかや随意科目である法制経済を課すかどうか、受験手数料をいくらにするか(三〜五円程度)なども各地方の判断に任された(92)。そのため「之を行なふと否とは全く学校の自由であって必ず毎年之を行なふものとは限らない」「最下学年から最上学年まで全部の学科目を一時に試験するのであるから、余程の秀才に非ざれば之に合格することは困難である(93)」という状況であった。合格ラインは判然としないが、菅原亮芳によれば全科目を平均した点数が重視されており、点数が低い教科があっても平均して五〇〜六〇点程度であれば合格していたという(94)。

第三に、いわゆる無試験検定の制度が設定されたことである。これは中学校卒業者と同等以上の学力を有すると文部大臣が指定した学校の卒業者全員に無試験で専検合格の資格を与えるもので、一般に「専検指定」「専入指定」「文部大臣指定」などと称された(95)。この指定を受けた学校は、兵役に関する特典を除けば、ほぼ中学校と同じ資格・特典を受けることができる。一九三二年以降、夜間中学にも及ぼされるようになるが、当初は、①中学校と同じ段階の中等教育機関である師範学校・甲種実業学校、②文部省所管外の中等教育機関である学習院中等科や外地の中等学校、③中学校令では認められていない宗教教育を行うため各種学校として設置された私立中等学校、の三種類の学校に対する救済措置としてのみ機能した。

四　専検制度発足の歴史的意義

こうして発足した専検は、単に受験資格を意味するだけの地味な名称に反し、中学校卒業程度の学力を要求するさまざまな認定試験に広く準用されるようになった(96)。ある個人が中学校(女子は高等女学校)卒業程度の学力を有するか否かについて、文部省が認定する初めての検定制度だったからである。また、条文の改正はないままでも、中等程度の資格認定に関する規則の運用にあたっては中学校卒業者に専検合格者を包含するのが一般的となった(97)。このように中学校卒業程度を資格とする既存の社会諸制度が次第に改正された結果、一九〇〇年代末頃には試験検定・無試験検定を問わず、専検合格者には表15のように広範な特典が付与されることになった。

この結果、中学校へ進めなかった青少年にとって目指すべき大きな目標が出現した。ただし、それが高等専門教育を目指す者すべての目標ではなかったことには注意が必要である。

確かに専検は難関であった。中学講義録の独学のみでは合格はおぼつかなかったし、夜間中学に通学しても容易な道ではなかった。専検の発足当時、文部省参事官だった松浦鎮次郎も、「此試験は畢竟禁止試験に外ならぬといふ不平の起るのも、全く無理ならぬ次第(98)」と述べている。前述した増本量は一九〇九年頃に修道学校に入学しているが、次のように回想している。

表15　専門学校入学者検定試験の合格者に付与される代表的な特典

分　野	主　な　取　得　資　格
上級学校進学	・専門学校（大学専門部を含む）の受験資格 ・高等学校（大学予科を含む）の受験資格 ・文部省所管外学校のうち中学校卒業の学歴を必要とする学校の受験資格 ・中学校補習科の入学資格
兵　役	・一年志願兵の出願資格
文官任用等	・文官高等試験予備試験（高文予試）の受験資格 ・各省の普通文官（判任官）・雇員の任用資格 ・地方待遇職員の任用資格 ・巡査の無試験採用資格 ・看守の無試験採用資格 ・森林測候所練習生の無試験採用資格
教員免許状	・小学校教員無試験検定の受験資格 ・小学校教員試験検定の受験の際に特定科目の試験免除 ・文部省師範学校中学校高等女学校教員検定試験（文検）の受験資格 ・実業学校教員試験検定（実教検）の受験資格
その他	・計理士試験など中学校卒業を受験資格とする各種検定試験の受験資格

「卒業者には文部省令による中卒の資格は認められていなかった。つまりさらに上の高等学校や専門学校も受験することはこの修道学校を出たという資格だけでは駄目で、それには専門学校入学者検定試験（いわゆる専検）をパスすることが必要であった。明治四十年の頃この修道学校には春ごとに四、五十人の苦学生が、昼間はそれぞれの職業を持っていて入学してきたもので、十四、五歳の者もあれば、すでに兵役の義務を果してきたものも少くないという有様で、服装も風貌も種々雑多であったが、これが春風秋雨五か年の歳月に堪えて卒業する人数はとなると、その四分の一かそこらの十数名になってしまうのが常であった。修道学校はその十数名を琢磨するための試金石ともみられるわけである(99)」

切磋琢磨、優勝劣敗、適者生存、……といったニュアンスをして、専検合格者の立場で高みから述べているだけといった批判はたやすい。だが、少なくとも制度発足当初において、専検制度は中等学歴を持たない者にとって歓迎すべき存在だったと思われる。管見の限り、一九〇〇年代の新聞・雑誌の記事や学校記念誌に掲載された回想などに、専検合格の困難さに対する呪詛やジャーナリズムによる批判を見いだすことはできないのである。

実のところ、高等学校(→帝国大学)・専門学校という進路にこだわらないのなら、中等学歴を持たない者にとって高等教育機関への進学はそれほど遼遠な道程ではない。財政のほとんどの部分を授業料収入に依存する私立の大学・専門学校は、選科・別科のように学歴要件が緩い学科を設置して学生数増加に努めており、自分で中学校程度の学力があると思う者なら、年中いつでも無試験で入学できた。こうした学科は昼夜開講の場合も多く、学生数の大部分が本科以外という学校も多数存在した。(100) 多くは法学・経済学といった社会科学系の学科だったから、実力のある卒業者は民間で歓迎された。中等学歴を必要とする専門学校の本科でも、私立であれば門戸は広い。こうした学科から本科への編入試験もあったが、きちんと学力を検定する試験であったとは考えにくい。私学の場合、「抜け穴」的な進学ルートはいくつも開けていたのである。

また、いくら専検が困難とはいえ、中学校卒業程度の問題で六〇点平均もとれれば合格できる試験である。激烈な入学試験が待つ官立高等学校・専門学校に合格できる学力があれば、合格は十分可能だったはずである。(101)

つまり専検は官立の高等学校・専門学校を目指すトップレベルの進学希望者の登竜門として誕生したのであり、それ以外の者は従来通り学歴不問の私立高等教育機関の専科・別科などを目指したから問題はなかったと考えるのが自然である。極めて限定された範囲の受験者だけを対象とする試験だったがゆえに、問題は生じなかったのであろう。

おわりに

本章では、一八八六年「中学校令」の施行から一九〇〇年代にかけて、中学校程度の私立夜間各種学校が全国規模で誕生し、それらが次第に「中学」「中等」を標榜するに至る過程を考察した。これ以降、一九四八年の学校教育法施行に至るまで、この種の学校は日本教育史のなかに記録され続ける。無論、取り上げた事例以外にも、学校自体が消滅することによって記録が失われてしまった事例は無数にあるのだろう。その限界を踏まえたうえで、他の教育機関あるいは社会的な諸制度との関係を確認し、本章のまとめとしたい。

第一に、初等教育との関係である。徐々に高まってきていた就学率は——その実質的な数値がいかほどかという議論はさておき——、一九〇〇年の第三次小学校令で尋常小学校の授業料が原則無償となったことで飛躍的な上昇を果たす。この時期に全国各地で同時多発的に私立夜間各種学校が誕生し、「中学」「中等」を名乗るようになる。また、宗教的な意図から開設された夜学校が中等程度にシフトしてゆく事例が存在する。一九一〇年代以降、多数みられるように宗教系の夜間中学の萌芽は、既にこの時期から存在していた。

第二に、中等教育との関係である。中学校の経営多角化・安定化の方策として、夜間各種学校を経営しようとするのは不思議なことではない。また、中学校の半途退学率が極めて高い以上、学ぶ意欲のある者を編入学させようという発想になるのもごく自然なことである。そして、そうした教育要求は既に全国規模で芽生えつつあった。

第三に、高等教育あるいは職業上の資格との関係である。上級学校進学・文官任用に関する諸規程が整備され、「立身出世」の階梯が可視化された結果、中学校程度の夜間授業を行う学校の機能は多様化した。学校階梯を登り詰めることを願う者にとっては、正規の中学校への編入学、あるいは専検合格(を通じての高等学校・専門学校進学)を果たすための予備校であった。だが、それはあくまでも少数派であり、多くは中学校程度の教養を身につけることで満足したのだろう。そして、それを活かす場としては、各種の検定試験・採用試験が用意されていた。

このように条件が整ったことで、勤労青少年に実業補習学校・青年夜学会のレベルにとどまらない教育を与える場が全国各地で設置され始めた。しかもそうした教育機関は中学校令以前の「泡沫私学」の時代とは違い、社会的なシステムをにらんで中学校程度の教育内容に照準を合わせ、しかも「中等」「中学」といった語句を学校名に付し始めた。夜間中学はこうしたさまざまな形態の夜学校として始まった。ただし、それらは同じような時期に、相互の連絡なく散発的に誕生しており、いずれか一校をルーツと定めることはできない。

(1) 菅原亮芳も特に根拠を示さないまま、「明治三〇《ママ》年、東京に私立下谷中等夜学校が私立愛日尋常高等小学校内に設置されたことに始まると思われる」と述べている(「昭和戦前期「夜間中学」史試論(一)――設置の主体と設置の形態を中心として――」『日本私学教育研究所紀要』第二九号(一)、一九九四年、三頁)。おそらくこれが「中等夜学校」という語を学校名に使用した最初の事例だったためであろう。しかしそれなら、中学校令が施行される一八八六年には、大分県でその名も「夜間中学」という私塾が開校している(この私塾は鹿毛基生『大分県の教育史』〔思文閣出版、一九八四年、二七一頁〕の『日本教育史年表』私塾一覧表補遺以外に資料がなく、設置が中学校令施行前か後かが判断できないため、本書での考察対象には含まない)。名称にのみ注目するのは妥当ではあるまい。なお、私立下谷中等夜学校の設置認可申請日は一九〇二(明治三五)年三月三一日が正当であり、それより一ヶ月早い同年二月七日には私立中等夜学校が設置認可申請を行っている(東京都立教育研究所編『東京教育史資料大系』第八巻、一九七四年、三〇一頁)。いずれも実際の開校日は不明である。

(2) 水津千雲「夜間中学編成私見再論」政教社『日本及日本人』第一六五号、一九二一年一二月一日付、七九頁。「水津千雲」は水津謙介のペンネーム。

(3) 開発社『教育時論』第一六八七号、一九三二年四月二五日付、一二頁。

（4）城戸幡太郎編『教育学辞典』第Ⅳ巻、岩波書店、一九三九年、二二八〇頁。なお、佐世保市立夜間中学の設置年は一九二三（大正一二）年の誤り。
（5）現に私立開成夜学校（東京）・私立修道学校（広島）のように、のちに専検指定を受ける夜間中学で、一八九〇〜一九〇〇年代にこうした夜間授業を行う私立各種学校の一つとして始まったと学校沿革史に明記している学校がある。
（6）官立変則中学を一八七三年に開校（翌年、富岡学校と改称）したが、七五年に廃止した。また、中等程度の官立学校として函館学校を七一年に設置していたが、これも七六年に廃止した（以上、大蔵省編『開拓使事業報告』第四編、一八八五年、六四八頁）。さらに八一年には官立函館師範学校に変則中学を附設しようとしたが、希望者が少なく中止した（北海道教育研究所編『北海道教育史』全道編三、一九六三年、四八九頁）。
（7）官員子弟のための中等程度の官立学校として資生館を一八七一年に設置（翌年には札幌学校と改称）したが、七五年には官立の小学校兼教員養成学校に転換した（前掲『開拓使事業報告』第四編、四三一頁）。
（8）北海道大学百二十五年史編集室編『北大百二十五年史』通説編、二〇〇三年、二〇頁。
（9）北海学園創基百周年記念事業出版専門委員会編『北海学園百年史』一九八七年、五頁。
（10）岡元輔「北海英語学校創立状況」私立北海中学校協学会『協学会誌』第六号、一九一〇年。北海英語学校開校時、岡は農学校学生の傍ら同校助教。のち中等教育に身を投じ、県立鹿児島一中校長を務める。
（11）北海百年史編集委員会編『北海百年史』北海学園創基百周年記念事業出版専門委員会、一九八六年、九〜三〇頁。
（12）『北海道毎日新聞』一八八八年三月二一日付。
（13）前掲『北海百年史』四四頁。なお、文部大臣芳川顕正の報告（佐藤秀夫編『続・現代史資料八　教育　御真影と教育勅語Ⅰ』みすず書房、一九九四年、五〇〜五八頁）には一九日とあって一日のズレがある。
（14）「北海中学校沿革略」『協学会誌』第五号、一九〇九年。
（15）近代の北海道は府県と同様の地方自治体ではなく、内務省所管の「北海道庁」という行政庁が治めていた。そのため例えば、知事に相当する官職は北海道庁長官であること、中央省庁の出先機関として独立して置く営林署・土木事務所などを農林部・土木部のように組織に組み込んでいること、高等官を長とする支庁を置くことなど、府県にはない独自の制度が存在した。学校については、府県立に相当するのが「庁立」である。なお、一九〇一年施行の「北海道地方費法」「北海道会法」により、北海道庁のもとに「北海道地方費」という名の地方自治体および「北海道会」という議会が設置される形となったが、その権能は府県に比べて限定的なものであった。詳細は北海道編『新北海道史』第一巻(一九六九年)、北海道議会事務局編『北海道議会史』第一巻(一九五四年)などを参照。

(16)『北海道庁学事年報』一九〇一年。

(17)『北海タイムス』一九〇二年四月一五日付。

(18)『北海道毎日新聞』一九〇一年五月一五日付。

(19)『北海タイムス』一九〇四年六月二五日付。

(20)宇野東風「済々黌創設当時の状況」熊本県教育会編『熊本県教育史』上巻、一九三一年、六八六頁。宇野は一八八一年から同校寮監。

(21)同右。

(22)『紫溟新報』一八八六年八月三一日付。

(23)西日本新聞社出版部編『済々黌物語』西日本新聞社、一九八二年、四一頁。なお、出典の記載がないため「不良生徒」の意味合いは不明。

(24)県立熊本中は一八七六年設置。廃止となった理由は、第五高等中学校が予科・別科を設置するため、あえて設置する意味がないと県会が決議したため(熊本県教育会編『熊本県教育史』中巻、一九三一年、二六五頁)。

(25)前掲『済々黌物語』四一頁。

(26)修道中学校編『修道中学校史』一九三一年、三九頁。

(27)学校法人修道学園編『創始二百五十三年　私学百年　修道学園史』一九七八年、一二七頁。

(28)前掲『修道中学校史』四一~四二頁。

(29)同右、四三~四四頁。

(30)渡部常蔵「竹屋村時代を思う」前掲『修道学園史』一六一頁。渡部は一九一〇年卒(修道中一期生)、岡山医専卒、修道学園理事。

(31)増本量「夜の修道学校」前掲『修道学園史』一六一頁。増本は一九一四年に修道学校一二期生として卒業後、修道中を経て、東北帝国大学理学部卒、東北大学名誉教授。金属学研究で文化勲章・学士院賞を受賞。一九九四年没。

(32)学校法人大成学園編『大成七十年史』一九六七年、一七頁。ただし、この学校は『東京教育史資料大系』に掲載されていないから、正規の設置認可を申請した各種学校ではなく、講習会程度のものであったと思われる。
(33) 同校は校舎建設中につき仮校舎で開校した。設置目的は「明治三十二年勅令第二十八号中学校令ニ基キタル高等普通学科ト為スノ目的ヲ以テ中学科程ヲ教授スル」とあるだけで、学則条文にも夜間授業の規定は一切なく、教科ごとの授業時間数を示す表も記載がない。こうしたことから、校舎竣工までの間、便宜的に夜間授業を行った可能性が高い。
(34) 私立下谷中等夜学校（私立愛日尋常高等小学校附設）、私立開成夜学校（私立開成中学校附設）、私立麻布夜学校（谷小学校附設）の三校。
(35) 開成・昌平史編集委員会編『開成・昌平史』一九九一年、七頁。
(36) 同右、二一八頁。
(37) 斉藤利彦『競争と管理の学校史――明治後期中学校教育の展開――』東京大学出版会、一九九五年、三六～三八頁。
(38) 水津千雲「夜間中学校に就て」『日本及日本人』第七八八号、一九二〇年八月一日付、六一頁。
(39) 水津千雲「夜間中学編成私見」『日本及日本人』復刊第一六三号、一九二八年一二月一日付、一九頁。
(40) 前掲『東京教育史資料大系』第八巻。
(41) 東京府『明治四十四年度　東京府学事統計書　第二編』一九一三年。
(42) 太田英隆『入学選定男女遊学案内と学校の評判』二松堂書店、一九一八年。
(43) 学校法人広陵学園編『広陵学園八十年史稿』一九七六年、一一頁。
(44) 芸備教育会『芸備教育』一九〇八年三月二五日付。
(45) 『芸備教育』一九〇九年三月二五日付。
(46) 経営上の紛擾から一九二一年に城南中学（のち広島中学と改称、山陽中学校附設）・鯉城中学（広陵中学校附設）に分裂するが、前者は四五年まで、後者は少なくとも三二年まで経営を維持する。
(47) 台北庁『明治四十一年度　台北庁治便覧』三二頁。
(48) 台湾教育会『台湾教育会沿革誌』一九三九年、九九八頁。創立者は尾崎音次郎とあるが、人物像は不明。また、同書の刊行段階で同校は現存しないものの、一九三二・三七年の『鉄道公報』に掲載された学割対象校の一覧に掲載されているから、三〇年代半ばまでは経営を維持していたと推測される。
(49) 前掲『熊本県教育史』中巻、六五三頁。

(50) 国立公文書館蔵「各種学校台帳」。
(51) 西村清雄編『恩寵と犠牲』一九四一年、二五頁。
(52) 木村正光「西村先生を偲ぶ」松山城南高等学校編『松山城南高等学校八〇年誌』一九七一年、一〇七頁。
(53) 前掲『恩寵と犠牲』三一頁。
(54) 今井新太郎「校祖ジャドソン先生を偲ぶ」前掲『松山城南高等学校八〇年誌』五一頁。なお、今井は同校卒業後、同志社神学校に進学。
(55) 宮内貞郎「在学当時の夜学校」前掲『松山城南高等学校八〇年誌』一〇七頁。
(56) 前掲『松山城南高等学校八〇年誌』四三頁。
(57) 愛知教育会『愛知教育雑誌』帝国教育大会記念号、一九一〇年。
(58) 伊藤敏行「日比野寛」(唐澤富太郎編著『図説教育人物事典――日本教育史のなかの教育者群像――』中巻、ぎょうせい、一九八四年、一六〇頁)には、次のようにある。
「当時の一中は、校内紛争、ストライキが相次ぎ、校長排斥も相次いで起こっていた。明治二九年(一八九六)東洋的な風格の教育者として名の聞こえた熊本県尋常中学済々黌長八重野範三郎を同校校長に迎えたが、その八重野をもってしても鎮静は容易でなかった。かねて母校の荒廃を耳にしていた日比野は、愛知県知事から一中校長推薦の依頼を受けていた一中の先輩奥田文部次官を説得し、その推挙を得て一中校長に就任したのである」
(59) 鉄道省『鉄道公報』(一九三七年六月一日付)に掲載された学割対象学校の表に「育英学校夜間中学科」が掲載。
(60) 受験案内書については、雨田英一「近代日本の青年と「成功」・学歴――雑誌『成功』の「記者と読者」欄の世界――」(『学習院大学文学部研究年報』第三五輯、一九八九年)、菅原亮芳「明治期「進学案内書」にみる進学・学生・受験の世界」(『日本私学教育研究所調査資料』第一六八号、一九九二年)などを参照。
(61) 同規則によれば、有資格者はいずれも「試補」(高等官の場合)あるいは「判任官見習」として任用し、前者は一年半、後者は二年の事務練習を経て、正規の高等官あるいは判任官に任用する。一八九〇年二月四日勅令第八号「文官試験ノ件」により、判任官として五年以上勤務経験があって高等官任用の資格を得た場合には試補は不要となり、また判任官見習は廃止となる。なお、陸海軍士官・下士の経験ある者は、試験を免除して高等官・判任官に採用する場合があった。詳細は和田善一「文官銓衡制度の変遷(II)――文官試験試補及見習規則施行時代――」(人事院事務総局任用局試験第一課・試験第二課『試験研

究』第一二号、一九五五年、六一頁)を参照。
(62) 人事院編『人事行政五十年の歩み』一九九八年、四九頁。
(63) 百瀬孝『事典昭和戦前期の日本　制度と実態』(吉川弘文館、一九九〇年、九三頁)によれば、日本の官吏制度は次のようになっていた。

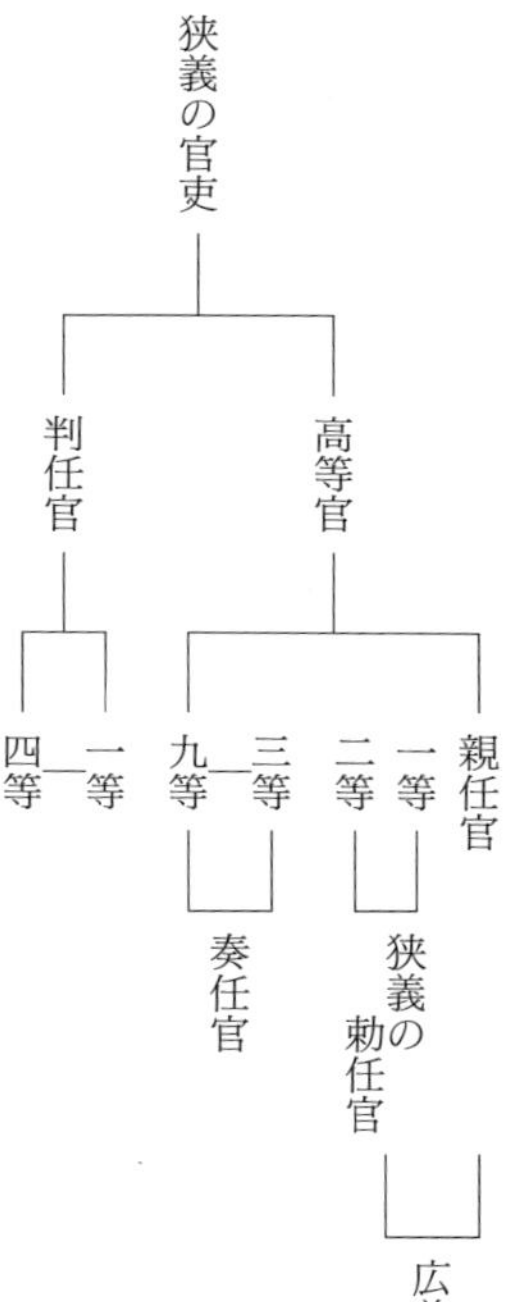

判任官の下には、官吏ではなく民法上の雇用関係によって勤務する雇員・傭人がいた。
(64)『官報』第一二三二号、一八八七年七月二五日付。
(65) 前掲「文官銓衡制度の変遷(II)」六六頁。
(66) 大霞会内務省史編纂委員会編『内務省史』第一巻、地方財務協会、一九七一年、六〇九頁。
(67)『官報』第三一〇三号、一八九三年一〇月三一日付。
(68) 同右。
(69)「独学で高文試験に合格した――藤川福衛君のこと――」鉄道青年会本部『鉄道青年』第一六年第二号、一九二四年二月、一一七頁。藤川は神戸の尋常小学校卒業後に上京、上野駅で駅手(傭人)として勤務しながら私立下谷中等夜学校で学んだ。卒業後は鉄道院職員東部地方教習所、鉄道省中央教習所、鉄道省教習所高等部行政科と部内の教育機関を進み、一九二三年に高文行政科に合格、四五年に退官するまで鉄道官僚として勤続した。
(70) 廣田照幸『陸軍将校の教育社会史――立身出世と天皇制――』世織書房、一九九七年、六九頁。
(71)『官報』号外、一九〇三年一一月三〇日付。

(72) 前掲『陸軍将校の教育社会史』四七頁。ただし一九二〇年の補充条例改正で再び学歴不問となる。
(73) 前掲「西村先生を偲ぶ」。私立松山夜学校で高等科設置を嘆願した木村正光の回想。
(74) 寺本伊勢松編『専門学校高等学校入学検定独学受験法』大明堂書房、一九二三年、一〇〇頁。高木利三郎の回想。高木は一九二〇年に県立熊本中学校が実施した専検に合格。
(75) 防衛研修所戦史室編『帝国海軍の教育制度について』(一九七二年)をみる限り、試験程度が「中学校程度」と明示されたことはあるが、応募資格に学歴が入ったことはない。
(76) 兵役が通常の半分の一年で済むという意味では「回避」の側面もあるが、ここではすすんで兵役に就くことで予備役将校となれる点に注目したい。なお、この制度はクレメンス・ヴィルヘルム・ヤコブ・メッケル少佐(陸軍大学校兵学教師)の提唱により、①戦時における将校は平時の二倍を要すること、②軍隊式に養成しない医師・獣医師・薬剤師は戦時に有害無益であること、③予備役将校には一定の学識や習慣風俗が必要であることを根拠に導入された。詳細は遠藤芳信『近代日本軍隊教育史研究』(青木書店、一九九四年、三五〇頁)を参照。
(77) 『官報』第一六六七号、一八八九年一月二二日付。
(78) 遠藤芳信氏(北海道教育大学函館校)のご教示による。
(79) 『官報』号外、一九二七年一一月三〇日付。
(80) その後、一八九四年六月二五日勅令第七五号「高等学校令」によって高等中学校が高等学校となったのにあわせて、七月一二日文部省令第一六号「高等学校修業年限及入学程度」が制定され、「高等学校入学ノ程度ハ尋常中学校ノ程度ニ依ル」(第二条)となった。
(81) 『官報』第八九九号、一八八六年七月一日付。
(82) 『官報』第九八八号、一八八六年一〇月一四日付。
(83) 天野郁夫によれば、第一高等学校の場合、一八九七年に制定した「入学規程」で、一般受験者には尋常中学校の全科目にわたる「全科試業」を課す一方で、「本校ノ特約ヲ受クル(中略)尋常中学校ノ卒業生ニシテ該学校長ノ推薦ニ係ル者」は「尋常中学校ノ学科目中数科目」のみの「特別試業」とし、このうち「学術特ニ優等」という推薦を得た者は無試験入学も可とした(天野郁夫『試験の社会史』東京大学出版会、一九九二年、二二四頁)。
(84) ただし、翌一九〇三年には後述する専検制度の創設により、専門学校・高等学校とも専検合格者に受験資格を与えることになったため予備試験は廃止される。それゆえ予備試験を行い得たのは〇二年秋の一回だけだった。また、予備試験合格者が選抜試験受験資格を保有し得るのは二年間だけというのは極めて厳しい条件であったから、実際にこの予備試験を通過して高等学校に進学した者がいたかどうかは不明である。

(85)　『官報』第五六三九号、一九〇二年四月二五日付。

(86)　北海道大学編『北大百年史』札幌農学校資料(二)、一九八一年、四七四頁。

(87)　作道好男・江藤武人編『東京工業大学九十年史』財界評論新社、一九七五年、一五〇頁。

(88)　作道好男・江藤武人編『一橋大学百年史』財界評論新社、一九七五年、二五九頁。

(89)　教育史編纂会編『明治以降教育制度発達史』第四巻、龍吟社、一九三八年、三四七頁。

(90)　『官報』第五九二〇号、一九〇三年三月三一日付。

(91)　少々時代は下るが、一九二〇〜二三年の四年間について文部省が実施した調査によれば、この間、専検(試験検定)を一度も実施しなかったのは四県(奈良・山梨・滋賀・香川)、一〜二回しか実施しなかったのは三県(大分・沖縄・富山)にのぼっている(国立公文書館蔵「認定指定総規」)。なお、具体的な実施方法など詳細については、菅原亮芳「戦前日本における「専検」試験検定制度史試論——基礎的資料の整理を手がかりに——」(『立教大学教育学科研究年報』第三三号、一九八九年、三七〜四八頁)を参照。

(92)　河野正義『講義録による勉学法』国民書院、一九二〇年、一三五〜一四九頁。河野は大日本国民中学会の社長であり、一九二二年には夜間中学である大日本国民中学会高等予備学校を開設する人物。

(93)　教育史編纂会編『明治以降教育制度発達史』第七巻、龍吟社、一九三九年、三五七頁。試験が毎年行われるようになり、しかも科目ごとの合格を積み重ねてゆける制度になったのは一九二四年一〇月一一日文部省令第二二号によって専検規程が改正されて以降のことである。

(94)　前掲「戦前日本における「専検」試験検定制度史試論」四四頁。

(95)　学校一覧や学事報告といった一般市民の目に触れる文書類では、最も権威がある表記だとみなされたのだろうか、「文部大臣指定〇〇学校」とすることが多い。また、各種統計資料では試験検定に合格した「専検合格」と区別するため、「専入指定」と表記することが多い。だが、それ以外では「専検指定」と表記するのが一般的である。本書では「専検指定」で統一する。

(96) 例えば、一八九九年六月二八日文部省令第三四号「公立私立学校認定ニ関スル規則」は、公私立の高等専門教育機関であって卒業者に文官任用令・徴兵令の特典を希望する場合の規則だが、その第二条で入学資格を中学校・甲種実業学校卒業者などに限定していた。同規則は一九〇四年七月一日文部省令第一一号によって改正され、「中学校ヲ卒業シタル者」に続いて「専門学校令第五条ノ検定ニ合格シタル者」を付加している。

(97) ただし、高等学校・大学予科の入学資格については、若干複雑な事態となった。前述した一九〇二年制定の高等学校大学予科入学試験規程は、〇三年四月二一日文部省告示第八四号で新たに制定し直されたが、受験資格を中学校卒業者と専検の試験検定合格者に限り、無試験検定合格者を除外した。無試験検定合格者の多くは宗教系学校の卒業者であり、文部省はこれらを大学(準備)教育から排除しようとしたのである。宗教系学校の関係者は憤激したが、文部大臣菊池大麓はこれを改めようとはしなかった。その後、同年九月に文部大臣となった久保田譲は、省内の反対論を排し、翌〇四年一月二五日文部省告示第一六号で再改正させて無試験検定合格者にも門戸を開いた。詳細は、前掲『明治以降教育制度発達史』第四巻、四一六頁を参照。

(98) 前掲『明治以降教育制度発達史』第七巻、三五七頁。なお、松浦はのちに文部次官・貴族院議員・枢密顧問官・文部大臣を歴任する。

(99) 前掲「夜の修道学校」。

(100) 天野郁夫『学歴の社会史——教育と日本の近代——』(新潮社、一九九二年、二二一頁)によれば、「本科の学生が在学者全体にしめる比率は、明治三七年になってもまだ、慶應義塾と早稲田のほぼ一〇〇%は別格として、明治四二%、日本三六%、法政二四%、中央一八%という低い水準にとどまっていたのである」という。そのため、専門学校令はその制定時からザル法だという批判を免れなかった。例えば、『教育時論』第六五四号(一九〇三年六月一五日付、四三頁)には、次のようにある。

「吾等は(中略)もしこの別科の規定をして無制限ならしめば、本令制定の精神は全く没了し去らる旨を断言したるが、聞く所によれば、当局者は別科に対しては何等の制限を設けざるもの〻如く、即ち中学卒業の学力を有せざるも別科には収容し得べく、而してこの別科生は、本科生と同時に同様の教授を受けしむるも差支なきに似たり、かくの如くんば本令が専門学校の現状に対して革新を加へ得る所いづれにありや」

(101) 河野正義『中学検定指針』(国民書院、一九一七年、一〇頁)によれば、「毎年東京で施行する専検の志願者は百四五十名乃至百七八十名に上るが其の合格者の割合は大抵一割内外である。即ち受験者が百五十名ありとすれば約十四五名は合格してゐる」「統計で見ると、専検合格者で、官立学校即ち高等学校や高等商工学校其の他医専などの入学試験に応じた者は、十中の八九は合格してゐる」とある。

第二章　夜間中学の拡大

はじめに

一九〇〇(明治三三)年頃から、全国各地で散発的に設置されるようになった中学校程度の夜間各種学校だが、知名度はその地域限りのものであった。のちの時代にみられるように、未設置地域においてその種の学校の開設を求める声が高まるとか、農村から出郷して昼働き夜学ぶための進学先と目されることはなかった。

わかりやすい指標として受験案内書を例にとれば、一九〇八年発行の『東京修学案内』は、「基礎確実なる学校のみ紹介して群小学校に及ばず。盖諸子が遙々笈を東京に負ふ所以は変則学校に入りて変則教育を受けむとするにあらざるべければなり」[1]という編集方針だが、東京市内の中等夜学校群はただの一校も掲載していない。その一方で、正則予備校・早稲田高等予備校・中央高等予備校のような大手の受験予備校は掲載した。中等夜学校は「基礎確実」な受験予備校にも劣る存在とみなされていたようである。

しかし、一九一〇年代には、少なくとも独学者にとって、こうした学校は目指すべき進路の一つとして認識されるようになる。『東京修学案内』とは別の出版社だが、一九一六年発行の『最新東京遊学案内』は開成予備学校（開成夜学校から改称）・牛込中等夜学校を掲載した。同書はこの年に改訂を受けたもので、両校とも「男女子部増訂」、つまり同年に追加された頁に掲載している。しかも、排列されているのは中学校・実業学校と同じ位置である。(2) その一方で受験予備校である東京高等予備校は、簿記学校・割烹学校といった各種学校と並べており、等しく「予備」の文字を名乗る各種学校であっても開成予備学校の位置とは大きく異なっている。

同様に、一九一七（大正六）年に出版された『中学検定指針』のとびらには次のようにある。

「今の世の中は学問の世の中である。学問が出来なければいくら高貴のお歴々でも物の役に立たない。と同時に、たとへ身は百姓漁夫の家に生れても、学問さへあれば立身出世は思ふがまゝである。近頃は此の傾向が益々著しくなって来て、世の中は殆んど学問万能の感がある。国家として洵に慶賀すべき現象ではないか。（中略）普通程度の教育は今日社会の何れの方面、何れの階級にも其の必要を認められてゐる。即ち進んで専門の教育を受けるのは勿論、自ら資本を投じて事業を経営するにも、或は官庁や銀行会社等へ奉職して事務を執るにも、重要なるものである。実に普通教育は常識の基礎となり根柢となるのである。これ現に全国に亘って幾百の中等程度の諸学校を設置して、幾万の子弟を教育する所以である。しかるに世の中には種々の事情の為めに、此の必要なる中等教育を受けることの出来ぬ人が沢山ある。（中略）学問の進歩は秩序ある学校教育を受けるのが最も著しいのは当然だが、以上述べたやうに自己の境遇に支配せられて、仕方なく独学したり夜学へ通ったりして勉強してゐるものでも、亦大に進歩するものである。手近い例を挙げると、東京では開成中学の夜学や、田舎では大日本国民中学会の中学講義録などで真面目に勉強する人の中には、官公私立の中学卒業生よりも実力の優秀な人もある。併し悲しいことには、是等の人はいくら実力があっても肩書がない、中学校の卒業証書がない、為めに十分な実力を持ってゐて官公立の専門学校へ入学する資格もなく、又世間の人よりも常に「彼の人は小学校を卒業したゞけで……」と一種軽蔑の意味を持った言葉を甘んじて受けねばならないのである」(3)

だから専検合格が必要だというわけであるが、この文章の筆者は中学講義録の最大手であった大日本国民中学会の経営者、河野正義である。自ら経営する中学講義録を売り込むだけではなく、「苦学生」という同じパイをめぐって競合関係にあるはずの開成予備学校(文中では「開成中学の夜学」)にまで触れている。一九一〇年代に上京苦学を志した者にとって、中等夜学校は主要な選択肢の一つとして市民権を得ていたのは確かだろう。そして、その河野自身、一九二二年一〇月に尋常小学校卒業程度を入学資格とし、修業年限二年(二八年から三年)で中学校の全科目を夜間教授する各種学校として、大日本国民中学会高等予備学校を設置する。(4)河野を学校経営に駆り立てたものが何であったのか、それを説き明かすのが本章の課題だともいえそうである。まず、本章で取り扱う一九一〇〜二〇年代初頭にかけて設置された夜間中学を、表1に一括して示しておく。

第一節　府県立中学校長による二部教授構想

一　全国中学校長会議における議論

一九一〇年代は中学校・高等女学校の「入学難」が全国的に社会問題化した時期である。就学率の上昇につれ進学希望者の数も増加したのだが、府県の財政は脆弱で中等教育機関の増設は進まなかった。その対策の一つと

表1　1910〜23年に新たに設置された夜間中学

年度	府　県	学　校　名	設　置　の　状　況
1910	広　島	呉英語学校	不明
	広　島	呉陽学院	不明
	朝　鮮	京城中等夜学校	不明
1911	広　島	広島育英学校	不明
1912	北海道	北海夜学校	長尾雲竜(僧侶)が本願寺札幌別院内に新設
1913	東　京	商工夜学校	商工中学校が校内に新設
1917	北海道	札幌青年会夜学校	高橋栄次郎(牧師)が北辰教会内に新設
1919	東　京	信愛中等夜学校	有馬頼寧が自邸内に新設
	広　島	興文中学	興文中学校が校内に新設
	山　口	鴻城実践中学	鴻城中学校が校内に新設
1920	東　京	大成中等学校	㈶大成中学校が大成中学校内に新設
	新　潟	朝学会	西村大串(大昌寺住職)が境内に新設
1921	北海道	札幌遠友夜学校中等部	新渡戸稲造が初等部の上に増設
	北海道	中等夜学有鄰館	佐藤一雄が札幌遠友夜学校から分離，設置
	新　潟	新潟夜間中学講習会	勤労青年たちが大畑小学校内に新設
1922	秋　田	能代高等女学校附設夜間中学	坂本定徳(県立能代高女校長)が新設
	東　京	労学院夜間中学部校舎	労学院が新設
	東　京	東京鉄道中学	㈶鉄道育英会が鉄道省教習所内に新設
	東　京	ヱビス中等夜学校	広沢弁二が東京獣医学校内に新設
	東　京	巣鴨中等学校	㈶巣鴨学園が巣鴨中学校内に新設
	東　京	大日本国民中学会高等予備学校	大日本国民中学会が新設
	石　川	金沢高等予備学校	石原堅正(西別院輪番)が境内に新設
	福　井	足羽学院	大月斉庵が足羽小学校内に新設
	滋　賀	大津文化学院	不明
	京　都	光山学院	不明
	広　島	大正中等学校	武田易太郎が新設
	広　島	広島県新庄中学	新庄高等女学校が校内に新設
	熊　本	労学館	塘林虎五郎が肥後自活団内に新設
	鹿児島	鹿児島夜間中等学校	愛甲平一郎が新設
1923	北海道	札幌中等夜学校	能与作(庁立札幌二中校長)が校内に新設
	北海道	函館中等夜学校	小田四十一(庁立函館中校長)が校内に新設
	北海道	旭川中等夜学校	川村文平(庁立旭川中校長)が校内に新設
	北海道	室蘭中等夜学校	神沢唯治(庁立室蘭中校長)が校内に新設
	北海道	名寄中等夜学校	福山唯吉(庁立名寄中校長)が校内に新設
	北海道	釧路商業中等学校*	阿部与作(庁立釧路中校長)が校内に新設
	宮　城	五城塾	不明
	東　京	豊山中等予備学校	湯澤龍兵(真義真言宗豊山派教育財団理事長)が豊山中学校内に新設
	東　京	海城学校	㈶海城学校が海城中学校内に新設
	東　京	茗渓中学	㈳茗渓会が東京高等師範学校内に新設
	新　潟	長岡夜間中等学校	山岸綜貫(真照寺住職)が境内に新設
	福　岡	福岡夜間中学	福岡市内の婦人有志が大名小学校内に新設
	長　崎	佐世保市立夜間中学	佐世保市が県立佐世保中学校内に新設

学校名にアミ掛けしたものは，のちに専検指定を受ける学校。
＊釧路商業中等学校は本章第4節で詳述する「中等夜学校準則」によって設置された学校であり，実業科目は商業を課すだけなので本表に掲載した。

して論じられるようになったのが中学校の二部教授であった。

全国中学校長会議で入学難緩和が初めて議論されたのは、管見の限り、一九一二年のことである。五月六〜一一日に東京で開催されたこの会議は、議長が文部省普通学務局長田所美治、出席者は北海道から沖縄までの官公私立中学校長三〇二名。文部大臣長谷場純孝の名で会議に諮問されたのは、次の七項目であった。(5)

一、中学校生徒ノ徳性上不十分ナリト認ムヘキ点如何且之ヲ補正スル最適切ナル方法如何

二、中学校生徒ノ身体ヲシテ一層強健ニ発達セシムル方法如何

三、中学校教員ノ受持教授時数ヲ増加スルノ余地ナキカ若シアリトセハ其毎週受持教授時数ノ最高限度如何

四、中学校ノ施設ヲシテ一層経済的ナラシムル方法如何

五、中学校寄宿舎ノ最良ナル施設方法如何

六、中学校ヲシテ一層地方教化ニ貢献セシムル適切ナル方法如何

七、中学校ノ教育ヲシテ其ノ目的ニ一層適切ナラシメンカ為ニ現行規定其ノ他ノ施設中改善ヲ要スル点ナキカ

注目すべきは、施設の有効活用に関する「四」である。この件を付託された大野徳孝（高知県立第一中学校長）を委員長とする小委員会(6)は、審議の結果、次の答申案を作成した。

一、一学校ノ生徒定員ヲ増加スルコト

二、経費使用上学校長ニ委任権限ヲ拡張スルコト

三、土地ノ情況ニヨリ二部教授的方法ヲ執ルコト
四、経費使用上ニ付キ一層ノ注意ヲ加フルコト

ここで初めて中学校長会議で二部教授の可否が議論されることになった。全体会への提案にあたった大野委員長は、第三項について「聊カ突飛ナ嫌ガアリマスガ」と前置きしたうえで、次のように言葉を継いだ。

「経済ト申ス上カラ考ヘルト、一ツノ学校、一ツノ器具ヲ兎ニ角二重ニ使用スルト云フコトガ経済的デアリマス、併ナガラ土地ノ状況ニ依ッテハ行ヒ方ガ広クハ行ハレナイト云フコトモ委員ハ認メマス、斯様ナモノモ試験的ニ追々ヤッテモ宜カラウト云フ考デアリマス、此二部教授ノ教員ハ必ズシモ二重ニ使フト云フ意味デハナイ、当リ前ノ昼ノ受持教員ハ当リ前ノ事ヲシテ、唱歌ノ如キ、習字ノ如キ、ソレニ類シタ余リ学科時間ノ多クナイヤウナ者ヲ二重ニ使用スルト云フコトハ大変ニ便利デアリマス、ソレデ委員ハ二部教授的ト書キマシタガ、必ズシモ教員ヲ昼夜使フト云フコトデハナイノデアリマス」(7)

校舎を増設せず、最小限の教員を加配することで二部教授を実施し、定員増加をはかろうというのである。だが、この案には教育上の効果を疑問視する意見が集中し、特に地方の中学校長に賛意は広がらなかった。小林有也(長野県立松本中学校長)は、「教授ノ方ニ於テハ差支ガナイカ知リマセヌガ生徒ヲ遠方カラ或ハ二三里位ノ所カラ通ハセルコトガアリマス、ソレガ夜分教授ヲスル或ハ午後四時頃カラ教授ヲスルト云フコトニナルト実際ニ余程不便ヲ感ジ又翌日ノ準備ノ方モ考ヘネバナラヌト存ジマス」と実施上の問題点を衝いた。小早川潔(滋賀県立彦根中学校長)は、小学校の二部教授には種々の問題があって今や下火に向かいつつあることを指摘し、

「昼間ハ遊バシテ置イテ夜間ニ教授ヲスル或ハ午後ニスルト云フヤウナコトハ実際生徒ノ方カラ考ヘテドウデアラウカ」と疑問を投げかけた。

矢面に立ったのは、小委員会でこの項目を盛り込むよう提案した鶴崎久米一（兵庫県立第一神戸中学校長）であった。鶴崎は神戸一中が一八九六年に開校して以来、一七年間にわたって学校長を務めてきた。この間、一九〇八年に二中が開校したにもかかわらず、一中の入試倍率は〇九年に二・九倍、一〇年に三・二倍、一一年に三・七倍と上昇する一方で、さらなる学校新設が急務とされる状況にあった(8)。

鶴崎はこれらの疑問に対し、「決シテ完全ナ策トハ思ヒマセヌガ、金ノ割合デハ効果ヲ収ムルコトガ多イダラウ」「遠方カラ集マル処ニハ実際施行ハ出来ヌ」などと答弁したが、削除を求める空気を変えることはできなかった。特に厳しい意見をぶつけたのは、村上俊江（山口県立萩中学校長）である。

「第三項ハ削除シタイ、理由ハ委員諸君ノ説明ヲ聞キマシテモ二部教授ノ事ハ御研究ガマダ積ンデ居ラヌヤウデアル、仮令二部教授的方法ガ多少効能ガアッテモ却テ全体ニ悪キ影響ヲ及ボシハセヌカト思ヒマス、又斯ウ云フ条項ヲ全国中学校長会議デ協議シテ若モ文部省デ之ヲ御採用ニナリマシタナラバ県当局者ハ左モナクテモ此教育費ノ支出ニ吝カナル者デアリマス、又地方議員ト云フ者ハ予算ノ削減ヲ是レ事トシテ居ルノデアリマスカラ斯ウ云フ条項ガ決議サレタト云フコトニナレバ得タリ賢シデ此教育費ノ削減ト云フコトニナリマシテ吾々教育ニ従事シテ居ル者ハ大ナル影響ヲ受ケハセヌカト思ヒマス」

よかれと思っての発案だろうが教育的効果が判然としないうえ、地方では教育費削減という思わぬ災厄を招来しかねないという指摘は鋭く、この発言によって議論の趨勢は決まった。採決に先だって、鶴崎は最後の反駁を試みている。

「私ノ処ノ情況ヲ述べテ置キマス、私ノ処ハ神戸デアリマスガ神戸市デハ第一ト第二ノ二校アリマシテ其外ニ関西学院ト云フ私立学校ガアリマス、詰リ中学程度ノ学校ハ三校アリマスガ第一第二ノ中学ノ入学志望者ガ本年ハ千百名弱デアリマシタ而シテ二校ノ収容人員ハ両校デ二百八十名カト覚エテ居リマス、サウスルト七百数十名ノ者ガ収容出来ズニ方向ニ迷ウテ居ルノデアリマス、何ヲ苦ンデ二部教授的ノ不完全ナ方法ヲ執リタイコトハアリマセヌガ約八百名ノ青年ガ方向ニ迷ウテ居ルト云フ現状デアリマスカラ少々不完全デモ教育ヲシタイト云フ考カラ斯ウ云フ案ヲ提出シタ次第デアリマス、諸君ノ処ニ於テハサウ云フ方法ヲ執ル必要ガ無イカラト言ッテ之ヲ否決ナサルコトハ甚ダ遺憾ニ存ジマス、ソレデ土地ノ情況ニヨルト云フコトガ書イテアリマスカラ己レノ処ハドウト云フヤウナコトデナクシテ一ツ御推察ノ上デ御賛成ヲ願ヒタイ」

結局、鶴崎の意見に賛同する発言はないまま採決が行われ、万事休した。しかし、一九一〇年代初頭には府県立中学校長の一部が、定員増の一方策として二部教授に注目し始めていたことは確認できる。そして、これ以降、二部教授案は大都市の中学校長の間でくすぶり続けることになるのである。(9)

二　東京府による二部教授の認可申請

一九一五年七月、東京府知事として着任した井上友一を迎えての府立中学校長会議の席上、深井鑑一郎（府立第四中学校長）が「府民の税金で設立経理している府立学校は、私立以上に利用すべきだ」(10)として二部教授の実施を提言した。これに対し、川田正澂《まさずみ》(府立第一中学校長)は強く反対し、論争となった。この時、深井擁護の論陣を張った八田三喜《みき》(府立第三中学校長)によれば、論争の様子は次のようであった。

「深井校長が、夜間中学併置の意見を発言されたのに対し、四中と受験合格率を競って居た学校の校長が、堂々たる府立学校が私立臭いことをして堪るものか、夜学でも開けば、昼間折角綺麗にして居る学校を落書さるゝが落だと反対したのであった。之に対して、幼児から孤児で半ば働きながら貧学を続けた私は、親の慈悲か馬鹿かで隣近所へ物見遊山の見栄のように、本人よりも親が中学校に入れて、家庭教師まで頼んで、厭がってもヤイノヤイノと勉強させられている生徒ならば、先生の悪口を落書もしようが、昼間働いた汗の力で通学する夜学校の生徒には、そんな馬鹿は居ないと反駁したのであった[11]」

いうまでもなく川田の府立一中は、一八七八年設置の東京府第一中学に淵源を有する府内で最も伝統ある中学校で、同じ府立中学校のなかでも進学実績、保護者の社会的階層は抜きんでて高かった。対する深井の府立四《し》中《ちゅう》は、府県管理中学校であった私立東京府城北尋常中学校を一九〇一年四月に府立移管して誕生した学校で、生徒には都市新中間層の子弟が多く、深井の方針による厳格な指導体制――市民からは「死中《しちゅう》」「肋膜学校」などと揶揄されていた[12]――で受験実績をあげており、一中と日本一の名門の座を争う関係にあった[13](ちなみに八田の府立三中は、本所区江東という下町の商業地域に設置されていた。進学実績は一中・四中に及ばず、八田は中学校は上級学校入学だけを目的とすべきものではなく、あくまで高等普通教育の完遂に向かって邁進すべしと唱えていたという[14])。

八田によれば、深井は四中の「生徒の通学範囲が、牛込、四谷、麹町、小石川といふ、公私の通勤人の住宅地であったので、小学校から優等で入ってきても中には家庭の都合で卒業させる見込のない生徒もあり、それらが昼間公私の給仕などを勤めて通学することの出来るような、夜間中学の設置を痛感して居られた」[15]。実際、前述した一九一二年の全国中学校長会議で、深井は「二部教授的方法」を提案した小委員会に名を連ねていた。鶴崎と出発点は異なるが、二部教授の重要性を確信し、自分の学校で実施しようとしたのであろう。

会議は紛糾し、二部教授は日の目をみなかったが、井上知事には感じるところがあったらしい。さっそく、深井・八田と連絡をとって協議を重ね、一九一六年には文部大臣に「府立学校のみでなく大学以下官公立の学校は皆夜間学校を併置して、今日の学校不足を解決するのが急務」[16]だとする建白書とともに、府立中学校における二部教授の認可を申請した。管見の限り、一八八六年の中学校令制定以降に、地方庁が中学校での夜間授業の認可を求めた最も早い事例である。折しも一九一五年二月一二日、文部省は発普第四八〇号「中学校高等女学校ニ準スル各種学校ハ中学校高等女学校ニ類似ノ名称ヲ附スルモ差支ナシ」[17]との文部次官通牒を地方長官に出し、夜間中学などの各種学校が「中学」「中学部」「中学科」「中学林」といった類似名称を名乗ることを解禁したばかりであった。時の政府は憲政党の第二次大隈内閣、文部大臣は高田早苗(貴族院議員・前早稲田大学総長)で、学校を増設することで受験的教育の弊害を取り除けると主張していた人物である。普通学務局長田所美治は、「設備さへ昼間と変らない限り夜間中学を許可すると言明した」[18]。東京府による二部教授あるいは夜間中学は、設置認可まであと一歩のところまで漕ぎ着けたのであった。

しかし、事態は一九一六年一〇月九日の寺内内閣発足によって激変する。新たに文相となった岡田良平(貴族院議員)は、一高教授を経て文部省入りし、〇一〜〇三年には文部総務長官(のちの次官)を務めた人物である。夜間中学などという新たな教育制度を創設せずとも、実業補習学校の普及で事足りるというのが岡田の基本的な考え方であった[19]。そもそも翌一七年には臨時教育会議を設置することもあり、それ以前に学校制度の根幹に関わるような制度改正を認めるはずがない。これ以降、田所次官が夜間中学を容認する発言はみられなくなる。[20]東京府の申請はあえなく不認可となった。

同年一二月の『教育時論』は「中学校の二部教授」と題し、この件の取り扱いについて次のように報じた。

「中学校令施行規則に依れば、中学校の生徒数は六百人以下とし、唯特別の事情ある場合に限り、八百人迄に増すことを得と定められたるが、大都市の中学校に於て既に八百人を収容せるもの極めて多きのみか、殆ど入学を拒絶するの状態なり。斯くて学校当事者は屢定員を千名迄に増加せしめられたしとの建議申請を為したるも是れには省令の改正を伴ひ、其実行困難の事情あり。然るに東京府の府立中学校の如きは、入学志望者収容力不十分なるを以て二部教授を行ふの已むを得ざるものあり、過般東京府より文部省に対し、二部教授実施に就き認可を申請し来りけるが、右に関し文部当局にては中学校に於ける二部教授は未だ前例無きのみか、中学課程の編成上到底二部制を許さゞるものあるを以て、現行教授制の改変を認めず、唯過剰なる入学志望者の収容策として、府立中学校に於て甲種商業学校の夜学部開設を認可する方針なりと云ふ」[21]

従来の文部省は、中学校の二部教授はもちろん夜間実業学校の設置も認めてこなかったが、おそらく東京府によるこの認可申請を契機に夜間中等教育のあり方について本格的な検討を始めたのであろう。五年後の一九二一年には「工業学校規程」「商業学校規程」を改正し、正規の夜間実業学校を設置可能とすることになる。

なお、東京府は一度の不認可で計画自体を放擲したわけではなく、一九一七年には再び府立中学校における夜間授業の認可を申請する。これも不認可に終わるが、[22]後述するように二〇年には三度目の申請を行うことになる。一九一六年の申請は、中学校の夜間授業の可否をめぐる文部省とのせめぎあいの初手であった。

三　二部教授推進論者の背景

一九一〇年代の府県立中学校長による二部教授論からは興味深い事実が見いだせる。それは鶴崎・深井のいずれも、大都市所在の中学校長となる前に、内務省系統の職務経験を持っていることである。

鶴崎は、札幌農学校を卒業後、三年間にわたって北海道月形の空知集治監に勤務している[23]。深井は、東京帝国大学卒業後に感化院教官となった後、知人に請われて一八九一年に私立城北中学校教諭に転じ、九八年に同校長となった。その一方で、反対した中学校長たちのうち、村上・小早川・川田は内務省系統の職務経験は持っていない(小林は不明)[24]。川田などは帝大卒業後、いきなり県立仙台中学校(のちの県立仙台第一中学校)の学校長として教職生活に入り、異動先が府立一中という華々しさである。少々乱暴に図式化すれば、少年補導的な発想を持つ中学校長は二部教授を推進し、教育畑のエリートたる中学校長は反対したといえようか。

このことは単なる偶然とは思えない。一九一〇年代には中学校の「入学難」が学校教育の問題としてよりも、むしろ少年補導の問題として認識されるようになっていたからである。例えば、一九一五年二月の『読売新聞』は中等教育機関の不足に警鐘を鳴らす記事を次々掲載したが、そのなかに次のようなくだりがある。

「小学校を出ると、迚も今日の世の中では学力が足らぬと云ふので、我れも〳〵と中学校の門に押し寄せるが、完全なる中学校は少く、固く鎖された校門から食出す少年少女が毎年何程あるであらう。小学校へはどん〲詰め込んで、其上の抜け道もつけず放任して置くのは誠に当局の無責任と云ふものである。而かも此のはみ出した十三四の子供が、又来年試験を受けて入学するんだと云ってブラ〲遊んでゐる間が最も危険で、彼の不良少年少女の群も茲に出るのである」[25]

また、明治・大正期を代表する総合雑誌『太陽』は、次のように中等教育機関の拡大を訴えた。

「東京の文化と並行して一人前に世間と交はるには切《せ》めて新聞記事を完全に理解するだけの能力が無ければならないので、この能力を養ふには今日の義務教育だけでは猶ほ不十分であるを、渠等《かれら》労働階級者と雖も亦明白に感知してゐるのである。渠等が血の汗を搾るの学費を支払っても其の子女を中等程度の学校に送るは未来の僭上なる栄華を願ふのでは無くして、実は必死の必要に迫られたのである。即ち都市――少くも東京に於ける中等教育は最早中流階級以上の専属でなくして都市生活者全部の必要条件となったのである。〔中略〕中学不足の為めに競争試験に落伍して中学入学期を遅らしたり、或は此の失望の為めに負はされた精神上の創痍の為に英才が凡才となったり、或は不完全なる学校に忍を余儀なくされて不完全なる教育の為め進歩を阻止された者は到る処に発見する。中等教育機関の不備が如何に多くの優良なる少年を精神的に殺傷する乎は計る可からずである。〔中略〕毎年少くも一万人内外は満足して安住すべき学校を得ないで精神的に放浪してをる。之が為めに真実の放浪児となってゐるものもある。東京に不良少年の益益増加するは一つは此の中等教育機関の不足が大に原因してをる」[26]

もちろん東京府が全くの無策だったわけではない。一九一八年四月には小石川区駕籠町に府立五中を設置し、同年一一月の通常府会に上程可決された「府立中学校増設ニ関スル建議案」を受け、爾後五年間でさらに三校の府立中学校を設置する作業に入っている。しかし、これも急激に高まる進学熱の前では焼け石に水であった。純粋に教育畑のエリートコースを歩み続けてきた者ではなく、「牧民官」の業務に手を染めたことのある中学校長が社会不安の萌芽を感じたのは極めて自然である。深井らの提案を実現すべく奔走した井上知事も単なる内務官僚ではなかった。勤務の傍ら執筆した論文「救済制度要義」によって、一九〇九年に東京帝国大学から法学博士の学位を授与された社会事業研究者でもあった(27)。

従来、中学校の二部教授といえば、私立中学校が経営上の都合で手がける補欠入学者のプールとか、文官・雇員の受験予備校といったイメージにつながり、真っ当な教育機関ではないと判断されがちであった。そうではなく入学難解消による思想善導という社会政策の一つとして展開し得る可能性があることに府県立中学校長の一部が気づき、府県庁がバックアップする形が、一九一〇年代半ばには生まれかけていたといえよう。

とはいえ、こうした構想が勤労青少年に中学教育を与えるのが第一義という観点に立ったものではないことには注意が必要である。また、一九一七年九月二一日には内閣総理大臣の諮問機関として臨時教育会議が設置されるが、ここでの議論に二部教授に関する件は一度も登場しない。大都市における入学難緩和のための緊急措置として教育関係者のごく一部が主張する話にとどまり、国家をあげて取り組むべき教育課題だとは認識されていなかったのである。

四　文部大臣中橋徳五郎による学校拡張論

一九一八年九月二九日、政友会の原内閣が誕生した。文部大臣に就任したのは農商務・逓信官僚から財界に転じ、大阪商船会社社長を務めていた中橋徳五郎(衆議院議員)であり、次官には内務官僚出身の南弘(貴族院議員)が就いた。当初は「門外漢」「素人文相」などと不安視された中橋だったが、長年の懸案に次々と着手し、「失望の声は、今や一変して感嘆の声となり、寧ろ驚異の念をさへ懐かせんとして居る」[28]といった評価を受けるほどであった。

中橋が世間の耳目を集めたのはいわゆる高等教育拡張論によってだが、その先には中等教育機関のさらなる拡張も視野に入っていた。就任直後の一九一九年二月五日、第四一議会の衆議院予算委員会で中学校の入学難に関して、中橋は次のように答弁している。

「実ハ今回ノ高等教育機関ノ拡張計画ヲ立テルニ付キマシテ、中等教育並ニ初等教育ノ分量ガドレ位ニナッテ居ルカト云フコトヲ、極ク未ダ荒ッポイ調デハアリマスガ調ベテ見マシタ、サウシマスト先日カラ御話シマス通リ、高等教育機関ノ欠乏ハ無論ノ話トシテ、中等教育ノ機関モ、今日ノ初等教育ノ機関ニ応ズル程度ハ非常ニ少ナイノデアル、(中略)中学校ガ、官私合セテ三百二十幾ツニナッテ居リマスガ、今日ノヤウニ初等教育等ノ方ガ進ンデ来マシテ、卒業生ガ多クナリ、又一体ノ社会ノ程度ノ進ンデ来ルニ従ッテ、上ニ入ラント云フ希望者ガ多イト云フコトデ、此事業ニ応ズルガ為メニハ、幾ラ中学ヲ増設シタラ宜カラウト云フコトヲ、調査シテ見タノデアリマスガ、極ク大体ノ調査デアリマスガ、今日ノ機関ヲ一寸倍ニシナケレバナラナイ[29]」

折しもこの一九一九年は、四月から東京市の全小学校が二部教授を導入することが決まっていた。就学すれば二部教授、卒業すれば中等学校は入学難と明るい話題のない教育界にあって、こうした主張は一種のカタルシスを作り出したといえるかもしれない。だが、いくら中等教育の拡張を述べても、府県は学校増設にかかる費用を捻出できなかった。そのため後述するように中橋文相期の文部省は、中学校におけるゲーリー・システムの導入を奨励するようになるのである。

第二節　社会事業としての信愛中等夜学校の設置

一　信愛会と信愛中等夜学校の誕生

一九一九年五月、学習院出身の華族の子弟たちが信愛会を組織した。中心となったのは旧久留米藩主・伯爵有馬頼萬の長男頼寧（東京帝国大学農科大学附属農業教員養成所講師）で、メンバーは細川護立（貴族院議員）・木戸幸一（農商務書記官）・広幡忠隆（逓信書記官）・岡部長景（外務書記官）など九名であった。当初は社会問題について学識者の話を聞く勉強会を予定していたが、[30]細川の「単なる研究会とせず実行を主とすべし」[31]という主張により、社会事業をも手がける方針に切り換えた。そこで有馬が提案したのが中等夜学校の経営であった。

この頃、有馬は貧民街と接する浅草に家を構え、私設託児所「同情園」や、東京市直営小学校である市立玉姫尋常小学校[32]に私財を投じるなど社会事業に手を染めていた。こうした特殊施設の関係者と相談するなかで、有馬は中等夜学校の経営を志すようになった。それにしても、なぜ中等夜学校なのか。『有馬頼寧日記』（以下、『日記』と略記）には次のようにある。

「本校には二ツの目的がある。一ツは労働階級の人々に中等教育を授くるのと、一ツは学校を通して上下階級の融和を図らんとするのである。（中略）私は労働組合なるものは早晩出来るものと信ずる。又出来ねばならぬものと思ふ。しかし組合が出来たからとて、直ちに労働者の幸福が増進されるとはいはれぬ。それには組合の中心となるべき人物と、組合の活動をさゝへる資金とがなくてはならぬ。本校の目的は実にこゝにある。本校が二年又は三年の後にならねば卒業生を出し得ぬのは、遅い様に思はるゝけれど、まだ二、三年は真の組合は出来はせぬ。出来ては倒れ倒れては出来、此後少くも五年位後でなくは真の組合は出来ぬのである。

私達は資本家といふ程のものではないが、まあ資本家の端くれ位ではある。従って此の如き学校を建て、資本家に対抗する目的を以て立てたるべき組合の中心人物を作る事に努力するといふ事は、矛盾の様でもある。即ち上を向いて「ツバ」をはくが如きものである。しかし私は、万一自分らの教育した生徒の中から未来の労働組合の中心人物が出て、我々か位置も財産も失はねばならぬ様な状態にをかれたとしても、それが社会の幸福となるなら自ら満足する。唯、一部野心家の犠牲となるが如き場合に於ては、私達はどこ迄も戦はねばならぬ。私達も位置と財産を失ひ《ママ》た時は、やはり一個の人である。我々も人としては平等に其幸福を図られ《ママ》べき権利を有するものである。

私達が学校を設立するのは、私達が労働階級の人々の指導者たり、又教育者たり得る資格あるものと思ふて居るのではない。組合の中心人物を作るといふ事は、目下の急務である。今日の如く中流階級の一部野心家の道具として労働階級の人がつかはれるといふ事は、残念である。しかし人物の出るのは、唯望んで居たとて得られぬ。我々は、唯助力せんとするのである。立派な人物が出れば、いつでも止めるのである。労働問題は、資本家の覚醒と労働者の覚醒に依らざれば解決されぬものである。而して資本家を覚醒せしむるには、労働組合の力を必要とする。労働組合の必要は、決して破壊といふ事ではない。労働組合を以て正々堂々たる同盟罷工をするのは、資本家の覚醒を促す手段であって資本家をつぶすためではない。資本家の滅亡は産業の衰退であり、産業の衰退は国家国民の破滅である。若し資本家にして真に覚醒し、労働者にして又真に覚醒するならば、労働組合の必要はない。

学校の教育方針は、理解ある労働者を作るにある。若しそれが抽象的だといふならば、我々は真面目なる労働組合の中心人物を作るにあるといはふ。労働組合が出来た時の中心人物といふ人よりは、寧ろ進んで労働組合も作らしめたいのである。総てよきものはこれが発達を助くる事を要する。然らざれば、悪しきもののために圧せられる虞がある。労働者中の優良人物を中心とし、彼等をして資金を積ましめ、総して堅実なる組合を作らしむること緊要である。西洋料理を食べたいといふ者に、日本料理の方が日本人には適して居るからといふて止めても無駄なのと同じく、組合を欲するものには先づ与へねばならぬ。しかして自分もそれの長短を覚り、又他からもそれを導く事が必要なのである。

赤穂義士の犠牲的精神と長兵衛の意気、殊に労働階級に於ては長兵衛の意気を尊まねばならぬ。今日労働者の為めに身を挺して立つ幾多人士の中、一人の長兵衛なきは誠に遺憾である。名誉のため財産の為めなどに労働問題を弄ぶものに、どうして長兵衛の意気があろふぞ。我本校は洋服を着、外国書を読み、現代思想を解し、加ふ長兵衛の意気を有する新代労働者を出さんとするのである[33]」

のちに有馬は、設置理由を「日本の社会情勢が極めて険悪であったので、我々としてそれに善処するの必要を痛感したから[34]」と述べている。それはその通りだろうが、問題はなぜ実用的な実業教育(あるいは実業補習教育)・労働教育ではなく、「手に職」もつかない高等普通教育を選んだのか。これも『日記』から理解することができる。

「職工教育といへば直ちに技術教育といふ事を考へるのはなぜなのだろふか。技術的智識を与へる事が彼等も幸福にする唯一の良法といふのであろふか。又常識的教育を授けることは資本家側として不利益だと思ふからなのだろふか。一個の人としての完成を期する教育が技術教育以上に必要なものだといふ事も考へないのだろふか(35)」

「労働者教育といへばすぐに職業教育を連想するけれども労働者に必要なものは物質的食料許りではなく精神的食料も必要なのだ。生活の為めの教育よりは人格の為めの教育の方が更に必要だと思ふ。ラスキンのいふた中に教育の結果によって地位を得るとか富を得るとかいふのは真の教育を解せざるものである。教育は教育それ自体に於て価値のあるものだといふて居る。ほんとにそうだ。教育といふものの真価はそれでなくてはならぬ(36)」

労働者の人格の完成を目指すこと。具体的には「真面目なる労働組合の中心人物」を育成すること。そのためには実業教育よりも高等普通教育を拡大・普及させることが必要だと考えたのである。

一九一九年五月三一日、信愛会は中等夜学校の設置を決議した。これ以降、有馬の活動は活発化する。田本房太郎(市立玉姫尋常小学校長)とともに教育課程を作成し、内務省・文部省・東京府の担当官に面会して相談、森戸辰男(東京帝国大学経済学部助教授)にアドバイスを求めた。設置計画に反対する者はなく、文部省側も「非常に賛成なり(37)」と述べたという。内容はもちろんだが、正規の中学校卒業資格を求めなかったせいだろう。また、森戸は、北海道札幌市に貧児救済のための財団法人札幌遠友夜学校を設置した新渡戸稲造(東京帝国大学法学部教授)を校長に推挙した(38)(実現せず)。

信愛会は七月二三日に会合を開いて関係書類を調製し、会員から月額一〇円の会費を徴収して夜学校経営に充てることを決定した。設立者は有馬頼寧ほか七名、(39)入学資格は尋常小学校卒業程度で定員三〇名、修業年限は本科二年・研究科一年、授業時間は一九〜二一時で週一二時間授業、学科目は国語・数学・英語・地理・歴史・博物・法制経済、諸経費は入学考査料三〇銭・入学料五〇銭・授業料月額五〇銭である。当初は授業も信愛会員が担当する予定だったが、社会的評価が低下するのを避けるため、正規の資格を有する中学校教員に委嘱することとした。八月五日には信愛中等夜学校の名称で東京府に設置認可を申請し、九月一一日付で認可を受けた。入学試験は同一五日、開校式は二〇日、授業開始は二二日であった。

二　各種ジャーナリズムによる全国報道

従来、中等夜学校が報道されることはほとんどなかったことは既に述べたが、華族が労働者の学校を経営するという奇妙な取り合わせのせいであろうか、信愛中等夜学校はジャーナリズムの注目を集めた。

『東京朝日新聞』は、九月一日に「若き華族の発奮に少労働者の喜び／有馬伯邸内の夜学校愈開校の運びとなる／生活本位の新教授法」と報じたのを皮切りに、一六日には「労働夜学校入学試験／昨日玉姫小学校にて／職人や小僧さん抔《など》七十四名」、二一日には「労働夜学校の開校式／昨夜平民的に」、一〇月一六日には「授業中の労働夜学校」と続報した。『時事新報』『報知新聞』『やまと』『国民新聞』など、多くの新聞社も続いた。

新聞だけではない。代表的な教育ジャーナリズムである開発社の雑誌『教育時論』は「労働中学校の創設」、社会事業団体の中央組織である中央慈善協会の雑誌『社会と救済』は「労働者の為に／夜学中学の設立」と題する詳細な記事を、それぞれの九月号に掲載した。内容を見比べると、前者には「夜学の労働者中学校」、後者には「労働者の為に夜学の中学校」とあり、教育・社会事業のいずれの方面の記者にとっても、労働者／中学校という語のミスマッチが注意を惹きつけたことがわかる。なお、「夜学中学」「夜学の中学校」という語の使用は、管見の限りこれが初見である。

各種ジャーナリズムによる大々的な報道の影響は大きかった。『日記』には、信愛中等夜学校が府や人事相談所などさまざまな官公署から授業の参観を受けたことや、有馬が講師を務める教員養成所の学生もしばしば見学に訪れたことが記されている。また、同年末には「長野県小県郡城下村の小学校の先生をして居る金子五郎といふ未知の人」から私立大学に入学したいので教員として採用してほしいという依頼があり、翌一九二〇年二月二三日には「北海道の日高国でアイヌの学校を営んで居る奈良農夫雄君といふ人」の訪問があったという。同校は一挙に全国的な知名度を得たといえよう。

華族社会や政界も好意的な反応を示した。一九一九年の天長節に参内した有馬は、他の参列者から口々に賞賛されたらしく、「私に対する他の人々の態度が著しく変った様に思ふ。心ある人々か《ママ》学校の事について種々問はれたり、又中には私のした事についてあからさまに賛意を表される人もある」「何も他人の賛意を得るのが目的ではないけれど、同族の人々の中に自分の仕事を了解し、心から賛意を表されるのは嬉しい事だ」と書いている。翌二〇年五月一六日の運動会には、内務大臣床次竹次郎が「散歩がてら」顔を出したという。

三　信愛中等夜学校の経営の実態

信愛中等夜学校では、授業のみならず三大節の学校儀式に加え、週一度の修身(有馬による講話)、月一度の校友会を実施した。保健衛生にも配慮し、医師による体格検査・健康診断も実施した。また、生徒の希望に応じて帽章を制定したほか、一九二〇年度からは授業に漢文・理科を追加、運動会も実施するなど、徐々に「中学校ら

表2　信愛中等夜学校本科の入学・卒業状況

期別	入学年	志願者数	入学者数	特記事項	卒業年	卒業者数
第1期	1919年	74名	36名	最年長31歳，玉姫小から4名	1921年	18名
第2期	1920	54	35	最年長34歳，玉姫小から12名	1922	17
第3期	1921	約70	50	最年長25歳	1923	15

『有馬頼寧日記』『東京朝日新聞』より作成。


しさ」を強めてゆく。二四年度以降は修業年限を三年に延長し、信愛学院と改称した。

ところでこうした「手に職」もつかない夜間の中学教育に集まったのはどれほどの人数で、どのような立場の者であったのだろうか。まず第一～三期の入学・卒業状況を表2として示す。

人数的には安定している。有馬は志願者が果たして集まるのかと危惧していたが、杞憂に終わった。そのためか、第三期からは入学資格を満一六歳以上に制限している。その一方で、「懶怠のためでなく」勤務の都合で退学する生徒も多く、有馬は同種の学校が「各区に実現しないでも労働者街に散在的に実現」[40]すべきだと述べている。

生徒の出身地や学力程度は、まさに種々雑多であった。

「応募者は北は青森県から南は鹿児島県下に至るまで全部で百名以上に達しましたが、余り遠方の者は万一入学許可にならぬ様な事があると気の毒だから上京せぬ中に断ったのもあります。年齢は尋常小学卒業の十三、四歳から上は二十七、八歳の者もあり既に妻子のある者で頗る熱心な者も見えました。職工、丁稚、番頭、給仕、屋根職、工夫等種々雑多な人を網羅して居ります」[41]
「英語を学んだ者は二人きりといふ事であるがかゝせて見ると中々よく書く。数学の方は簡単な加へ算なので皆出来るけれど早さに於て余程差があるとの事だ」[42]
「常識の試験をして見た。思ふた通り出来は悪かった。問題は次の通りである。
一、天皇陛下の御名

二、内閣大臣《ママ》の姓名
三、本年は皇紀及西暦何年なりや
四、世界の一等国名
五、日本の人口
第五と第四と第三とは比較的出来たものが多い。第二は極めて少なく、第一は殊に少く正答は五名位であった[43]」

卒業後の志望は「殆んど商業[44]」であった。それでも既存の実業学校ではなく信愛中等夜学校を選んだのは、授業料無償ということと、同校のネームバリューのなせる業であろう。ちなみに第一期生からは卒業後に電機学校・早稲田実業学校へ入学する者があり、それ以降は大学進学者・高文合格者までも輩出するようになった[45]。

四　夜間中学制度史に対する有馬の影響

夜間中学の歴史を語る際に、有馬頼寧と信愛中等夜学校の名前は落とせない。夜間中学という存在を世間一般に広めたのは、有馬の功績だからである。

信愛中等夜学校が誕生してからは、校舎・教員の運用方法を示す「二部教授」「二部授業」ではなく、教育内容を示す「中等夜学校」「夜学中学」という概念が一般に広まった。また、労働者に実業教育・労働教育ではなく中等教育(高等普通教育)をという方針は既存の労働学校に影響を与え、なかには労学院のように普通教育を行う課程を増設するところも現れた[46]。有馬らの試みは、歴史の歯車を大きく動かしたのである。

有馬頼寧と信愛中等夜学校は、その後も全国に報道され続けた。何ゆえに、いつまでもニュース性が失われなかったのであろうか。一つは「若き貴公子」による「夜学の中学校」という珍奇性が話題になり続けたということであろうが、いま一つは有馬が独自の社会事業で知られる賀川豊彦と親交を結ぶようになったためであった。そもそも有馬は、自らが社会事業に手を染めたのは賀川の『死線を越えて』に感銘を受けたためであり、賀川を尊敬していると繰り返し語っていた。この二人が最初に顔を合わせたのは一九二〇年一二月二五日のことであったが、この際、賀川は「決して止めてはいけません。(中略)十年御辛抱なさい。十年経てばそれこそ自分でも驚く大きな成果が生まれて来ます[47]」と激励している。その後、二三年九月の関東大震災の惨状に驚いた賀川が神戸の貧民窟から東京本所へと自らの活動場所を移し、信愛学院(信愛中等夜学校を一九二四年三月に改称)と同様の「労働中学」を設置しようとしたのに対し、有馬は当初土地の提供を、次いで信愛学院との統合(実際には移譲)を申し出ている[48]。

知名度の高い二人の関係は、『東京朝日新聞』のような大新聞のみならずローカル紙でも報道された。折しも、文部省が夜間中学公認に積極的だと報じられる(この点は後述)さなかのできごとであったためであろう、あたかも賀川・有馬の手による夜間中学が文部省の認可を得、さらに全国に拡大するといった論調で新聞報道は行われた。例えば、愛媛県の『海南新聞』は、一九二四年三月四日「東京で夜間中学校/其の成績に依っては本県にも」、五日「賀川豊彦氏が校長で/労働中学校を創立/昼働く者の為年に区別なく/月謝五十銭で先生は無報酬/四月から東京浅草で」、一八日「不遇な学生連に/喜ばしい福音/夜間中学校を正規にする調査を始めた文部当局」、二〇日「中等学校入学難の緩和策/検定制度と夜学制採用」と、連日のように報じている。「夜間中学」は「昼働く」「不遇な学生」のためのものであり、文部当局も東京府も設置に前向きという情報が、全国の地方都市にまで達したのである。それに刺激されたのか、この年以降、中等夜学校・夜間中学を名乗る学校の設置が全国で

相次ぐ。(49)

また、有馬と夜間中学の歴史との関連では、一九二一年五月に設立した日本教育者協会における夜間中学イデオローグたちの邂逅についても触れなければならない。

日本教育者協会は有馬が組織した教員組合・教育解放運動で、国民精神の健全な発達、教育の機会均等、教育者の研究の自由と生活向上、教育権の確立などを目的とした。有馬の荻窪別荘で夏期講習会を開いたり、地方で講演会を開いたりしたものの、協調的色彩が強く、さほど長続きしなかったため、歴史的評価は低い。(50)

しかし同協会に集まったメンバーをみると、夜間中学に深く携わることになる人物の名前がいくつもみえる。(51)一九〇二～一八年に私立中等夜学校長であり、前年の『日本及日本人』で夜間中学公認を求める論説を連載した水津謙介。受験雑誌『中学世界』編集長に就任したばかりで、のちに『教育週報』主筆、さらに衆議院議員として夜間中学公認運動の議論を牽引する為藤《ためとう》五郎。(52)関東大震災直後に茗渓会が設置する夜間中学「茗渓中学」の学長となる馬上《もうえ》孝太郎（東京高等師範学校附属中学校主事）。こうした面々を迎えた有馬も、一九二四年五月の衆議院第一五回選挙には無所属で出馬して当選、二七年三月に襲爵のため議席を失うまでの三年間、議会で夜間中学公認を求めて質問を繰り返す「常連」であった。

今となっては、日本教育者協会における議論の内容は杳として知れない。だが、こうした面々が会合を重ねるなかで、夜間中学をどうすべきかという問題が話題にのぼらなかったはずがない。そうした議論はメンバーの夜間中学に対する意識をきたえたであろうし、それがのちに夜間中学の経営や地位向上に尽力する際の原動力にもなったはずである。

第三節　東京府による中学校夜間教授の認可申請とゲーリー・システムの採用

一　東京府による夜間教授認可申請

一九二〇年春、東京府は府立三中・四中における二部教授を認可申請した。一六年、一七年に続く三度目の申請である。時の東京府知事は阿部浩（貴族院議員）。設置箇所からみて、これまで通り深井・八田がリードしたのは疑いない。

ただし、これまでと状況が異なるのは、ジャーナリズムがこれを信愛中等夜学校と同様の「夜学中学」とみなして詳細な報道を行ったことである。口火を切ったのは五月三〇日付の『東京朝日新聞』で、「府立夜学中学／市内二校」と題して次のように報じた。

「東京府にては近来一般教育の普及に伴い府立中学校入学者逐年増加の傾向あるに鑑み一方昼間銀行会社等に勤務し夜間を勉学に費やす者少からざる現状なれば此際府立夜学中学校を建設するの議を立て目下文部省に設立認可申請中なり。中学校令には始学終業の時間に関する規定なきを以て右中学は午後三時頃に始学し同八時頃に終業するの方針にして現在の府立中学校舎を利用すると共に教員も一部分二部制を採用するも可能なれば唯電灯其他の経費のみにて足り比較的容易の事業たるべく加之授業料も現在の半額以下とし社会政策的の実績を挙ぐるに於ては其効果広大なるべく設置場所は多分江東第三中学校牛込の第四中学校に決定すべしと」

『教育時論』も六月一五日付の記事「府立夜間中学建設」でこれに続いた。おそらく、従来の東京府が目指してきた入学難緩和のみならず、勤労青少年教育をも目的に掲げている点がジャーナリズムの注目を集めた結果、信愛中等夜学校になぞらえて「夜学中学」「夜間中学」と報じたのであろう。なお、「夜間中学」の語の使用は、管見の限りこれが初見である。

しかし内容を吟味すれば、「午後三時頃に始学」というのはおよそ勤労青少年の生活実態を無視した時間設定である。発想は依然として二部教授の枠組みを出ていない。ジャーナリズムの早とちりなのは確かだが、府も発表にあたって勤労青少年教育を標榜していることに注目しよう。信愛中等夜学校に学んで世論を引きつけるとともに、文部省に新しい角度から迫るべく府が打ち出したイメージ戦略だった。

二　夜間中学論争のゆくえ

当時の文部省は、懸案だった夜間実業学校の公認問題に関して調査委員会を設置し、作業を進めていた(53)。このような事情を踏まえてか、中学校夜間教授の認可申請をめぐる新聞・雑誌の報道内容も、当初は楽観的であった。しかし、一足飛びに夜間中学公認とはいかず、事態は迷走を続けることになる。『東京朝日新聞』『教育時論』を中心に、その経過を追ってみよう。

一九二〇年六月一八日付の『東京朝日新聞』は「夜間中学は許可せず／弊害多しとて文部省不賛成」と報じた。記事によれば、「赤司普通学務局長、森岡督学官、野田督学官等は夜間中学の設立の反対を唱へ乗杉社会課長は賛成して居るが多数は之を弊害ありと為して許可を与へない方針を取ることになった」という。理由は次の五点である。

①「夜間中学を許すと青年は昼間働いて夜間無理な勉強をするから健康を害するの怖れあり青年体育上面白くない結果を来すこと」
②「中学校を夜間使用すれば取締上困難を来すこと」
③「中学教育の低下を来すこと」
④「中学教育を受くる者は昼間勉学し得られる者で十分なること」
⑤「夜間は実業教育だけで事足りること」

いくつも問題点があるかのようにみえるが、①②は実業学校に夜間授業を認めることとの整合性がとれないから理由として成立しない。見るべき反対理由は③④⑤である。中学校教育は一定の水準を保つ必要があるが、夜間授業ではそれができないという質の問題に加え、そもそも中学校教育を受ける者を現在以上に増加させるべきではないという数の問題があるので夜間中学校は認めない。夜間に中等教育を受けたいと願う者は、これから認可する夜間実業学校へ通えばいい。それが当時の文部省の基本方針だったといえよう。

七月五日付の『教育時論』は、文部省普通学務局長赤司鷹一郎の談話を掲載した。

「大体に於て此制度は結構であると思ふ。夜間中学の主張者は主として収容方の関係から之を補充緩和せんとする意味に於て其必要を認むる様であるが、一体夜間中学といふ者は《ママ》家庭の事情職業の関係其他種々なる事故の為め昼間通学の余暇なき者の為に特に高等普通教育の途を開くといふ事が其根本の問題であると信ずる。仮令之れが開設の結果として自ら一般の人に多く利用せらるゝ様になったとしても、其れは副作用であって夜間中学本来の目的とは言へない。若し是等の点を明かにせずに置くならば延いて施設の上又利用の上にも種々遺憾なる結果を生ずるに相違ない。言ふ迄もなく夜間中学卒業生の学力の程度は昼間の中学卒業生と同一である事を要するが故に、其課程や教授法に於ては特別の工夫研究を要する。又体育衛生などの上から見ても差支ない様な方法を講じてかからなければならぬ。何と言ても変態の就学方法であるからして教育上顧慮すべき点は多々あるのである。依って文部省では目下是等の点に於て折角調査研究中であるから多分遠からず成案を得るに至ると思ふ」(54)

六月一八日の『東京朝日新聞』が報じたように「不賛成」ではなく「調査研究中」だという。額面通りに受け取れば、夜間中学が勤労青少年の救済をうたうなら純粋に夜間のみ教授すべきだという趣旨であり、正論である。しかし見方によっては、議論の中身に触れず先送りしただけの官僚答弁ともとれる。

この記事を読んだうえでのことかどうかはわからないが、八月九日付の『東京朝日新聞』は「夜間中学行悩」と題し、東京府が府立夜間中学校設置の可否を非公式に打診したのに対して、文部省の「督学官連には意外にも反対意見を有するもの多数にて今尚ほ行悩み中なり」と伝えた。反対の理由は「夜間中学は中学校令に規定無きのみならず風教、衛生及体育上等より見るも到底完全を期し難く且中等教育の程度を低下せしむる虞れ」があるためだという。これに対して同紙は、①今や夜間中学問題は中学校入学者定員の拡大という「数的問題」を離れ、向学心に富む勤労青少年の救済という「質的問題」に移行していること、②「不完全なる私立中学校」の卒業者に専門学校入学資格が無試験に付与されるのと均衡を失すること、③既存の「不完全」な中等夜学校を放置するよりは充実した府立夜間中学校を設置して生徒を救済すべきだ、という府当局者の談話を掲載した。暗に文部省を批判した記事である。

八月一日付の『日本及日本人』は水津謙介の論文を掲載した。[55] 重要な部分は、次の三点である。

「夜間中学を以て昼間中学の補ひにするなどは以ての外である。夜間は昼間業務ある特別の事情のある者のみを収容しなくては、其教育の効果は充分でない。開成予備校式のものでは駄目だ。昼間中学といへども現代の事情では不足を告げて居るから、其増設をすることに努力するがよい。夜間中学は中等教育普及の意味に於て設立しなくてはならぬ。教育の平等を標榜するものでなくてはならぬ。赤司局長は数の問題ではなく質の問題だといふけれども、吾輩の考を以てすれば、夜間中学は数の問題であって、質の問題は今いふ時ではない。或は昼間中学は数より質かも知れぬが、これとても中等教育普及の意味からすれば、同じく数の問題である。文部省は中等教育が普及して居ると思ふ丈現状を知らないのではないか。実際の社会状態を理解して居ないやうにも見える。殊に現代問題たる労働問題の如きも、主として労働者の教育を図り、彼等の理智の向上を期さなくては其解決は出来ぬのである。危険思想といふ思想《ママ》問題なども、或る程度までは未発に防ぐことが出来ようし、普選問題も幾分理解ある解決が付くと思ふ」

「夜間中学校は何故必要かといへば、現今の国家が制定して居る法令によりて、中学校を卒業せざるものは、夫れ以上の学力があっても人格が崇高であっても、専門教育を受くべき学校に入ることが不可能となって居る。是れが即ち受験資格となって居るから、何うしても中学に入らなくてはならぬ。文部省での十八番の申立は、専門学校入学者検定試験があると澄まして居るが、この検定では中等教育といへる訓練が伴はない。知識丈けは中学卒業の学力があっても、其人物の出来る出来ぬは別物となって、中等教育の本旨に悖って居る。〔中略〕故に受験資格を撤廃するか、低下せしめて、国民教育を受けた者は皆受験資格ありとするか、左もなくば物質欠乏や家庭事情やで、昼間業務を執る青年にも、夜間中等教育を受けしむべき機関を設けないといふことは、文部省が如何に理屈を付けたにしても間違って居る。現代の中学は、三十年前の高等小学と等しいものとなった。三十年前の中学卒業者は今の専門学校卒業以上に優待されたものだ。その後文明の進むのに従って、今日では中学卒業は受験資格丈で、社会一般も中学卒業位では優待も何もしない。何うしても上級の学校（専門学校大学）に進まなくてはならぬ。学資に乏しい者でも専門学校以上とならば、奨学金制度が地方庁にはあるし、個人でも給費貸費の制度を設けて居るものもあるから、中学丈けは卒業する必要がある」

「文部省では夜間中学校に入る者は、貧民だと心得て居るけれども、決して然うではない。貧民といふものは自らも貧民と心得、貧民を以て甘んじて居る国民及び其子弟である。家にあって沢庵漬丈で南京米を喰って居ても、外出に際し紳士や令嬢の服装を真似るやうな者は、貧民ではない。少くも物質的にでも、向上心を有して居る民だ。貧民とは単に物資の欠乏のみを感ずるのではなく、精神的にも一種の堕落をして居る民だ。夜間中学を希望する国民及其子弟は、紳士令嬢を真似るよりも、一層高尚な民で、体力や能力や才知も充分で、昼間中学生になり得ないのは、家庭の事情や業務を執って居るためで、唯物資の窮乏して居るばかりだ。昼間中学生より勤勉で努力を惜まない処などは勝れた点である。試に昼間中学生は臨時休を喜ぶに引換へて、夜間学生は何か補講しないと機嫌が悪い処などを見ても、其一斑を知る事が出来る。これは自分が十五年間の経験である」

開成予備学校のような昼間中学校の補欠入学者のプールはもちろん、東京府の二部教授案も切って捨てている。

入学難緩和には昼間の中学校を増設せよ、専検制度は資格取得だけで人格教育にはならないという主張は筋が通っている。これに続けて水津は、文部省が反対するのは国民から夜間中学という妙案を教えられては威信に関わるからか、と皮肉り、早急に夜間中学を認可するよう求めている。

こうしたどっちつかずの状態は、八月二五日付の『教育時論』のスクープ記事で一変する。同誌は文部省関係者の談話として、次のように報じた。

「夜間中学問題に関しては、東京府が中学校舎の不足等の関係より、二部教授共に考慮し、文部省は之れに反対の意向なるが如く伝へらるゝも、文部当局としては寧ろ昼間各官庁会社銀行其他に出勤労務に服し、正則の中学科程度を修業する余裕なき少年の為めに、官公私立の正規夜間中学校の設置は、一国文化の上よりも希望し居る所なるが、問題は時間の関係と学科課程の配当を如何にすべきかにあり。（中略）現在の中学校の規定其儘を適用するとせば、修了に七ヶ年を要すべく、左りとて昼間充分なる勤労に従事し居る者に、授業時間を延長して疲労を増さしむるが如きは、保健上断じて採るべき方法にあらず(56)」

もはや東京府・文部省に対立はなく、焦点は「修業年限六年以内」でどうやって正規の夜間中学校として認可するかに絞られたという説明である。

さらに三ヶ月後の一一月一八日付『東京朝日新聞』も、「夜間中学内定す／中学校令の一部改正」と題して、文部省の夜間中学認可方針を報じた。

「輓近中学志望者の激増に反し中学校の収容力は常に不足を告げつゝありて之が為め志望者の方向を転換す

る者多く殊に制規の中学校に入学する能はざる者は相率ゐて職業学校に向ふの傾あり。夜間中学の創設は此傾向を匡救する方法なるも従来実行難の故を以て当局者は之に反対を表し来りたるも審議の結果愈之を許可せんとするに至りたるが、之が為には現行中学校令に一部の改正を行はざるべからず。目下之が修業年限教科目の按配其他実行方法を考究中なるが其大綱は

（一）　修業年限を七箇年とす

（二）　現在の中学校内に設置するに在るも之を以て彼の小学校二部教授の方法を避け飽まで中学校令に準拠す

といふ方針なり」

夜間中学関係者が沸き立ったことは想像に難くない。

しかしこの後、ジャーナリズムによる報道は後を絶ち、結局、一九二一年度からの夜間中学設置はならなかった。東京府の申請した「夜学中学校」について文部省が精査したところ、実は単なる二部教授に過ぎなかったため不許可となったのである。水津はこの結末を厳しく批判した。

「斯くては当局たる文部省及び東京府は夜間中学生に対して今尚ほこの教育の必要を認めざるもの丶如し、或は認むるも啻に勤務の増加するを憂ひて其日暮しに事勿れ主義を固守しつ丶あるものか、前者とすれば文教の司としては無能にして後者とすれば職に忠なるものに非らず、無情不親切千万なりと評する外無きを得ないのである」

「文部省は目今調査中なりと答へたりとは予て論駁したる所なれども其調査なるものが如何なる程度に達成

しつゝあるか世人をして遁辞なりと推量せしむるものあるに於ては当局の無情不親切を叫ぶに至らざらむとするも豈夫れ得べけむやである。更に其筋に於て聞く所によれば、東京府など可なり沢山の予算を持ち乍ら中学校の数が足りないとて二部教授などを計画しなくも府下に漸く第五府立あるのみであるから新しく中学校を増設すればよいのだと成程其の通りである。〔中略〕県でも中学校の五ツ六ツは設立して居るのであるから模範的の東京は十校位を設立するがよい」

「凡そ労働問題中時間制問題の如きは夜間中学制の敷かるゝ暁に於いては頗る解決を速進《ママ》せしむるものあるは何人も悟了し尽す所あるべしと思はる、例へば尋常小学卒業後直ちに何れの労働勤務等にも条件を付して従事し従事せしむる便法あり。即ち夜間中学校に通学せしめ通学すとの相互の契約によれば労働時間は自ら制限せらるゝを得べきなり、現今医師弁護士歯科医師の学僕其他給仕店員等の傭入に苦しむものありと聞けど夜間中学通学の条件を付せば学僕給仕を希望する者は寧ろ多きをかこつに至るべし、かくして中等教育の普及は期せられ国民常識の向上を見れば危険なる外来思想は静かに彼らの脳底に咀嚼せられて政府当事者の之れが苦心も其度を減ずること明かなりと信ずるのである。〔中略〕世人の多くは夜間の学校は昼間学校の内職なりと心得従事するものも亦其積りである故に文科的社会の進歩は遅々として振はない発達して居ないのである、社会の改造を叫ぶ前に中等教育の普及を図らないのは間違って居る[57]」

激越な批判には理由がある。文部省・東京府の間では、夜間中学に代えてゲーリー・システムの導入が検討されていたのである。夜間中学ではなく二部教授、さらにはゲーリー・システムと、次第に向学心に富む勤労青少年の救済という理想から遠ざかってゆくことに、水津は苛立ちを募らせていたのだろう。

もはや期待をつなげるのは、私学関係者をおいてほかにはない。水津はこれに続けて叫ぶ。

「由来国家が新事業の発達を図かる政策として先づ民間に委して其経過を見国家としては可成既設事業を助成する事は財政政策の原則にしあれば或は官公立の夜間中学の施設は暫く見ること能はざるものあるべしとも思はれる。故に現在府下の各私立中学校は挙って夜間中学を開設して之が認定を文部省に迫らば最早や文部当局も之に対して決して無理解反対は為さゞるべし。唯其経営上に於て営利的意義の露骨ならざる事は許可の促進せらるゝ一法たりと信ず。（中略）吾人は一日も早く各私立中学校が挙って夜間中学校を開設する日の来るを希望するのである」

水津の呼びかけに応じたわけでもなかろうが、開成予備学校ではこの年から夜間中学公認運動を開始している。(58)正規の夜間中学校設置認可はならなかったが、あと一歩（とみえるところ）まで漕ぎ着けたことで、夜間中学関係者の間では期待感が高まり、運動を積極的に展開すべく結束する結果となったのであろう。

三　府立四中のゲーリー・システム導入

一九二二年二月八日文部省令第八号「中学校令施行規則中改正」は、中学校の総定員を六〇〇名から八〇〇名に増員し、さらに「特別ノ事情アル場合ニハ文部大臣ノ認可ヲ受ケ之ヲ増スコトヲ得」とした。なお、ここでは上限を定めていないが、別に訓令を発して一〇〇〇名までとした。(59)

この「特別ノ事情」を最初に認められたのは府立四中であった。同年三月六日付の『東京朝日新聞』は、「入学難に泣く生徒に同情して／府立四中が募集増員／日本で最初にゲーリー制式を導入する」と報じた。校舎の増改築を行わないまま、入学定員を一六〇名から二〇〇名に増員し、教室を交代で使用するという苦肉の策である。いわゆるゲーリー・システムであるが、同校ではこれを「移動組」と称した。(60) 学校長の深井は取材に応え、「今迄教室内に置いた生徒の携帯品靴外套等も一定の置場所を設け空いてる教室は何時でも他の学級に使用し得る様な方法を取る心算である」(61) と述べている。また同紙は、府立二高女・五高女も同年四月から同じ方式を導入することを報じている。

この方式は大都市の中学校関係者にとって妙案と映った。大阪府は四月二七日に府立中学校長会議を招集して二部教授の導入について議論した結果、次のような意見でまとまった。

「一、全国の中学校は約二千校不足を生じて居る、之を補足するに学校を殖す事は困難であれば校舎と教室を増加するか学校を増加するかの外に方法がない

二、大阪府に於て実行の可能性を有するのは現状に於て交叉的二部教授の一方法である、ソレは午前と午後の二部制は効率に疑ひがあるので午前教授の現在の制度に対し放課時を教授時間に交互に利用する時間の調和を計る事

三、其他の方法としては学科目を減ずる事即ち現行の習字漢文科の如きを廃し博物の如きは総論的に止める事、若し漢文科を全廃し難しとすれば国文科に加味するの調整策を執る

四、更に教授法を大学の講座的に改むる事の可否」(62)

中橋文相も、一九二一年五月七日の地方長官会議でゲーリー・システムによる府県立中学校の二部教授を慫慂し、(63) さらに五月一三日の視学官会議では、次のような訓示を行った。

「収容力ノ増加ハ学校ノ増設ニ俟ツノハ言フマデモアリマセヌガ、既設学校ノ拡張ニ依ッテモ其ノ目的ヲ達シ得ル訳デアリマス。又彼ノ「ゲーリー」氏式教室利用法ヲモ参酌実施致シマシテモ、相当ニ収容力ヲ増加シ得ルモノト信ジマス」(64)

教育行政としては、ゲーリー・システムは利点の方が大きいという判断に至ったことがわかる。

しかし府立四中の場合、二部授業あるいは「夜学中学校」を計画しながら、結局のところゲーリー・システムで昼間の定員増をはかるにとどまった。いわば換骨奪胎にほかならないが、この判断は社会的にどう評価されたのだろうか。

教育関係者・ジャーナリズムは、夜間中学賛成派・反対派を問わず批判を浴びせた。『日本及日本人』は批判記事のほかに、コラムで「事実に於て既に死屍に類せる原内閣、特に精神に肉体に殆ど亡霊に属せる中橋文相が斯る方針を企て来議会に提案に及ぶべしとは幽霊の物言ふに似て甚だしく薄気味悪き感なくんばあらず」(65)と揶揄した。『教育時論』は中学校関係者の批判を掲載した。及川儀右衛門(福岡県立中学明善校教諭)は、教育の機会均等という点から夜間中学を認めるのはやむを得ないが、「目下の中学校不足の補充は新設を本意として方針を立つべきで変則的な二部教授や夜学やゲーリーシステムを一般的に実施せんとすることは啻に中等教育の本質を破壊するのみならず更に益々中等教育の不信を招」(66)くと喝破した。府立一中の川田校長は、「我国の学校々舎に於ては教育能率を甚だしく害することなくしてゲイリーシステムの採用や二部教授の実施は不可能である。又教員の養成に伴《ママ》はざる学校の増設は教員の欠員を招来する」(67)と警鐘を鳴らした。『東京朝日新聞』は五月一七日に「ゲエリー式採用の賛否」と題し、川田の「米国で失敗の実例」と、深井の「未だ批判の時に達せず」とを同時

表3　夜間実業学校として認定された学校(1921～24年)

認可年	学　　　校　　　名
1921	東京商業学校，慶應義塾商業学校，横浜市専修商業学校，東京主計学校，東京市立商業学校，早稲田実業学校，成器商業学校，修徳夜学校，宇都宮実業学校，京北実業学校，神戸市立第二神港商業学校
1922	なし
1923	東京保善商業学校，東京市麻布商工学校，京阪商業学校，日新商業学校，鹿児島実業学校
1924	東京市立京橋商業学校，法政大学商業学校，浪華商業学校，関西大学第二商業学校

澁木直一『夜間実業教育』(文部省実業学務局，1935年)より作成。

掲載した。

夜間中学賛成派はこれを契機として、私学関係者を中心に夜間中学期成会を組織して、勤労青少年教育という観点を前面に押し出して運動を開始した。江原素六(麻布中学校長)・三輪田元道(三輪田高等女学校長)・水津謙介(元私立中等夜学校長)らが文部省に夜間中学公認を求めることを決め、四月三〇日から東京市内で数万枚のビラを撒布、五月一日には神田の明治会館で大演説会を開いた(68)。これを報じた『日本及日本人』は、二部教授は「教育無識」「絶対に宜しからず」と痛烈に批判し、夜間中学期成会を「夜間中学を興し無産階級の子弟をして中等教育を受けしめ進で高等大学に入るべき途を与ふるは今日の急務(69)」と絶賛した。

一九二一年一月一二日文部省令第二号で工業学校規程を、三月一八日文部省令第一七号で商業学校規程を改正し、夜間工業学校・夜間商業学校の設置を認めたばかりの文部省はこうした運動に色好い反応を示していない。文部省はこの後、二八年に夜間職業学校、三〇年に夜間農業学校の設置を認める。夜間の中等教育は中学校ではなく実業学校で、という方針を定めたことは明確だった。なお、一九二一年以降、新設をみた夜間実業学校(甲種)は表3の通りである。

ただし文部省は、夜間中学を公認しないとの立場はとっていない。「昼間職業に従事するが為めに正規の中学校に入学し得ざる者ゝ《ママ》為めに修学の途を拓くの意味に於ては、固より異論な」いのであり、「最近入学難緩和の目的よりして已むなく奨励したるゲーリーシステム(校舎の利用に限る)採用の主旨を拡張して、夜間中学校の校舎設備を利用せんとするの意味に於てならば絶対に不可」だが、前者の可否については「目下鋭意調査の歩を進め居れり」としていた。[70]

ところが、ゲーリー・システム導入以降、東京府および府立四中の夜間中学設置認可を求める動きは、全く報道されなくなる。正規の学歴・資格を付与する公立夜間中学校が誕生するか否かという重大事がにわかにニュース性を失うとは考えにくいから、おそらく中学校令施行規則改正による定員増を一定の成果として、東京府および府立四中は文部省への働きかけをとりやめたか、少なくとも中断したのだろう。これは褒められた話ではない。うがった見方をすれば、入学難緩和のための夜間中学なら設置したいが勤労青少年のための夜間中学なら設置したくないというのが底意だった、あるいは定員増を求めるための戦術として夜間授業を広言したなどとも受け取れるからである。いずれにせよ、これ以降、東京府が夜間中学設置に乗り出そうとする動きは完全に途絶えてしまう。ゲーリー・システム自体も、全国的にはほとんど広がらなかった。

その代わり、入学難緩和を主目的とする夜間中学を設置しようという構想は、これ以降も教育関係者・ジャーナリズムに広く共有され続ける。齋藤斐章(東京高等師範学校教授・同附属中学校主事)は『中等教育』に「中等学校入学難は斯くして除き得られる」と題した長文を寄せたが、具体的な九項目の提案の一つとして「中等夜学校を新設して或る重要科目のみを授け他は検定試験によりて中学卒業の資格を与ふる制を定むること」[71]を主張した。『教育時論』は、七年制の武蔵高等学校を開設した根津嘉一郎が「最近ますく不足を告げてゐる中等学校の不足と試験の難関に当って恵まれない不幸な少国民救済といふ見地から」、今度は夜間中学の設置を検討しており、「敷地及び校舎建築費に約五十万円を投じ、昼間これを中学校として使用するのは勿論、夜間も文部省の認定を受けて日本で最初の完備した夜間中学校たらしめやうとの計画もあるらしい」[72]と報じた。東京府および府立四中の「変節」とは関係なく、夜間中学構想は温められ続けていたのである。

第四節　北海道庁における中等夜学校の叢生

一　札幌遠友夜学校中等部・中等夜学有鄰館の誕生

一八九五年にようやく庁立中学校の設置をみた中学校教育の後進地・北海道では、一九一〇年に至っても男子中等教育機関を合算してわずか一二(師範一、中学五［うち私立一］、商業三［うち私立一］、商船一、水産一、農業一)校という設置状況であった。これ以降も増設のペースは遅く、一九一〇年代を通じて新設されたのは六(師範一、中学三、商業一、工業一)校にとどまる。中学校の場合、一九二〇年段階でも全道に九(うち私立一)校しか設置されていなかった。これは人口一三・八万人あたり一校という比率になるが、この年の全国平均は七・六万人に一校であった。[73]また、入学志願者に対する入学率も二一年まで一貫して全国平均を下回る厳しい入学難が続いていた。[74]こうした著しい整備の遅れにより、北海道庁には中等教育の拡張を求める陳情が引きも切らなかった。地方議会たる道会は増設をめぐる議論を毎年繰り返したが、北海道庁が抜本的な是正に着手することはなかった。

過度の入学難が続けば、苦しむのは入学志願者(や親)ばかりではない。中等学歴を持つ者の不足に社会全体が喘ぐことになる。特に、職員定数があり、原則的に学歴(あるいは試験)によって「傭人→雇員→判任官→高等官」という階層を形成する官公庁でそれは顕著である。このため、官公庁では中等程度の学校を自前で設置する事例が相次いだ。例えば、北海道庁は一八九五年に北海道庁給仕教育舎(札幌夜学校とも呼称)を開設した。庁内の給仕――高等小学校卒業程度で採用する傭人――に雇員採用試験・文官普通試験（普文）を受験させるべく、合同教育制の夜間授業を北海道庁職員が行うものである。(75) 四年後の九九年からは財団法人給仕教育資産を設立し、その経営とした。鉄道院北海道鉄道管理局は一九一九年、職員に対する技能訓練機関である鉄道院職員北海道地方教習所に高等小学校卒業程度の若年者を入学させる本科甲部を増設した。二年間の在学中は中学校に準じた教育課程の昼間授業を受けさせながら傭人の給与を支給し、卒業後は中学校卒業者と同様に雇員に昇格させるというもので、全国の鉄道管理局に例をみない破格の優遇策であった。(76)

官公庁以外でも、一九一二年には本願寺札幌別院内に普通科二年・研究科一年の北海夜学校、(77) 一七年には日本基督教団北辰教会内に中等部三年の札幌青年会夜学校(78)と、宗教関係者が小学校にとどまらない教育課程を持つ夜学校の設置に乗り出した。これらの学校群は、入学式・卒業式すら新聞報道とは無縁で、私塾・予備校の一種といった程度の社会的評価であったようだが、中学校に進学し得ない青少年たちが続々と門を叩いた。

「私が夜学校に入ったのは、大正元年九月でまだ十二歳をちょっと越した年頃であった。学校の名前は札幌夜学校、北海道庁の地下室の一つが教室にあてられ、先生は全部道庁の人たちで、学科は国語、英語、算術の程度であった。修業年限は二ヶ年だったので、大正三年にはこの学校を卒業することになった。そこで四月からは北海夜学校というのに入学した。この学校は札幌西本願寺の経営で、修業年限は三年だったので、教室も三つあった。授業は午後六時から九時まで、学科は国語、漢文、英語、代数などで、中学三年位までの学力をつけさせるのが目的であった。大正六年三月にこの学校を卒業したのでちょうど四ヶ年半夜学に通ったわけである。私は昼は道庁に勤めていたので、毎日弁当を二つ持ってゆき、真直ぐに学校へ行くまで若干の時間があったので、それを予習、復習にあてた。〔中略〕当時の夜学校は設備も悪く、先生も少なく、従って教育内容も極めて低いものであった。しかし私はこゝで勉強することによって向学心を高めるとともに、忍耐力を養い、その後における私の生きかたを決定する基礎が形成されたと信じている[79]」

このように一九一〇年代の札幌では、中学校の社会的機能の一部を代替するさまざまな学校が叢生し、総体として「貧者の中等教育」とでも称すべき学習機会を創出していた。そうした状況のなか、一九二一年には新渡戸稲造(元札幌農学校教授)が設置した小学校程度の社会事業施設であった札幌遠友夜学校が中等部を設置するに至った。

同校の開校は一八九四年一月で、当時の市域のはずれを流れる豊平川沿いの貧民窟に独立校舎を建築した。必要経費は新渡戸の私財と市民の寄付でまかない、教師は新渡戸の教え子である農学校学生有志が無償で出講、生徒は授業料・学用品代などの負担なく学んだ。その後、九七年に新渡戸が欧米巡遊のため離札する際、札幌遠友夜学会を組織して会員の醵金で経営する形に変更し、農学校教官が就任するポストとして代表(校長代理)を新設した。この代表には宮部金吾、有島武郎、半澤洵など著名な教官が次々と就任し、教育にあたる農学校学生や寄付の獲得にもとりたてて問題が生じることはなく安定経営を維持した。その結果、一九一一年以降は内務省・北海道庁、一三年以降は札幌区(のち札幌市)から社会事業施設として補助金を受給し、一六年には北海道庁から各種学校として認可を受けるに至った。

一九一九年、本科(高等小学校程度)の生徒たちが、中学校程度の課程の設置を提起した。教員らも「卒業生が直に世の中の有為人物となるに余り程度の低過ぎる[80]」と危惧していたため異存はなく、直ちに市民から寄付を募り、札幌区の補助も得て二〇年に校舎の増築に着手した。翌二一年四月には増築が竣工、「中学乃至高女の三年程度迄の知識を与ふ[81]」べく、本科を募集停止して修業年限三年・補習科一年、総定員二五〇名の中等部を設置した。教師を務めていた館脇操（北海道帝国大学農学部学生）が「新しい夜間中学の方向をとって新鮮なそして溌剌とした空気が校内に漲っていた」[82]と回想するように、同校にとって大きな転換点であった。初年度は内部進学者三〇名に加えて外部から四〇名を募集し、志願者一一五名に入学試験を行い、学力に相当する学年（初等部を含む）に配属して授業を開始した。

その直後の五月、中等部の運営をめぐって「忌むべき内紛」[83]が先鋭化した。詳細は不明だが、「キリスト教的雰囲気の夜学校にあきたら」[84]なかった佐藤一雄（北海道帝国大学農学部学生、のちに札幌市会議員）ら教師八名と生徒二〇名が同校を去り、中等夜学有鄰館《ゆうりんかん》を設置した。有鄰館は「三ヶ年の短期を以て中等程度の教課を修了せしむ」[85]とする積極路線をとり、「中等程度ノ学校ノ不足ヲ告ケテ居ルハ一般ニ遺憾ナコトテアル故有隣《ママ》館ハ是等中学校ニ入学シ得サル学生ヲ集メテ授業開始シ中等学校ノ不足ヲ補フモノ」[86]との高評価を獲得した。ただ、遠友夜学校と同様に教師は北海道帝国大学生の無償奉仕に頼ったが、財政基盤が脆弱なため月額五〇銭の授業料を徴収している（減免制度あり）。また、独立校舎もなく、当初は数ヶ月ごとに無償で借用できる私立学校や会社社屋を転々とし、一九二二年一月になってようやく北海道仏教連合会事務所（東本願寺境内）に落ち着いている。

両校はその特異な性格から、市民はもちろん官公庁からも注目を受けた。遠友夜学校は一九二一年度から「御下賜金」を受給するようになり、翌二二年八月には「勅使御差遣」を受ける栄誉に預かった。有鄰館も二三年度から札幌市の補助金を受給している。

かくして遠友夜学校は「中等部」、有鄰館は「中等夜学」を名乗ることで、札幌の夜学校事情は新しい段階に入った。一九二二年一〇月八日、『北海タイムス』が掲載した社説「教育方法改善／中等補習教育」は次のように論じた。

「補習教育の普及は我国としても此際最も力を傾注すべきでなからうか、昼間学校に通学の余裕なき青少年をして勉学の機会を与へることが肝腎で近時国民の知識欲が旺盛になって彼等青少年も自発的に其れを望む者が多くなった、近来札幌の例に見るも補習学校志願者が増加してゐる、又札幌には遠友夜学校とか有隣館《ママ》とか昼間通学し得ざる丁稚店員給仕職工其他の男女に対して二ヶ年内外で中等教育の一部を授ける篤志の学校もあるが之等の志願者も相当多く何れも熱心に真面目に勉強してゐる所を見ると何故に之等の不遇な青少年の為に完全な中等夜学校の企てがないかと云ふことを残念に思はれる、教育の機会均等と云ふことは決して危険な思想でもなんでもない、寧ろ危険思想の防止策とでも称すべきで之ありて初めて一国の文運が大いに伸びる訳である」

「完全な中等夜学校」は、夜間授業を行う正規の中学校の意であろう。一九二〇年代には地方都市(しかも開拓地である北海道)においてもその必要度が認識されるようになったことがわかる。

二　北海道庁立学校に対する中等夜学校設置奨励

一九二一年一〇月七日、服部教一が北海道庁内務部長に着任した。服部は東京高等師範学校理科を卒業し、中等教員として勤務する傍ら高文行政科に合格して内務省入りした異色の経歴を持つ内務官僚であった。(87)服部は着任早々、入学難緩和のため中学校一四校を含む中等学校四二校を新設し、さらに既設中等学校の学級数を増加させる「中等学校拡充五箇年計画」を策定、(88)翌一九二二～二六年の五年間で中学校一〇校を含む庁立中等学校四二校を新設することとした。さらに一二月六日、通常道会の議案第一号調査委員会において、「中等教育ヲ受ケラレナイ者ニ補習教育ヲ施ス」プランはあるかとの質問に対し、次のように答弁した。

「小学校ダケデ突ッ放スト云フコトハ是ハ無理ナ話デアッテ、ソレデハ教育ハ不十分デアリマス、サウ云フ者ノ為ニヤル方法ト致シマシテハマア主ナルモノガ二ツアルノデス、其一ツハ補習夜学校デアリマス、此補習夜学校ニ於キマシテ一週間ニ二晩デモ冬季ノ間デモ宜イノデス、〔中略〕ソレカラモウ一ツ必要ナル事ハ、今ノヤウニ各町村ニ此補習夜学校以外ノモウ少シ程度ノ高イモノヲヤラセタイ、モウ少シ程度ノ高イモノト云フノハドウ云フモノデアルカト云フト、〔中略〕其土地ニ必要ナル農業教育或ハ公民トシテ必要ナル一般ノ教育、ソレカラ出来ルナラバ漢文ナドモ殊ニ中学校程度ノ漢文ヤナドモヤリマシテサウシテ人格ヲ練ル」

「中学校ノ入学試験ハ欧羅巴デモ亜米利加デモ一ツモヤッテ居ラヌ、モウ一人デモ教ヘテ下サイト言ッテ来ル者ハ皆入レテヤル、其代リ大キナ中学校デハ――札幌、函館、小樽ノヤウナ人口十万以上ノ処デアルト、中学校ガ大キクナルト大概一ツノ中学校ニ二千乃至二千五百紐育ノヤウナ大キナ処ヘ行クト中学校ハ四千五百人位一ツノ学校ニ這入ッテ居ル、マアソンナ風ニ追々学校モ大キクシナケレバナラヌシ、ソレカラ又学校ノ数モ増サナケレバナラヌノデアリマス」

前者は中等学校へ進み得ない青少年に実業補習教育にとどまらない教育を与えたい、後者は中学校教育を拡大したいという意思表明である。ここまで踏み込んだ答弁をする以上、さらなる増設が既に検討されていたのは確かである。一九二二年二月七日、北海道庁長官室で開催された全道公私立中等学校長会議で、服部は夜間中学設置の可否ならびに実施方について諮問した。会議は次の内容を答申した。(89)

一、地方の必要によりて夜間中等学校を設くること。
二、設備は既設学校の教具を使用すること。
三、教科は学科目制度によること。
四、教員俸給は全部地方費支弁とすること。
五、授業時間は一日三時間以内とす。
六、教員の報酬は一時間三円とす。

その後、北海道庁内務部は九ヶ月にわたって検討を続け、同年一一月、「中等夜学校準則」を制定した。条文を次に示す。

中等夜学校準則

第一章　総　則

第一条　本校ハ小学校ノ教科ヲ終ヘ更ニ中学程度ノ学科ヲ修メントスル者ニシテ昼間職務ノ為入学シ能ハザル者ノ為特ニ夜間ヲ利用シ男子ニ須要ナル高等普通教育ヲ授クルヲ以テ目的トス

第二条　修業年限ハ通常四ヶ年トス

第二章　学科目課程教授時数

第三条　学科目課程及毎週教授時数凡ソ左ノ如シ

学科目＼学年	時数	第一学年	時数	第二学年	時数	第三学年	時数	第四学年
修身	一	道徳ノ要領作法	一	同上	一	国民道徳ノ要旨	一	国民道徳ノ要旨、法制経済
国語漢文	五	講読、作文、文法	五	同上	四	同上	四	同上
英語	五	発音綴方訳読文法作文習字	五	訳読、文法、会話、書取	五	同上	五	同上
地理	一	日本地理	一	外国地理	一	自然地理概論人文地理概論	一	同上及地文
歴史	一	日本歴史	一	外国歴史	一	同上	一	同上
数学	五	算術、代数	五	代数、幾何	五	代数幾何三角法	五	高等数学大意図法
理科	二	植物、動物	二	生理、衛生、鉱物、博物、概論	二	物理、化学	二	同上
図画					一	幾何図	一	同上

第四条　教授ハ午後六時ヨリ九時三十分マデノ間ニ於テ之ヲ行フ

第三章　学年、学期、休業日

第五条　学年ハ四月一日ニ始リ翌年三月三十一日終ル

第一学期　四月一日ヨリ八月三十一日迄

第二学期　九月一日ヨリ十二月三十一日迄
第三学期　一月一日ヨリ三月三十一日迄

第四章　入学、退学

第六条　入学期ハ通常毎学年ノ始トス
第七条　第一学年ニ入学スルコトヲ得ル者ハ尋常小学校ヲ卒業シ又ハ相当年齢ニ達シ之ト同等以上ノ学力ヲ有スル者タルベシ
第八条　第一学年ノ入学志願者募集人員ヲ超過スルトキハ国語、算術ノ二科目ニツキ選抜試験ヲ行フ
第九条　各学年ニ欠員アルトキハ学年相当ノ学力ヲ有スルモノヲ臨時入学セシム
第十条　入学志願者ハ入学願書ニ履歴書ヲ添ヘ学校長ニ差出スベシ但シ保証人ノ連証ヲ要ス保証人ハ市内又ハ其ノ付近ニ住居シ生徒ノ身上ヲ引受ケ且監督ノ責ヲ尽シ得ベキ者タルベシ
第十一条　退学セントスルモノハ其ノ事由ヲ具シ保証人連証ノ上願出ヅベシ
第十二条　左ノ各号ノ一ニ該当スル者アルトキハ学校長ニ於テ退学ヲ命ズルコトアルベシ
一、性行不良ニシテ改善ノ見込ナシト認メタル者
二、成業ノ見込ナシト認メタル者
三、出席常ナラザル者

第五章　修了及卒業

第十三条　各学年ノ課程ヲ修業全学科ノ卒業又ハ一科目若ハ数科目ノ修了ヲ認ムルニハ学業操行及試験ノ成績ヲ考査シテ之ヲ定ム
第十四条　各学年ノ課程ヲ修業シタル者ニハ修業証書ヲ全学科ヲ卒業シタル者ニハ卒業証書ヲ一科又ハ数科

目ヲ修了シタル者ニハ其ノ学科修了証書ヲ授与ス

第十五条　授業料ハ一ヶ月金二円トス但シ三科目以内ヲ修ムル者ハ一ヶ月金一円二十銭トス

第十六条　授業料ハ毎月十五日マデニ其ノ月分ヲ納メシム

但シ前月開校セザル時ハ之ヲ徴収セズ

付　則

第十七条　本則施行上必要ナル細則其ノ他職員ノ職務ニ関スル内規等ハ学校長ニ於テ別ニ之ヲ定ム

本則ハ単ニ標準ヲ示シタルニ止ルモノナレバ土地ノ事情ニ応ジ学校長ハ随意ニ之ヲ変更スルコトヲ得(90)

この準則が、公立学校の校舎・教具・教員を夜間使用して私立各種学校を経営することを認めた全国初の規程である。だが、私立といっても生徒から徴収する授業料以外は、北海道庁からの補助金をもとに経営するので、実際に設立者となる庁立学校長に金銭的負担はかからない。しかも北海道庁は、「将来は地方費に依り庁立に準ずる程度に昇格して其実を挙ぐべく意向(91)」を表明していた。制度上は私立各種学校ながら、実態としては北海道庁の意向で設置された「準公立」学校だったのである。

翌一九二三年度から、一一(男子七、女子四)校の男女中等夜学校に対して一斉に設置認可が与えられた(92)。男子中等夜学校を表4に示す。分布からいえば、一九二二年までに設置されていた庁立中学校九校・商業学校三校のうち、滝川町(現在の滝川市)が設置にかかる地元負担金を支払わないため閉校を検討中だった滝川中、学校長が一年に及ぶ欧米教育状況視察に出張中だった札幌一中(93)・小樽中、同一地域に中学校が設置されていた小樽商・函館商の五校を除き、全校が網羅されている。のみならず、北海道庁保存資料によって編纂された『北海道教育史』は、表4に加えて実際には設置認可が与えられなかった「小樽中等夜学校(庁立小樽中学校附設)」まで設置

表4　1923年度からの設置許可を得た男子中等夜学校

学校名	附設先	定員	年限	その後の経緯
札幌中等夜学校	札幌二中	70名	4年	1934年 専検指定→43年 札幌二中夜間部
函館中等夜学校	函館中	不明	3年	1940年 専検指定→43年 函館中夜間部
旭川中等夜学校	旭川中	70名	4年	1939年 専検指定→43年 旭川中夜間部
室蘭中等夜学校	室蘭中	不明	3年	1929年 休校→33年 廃止
名寄中等夜学校	名寄中	50名	3年	1934年 廃止
釧路商業中等学校	釧路中	不明	3年	1945年 専検指定，釧路市立中
根室実業夜学校	根室商業	不明	4年	1944年 廃止

国立公文書館蔵「各種学校設置廃止」，『北海道庁統計書』，『北海タイムス』，『小樽新聞』より作成。

済みとしている。既に書類は北海道庁内部で作成済みだったということであろう。こうしたことから、各庁立学校長個々人の意向とは関係なく、北海道庁内務部主導で設置計画が進められたと思われる。

開校前後の具体的な様子を、札幌中等夜学校についてみてみよう。一九二三年四月二〇日、能与作(庁立札幌第二中学校長)は北海道庁長官に対して設置認可を申請し、わずか四日後の同月二四日、内教第一一四二号で許可を得た。北海道庁から年額二〇〇円の補助金を受給するばかりでなく、将来の庁立移管を見越した「準公立」の学校だけあって、設置認可申請など単なる儀式だといわんばかりのスピード認可である。入学資格は尋常小学校卒業程度、修業年限は四年、授業料は月額二円(三科目以内の履修者は一円二〇銭)である。なお、教職員はすべて庁立二中の兼務とし、職員手当として講師には週一時間あたり月額七五銭を、書記・小使には固定で月額五円を支給することとした。定員は一学年七〇名であったが、初年度は本科に一〇四名、講習科(三科目以内)に四八名の志願があり、協議の結果、全員に無試験での入学を許している[94]。

開校式・入学式は五月七日に行われた。北海道庁の服部内務部長のほか、アイヌ救済事業で知られる宣教師ジョン・バチェラー博士、札幌市の鈴木学務課長が来賓として参列した[95]。『小樽新聞』は「中等夜学挙式」と題して、次のように報じている。

「既報札幌第二中学校教員等の計画に係る札幌中等夜学校は過般生徒募集を発表するや頗る世間の注意を喚起し入学志願者は第一学年百四名、講習科は四十八名に達した、右は四日選抜試験を行ふ筈であったが特に全部無試験で入学を許し昨七日午後七時半から入学式を行った、入学志願者は各方面に亘り中には他地方から来たものもあるが何れも非常な熱心振りなので能校長を始め職員一同大に感動して居た(96)」

後年、服部は自らが主導した中等教育の改善について、次のように述べている。

「中学校、高等学校に夜間部を置いて、その卒業生に対しては昼間の学生と同様の待遇をすることは、入学難緩和の有力なる一手段であり、社会教育の当然の任務である。アメリカ合衆国等に於ては、イーヴニングスハイスクールと称して夜間、中学校や高等女学校の校舎を利用して、電灯の下で盛んに教育を行ってゐる。私は嘗て北海道内務部長たりし時に、同地の中学校、高等女学校に夜学部を設けたが、文部省の規則が今尚昼間の学校と同等の待遇を認めないから甚だ遺憾に思ふてゐる。一日も早く夜間の中学校、高等女学校に対して昼間の学校と同等の待遇を与へて、教育上に於ける門戸開放、機会均等の理想が実現さるゝことを要望するものである。次に中等学校に於ては昼間の二部教授をなすことも亦一つの手段である。学校長は成るべく学校教育を完全にし度ひが為に、二部教授や夜間教授を嫌ふ風があるが、国家と云ふ大きな視点からみて、如何にして全国の子弟を教育するか、如何にして入学試験を全廃するかと云ふ高処より之を瞰下して立論するならば、夜間教授、二部教授の如きは当然行って然るべきものである(97)」

「中学校女学校より専門学校大学に至るまでの我が国教育界の全分野に於て、何れも夜間学校を開いて、昼間職業を持って居る貧家の子弟の為にも学問をなし得る機会を与へるべきことは今更繰り返す必要もなからうと思ふ。アメリカ合衆国に於ては、夜間中学、夜間高等学校を経て大学の夜間部に学ぶ者に対しても、昼間と同様の教授、学位を与へ、夜学部出身の学士に対しても何等の差別的待遇を与へない。斯る制度こそ最も公平妥当なものであって、教育は本来当に斯くあるべき筈である。欧米に比し未だ文化の程度の低き――従って開発教化の必要より大なる我が国に於ては、進んで夜間学校の設置を断行し社会教育の徹底と普及とを図らねばならない[98]」

興味深いのは中等夜学校の位置づけである。勤労青少年教育あるいは苦学生救済という観点にとどまらず、同時に入学難緩和という観点も強くにじませている。とはいえ、正規の中学校ではなく各種学校に過ぎない以上、卒業しても何ら特典・資格が付与されるわけではない。北海道庁はその点には拘泥せず、中学教育を与えることだけを目指し、実態として夜間中学を出現させたのである。それでも入学希望者は殺到した。当時の勤労青少年の教育要求を巧みにつかんだのである。

ところで、こうした「準公立」の夜間中学が開校したことで、既存の夜学校の入学者はどうなったであろうか。遠友夜学校では既に三月末に入試を実施し、志願者一七九名から六八名を合格させている。[99]有鄰館は佐藤一雄主事の文章が残っている。

「三月末の生徒募集に当っては入学志望者が予定の五十名に足らぬこと五名であった。此れは各学校学年末の関係で時期が悪かった思《ママ》はれるが四月の中旬以降更に補欠募集の結果、本年度一学年入学志望者七十六名二、三学年約十名といふ結果になった。新設の札幌第二中学校、庁立札幌高等女学校の夜学は少しく後れて開校されたが、それ等が設けられた後と雖も入学志望者の続々として来るのを見れば、本館の名前が世に知

表5　『北海タイムス』『小樽新聞』における夜間中学関係記事の報道回数(1919 年以降)

紙名＼年	1919	20	21	22	23	24	25	26	27	28	29	30	31	32
北海タイムス	0	0	3	4	7	9	11	13	9	10	17	14	13	13
小樽新聞	0	0	1	1	23	10	8	9	5	18	11	20	17	15

らるゝと共に他校が設けられたことに影響せられず入学志望者は年々増加してゆくものと予想される」(100)

両校とも例年通りの盛況であり、目立った志願者の減少などはみられなかったことがわかる。いくら札幌中等夜学校が庁立中学校に附設された「準公立」学校とはいえ、片や授業料無償または月額五〇銭、片や月額二円ではそもそも同じ次元での選択肢にはならなかったのであろう。

三　中等夜学校に対する社会的評価の高まり

かくして私立・「準公立」の中等夜学校設置が相次いだ一九二〇年代、札幌ではその社会的評価に大きな変化が生じた。

第一に、札幌圏の地方紙『北海タイムス』『小樽新聞』がこれらの学校を「中等夜学校」「夜間中学」「夜間中等学校」といったカテゴリーで把握し、入学式・卒業式や合格者名から学校行事まで、表5に示す頻度で報道するようになったことである。一九二〇年まで、これらの学校が新聞報道の対象となったことは一度もなかったことを思えば驚くべき変化である。なかでも遠友夜学校・有鄰館は注目を浴び、「幌都に異彩を放つ／遠友夜学校ロマンス／有島武郎氏から現在の半澤博士迄の回顧」(101)、「美はしの団欒／遠友夜学校／其の沿革と現状」(102)、「有隣《ママ》館物語」(103)といった美談仕立ての特集記事が次々に紙面を賑わせた。同様に北海夜学校も登場しており、特徴ある学校の出現によって、新しいカテゴリーが誕生したといえる。

北海道会・札幌市会の議論にも登場するようになった。北海道会では一九二二年一一月三〇日の議案第一号調査委員会において札幌遠友夜学校に補助を与えるべきだという発言があり、理事者側は調査する旨、答弁している。札幌市では翌二三年度予算に中等夜学有鄰館への補助金を盛り込んでおり、同年二月二一日の市会ではそれがいかなる学校であるかという質問や、札幌遠友夜学校に対する補助金を増額すべきだといった意見が出されている。北海道庁による「準公立」中等夜学校の設置奨励によって、中等夜学校全体が市民権を得たといってよかろう。このことを端的に示しているのが、札幌中等夜学校開設を報じる『北海道教育』の記事である。

「曩に名寄中学校内に夜間中学校の開設されたことを報じたが、札幌に於ても、庁立札幌高等女学校及び庁立第二中学校が相前後して夜間中等教育の施設をすることになった。尤も此等は形式に於ては私立といふことになって居るけれども、実際教授の任に当る人々は何れも庁立の学校勤務者であるから、他の不完全な私立学校のそれのやうな弊に陥ることがなく、従業の余暇修学するものに取っては、この上もない幸福であると言はねばならぬ[104]」

庁立中学校教諭が指導するということが、どれほど威信を高めたかは想像に難くない。

第二に、他の学校の制度改革を招来したことである。まず、表6に示すように私立中学校二校[105]が、中等夜学校卒業者に対して四年生への無試験入学を導入した。

もちろん、昼間授業・学費——加えて石川中の場合は遠隔地——という問題があるから、皆が皆、恩恵に浴したわけではない。例えば、一九三〇年三月に北海夜学校を卒業した二九名のうち、北海中へ入学した者は九名である[106]。しかし、彼らは本来得るはずのなかった中学校卒業資格を手にするのである。中学校への四年次編入とい

表6　夜間中学卒業者の4年次無試験入学を実施した私立中学校（北海道関係の判明分）

中学校	所在地	対象学校（開始年度）	典　拠
北海中学校	北海道札幌市	札幌遠友夜学校（1924）	㈶札幌遠友夜学校編『札幌遠友夜学校』1964年
		北海夜学校（1925）	『北海タイムス』1925年3月8日付
		札幌中等夜学校（1926）	『北海タイムス』1926年3月27日付
石川中学校	福島県石川郡	札幌中等夜学校（1926）	『北海タイムス』1926年3月27日付

う優遇措置がとられたことはこの種の学校の社会的評価に多大な影響を与えたであろうし、在校生には大きな誇りとなったはずである。

各種学校の方では、新たに参入する学校が現れた。北海道庁給仕教育舎を一九二三年に改称した札幌青年学校がそれで、二五年から三学年制を導入して庁立札幌一中に講師を嘱託し、「学科講師の大改革を加へ修業程度を向上し中学三年生修了生と同程度となし尚成績良好なる者には四年程度を課」[107]することとした。一中からは学校長山田幸太郎が修身に出講するほか、教諭二五名が嘱託に応じた。雇員・書記の受験予備校から脱却させようという北海道庁の強い意欲がうかがわれる。

第三に、一九二四年に専検制度が根本的に改正された後になるが、夜間中学と専検を結びつけた言説が登場したことである。例えば、二五年三月七〜一一日の『北海タイムス』は、「札幌中等夜学校案内／昼間就学を恵まれざる人の為に／文部省の奨励方針／専検に合格し易い制度」という特集を組んだ。内容は各校の入学案内で、初日の七日付の紙面には次のようにある。

「立派な人物としての素質や、燃ゆるやうな希望を持った男女青少年が、いろ〳〵な事情で勉学の機会を捉え得ないと云ふことは、本人の不幸ばかりでなく国家の大損失であるから、此の欠陥を補はんがため近年各地に中等夜学校が生れてきたが、その成績は非常に良好である。元来夜学校に通ふ生徒の多くは昼間何等かの職業に就いて居る者であるから、昼の学校に比べると中途退学者の多いこと一見学校の不振を思はせる程の有様であるが事実はいづれの夜学校でも人数の漸減に反比例して生徒の愈々潑剌たるものがある。（中略）幸にして文部省の方針も、年来専検に合格し易い制度を採る様になったのだから、苦しい家計の中を無理に中学校や女学校に入学して中途で退学するやうな心配のある者は、寧ろ進んで家計を助け、此の熱心な雰囲気の中に、身心共に頑健なる自己を鍛えつゝ将来を計った方が賢策ではなからうか」

中等夜学校に専検受験予備校としての機能が求められる時代になったことがわかる。それはまた、夜間中学の資格問題の始まりにほかならなかった。

四　学校行事の活発化

学校行事（儀式を含む）のあり方にも注目しよう。一般の中学校と、受験目的の私塾・予備校などとの大きな差異の一つは、前者では学校行事を重要な教育活動の一つと位置づけているのに対し、後者では補助的でしかないことにあるからだ。この点で、一九二〇年代の夜間中学は急速に学校教育の色彩を強めた。

従来から各校とも、三大節拝賀式・運動会・学芸会・遠足・弁論大会などの基本的な学校行事は実施していた。それ以外に、札幌遠友夜学校では開校当初から自治組織の倫古龍会《リンコルン》（高学年男子）・菫《すみれ》会（高学年女子）・修身会（低学年）を組織し、会合や雑誌発行を実施しており、中等部設置後も変動はなかった。有鄰館も校友会にあたる黎明会を組織して活動をしたほか、特に弁論を重視して頻繁に大会を開いている。札幌中等夜学校は記録に乏しいが、一九二四年度には弁論大会を開催しており、自治活動も他校とさほど変わらぬ実態であったのではなかろうか。ただし、これらの記録をみる限り、一九二〇年代前半は各校とも校内行事にとどまり、さほど市民の目に映ることはなかったと思われる。

転機は一九二四年に訪れた。同年以降、正規の中等教育機関の大会において、これらの学校が頻繁に出場するようになる。まず、二四年二月三日の第一回全道中等学校氷上競技大会（北海道帝国大学スケート部主催）に北海夜学校が出場し、入賞は逸したものの成績は昼間の中等学校と同様に報じられた(108)。次いで、一一月一六日、全道中等学校雄弁大会（北海道帝国大学文武会主催）に有鄰館が出場し、「本年は例年出演の各校の外に有隣《マ》館中《マ》学、鉄道教習所、逓信講習所等からも弁士が出る事に成って居るので参加校極めて多数に上るべく盛況を呈するであらう」(109)と報じられた。同時に中等夜学校の間の対抗行事も始まった。種目は当時の校友会活動の華の弁論で、一九二四年一二月七日には有鄰館と遠友夜学校が合同弁論大会を開催した(110)。管見の限り、両校の対抗行事はこれをもって嚆矢とする。さらに二九年一一月に北海夜学校が弁論部を設立するに及び、三〇年三月二日には北海夜学校主催で全札幌中等夜学弁論大会を開催し、以後三校の持ち回りで年二回実施するようになる。その後、同年六月の第二回大会からは札幌中等夜学校も出場校に加わり、一〇月には四校で札幌中等夜学弁論連盟を設立している。こうした努力の甲斐あって、三二年一一月六日に開催された全道樺太中等学校競弁大会（北海道帝国大学文武会主催）で、遠友夜学校中等部四年生の鈴木良雄が論題「光は限なく」で出場し、優勝を果たした。札幌遠友夜学会の維持会員や市内各所に配布する季刊広報誌『遠友』の弁論部報欄は次のように報じた。

「此の大会こそ我が弁論部史上に特筆すべき大飛躍であった。事実一般社会的に余り其の存在を認められて居ない我が夜学校が堂々全道の昼間中学校を圧して優勝の栄冠を勝ち得た之実に快心事ではないか！肩書を一蹴して！実力！夜学校の夜学生徒の真価を発揮した優勝者鈴木君が勝つ迄に努力！努力！又努力！実に膏血で修めたる栄冠であった。生きたる教訓！自覚せよ諸君！自重せよ諸君！来らんとする次の大会を前に！」[111]

このように夜間中学の学校行事が可視的になり、競技によっては正規の中学校と伍して勝敗を争うことで、中等教育機関としての社会的評価が高まっていったことは疑いない。

五　「準公立」学校の不振

ここまでの記述からは、一九二〇～三〇年代には夜間中学の設置数が増え、学校行事も活発化して順調な発展を遂げていったかにみえる。だが、事態はそう単純ではなかった。一九二三年以降、「準公立」学校の新設は途絶え、三五(昭和一〇)年の帯広中等夜学校までその例をみない。のみならず、二九年の室蘭中等夜学校を端緒に休廃止が始まるのである。

背景からいえば、中等学校増設に熱心だった服部内務部長が一九二三年一〇月に在任期間二年で退職したことが大きいだろう。この直後の道会では、議員からさっそく「昨今巷間デハモウ前内務部長ガ退職セラレタカラ教育熱ト云フモノガ非常ニ冷却シタト斯ウ云フヤウナ噂[112]」があるとの批判が出されており、北海道庁内務部内の空気が一変したことをうかがわせる。これに昭和初期の不況が追い打ちをかけた。

札幌中等夜学校も例外ではなかった。まだ第一期生も卒業していない一九二六年秋、生徒不足と授業料滞納のため年度末決算が赤字の見込みとなった。非常事態を察した生徒は自ら滞納者の督促にあたり、また附設先の庁立札幌二中の父兄会長阿由葉宗三郎(市会議員)が篤志家の寄付を斡旋して赤字を穴埋めすることでしのいだ。その後も危機は続く。二八年には全校生徒が一時四〇名ほどにまで減少し、電気料金を支払うと教職員への手当支給すらできない状況となった。[113] 学校側は翌年三月で廃校と一旦決定したが、この時も全生徒が各々新入生一名を入学させる「倍加運動」に取り組み、かろうじて存続している。

興味深いことに、経営状態が危機的だったのは「準公立」の学校で、既存の私立学校はさしたる影響を受けていない。遠友夜学校には札幌中等夜学校から転入してくる生徒すらいた。[114] それはある意味当然である。「準公立」学校は教員に手当を支給するため、一定数の生徒(授業料収入)を維持する必要がある。一方、生徒としては同じ種類の学校のなかでは比較的高い授業料を負担しても、得られるのは「庁立名門校の昼間の諸君となんらの教育的差別も、遜色もなく、ただ実力の涵養と充実のみこそが、勉学の要諦であることを無言の中にも自覚と矜持を与えられ[115]」るにとどまる。中学校卒業者と同様に進学・文官任用などを果たそうと思えば、他の学校と同じく試験に合格しなければならないのである。それは不幸なすれ違いであった。

ただし、そのことを考慮に入れても、「準公立」学校が他校のシェアを奪えなかったことの意味は小さくない。のちに「正格化」路線をたどる学校とたどらない学校の間にあった社会的評価の差――いわば夜間中学における「学校間格差」――は、授業料負担によって埋められてしまう程度のものだった。

このことは地方都市に設置された学校において顕著であった。ここでは室蘭市を例に、中等夜学校における教育の実態をみてみよう。室蘭中等夜学校(庁立室蘭中学校附設)は、高等小学校での学習に加え三年間で中学校の全課程を修得させることをうたって生徒募集を行い、初年度は二〇九名もの応募者から八〇～一〇〇名の合格者を出す盛況であった。[116] 卒業生によれば、生徒は概して高年齢(二〇～三〇歳)の者が多く、入学前は早稲田講義録などで勉学していた者が多かったという。[117]

しかし、一九二五年に市立室蘭工業補習学校(市立天沢尋常高等小学校附設)が開校する。これ以降、同校は生徒が激減し、三学年あわせても数十名という状態に陥る。[118] データに一部欠損はあるが、表7に室蘭中等夜学校、

表8に室蘭工業補習学校のデータを示す。二つの表を見比べると、一九二五年を境目として、中等夜学校の卒業生数は激減したこと、工業補習学校は(設置学科や在籍生徒数に変動があるものの)まとまった数の生徒を毎年確保していることがわかる。

両校はいずれも高等小学校卒業程度を入学資格とする夜学校である。等しく小学校卒業程度の勤労青少年を入学させるという意味では、両校は競合関係にあるといえるが、表9に示すように修業年限・教育課程には大きな差異があった。これほどまでに教育課程の異なる学校が、なぜ天秤にかけられ、なおかつ多くの高等小学校卒業者が工業補習学校を選ぶ事態が生じたのであろうか。

第一に、地域社会における威信の問題である。表8の「製鋼所委託生」とは、日本製鋼所の徒弟教育を指す。同社は一九一四年から社内で実施していた徒弟教育(五年制)のうち、工場で実施する実技以外の教授(二年間)を室蘭工業補習学校に委託した。同社の徒弟は技術・学力の優秀さを以て知られており、他社に引き抜かれる者が後を絶たなかったから[119]、委託は工業補習学校の評価を高めることになった。

表7　室蘭中等夜学校の生徒・卒業者

年度	生　徒　数	卒業者数
1923	(80～100名)	—
1924	不明	—
1925	不明	52名
1926	43名	19
1927	35	22
1928	83	18

『北海道庁統計書』『室蘭毎日新聞』より作成。

第二に、授業料の違いは無視できない。中等夜学校は工業補習学校の約三倍もの負担額である。さらに工業補習学校は貧困者への授業料免除、教科書・製図用具の貸与を行ったほか、全生徒に学用品・工具を貸与し、家具科では受託生産した作品の販売利益の分配まで行っていた。しかもこのことは、市内の尋常小学校で使用されていた副読本に掲載されている[120]。

第三に、卒業後の処遇である。中等夜学校に明確な特典はなく、必要であれば各種試験によって自ら獲得するほかないのは既にみた通りである。一方、工業補習学校の方は、「職業紹介所、製鋼所、製鉄所、鉄道其他ニ対シ卒業生ニ

表 8　室蘭工業補習学校の学科別生徒数(各年度当初)

年度	土木建築科	機械電気科	家 具 科	製鋼所委託生	合　計
1925	25 名	82 名	11 名	53 名	171 名
1926	17	47	22	94	180
1927	(以降休止)	34	45	30	109
1928	—	48	35	(以降廃止)	83
1929	—	67	22	—	89
1930	—	89	34	—	123
1931	—	52	21	—	73
1932	—	43	14	—	57
1933	—	103	21	—	124

室蘭市教員会郷土研究部編『郷土教育資料』(1933 年発行か)より作成。

表 9　室蘭中等夜学校(1・2 年次)・室蘭工業補習学校の授業内容

学　校　名	入学資格	修業年限	授業料額	修身	国語	英語	地理	歴史	数学	理科	教練	実業	計
室蘭中等夜学校	高小卒	3 年	2 円	1	5	5	1	1	5	2	—	—	20
室蘭工業補習学校	高小卒	2	0.7	1	1	1	—	—	2	1	2	6	14

「中等夜学校準則」，室蘭市教員会郷土研究部編『郷土教育資料』(1933 年発行か)より作成。

対シ就職雇傭ニ対シ優先権ヲ与ヘラレンコトヲ交渉」し、さらに家具科では卒業生が独立して営業を行おうとする時、「更ニ登校研究ヲ許シ又ハ営業上ノ便宜ヲ図」ると、くだんの副読本にある。

片や各種学校、片や実業補習学校では、資格問題など関係しないかにみえるかもしれないが、そうではない。名前に反して「中等」程度の学校卒業に伴う資格が付与されない中等夜学校よりも、物心ともにメリットがある工業補習学校の方が勤労青少年たちには評価されたのである。

かくして、室蘭中等夜学校は一九二九年三月の第四回卒業式とともに廃止された。行き場を失った生徒は工業補習学校に転じたり、講義録で専検を目指したりした[121]。これ以降、工業補習学校は室蘭における高等小学校卒業者の唯一の進学先として機能するようになる。一九三三年の工業補習学校の在籍生徒九一名のうち五八%(五三名)は無職であり、鉄鋼関係に勤務する職工は二三%(二一名)に過ぎない[122]。それが卒業後(第一回~第七回の計一七六名)には七二％（一二七名）が職工となり、五％（九名）は鉄道員・会社員・教員・上級学校進学となった。中等夜学校が果たすべき役割も、工業補習学校が代替することになったのである。

実際問題としては、庁立中等学校あるところ北海道庁中等夜学校準則による「準公立」学校ありという計画は、当時の北海道には先進的すぎた。しかし先進的すぎるがゆえに、この試みが中等教育の関係者に与えた影響は大きかった。当時の公立中学校教員は全国規模で異動した。学校長は道府県での校長会に出席するばかりでなく、年に一度は全国規模の校長会に集まり、また相互に学事視察しあう関係にあった。北海道庁の取り組みは注目を浴び、多数の学校長が視察に訪れた。例えば、一九二三年、東京府立第六高等女学校長に就任した丸山丈作は、学事視察に北海道を選び、次のような印象を持って帰京した。

「学兄服部教一君が道庁、内務部長であり、どこでも、公立中等学校に夜学を設けてあった。それを見て、東京でも夜学の必要を感じた。それは、仕事を持ちながら修学を望む者があることと、大金をかけた学校が午後三時頃から、あそんでるのが惜しいからである(123)」

こうした話が伝播しないはずがない。既に中学校程度の夜間授業を行う各種学校は全国に広まりつつあり、そのなかには「中等夜学校」を名乗る学校もあった。だが、地方庁が規則を制定し、補助金を出して経営させた例はなかった。しかも開拓地北海道にあって入学希望者が殺到し、ジャーナリズムが注目する光景を目の当たりにするのである。その印象は鮮烈であったろう。

第五節　関東大震災を契機とした夜間中学観の変化

一　第四六回帝国議会衆議院における議論

関東大震災を挟んで、夜間中学の社会的評価は大きく変化する。

震災直前の一九二三年の第四六回帝国議会は、国会の場で夜間中学公認問題が初めて議論された点で特筆される。二月一〇日、東京選出の「教育代議士」として知られる荒川五郎（憲政会・日本大学附属中学校長）ほか四名が「入学難緩和ニ関スル建議案」を衆議院に提出した。内容は次の五点であった。

第一　在校生徒ニ非ザル者ニ対スル学年及卒業検定試験制度ヲ設クルコト
第二　中学校第五学年入学ヲ許スコト
第三　夜間中学校ヲ認可スルコト
第四　補助費ヲ付与シテ私立中等学校ノ改善拡張ヲ奨励スルコト
第五　私立学校教員ノ恩給法ヲ制定スルコト

このうち第一〜三が夜間中学および「独学者」に直接関係するものである。この部分の建議案理由書は、次のようであった。

第一　世間多クノ生徒中ニハ自ラ学習スベキ便宜ノ学校ヲ得ザルコトアリ又自己経済上ノ理由ニ依リ入学シ得ザル者少カラズ是等ノ中ニハ独学又ハ便宜変則ノ学校ニ学ビ而モ其ノ進歩ノ見ルヘキモノアリ而シテ政府ハ専門学校等ニ入学セムトスル者ノ為ニハ特ニ専門学校入学者検定規程ヲ設ケ官公立中学校若ハ高等女学校ヲシテ便宜之ヲ行ハシムルコトトセルモ其ノ挙行ノ指定学校ハ全国極メテ少数ニ止マリ且数年間ノ学業ヲ一時ニ試験スルモノナルヲ以テ抜群ナル秀才ノ外ハ多ク合格スルヲ得ズシテ名ハ検定試験ト謂フモ寧ロ拒絶試験タルノ観アリ仍テ此ノ試験法ノ意義ヲ拡充シテ一般ニ在校生徒ニ非ザル者ニ対スル学力検定試験ノ制度ヲ設ケ官公立中学校ハ勿論私立中学校ト雖相当ノ経歴成績アル者ハ便宜学年及卒業ノ学力検定試験ヲ施行セシメ以テ彼等志望者ヲシテ学校ニ入学セザルモ中等教育ヲ修了シ得セシムルノ便ヲ開クトキハ苦学生ヲ初メ多クノ生徒ノ蒙ル便益ハ勿論ニシテ且為ニ一般入学難ヲ緩和スルノ効少カラザルヘキナリ

第二　中学校第五学年ニハ転校又ハ再入学ヲ除クノ外ハ新ニ生徒ノ入学ヲ許スコトヲ得ザルハ中学校令施行規則第四十一条第三項ノ規定スルトコロナルモ既ニ第四学年迄ニ新ニ生徒ノ入学ヲ許ス以上ハ一歩ヲ進メテ第五学年ニモ及ボシ独学又ハ苦学ノ者ヲシテ第五学年ニモ入学シ其ノ学資ト年限トヲ節約シテ速ニ卒業シ得セシムルノ途ヲ開クハ彼等貧困ニシテ志アル青年等ニ勉学ノ便益ヲ与フルコト大ニシテ又一方ニハ為ニ幾分ノ一般入学難ニモ緩和ノ影響ヲ及ボスヘキハ明ナルコトトス

第三　大学予科ハ七年制中学ノ前半部ニ該当スルモノナルニ此ノ予科ニ対シテハ夜間学校ヲ認可セラレツツアルニ拘ラス普通ノ中学校即チ七年制ノ後半部ニ対シテハ夜間教授ヲ許サレザルハ矛盾ト謂ハザルヲ得ズ夜間学校ハ昼間学校ヨリモ其ノ能率ノ低下スルコトハ或ハ之アラム縦令幾分ノ遺憾アリトスルモ之ガ入学ノ途ナク空シク入学難ニ苦シムニ比シテ其ノ得失孰レゾ速ニ夜間中学校ヲ認可シ官公私立ノ昼間学校ヲ利

用シテ夜間教授ヲ為サシムルトキハ其ノ入学難ヲ緩和スルコト多大ナルモノアルベキナリ(124)

夜間授業は単に入学難緩和のためではなく、既にみた北海道庁の中等夜学校準則と同様、苦学生救済をも意図していた。荒川は次のように述べている。

「本建議案ニ夜間教授ト云ヒマシタノハ、或ハ体操デアルトカ、図画デアルトカ云フヤウナモノハ、或ハ夜ヲ不便トスルコトモアリマシテ、時ニハ夜学ノ者ヲ昼間教授シナケレバナラヌト云フヤウナコトガ出来テ来ルト云フヤウナコトデ、夜間高等女学校、夜間中学校ト云フコトヲ原則トスルケレドモ、其間ニ斟酌ヲセラレテ、夜間ノ卒業生モ昼間ニ同ジ事ニセラレタイト云フ意味合デアリマス、若シ二部ニシマスト苦学生ハ非常ニ困ル、今日ノ苦学生ハ四時位マデハ会社銀行、或ハ役所ニ勤メテ居ル者ガ多イ、ソレカラ四時ニ済マシテ食事デモシテ行ケバ、ドウシテモ夜間ニナッテ来ル、小学校ノヤウニハ行キマセヌカラ、二部制度ト申サズニ、夜間制度ト申シマスカ――位ニシテ置キタイ」

「第三項ハ夜間中学ヲ認メテ貰ヒタイ、進ンデハ夜間女学校モ認可シテ貰ヒタイ、今日ハ小学校デスラ五六年ハ東京市デモ夜間教授ヲ認メテ居ル、ソレカラ大学予科ニ於テモ夜間学校ヲ許サレテ居ル、其大学予科ノ中ニハ中学校ノ五年モ含ンデ居ル、随ッテ上モ下モ夜間教授ガ許サレテ居ルカラ、中学校高等女学校ニモ夜間教授ヲ許サレタラ、昼間通学スルコトノ出来ナイ所謂苦学生――東京ニ大多数居ル苦学生ノ為ニ非常ナ便益ヲ与ヘル(125)」

これに対し、文部省普通学務局長山崎達之輔は、建議の「御趣旨ニ付キマシテハ、固ヨリ何等異存ノ無イコト」「根本ノ御趣旨ニ於テハ、全然御同感デアル」ものの、荒川の提案する五点には「直チニ御同意ヲ申上ゲルヤウナコトガ少シク困難デハアルマイカト思フモノモアル」と回答した。まず検定制度については指摘通りで、現行の専検は「余程出来ノ良イ者デアリマシテモ、中々其試験ニ合格ヲスルト云フコトハ困難」であるうえ、「必ズシモ全国ノ中学校デ毎年行フト云フヤウナモノデモアリマセヌノデ、其試験ニ応スル機会ヲ得ルコトモ甚ダ困難」であるから、当局としても科目数の削減、科目合格制の導入、試験回数の増加などの改革を検討中だとした。中学校五年への編入についても、甲種実業学校五年への編入が許されている現状からすれば、「大体ニ於テ御同意ヲ表シテ宜シカラウ」と述べた。いずれも好意的な答弁である。

問題は夜間中学公認問題であった。少々長いが、当時の文部省の認識・見解を確認するため、すべて引用しておく。

「第三次ノ夜間中学ノ問題デアリマスガ、此夜間中学校ノ問題殊ニ最近両三年以来大分左様ナ希望モ起ッテ居リマシテ、早ク夜間中学ヲ認メテ貰ヒタイト云フヤウナ希望モアルヤウデアリマス、唯文部省ト致シマシテハ、此夜間中学ノ問題ハ、マダ少シク研究ノ必要ガアラウ、直ニ今日夜間中学ヲ認メテ宜シイト云フ迄ノ結論ニ達シテ居ラヌノデアリマス、即チ今後尚ホ此問題ニ付テハ相当考慮ノ必要ガアラウ、斯様ニ考ヘテ居リマス、其理由ハ何モ中学ノ教育ハ昼間デナケレバイカヌト云フヤウナ窮屈ナ考カラ申上ゲルノデハアリマセヌガ、詰リ中学校ノ五箇年ノ科程ト云フモノヲ、夜間ダケデヤッテ参ルト云フコトハ、余程学生ノ負担ガ重イデハナカラウカト思ヒマス、毎日五時間ナリノ時間ヲ夜間デ五箇年ヤッテ参ルト云フコトハ、余程学生ノ負担ガ過重デハアルマイカ、ドウシテモ此夜間ノ中学ヲ認メルト云フコトニナリマスレバ、自然年数ヲ延スト云フヤウナ必要モ起ッテ参リマス、之ヲ六年トカ七年間デ、昼間ノ五箇年分ヲヤルト云フヤウナコトニナラナケレバナラヌノデアリマス、所デ此夜間ノ中学ニ入学ヲ希望スル者ハ、ドウ云フモノデアラウカト申シマスルト、大体ニ於テ昼間ハ職業ニ就イテ居ッテ、サウシテ夜間ダケノ勉強ニ依ッテ中学ヲ終リタイト云フ者デゴザイマス、昼間職業ニ就イテ居ッテ夜ダケ四時間宛位ヲ六年ナリ七年ナリデ続ケテ行クト云フコトハ、是亦同様健康上余程注意シナケレバナラヌト云フヤウナコトモ起ルデアリマセウ、又之ヲ認メルトスレバ、時間ヲドウ云フヤウナ風ナ具合ニ配当スレバ宜シイカト云フヤウナコトモ、尚ホ是ハ研究ヲ要シマスヤウナコトデアリマス、随ッテ此夜間中学ノ事ハ全然無理ナ考トハ決シテ考ヘテ居リマセヌケレドモ、之ヲ実行スルト云フ上ニ於テハ、尚ホ相当考慮ヲシナケレバナラヌノデハナイカト、斯様ニ考ヘテ居ル次第デゴザイマス、提案ノ説明ノ中ニモ、大学予科等ニ付テ夜間ノ科ヲ認メテ居ルデハナイカト云フコトモアリマシタ、ソレハ正ニ其通リデアリマス、是ハ従来カラ夜間ノ教授ヲ本体トシテ参ッテ居リマス、私立ノ大学ニ於テノミ夜間ノ学校ト云フモノガアル訳デアリマシテ、是等ハ多クハ文科的ノ学科ダケデ、或ハ物理化学ト云フヤウナ関係モ余リアリマセヌ、夜学デアッテモ障害ノ少イモノデアリマス、殊ニ又従来ノ沿革等カラ考ヘマシテ、夜間ノ授業ヲ以テ本体トシテヤッテ居ルモノデアリマスカラ、之ヲ認メタヤウナ訳デアリマス、中学トナリマスト云フト、此高等学校ノ生徒ヨリモ余程年齢モ少イ訳デアリマス、又体モ薄弱デアリマスカラ、此健康上ノ関係等ニ於テハ、高等学校ノ予科ヨリモ一層中学校ニ付テハ夜間ノ問題ニ付テハ考慮ノ余地ガアラウカト考ヘマス、尤モ此私立ノ各種学校正規ノ中学校ト云フヤウナモノデナク、夜間ノ教育ト云フコトハ、特殊ノ人ニ対シテハ極メテ必要ナ事デアリマスカラ、余リ無理ガアリマセヌ、又余リニ窮屈デナイ、自由ノ利クヤウナ組織ニ依ッテ夜間ノ学校ガ出来テ参レバ、ソレ等ノモノニ依ッテ第一項ニアリマスヤウナ専門学校ノ入学資格ヲ与ヘルト云フヤウナコトヲ、従前ヨリモ今少シ楽ニ与ヘテ参ルト云フコトモ、余程緩和ノ策ニナル、斯様ニ考ヘテ居ル次第デアリマス、要スルニ第三項ニ付テハ、尚ホ今少シク研究ノ余地ガアラウト、斯様ニ御承知ヲ願ヒタイ」

結論を先取りすれば、夜間中学公認問題はこの答弁通りに進む。正規の中学校として夜間中学が設置可能となる一九四三年までは二〇年も要するが、その前に三二年には「専門学校ノ入学資格ヲ与ヘル」ことで一応の決着がはかられるのである。もちろん、この答弁をして先見の明などというつもりはない。夜間中学公認を行うとすればこのラインという文部省内の合意が二〇年代初頭には形成されておりながら、専検指定まで約一〇年、中学校第二部認可まで約二〇年という長い歳月を塩漬けにされたとみるべきであろう。

荒川はこの答弁を受けて、再度発言に立つ。夜間中学に関する部分を抜粋しておく。

「夜間中学ノ事デスガ、此夜間各種学校ハ東京ヲ始メトシテ非常ニ盛ンデアリマス、夜間中学、夜学高等女学校ガ無イガ為ニ、皆各種学校ニ入ッテ居ルノデアリマス、而シテ其等ノ成績モ随分良イノモ少クナイノデアリマス、普通カラ考ヘレバ、昼働イテ夜勉強スル者ハ、思フヤウニ行クマイト云フノガ、是ハ普通ノ観察デアリマス、併シ今日此普通ニ昼学校ニ入ッテ居ル者ハ、先ヅ謂ハヾ資産階級上流階級ノ者ガ主デアリマス、此等ハドウモ此資産物質ニ重キヲ置ク者ハ、精神身体ガ弱イノガ普通デアリマス、随テ昼ノ学科デモ十分ニイケナイ者ガアルノデアリマスルガ、貧困ナ者、特ニ精神気力ノ旺盛ナル苦学生ニハ、昼ノ事業ニ従事シテ、サウシテ夜間ノ勉強ニ勤ムルコトハ一向苦ヲ感ジナイ、一体日本ノ今日ハ皆普通ノ道ヲ踏ンダ人、謂ハヾ資産階級ノ人ガ、皆此法則デモ立テラレヽバ、監督デモセラレルカラ、其頭カラ観テ困難ニ過ギルダラウ、夜デハムヅカシカラウト、斯ウ云フヤウニ考ヘラレマスルガ、ソレハソウ云フ者モアリマスケレドモ、貧困ニシテ身体ノ強壮ナ者、有為ナ者ハ、私共モ苦学生ヲ沢山世話ヲシテ居リマスガ、愉快ニ勉強スルノデアリマスカラ、先ヅ夜間デ時間ガ不足スルデアラウ、就学ニ不便利デアラウト云フコトハ、私共苦学生ハ諒解シテ居ル積リデアリマスガ、苦学ノ状況ヲ諒解シタル立場カラ観レバ、之ヲ心配セラレルノハ一ツノ老婆心デアラウト私共ハ思ヒマス、已ム無ク各種学校ニ入ッテサウシテ不便利ヲ忍ンデ居ルノデアリマスカラ、既ニ各種学校ヲ許シテ又中学校ノ青年ニモ許シテ居ラレル以上ハ、序ニ規則立ッタ学校ニモ入リ得ル者ハ入ラシメル、サウシテ中学ヤ高等女学校ヲ卒業シテ、一人前ノ人ニナル資格ヲ得セシメント云フ途ヲ一ツ進ンデ開イテ貰ヒタイ、先程ヨリ山崎局長ノ御説明ハ、大体ニ於テ此等ノ部面ニモ御諒解ノアルコト丶私共ハ深ク敬意ヲ表スルノデアリマスガ、併シ山崎局長モ謂ハヾ資産階級ノ人デアッテ、貧困苦学ノ学生ニハマダ諒解ガ足リナイ点ガ幾ラカアリハセヌカト思ヒマス、ドウゾ一段ト御英断ヲ以テ、夜間中学ヲ許サレルコトニナリマシタナラバ、東京ニ公立ノ中学ガ七ツアリマシテ、ソレカラ私立ノ中学ハ三十五アリマス、マア中学ダケデ申シマスガ――サウシテ此私立ノ収容シテ居ル生徒ノ数ハ、公立ノ九倍モアルト云フノハ、公立ニハ相当ニ人数ヲ制限シテ居リマスガ、私立ニハ又出来ルダケノ収容ヲ致シテ居リマスカラ、生徒ガ多イノデアリマス、此九倍ノ生徒ノ中ニハ、夜働ク、或ハ朝晩即チ新聞牛乳ノヤウナモノヲ配達シテ、近頃ハ又納豆売ガ非常ニ流行ッテ居リマス、サウ云フヤウナ事ヲシテ、朝ハ暗イ中カラ又夜モ働イテ、サウシテ昼ノ学校ニ通ッテ居ル者ガ少クナイ、サウシテ其等ノ中カラ成績ノ優レタ者モ往々ニシテ出ルノデアリマス、デアリマスカラ、若シ夜間学校ヲ許サレタナラバ、入学競争ノ人数ハ非常ニ減ッテ来ルノデアリマス、ソレデ東京ノ全部ノ学校ニ夜間学校ヲ開カレナイデモ、六七分ノ学校ニ許サレテモ、志望者ノ人数ダケハ東京デモ収容シ得ルヤウニナルト思フノデアリマス、勿論其中ニハ本人々々ニ依ッテハ昼ヲ便利トシ、夜ヲ便利トシ、色々事情モアリマセウガ、今日ノ大勢ハ夜間学校ヲ開クト云フコトガ費用モ左程要セズ、便利ニ直ニ行ハレル事デアリマシテ、ソレデ其夜間ニ頭ニ入レテ苦シムト云フコトノ心配モアリマセウガ、入学競争ニ苦シンデ、今一番発達シヤウト云フ盛リノ者ニ、非常ニ打撃ヲ与ヘテ苦シメルヨリハ、夜ノ学校デ多少苦シイトシテモ、其方ガ余程衛生的ニモ有利デアルト思フノデアリマス、今日此中等学校ノ教育ニ携ッテ居ル者ハ、東京バカリデハアリマセヌ、全国ノ殆ド此実際ニ当ッテ居リマス者ハ、夜間学校ヲ許サレルコトガ最モ時勢ニ適スルモノト認メテ居ルノデアリマス、ドウゾ此点ニモ一段ノ一ツ御考究ヲ願ヒタイト思ヒマシテ、希望旁々申上ゲテ置キマス」

これを契機として、文部省は夜間中学公認について本格的に検討を始めたとみられる。一九二三年五月には入学難緩和ならびに勤労青少年への普通教育振興という二つの目的で夜間中学を公認する方針を固め、文部大臣の諮問機関である教育評議会に付議している。[126]だが、その三ヶ月後には関東大震災が発生したためまともに審議をするどころではなかったと思われる。さらに一〇ヶ月後には、教育評議会自体が廃止されている。ある意味では、関東大震災が夜間中学公認を先延ばしにしたといえなくもない。

ただし、関東大震災は夜間中学公認論にとって単なる災厄ではなかった。後述するように、結果として夜間中学の設置数を激増させ、公認論を全国に拡大する契機ともなったのである。

二　文部省の慫慂による震災救護事業「若渓中学」創設

一九二三年九月一日、関東地方南部をマグニチュード七・九の大地震が襲った。東京・横浜の被害は甚大で、最終的には死者九万九三四一名、行方不明者四万三四七六名、負傷者一〇万三七三三名、全壊家屋一二万八二六六戸、半壊家屋一二万六二三三戸、焼失家屋四四万七一二八戸、流出家屋八六八戸、罹災者数は三四〇万人にのぼる大惨事となった(127)。

折しも政府部内では加藤首相が八月二五日に死去したため、山本権兵衛に二回目の大命が下った直後であった。山本は九月二日に最低限の人員で急遽組閣、文部大臣は逓信大臣犬養毅の兼任でつなぎ、九月六日になって元農商務官僚の岡野敬次郎(貴族院議員・中央大学長)が就任した。文部次官には赤司鷹一郎が留任した。

文部省も一部を残して焼失したため、東京高等師範学校内に仮事務所を設置し、震災善後委員会を創設して緊急措置に乗り出した。とりあえず各地方庁に対して罹災者の転入学を容易にするとともに、小学校については野天教授・二部教授などあらゆる手段を使って教育活動を維持することを、中等学校については授業料を減免することを求めた(128)。

教育関係諸団体もこれに呼応して救護事業に乗り出した。帝国教育会・東京府教育会・東京市教育会の教育関係三団体は共同で義捐金を募集して分配し、また被服類・教科書・学用品を寄贈した。東京高等師範学校の同窓会である茗渓会では、慰問隊を編成して罹災者に物品を贈与したり、罹災会員慰問のための醵金を行うなどの救援活動を行っている(129)。

だが、こうした措置だけでは、生活基盤を失い経済的に困窮した者には不十分であった。東京の中等学校についていえば、官公私立の中学校四三校中一一校、実業学校三四校中一一校が灰燼に帰しており、授業再開は容易なことではなかった。再開した学校で、経済的理由によって学業を継続できなくなる生徒が続出した。震災は教育の危機でもあった。

ここに至って文部省は、罹災生徒自身が働きながら学ぶ施設として夜間中学に注目し、茗渓会に「夜間中学の創設を内々慫慂(130)」した。茗渓会内部でも単発的な救援活動だけではなく、永続的な事業を手がけるべきだという意見があり、夜間中学設置に乗り出すこととなった。第一回目の協議は、趣旨に賛同する二〇名の会員有志で行った。中心人物だった衆議院議員(政友会)の為藤五郎は、この時の様子を次のように回想している。

「その結果、中には創設したところで生徒が集るだらうかといふ懸念があったり、他の私学中学校の打撃になったりすることはないかといふ懸念もあったが、生徒は一学級五人でも十人でもよい、又他の私立学校に打撃を与へぬ工夫はあるといふことで、兎も角成立を急ぐことに決定した。そして学科編成について内田寛一君、武政太郎君、職員の組織について肥後盛熊君、田中啓爾君、生徒募集に関して池岡直孝君、文部省、母校方面の交渉に関して渋谷義夫君、校舎の設備経費等に関して伊藤新一郎君の諸君が、夫々数名の諸君と共にその任に当ることに部署が決し、先づ何より母校校舎借用の件を交渉しようといふことになって、その夜は散会した(131)」

この会合では、東京高師の校舎を借用して有志が行う救護事業と位置づけていた。しかしその後、茗渓会主事会で為藤が説明したところ、会の事業として行うべきだという意見が大勢を占めた。これを受けて、翌年三月までの期限付きで、東京高師構内にある茗渓会の建物を利用して、茗渓会と同校校友会が共同で運営する罹災者優先・授業料無償の夜間中学「茗渓中学」を設置した。校長には馬上孝太郎(東京高等師範学校附属中学校主事)が就任し、講師は両会の会員有志が担当することとしたが、峯間信吉(東京商科大学教授)・肥後盛熊(学習院教授)・青木常雄(東京高等師範教授)をはじめ五二名もの会員からの申し出があり、そのうち三七名に委嘱した。

同校は各種学校としての設置認可は受けていない。半年間限りの震災救護事業のため、文部省から「一切の手続きは不要(132)」とされたのである。そのため、一〇月二六日には募集を開始し、一一月四日に入学試験を実施、一〇日には開校式に漕ぎ着けるというスピード展開が可能となった。入学者二三一名(五年一六名、四年三九名、三年五九名、二年四六名、一年七一名)を迎えた開校式には、岡野文相以下、文部省・東京府・東京市から担当官が来賓として出席した。ジャーナリズムにも注目され、大震災善行会(会長渋沢栄一)から補助金を受けるなど、社会的な評価も高かった。

開校後の学校経営の実情については、馬上校長が雑誌『中等教育』に詳細な報告を寄せている。(133) ここではそれをもとに概観してみよう。

募集にあたっては入学資格を制限せず、「第一は罹災のため中等教育を受け得ざる者、第二は学力補習希望の者」とした。実際の入学者は「罹災中学生が主で、中には各種夜間学校の生徒もあり、官署銀行会社学校等の給仕もあり、警官もあり、又除隊兵などもあり、中学校を卒業して立派に業務に就いてゐる者もあり、或官署の判任官もある。従って、年令は十三歳の少年から、三十歳に及ぶ成人も」いた。

生徒は「此学校の事業は神の事業である」と深く感謝し、「授業以外のことではなるべく学校に負担をかけぬやうにせねばならぬ」と、自主的な風紀取締や掃除を行うことはもちろん、プリントの謄写版印刷までも自発的に手伝うほどであった。授業時間確保のため出席を自主点検とし、業間の休憩も廃止するよう懇願した。「教師の入室が一分遅れても職員室に迎へに来る」「教師が入室すると、一礼の下に授業にかゝり、側目もふらず、私語もせず、与へらるゝを待たず、奪ひ取らんとする態度で」集中して学んだ。

教師は一人あたり平均週二時間を受け持ったが、こうした生徒の学習態度にいたく感動し、「こんなに緊張した授業をすることは出来ないことだ」「授業に熱中して時間の経つのが分らない」「生徒の緊張振りを考へると病気でも休まれない」との感想を漏らした。馬上はこうした状況を、「何とも名状の出来ない教育味がたゞよふ。真に教育の尊さが味はれる」と絶賛した。

翌一九二四年三月七日、救護事業としての茗渓中学は全日程を終え、修了式を行った。しかし、臨時震災救護事務局からの一万円[134]をはじめとする補助金・寄付金の残額は大きく、その処理について四月一〇日の茗渓会主事会で協議した結果、新たに私立各種学校として夜間中学を設置することに決定した。引き続き名称は茗渓中学とし、東京高師附中の校舎を借用、入学資格は尋常小学校卒業程度、修業年限五年、授業料月額二円(減免あり)とした。この申請もスピード処理され、五月二日には東京府から設置認可されている。ただし、一九二五年度には中学校令改正による夜間中学公認が間近とみて募集を停止し[135]、そのまま再開することなく在校生の卒業を待って二九年に廃校となった[136]。この間、わずか五年、救護事業としての発足から数えても六年であった。しかし、それは夜間中学の歴史にとって大きな意味を持つ時間であった。

第一に、文部当局の意を汲んで設置されたという事実である。文部省内では依然として夜間中学公認問題の議論が続いており、省内一致のうえで被災者救済の夜間中学を茗渓会に持ちかけたわけではなかった[137]。それでも夜間中学の関係者には公認への一歩前進と映ったであろうことは想像に難くない。

第二に、中等教育界を牛耳る茗渓会が夜間中学の経営に携わり、従来の夜学(生)に対する悪しきイメージを払拭するに至ったことである。再び馬上主事の筆を借りよう。

「開校当初に当事者の心配したことは色々あったが、中にについても、生徒については無月謝の夜間中学であるから、所謂不良少年が混入して、如何なる結果を生ずるかも知れぬ。それについては如何に考慮すべきであるかゞ一番の心配であった。しかし開校後の状況によると、殆どそうした風の痕跡をも認めぬ。それ所か、一般の昼間の学校よりも、ずっと優れてゐる。勿論中には少数不良の徒がないでもなからうが、学校一般の空気が、自らそれらを遷善せしむるによるであらうと思はれる。世の多くの教育者は、私立学校と云へば、公立学校に比べて、一般に生徒の操行が悪いものと考へ、夜間私立中学は尚ほ一層に下等なものゝ様に思ふ人が多いが、事実は決して左様ではない。昼間は色々勤労して夜は勉学にいそしむ青年であるから、一般の中学生と比べて、意志も鞏固であり、思想も堅実で実に頼母しい青年が多い。そう云ふ訳で、開校当初の心配は、全然杞憂に属したことは、吾々に大なる教訓を与へたことである」(138)

伝統ある府県立中学校に勤務する者が多い茗渓会員の多くにとって共通認識であったろう「夜間中学＝下等なもの」というイメージを、母校の教官および同窓生たちが打ちこわしたのである。このことと、一九二四年以降、全国各地で府県立中学校に附設される「準公立」の夜間中学が次々と新設され、やがてそれが夜間中学の主流となってゆくことと関係なしとしない。

第三に、同校生徒は中学校令による夜間中学校を設置するため、活発に動いたということである。一九二五年六月には、茗渓中学の生徒総代の提唱により(139)、四中夜間中等学校・東京五中夜学校・六中夜間中学の生徒有志が集まって夜間中学公認を目指す運動体の組織に着手した。呼びかけに応じた東京三中夜学校・東京七中夜学校・開成予備学校・錦城中等学校の生徒らも糾合して組織した「夜間中学令制定期成同盟」は、活発に運動を展開するのである。(140)

第四に、同校のニュース性は高く、頻繁な報道により夜間中学の知名度を高めたことである。北海道を例にとれば、一九二三年一一月一三日には『小樽新聞』が「東京夜間中学校の入学式」、『北海道教育』一二月号が「罹災生徒の為に夜学開始」と題する記事を掲載し、入学式に文相が出席したこと、東京商科大学・学習院・府立中学校などに奉職する茗渓会員が指導することなどを詳報した。名門校の教員も夜間中学の教壇に立つというのは、茗渓会員同様、一般の民衆にも新しい夜間中学像をイメージさせたことであろう。二五年以降は為藤五郎が『教育週報』を出版し、茗渓中学生徒が夜間中学公認へ向けた運動の中心にいることが教育関係者の目にとまるようにもなった。

三　一九二四年の夜間中学大増設

震災救護事業だった茗渓中学が各種学校に発展した一九二四年には、東京府で夜間中学設置が相次ぐ。「各種学校設置廃止」(国立公文書館蔵)、各学校の記念誌・同窓会誌によれば、表10のようになる。

既に夜間中学を設置していた開成中・赤坂中・大成中・巣鴨中を含めれば、府内の官公私立中学校四三校中、実に一七校が夜間中学を併置したことになる。ちなみに四三校中一一校は灰燼に帰しており、それらは焼失を免れた学校に間借りして二部教授・夜間教授を行っている。こうした非常措置まで含めると、関東大震災以降の東京府では、中学校といえば昼夜を問わず授業を行っているという状態が一般化した。

設置準備に入ったのは私学が先だった。成城学園では早くも一九二三年一二月一八日には成城商業夜学校(成城中学校附設)に普通部を増設して成城中等学校と改称することを決め、東京府に認可を申請している。次いで、早稲田中等夜学校が二四年一月二二日、麻布中等夜学校が二月一日、京北中等学校が二月二九日に認可を申請している。[141]

迅速な対応は、夜間中学が関東大震災の救護事業という性格を持っていたことを如実に示している。申請書でも、「大震災のため都下諸学校の復興容易ならず、ために中等学校生徒就学の便を図らんがため及び付近の状況により商業専門よりも、寧ろ一般的なるを有利とし、且昼間中学校の教員任用を便とする等の事情の下に」[142]、といった表現がみえる。当時の中学校は夜間教授を想定していないため、十分な照明設備がなかった。[143]また、私立でも「一流」とされる中学校では、昼間の授業だけで十分経営が成り立つうえ、施設・設備から教員の手当まで

表10　1924年度に東京府内に設置された夜間中学

学　校　名	附設先	年限*	募集	授業料	その後(実施年)	(1943年以降)
茗渓中学	高師附中	尋5	50名	2円	廃止(1929)	—
私立東京三中夜学校	府立三中	尋4	100名	3円	専検指定(1934)	都立三中
私立四中夜間中等学校	府立四中	尋4	100	3	専検指定(1934)	都立四中
私立東京五中夜学校	府立五中	尋4	100	3	専検指定(1932)	都立五中
私立東京六中夜学校	府立六中	尋4	100	3	専検指定(1934)	都立六中
私立東京七中夜学校	府立七中	尋5	100	3	専検指定(1933)	都立七中
私立上野二中夜間中学	市立二中	尋5	?	3	専検指定(1933)	都立上野中
成城中等学校	成城中	尋4	120名	3.5円	廃止(1933)	—
早稲田中等夜学校	早稲田中	尋4	?	3	廃止(1932)	—
麻布中等夜学校	麻布中	尋4	120	3.5	専検指定(1932)	麻布中
京北中等学校	京北中	尋5	130	3	廃止(1929)	—
錦城中等学校	錦城中	尋5	?	3.5	廃止(1933)	—
名教中等夜学校	名教中	尋4	?	3.5	廃止(1929?)	—

＊年限は入学資格・修業年数。東京六中夜学校はさらに補習科(修業年限1年)を付置。

さまざまなハードルがたちはだかるため、夜間中学の経営にはもともと消極的だった。それにもかかわらず続々と夜間中学設置に乗り出したのである。

府立中学校で最初に夜間中学の設置認可を申請したのは府立六中であった。一九二四年三月二九日に私立東京六中夜学校の併置を認可されている。(144) 学校長阿部宗孝は、次のように語っている。

「昼間通学の出来ないものゝ為めに夜間中学を開かうとの説はあちらこちらにある様だが経費や人の関係で実現が容易でないので未だ理想的所か満足な夜間中学は殆どないと云って好い、然るに去年の大震災で学校が大部分焼けたばかりか市民の大部分は罹災して経済的の関係で正則な中学教育を受ける事が出来ず、教育しやうと云ふ父兄もまた教育を受け度いと云ふ子供も共に其の不幸を嘆き煩悶の果厭世自殺や不良少年の群に投ずるなど大きな社会問題も起って来る有様である、此の欠陥の一端を補ふ為めに生れた学校で私の学校の先生達も非常に力を入れ昼間の普通の中学に劣らぬ成績を収め度いと云って居る、夜間学校に有り勝ちな知識の切り売りと云ふ事はお互に戒め知育教授の外に訓育、訓練の方面にも充分注意を払ひ有為の人材を養成し時代の趨勢に添ひ度い(145)」

これを契機として東京府は他の府立中学校長とも協議に入った。その結果、一九一〇年代末から夜間教授を主張していた三中・四中に加え、五中・七中も夜間中学の設置を承諾した。いずれも北海道庁の事例と同様に、府立中学校長が個人的に校舎・設備を借用して教員を兼職させ、府の補助を受けながら私立各種学校を経営する形である(146)。四月開校に間に合わせるためには規則を制定する時間はなかったためであろうが、学校名・修業年限等は各校ごとの判断に任せられた(147)。

かくして表10に示したように、官公私立の一三中学校内に夜間中学が設置されるに至るのだが、ジャーナリズムの寵児となったのはやはり茗渓中学ならびに府立中学校附設の夜間中学であった。『東京朝日新聞』は、一九二四年三月一日付紙面で「府立六中が夜間中学を開く／職業教育を加味して／卒業後は就職も世話する」と報じた。阿部校長の談話に続き、「入学資格は尋常小学卒業生を原則として居るが編入試験に合格さへすれば誰でも好い、尚本年は最初の試みとして各学年百名づゝ中学一年終了生は二年に、二年終了生は三年に編入する事が出来る」とし、三月限りで退学を余儀なくされる罹災子弟への優遇措置のみならず、新たに中等教育に飛び込もうという意欲を持つ者に広く門戸を開放することを伝えた。また、将来への不安を抱く向きに対し、「此の学校の特色とも云ふべきは卒業後実社会に出でゝ役立つ様な職業教育も施し特に四学年の上に一箇年の補習科を設け主要学科の外に商業科目も加へてある、卒業後は学校でも就職の面倒を見ると云ふから此の種の希望者に取っては一大福音であらう」と記している。

四　夜間中学公認を求める世論の勃興

いかに設置の意図が震災の救護事業であり、学校区分が私立各種学校であるとはいえ、名門中の名門として知られる高師附中や府立中、さらに私立中学校のなかで伝統を誇る早稲田中・麻布中までもが夜間中学を附設したことは、夜間中学そのもののイメージを大きく転換させる結果となった。

この事態に、夜間中学公認を求め続けてきた関係者は色めき立った。茗渓中学が開校して間もない一九二三年一二月二四日、財団法人鉄道育英会は文部大臣に「夜間中学校ノ資格ニ関スル件」と題する文書を送付し、自ら経営する東京鉄道中学を「中学校令ニ依ル中学校トシテ設立御許可相成候様」に申請した。(148) 同校は二二年に開校する際に中学校令による設置を願い出て却下されたばかりであったが、認可のチャンスとみたのであろう。開成予備学校でも、初めて中学校令に基づく夜間中学校としての設置認可を申請している。(149)

ジャーナリズムも同様であった。例えば、しばしば夜間中学公認の論陣を張ってきた『日本及日本人』は、一九二四年三月発行の第四四号に「学界片々」と題する社説を掲載した。

「今年の新学期に入って、中等夜学校の設立せられるのが特に多い事に気がつく。こゝ一二年、昼間働いて学校に行く余暇の無い少年達の為めに夜学の必要が叫ばれて、錦城、開成の古参校をはじめ、大成、豊山、海城、赤坂、東京、巣鴨等の諸学校が中学の他に、夜学を拵へて経営して来た。此れは表面の理由としては上記の理由、もう一つの理由としては、学校の経営上の都合からでもあったのである。

ところが、今年は、第一流の学校で納まって居た早稲田、麻布の二中学校が、夜学を拵へて学期を開始した、そればかりでなく、新宿の府立六中までが同じく夜学をやり出した、これには前述以外の理由がなくてはならぬ。即ち、震災の結果として、従来は差支へなく中学に通学しつゝありしものが、俄に廃学の憂目を見る様になったので、せめてはさうした人々を収容して、正則に、昼間の通学にも劣らぬ様に高等普通の教育を施していかうと云ふのだ。二流三流の中学の予備校でさへ、相当寄与する所があったところから見ると、一流の中学がかうした事を始めるのは、学校仲間から言はせると縄張り荒しにも聞えようが、教師に欠課の少ない、正則な授業の継続と云ふ点から大いに歓迎していゝ。只、昼間勤務の教師を夜間に融通するは疲労の結果充分の効能を見難いから、夜学は夜学専門の教師を用ゐて貰ひ度いと思ふ。

夜学の流行は、もう一つ潜在して居る理由がありはしまいかと思ふ。三学級二教員制度の発明家江木文相は必らず賛成する事と思ふが、相当な規模を備へし夜学の出現は、軈て、中学校の二部教授の正しき出現を見て、夜学も亦普通の中学同様に認定せらるゝ機会を見出すだらうと云ふ事だ。勿論、夜学の事だから、時間は昼間の一日平均五時間乃至六時間のものに比し一夜三時間であるから充分にはゆかぬが、昼間ヌーボー式に通学する者より、夜間暇を撰んで通学する者は、より以上の能率があがる訳だ。体操の如き学科は日曜あたりを撰んでやらしてもいゝ、立派に正則の授業が出来ると思ふ。

商業学校では、夜学のものとして認定せられて居る学校が、東京に、東京市立商業、大倉高商夜学普通科、東京商業、東京保善商業本科夜学部の四校あり、大阪に成器商業学校、工業学校にも大阪に今宮職工学校の如き立派な甲種の認定学校がある。実習実験を必要とする工業、商業の学校でさへ立派に夜学でやりおほせるものとしたら、中学校でそれがやれぬ道理はないと思ふ。

夜学の中学校は、時間不足の点があるから一歩譲って昼間のより年限を延長し、五年半乃至六学年にしてもよいと思ふ、さうして相当学年へは編入試験を許してやるとしたがいゝ、さうしたら都会に於ける青年達は、どれだけ仕合せになれるか。
かうした夜学校が沢山出来たのを機会に、中等夜学校組合(連盟と云ふ文字は嫌ひだ)を拵へて、夜学中学が不穏当ならば、中学校二部教授としての夜学の許可を当局に請願したらどうであらう。夜学ではないが、小学校でさへ二部教授を許して居る。空いた校舎を利用して、一般青年の為めに修養上の機会均等をつくる事に、何の反対があるものか。前に議会に荒川五郎氏が建議案を出して可決に丈けはなってる筈だ。集合は力である。集合の力を利用して、大いに当局へ迫って見るがいゝ(150)」

夜間中学公認に対する期待の高まりは、根拠のないものだったわけではない。実際に、文部省内ではこの件が再び議論されていた。入学難緩和は学校増設で対応すべきであり、緊急避難的な措置としてはゲーリー・システム導入を認めるというのが文部省の基本的な態度であったが、震災による経済逼迫により府立中学校の増設はままならず、罹災した私立中学校は校舎再建で手一杯だったからである。増設など望むべくもない。

かくして、一九二四年三月、文部省は次のような改善策をとることに「略決定した(151)」と発表する。

「(一)　中等学校卒業資格検定(即ち専門学校入学資格検定試験)の制度を改善して
(イ)　従来各府県に於て随時即ち二三年に一度位該試験を試行し来ったのを此際之を国家試験に改め文部省に於ては試験委員の銓衡は勿論試験問題まで選定し毎年少くも一回試験を施行すること
(ロ)　試験科目は従来中等学校の全学科目を一斉に課し悉く合格するに非らざれば其資格を得る能はざりしを改めて必須科目のみ受験しそれも前期後期に分ちて試験を施行し其成績を保留する等の便宜を与へ中等学校に入学して系統的の教育を享受する能はざりしものと雖も比較的容易に其資格を得て各

表11　1924年に新たに設置された夜間中学（東京府を除く）

府　県	学　校　名	設　置　の　状　況
岩　手	盛岡夜間中学	久米成夫（岩手県内務部長）が県立図書館で新設
岩　手	青年夜間部	渡辺灌水（宝樹寺住職）が境内に新設
宮　城	仙台夜間中学	宮城県教育会が宮城県師範附小で新設
茨　城	茨城弘道学院	茨城県教育会が県立水戸中で新設
神奈川	大正学院夜間中等学校	不明
神奈川	本牧夜間中等学校	本牧中学校が校内に新設
神奈川	神中夜学校	生田宏（県立横浜一中校長）が校内に新設
長　野	夜間松本中等学校	小里頼永（松本市長）が松本小で新設
愛　媛	西条夜間中学会	梅村讓（県立西条中学校長）が校内に新設
愛　媛	東温夜間中学会	高須賀治利ら青年たちが北吉井小で新設
熊　本	人吉中学校附設夜間中学	不明
大　分	大分中等夜間学校	平松折次（元愛知県師範学校教頭）が荷揚小に新設

種の専門学校へ入学せしむるの途を拓くことに決しそれに関する経費は既に十三年度予算に計上してあるから議会の協賛を経るなれば直ちに実施する筈である

（二）　既設学校の校舎を利用して夜間中学校制度を設け午後四時頃より九時頃まで授業することとなし学科目も体操、図画其他比較的必要少きものは之を省き学年も本来の五箇年制を延長して六箇年乃至七箇年とする」

あとは省内の意思統一をはかり、中学校令改正について国会審議を経るだけであった。

なお、一九二四年には表11に示すように東京以外でも夜間中学の設置が相次いだ。

従来に比較すると、北海道庁・東京府と同様に「準公立」とでも称すべき設置形態の学校が多く、私立中学校によるものが少ないのが特徴である。

関東大震災による未曾有の被害と救済・復興事業の本格化により夜間中学をとりまく状況が大きく変化し、ジャーナリズムの報道によって公認近しとの期待感が全国的に広がっていたことがうかがえよう。

第六節　政官界における夜間中学公認論争の推移

一　岡田良平の文部大臣再就任

一九二四年六月一一日、第二次護憲運動によって清浦内閣が崩壊し、護憲三派による加藤内閣が誕生した。文部大臣に白羽の矢が立ったのは、またも岡田良平であった。次官には松浦鎮次郎(前専門学務局長)、普通学務局長には関屋龍吉が就任した。

岡田は前回、一九一六年に東京府が認可申請した府立中学校における夜間教授の申請を断固として認めなかった文部大臣として記憶される。当時としてはあまりに先進的な着想だったから、それは致し方のないことであったかもしれない。しかし、今回は状況が違う。関東大震災後の文部省の夜間中学に対する対応からして、岡田の発言が変化するかどうか注目されるところであった。

六月二八日、第四九回帝国議会が召集された。七月六日の衆議院予算委員第五分科(司法省・文部省所管)で説明に立った岡田は、夜間中学については全く言及せず、専検制度を改正する方針であると述べた。三月に「略決定した」と報じられた通りの内容であり、目新しさはない。質問に立った禱苗代(新党倶楽部／元東京市立東陽小学校長)は、専検制度改正とは別に、入学難緩和の立場から夜間中学認定・私立学校補助をなすべきではないかと質した。

「現在日本デハ約百七十人ニ付テ一人位ノ割合ノ入学生ノ数デアリマスルニ拘ラズ、段々希望者ガ増加シテ、所謂入学難ノ声ハ到ウ処ニ叫バレテ居リマス、偶々学校ノ設備ガ足リナイ為メ、折角ノ入学希望者モ入学試験ト云フ難関ニ掛ッテ振落サレテ、其間快々トシテ楽マナイト云フバカリデナク、其間色々ナ不良ナル性質ヲ帯ビルト云フ事ニナラウカト思ヒマス(中略)東京ノ如キ人口稠密ナル所ノ都会、或ハ校舎ノ足ラナイ為メ出来ナイ、或ハ其他設備ガ出来ナイ為メ、今ノ中学ヲ使用シテ夜間中学ヲ認メルコトニ依ッテ、サウ云フ問題ヲ解決スルコトモ一ツノ方法デナカラウカ、或ハ此予算ニ要求ヲサレテ居リマスル中学校卒業生ノ認定ヲサレルト云フコトモ、是モ或ハ其方面カラ考ヘラレテ居ルコト、思ヒマスガ、是ハ又後デ承リマスガ、兎ニ角少クモ夜間中学ノ認定ヲスル、一面ニハ私立学校ニ対スル相当ノ補助ヲ今マデヨリ今少シク厚クシテ、是等ニ対シテモ相当設備ヲ為サシメテ、入学緩和ノ方法ヲ段々実行サレル御意志ガアリマスカ」(152)

入学難が青少年の思想悪化を惹起するという観点から話を進めていることに注目したい。第四六回帝国議会では、苦学生救済という観点が中心であった。

答弁に立った岡田はまず、「我国ノ中学校数ハ近来比較的増加致」したので、これ以上の増設は「色々憂フベキ結果ヲ生ズル」おそれがあると述べ、義務教育年限延長・高等小学校の改善をはかることで教育要求に応えたいという方針を示した。そのうえで、夜間中学については次のように素っ気なく付言した。

「只今ノ御話ノ夜間中学ノ事ニ付テハ、文部省ニ於テモ、従来色々詮議ガアッタノデアリマス、尚ホ是ハ篤ト攻究致ス積リデアリマス」

結局、この答弁で第四九回帝国議会における夜間中学公認論争は終了する。

それにしても、なぜ岡田は頑ななまでに夜間中学公認を拒むのであろうか。その答えはのちになって、夜間中学公認を訴える為藤五郎が経営する教育ジャーナリズム『教育週報』に岡田が寄せた談話「夜間中学反対」に明らかである。

「夜間中学問題に関しては、余の在任中にも各種の苦学生団体等より認可の要求があったが、絶対にこれを認めなかった、この理由は夜間中学に入学する生徒の大多数は昼間一人前の仕事をなして居る者で、この人達が夜間再び一人前の生徒として学業を行ふことは、甚だしく無理をせねばならない。この無理が社会的に何等の支障がないとするならば、労働時間の制限も無意義といふ事になり、中、小学校の授業時数の制限もまた意味なき事となる、今日労働時間の問題が論ぜられて居る際、昼間一人前の仕事をなした者に毎晩三時間ないし四時間の授業を課するといふ事は非常な無理といはねばなるまい、一面この問題は入学難の緩和を計る意味において重要視されて居るが、今日の入学難の原因は必ずしも中学校の数の少ない為でなく、優良の中学校が少ない事に原因して居る、故に入学難緩和のみの意味よりすれば、現在の数において不完全のものを完全にする計画を立てれば、あへて夜間中学を設立するまでの必要を認めぬ。賛成論者の一の理由は社会政策的見地より教育の機会均等を計るといふに在るが、これは結果において必ず矛盾を来す事と信ずる。昼間仕事をした者に更に夜間一人前の学業を負担せしむる事は疲馬に荷を負はせて競馬会場に臨ませたやうな結果となる、機会均等とはいひ得ないのみならず、卒業後の問題あるひは学費の問題は如何にすべきか甚だ心細き次第である。社会政策的見地よりする教育の機会均等については別法がある、外国においては公立中学校において学生数の何分の何は学資の補給をなすといふ制度を立てゝ居る、我国においても育英会や旧藩主等がこれに似た事を行って居る、将来はかゝる方法を国家の力で講じて無産者階級の有望なる子弟に行へば、始めて教育の機会均等が理想的に行はるゝ事となるのである。現在の便法としては、昼間職業従事者を実業補習学校に入学せしめ、実業補習学校の内容を改善して必ずしも実業科のみを主眼とせず予備学科をも加へてなほ上級学校の入学資格撤廃を断行し、昼間職業従事者就学の便を講ずるといふ方法が最も適当であると信ずる、実業補習学校は授業時数も少く、生徒の保健衛生等の点も夜間中学よりは余程緩和さるゝの結果、この上なほ改善と拡張とを加へて、昼間職業従事者の便を計る様にすれば、夜間中学その物の設置も不必要となり、従って年限問題等も起らずに済むのである。しかして入学資格撤廃の結果は必然的に入学試験の問題が生ずる。必要により入学試験は止むを得ぬ事と思ふのみならず中学校入学試験撤廃の成績に徴しても、入学試験廃止の効果は甚だ心細い状態にあり、余は実業補習教育普及説を執る者である[153]」

夜間中学を認めない理由の根本は保健衛生問題だという。確かに夜間授業は視力低下の温床であるし、昼働き夜学ぶ生活で過度に疲労すれば結核など種々の伝染病に罹患する危険性が高まる。当時の文部省は、一九二四年六月一〇日勅令第一八号「地方学校衛生職員制」によって府県学校衛生主事の身分制度を確立するとともに、学校保健の振興をはかるなど[154]、保健衛生問題に熱心に取り組んでいた。安易に夜間中学を公認することへの危惧があったのは事実であろう。

しかし問題は、公認しないからといって夜間中学は消滅しない点にある。それどころか、一九二六年度には、長崎夜間中学のように市立実業補習学校として設置される事例[155]や、山形夜間中学・米沢中学夜学校のように県社会課の補助を受ける社会教育施設として設置される事例[156]が現れる。社会的ニーズがあるものを抑圧しようとしても、うまくゆくはずはない。それどころか、夜間中学に通学し、さらに専検を受験しようとする青少年には、一層深刻な保健衛生問題がもたらされるおそれがある。岡田の原則論は、実態を無視した空論であった。

二　専検制度の抜本的改革

岡田の文相就任によって、夜間中学公認論が沈静化した文部省では、一九二四年一〇月一一日文部省令第二二号による専検制度の根本的改革を実施した。極めつきの難関で「禁止試験」といった批判を浴びていた専検を、受験しやすく、また合格しやすくするための改正であった。まず、省令の全文を示す。

専門学校入学者検定規程

第一条　専門学校ノ本科ニ入学セントスル者ニシテ中学校若ハ修業年限四年以上ノ高等女学校ヲ卒業セサル者ハ本令ニ依リ学力ノ検定ヲ受クヘシ

第二条　検定ヲ分チテ試験検定及無試験検定トス

第三条　試験検定ハ毎年少クトモ一回之ヲ行フ

試験検定ノ出願期間、試験施行ノ期日及場所ハ予メ官報ヲ以テ之ヲ告示ス

第四条　試験検定ノ学科目及其ノ程度ハ中学校若ハ修業年限四年ノ高等女学校ノ各学科目及卒業程度トス但シ中学校若ハ高等女学校ニ於テ加除シ又ハ課セサルコトヲ得ル学科目ハ之ヲ省ク

第五条　試験検定ヲ受ケントスル者ハ受験願書（第一号書式）ニ左ノ書類ヲ添ヘ受験地ノ地方庁ヲ経由シ文部大臣ニ出願スヘシ

一　履歴書（第二号書式）

二　戸籍抄本
三　写真(手札形トシ出願前三月以内ニ撮影シタルモノニシテ裏面ニ撮影年月日本籍氏名ヲ記載スヘシ)
四　第七条第二項ニ依ル証明書ノ写又ハ大正七年文部省令第三号第六条第二項ニ依ル証明書ノ写
五　第八条ノ資格ヲ証明スル書面
第六条　試験検定ヲ受ケントスル者ハ手数料トシテ金七円ヲ納付スヘシ
第七条　試験検定ニ合格シタル者ニハ合格証書(第三号書式)ヲ交付ス
試験検定ヲ受ケタル者ニシテ之ニ合格セサルモ受験科目中合格点ヲ得タルモノアルトキハ其ノ証明書(第四号書式)ヲ交付ス
前項ノ証明書ヲ有スル者ニシテ試験検定ヲ出願シタルトキハ当該学科目ノ試験ヲ免除ス
前項ノ規定ハ大正七年文部省令第三号第六条第二項ニ依ル証明書ヲ有スル者ニ付之ヲ準用ス
第八条　試験検定ノ学科目中一科目又ハ数科目ニ就キ中学校若ハ修業年限四年以上ノ高等女学校卒業者ト同等以上ノ学力ヲ有スルモノト認ムル者ニ対シテハ当該学科目ノ試験ヲ免除ス
第九条　合格証書ヲ有スル者其ノ氏名本籍ヲ変更シ又ハ合格証書ヲ亡失毀損シタルトキハ其ノ書換若ハ再交付ヲ出願スルコトヲ得
前項ニ依リ合格証書ノ書換若ハ再交付ヲ出願スル者ハ手数料トシテ金一円ヲ納付スヘシ
第十条　試験ニ関シ不正ノ行為アリタル者ニ対シテハ其ノ試験ヲ停止ス試験後発覚シタルトキハ既ニ交付シタル合格証書又ハ証明書ハ其ノ効力ヲ失フ
第十一条　無試験検定ハ当該専門学校ニ於テ入学ノ際之ヲ行フ無試験検定ヲ受クルコトヲ得ル者ハ文部大臣

ニ於テ専門学校入学ニ関シ中学校若ハ修業年限四年ノ高等女学校卒業者ト同等以上ノ学力ヲ有スルモノト指定シタル者ニ限ル

前項ノ指定ニ関スル規定ハ別ニ之ヲ定ム

第十二条　本令ニ依リ納付スヘキ手数料ハ収入印紙ヲ用ヰ之ヲ願書ニ貼付スヘシ其ノ既ニ納メタル後ハ何等ノ事由アルモ之ヲ還付セス

付　則

本令ハ公布ノ日ヨリ之ヲ施行ス

本令施行ノ際現ニ専門学校入学者試験検定施行ニ関スル手続ヲ開始シタルモノニ在リテハ当該試験検定ニ関シ仍従前ノ規程ニ依ル

〔以下、書式略〕

※なお、第五条第四項・第七条第四項の「大正七年文部省令第三号第六条第二項」とは、「高等試験令第七条ノ試験」（文官高等試験の予備試験）の合格者を指す。

従来の専検は府県庁が実施する試験であり、実施の可否から回数・時期まで各府県が任意に定めていた。これを国家試験に格上げし、年一回は必ず実施することとしたのである。また、従来は一度に中学校の全科目に合格しなければならなかったが、科目ごとに合格を認め、合格科目については以後の受験を不要とする制度（いわゆる科目合格制）を導入した。同時に文部省告示第三七四号で、文部省が実施する各種検定試験と専検の間で相互に受験を免除する科目を表12のように規定した。

最低年一回（実際には平均年二回）の試験実施、科目留保・相互免除科目の導入によって、専検は一挙に受験し

表 12　文部省が実施する各種検定試験と専検との相互免除科目

資　　　　格	相　互　免　除　科　目
高等試験令第 7 条試験（高試）の合格者 高等学校高等科入学資格検定試験（高検）の合格者	国語，漢文，歴史，地理，数学，物理，化学 博物
教員免許令による中等学校の教員免許状の所有者	教員免許状に記載された学科目
小学校本科正教員免許状の所有者（男子のみ）	英語以外の全学科目
小学校専科正教員免許状の所有者	教員免許状に記載された学科目

検定ではないが，中学校 4 年修了で退学した者は高検合格者と同じ取り扱いとなる。

表 13　専検の受験者数・合格者数

実施年度	受験者	全科合格者（合格率）	科目合格者（合格率）	合格者合計（率合計）
1920	794 名	100 名（12.6 %）	—　（—）	100 名（12.6 %）
1921	787	85　（10.8　）	—　（—）	85　（10.8　）
1922	977	90　（ 9.2　）	—　（—）	90　（ 9.2　）
1923	1,141	142　（12.4　）	—　（—）	142　（12.4　）
1924	1,846	132　（ 7.2　）	1,419 名（76.9 %）	1,551　（84.1　）
1925	5,637	231　（ 4.1　）	3,367　（59.7　）	3,598　（63.8　）
1926	8,381	460　（ 5.5　）	5,363　（64.0　）	5,823　（69.5　）
1927	8,049	460　（ 5.7　）	4,581　（56.9　）	5,041　（62.6　）
1928	9,651	546　（ 5.6　）	5,585　（57.9　）	6,131　（63.5　）
1929	12,299	640　（ 5.2　）	7,299　（59.3　）	7,939　（64.5　）

いずれも男子専検のデータ。国立公文書館蔵「認定指定総規」，『文部省年報』各年度より作成。

やすい試験になるとともに、各種検定のなかで最も汎用性の高いものとなった[157]。その結果、表13に示すように、例年、一千名内外しかいなかった出願者数は、一万名内外へと激増する。全科合格者の数も全国で百名程度から数百名へと激増（ただし合格率はダウン[158]）、科目合格者を含めれば六〜七割程度の受験者が希望を達成または一歩前進という充実感を味わうこととなった[159]。

なお、高等学校高等科入学資格検定試験（高検）は中学校第四学年修了程度で実施するため、本来は専検より難易度が低いはずだが、制度改正が行われなかったせいで「全科目一度にパスせねば合格証書を貰へない故に、実際上は専検よりも合格が至難である[160]」と評される逆転現象が起きた。

さらに一九二五年五月二八日文部省令

第三〇号「実業学校卒業程度検定規程」を施行し、実際に職業に就いている者を主な対象とする新たな検定制度として、実業学校卒業程度検定(「実検」、「実卒検」などと略称)を創設した。合格すれば、検定科目に応じて甲種程度の農業学校・商業学校・工業学校卒業資格が得られるもので、(162)専検同様に科目合格制を実施する(ただし、専検その他の文部省が実施する各種検定試験の合格科目との互換性はなし)。内容も専門科目に重点を置き、乙種程度の実業学校・実業補習学校の卒業者、各省庁が所管する技術員養成施設等の修了者、商業会議所などが実施する資格試験合格者に受験しやすくなっていた。(163)

岡田文相は、一九二六年一月三〇日に加藤内閣に代わって若槻内閣が誕生した後も留任し、二七年四月二〇日まで約三年にわたって文部大臣を務める。この間、文部省は無学歴者の「苦学」「独学」へ向けては夜間実業学校に加えて検定制度を整備する。その一方で、夜間中学は一切認可しない方針を貫いたのである。

三　第五〇回帝国議会衆議院における議論

一九二五年の第五〇回帝国議会衆議院では、夜間中学公認問題をめぐって、岡田文相と二人の議員との間で注目すべき論争が行われた。一人は信愛学院(信愛中等夜学校を改称)を実質的に運営し、夜間中学に社会事業という視点を導入した信愛学院長の有馬頼寧(無所属)。いま一人は東京府選出の「教育代議士」として知られ、日本大学附属中学校長でもある荒川五郎(憲政会)であった。

二月五日、第五〇回帝国議会の衆議院予算委員会で、有馬が質問に立ち、岡田が答弁に立った。一九一〇年代末から夜間中学の歴史を形作ってきた者同士が、直接に意見を交わしたのである。

有馬はまず、労働者が専門学校に進学できるよう救済するため、夜間中学を認めるべきだと迫った。

「総テノ人ガ総テ成功スルト云フコトハ、是ハ出来得ナイ事デアリマスガ、併シ何人モ其途ヲ得ル、其将来ニ対シテ自分ノ努力如何ニ依ッテ、又自分ノ能力ノ如何ニ依ッテ、何人モ成功シ得ル途ガ平等ニ開カレテ居ルト云フコトガ、是ガ是非トモ必要ナ事柄ダト思フ、夜間中学ト云フモノハソレニ向ッテノ私ハ今日ニ於テ唯一ノ途ダト思フノデアリマス、専門学校ノ試験ヲ受ケマスニ付キマシテ二ツノ難関ガアリマス、ソレハ資格ト云フ事ト、入学試験ト云フ事ト二重デアリマス、私ノ希望トシマシテハ資格ヲ若シ必要トスルナラバ所謂夜間中学ト云フモノハ、昼間ノ中学ト同ジ程度ノモノニナラナクテモ、仮令ソレハ多少不完全ナモノデアリマシテモ、ソレニ資格ヲ認メルト云フコトガ出来ナケレバ、入学試験ノ方ニ重キヲ置イテ、資格ノ無イ者デアッテモ、入学試験ヲ受ケルコトガ出来ル、(164)何レカノ途ヲ開クノデナケレバ、今日所謂労働階級ノ青年ト云フ者ハ、上ニ登ッテ行クト云フ途ハ開カレナイ」

岡田はにべもなく拒絶する。

「一体中学ト云フモノハドウ云フモノデアルカト云フコトカラ考ヘテ見マスト、中学ハ今日迄ノ考ニ於テハ、一定ノ学科課程ヲ具ヘテ、一定ノ程度ノ教育ヲ施ス教育機関トナッテ居ルノデアリマシテ、唯中等教育ヲ施ス機関ト云フ意味デナイ、左様致シマスルト、昼間職務ヲ執ッテ居ル者ガ、其余力ヲ以テ入学スルト云フコトハ、事実上出来得ナイト思ヒマス」

「併シ昼間労働ニ従事スル者ノ教育機関ガ、全然無クナルト云フコトニナッテハ気ノ毒デアリマス、又昼間ニ労働ヲシタ者デモ、有力ナ者モアリマスカラ、サウ云フ者ノ為ニハ各種ノ補習教育ノ機関ヲ設ケルコトガ必要デアラウ、是ハ文部省ニ於テモ相当力ヲ尽シテ居リマス、（中略）唯之ニ向ッテ一定ノ資格ヲ与ヘルト云フコトハ甚ダ困難デアルト思ヒマス、資格ヲ与ヘルニハ相当ノ内容ガナクテハナラヌ」

労働者の教育機関としては実業補習学校を設けているというのが、岡田の年来の持論であった。有馬は納得せず、再度質問に立つ。

「ソレハ現在ノ制度ガ斯ウ云フ風ダカラ仕方ガナイト云フヤウナ御話デアリマシタガ、ドウモ制度ノ為ニ人ガ支配サレルト云フコトハ、是ハ当然カモ知レマセヌガソレガ私共ニ満足出来ナイ点デアリマス、（中略）勿論夜間中学ガ普通ノ中学通リニヤルト云フコトハムヅカシイデセウガ、ソコガ人ノ為ニ途ヲ開カレナケレバナラヌ」

「現在ノ制度ニ於テハ、東京ノ市営ノ――直営ノ特殊学校ト云フヤウナモノニ這入リマシタ者ハ、殆ド将来大学ノ教育ヲ受ケルト云フ望ハ始メカラ絶タレテ居ルト云フヤウナコトハ、是ハ非常ニ私等ノ満足ノ出来ナイ点デアリマス、サウ云フコトガ矢張制度ノ一ツノ欠陥デアルト思ヒマス」

貧困層が実質的に高等教育機関から排除されているのは制度的欠陥だという主張である。だが、岡田はこれにも色好い回答を与えない。

「一寸先刻申シタコトヲ補ッテ置キタイト思ヒマス、今日ノ制度上已ムヲ得ズ夜間中学ヲ許サヌト云フ意味デハナイノデアリマス、詰リ今日ノ中学校ト云フモノハ、ドウ云フ学校デアルカト云フト、是ハ一定ノ形ヲ備ヘタ所ノ中等教育ノ機関デアリマシテ、即チ此学校ヲ卒業シタ者ハ、或ハ文官任用令ノ資格ヲ得マスルシ、或ハ高等ノ学校ヘ進ム所ノ資格モ得マスルシ、色々ナ資格ヲ得ルト云フコトニナッテ居ルノデアリマス、〔中略〕制度ガサウナッテ居ルカラ与ヘルコトガ出来ヌト云フノデハナイ、事実上サウ云フ不完全ナ教育ヲ受ケタ者デアレバ、高等ノ学校ニ進入サセルコトモ出来マセヌシ、普通文官ノ資格ヲ与ヘルコトモ出来ナイ、又徴兵令ノ上ニ於キマシテモ、一年志願兵ニナル特権ヲ与ヘルト云フヤウナコトハ、其資質ガ備リマセヌカラ与ヘルコトハ出来マセヌノデ、決シテ制度ガサウ定ッテ居ルカラト云フイミデハナイ」

「夜間中学ト云フモノヲ認メタラドウナルカ、夜間中学ガ昼間中学ト同ジダケノ程度ノ教育ヲ施スコトガ出来ルモノトシタナラバ、是等ノ資格ヲ与ヘルモ宜ウゴザイマスガ、ドウモサウ云フ種類ノ学校デアッテハ労働者ヤ何カノ入学スルニ適シナイ、到底労働者ナドハ夜間ニ於テ四時間モ五時間モ授業ヲ受ケルト云フコトハ不可能デアリマス、強テヤレバ無理ヲシナケレバナラヌト云フコトニナリマスカラ、サウ云フコトハ出来ナイ、強テ夜間中学ト云フモノヲ造リマスレバ、昼間中学ト非常ニ違ッタモノトセナケレバナラヌ、違ッタモノニスル以上ハ之ハ資格ヲモ別ニシナケレバナラヌ」

近代中学校制度がたどってきた歴史的な結節点を丹念に踏まえた答弁である。岡田のいう通り、中学校は文部省が他省庁と長い時間をかけて構築してきた社会制度でもある。内務省が所管する文官普通試験、陸軍省が所管する徴集猶予・一年志願兵など、文部省の一存では決められない多くの資格・特典が、中学校の教育課程とつながっているのである。もし安易に夜間中学を公認すれば、授業料収入を目的とした不十分な私学を跋扈させ、また在学・卒業にかかる特典のみを目的とするよからぬ入学希望者を生むことにもなる。それは徴兵・文官任用といった国家の根幹に関わる制度の公平性に疑義をもたらしかねなかった。

有馬は、無論、この答弁に納得したわけではなかったが、既に持ち時間はわずかだった。最後に政治的判断を求める意見を表明して質問を終了する。

「昼間ノ中学ト夜間ノ中学ト云フモノガ同ジ形ニ於テヤルコトガ出来ルナラバ、ソレハ何モ文部省デ御考慮シテ戴ク必要ガナイト思フ、〔中略〕夜間中学ト云フ変態ノモノヲ認メテヤルト云フコトヲ御考ニナッテ戴キタイト思フノデアリマス、文官任用令トカ其レ等ノ特権ト云フコトニ付テハ、夜間ノ問題ト関連シテ考ヘテハ居ナイ、唯高等学校ヘ入リ、専門学校ニ入リ、大学ノ方ヘ進ンデ行ク途ヲ開カレルト云フコトシカ考ヘテ居ナイ」

かくして、ついに有馬は岡田の強硬姿勢を崩すことはできなかった。

それから一ヶ月後の一九二五年三月六日、今度は荒川五郎が「入学難緩和ニ関スル建議案」の趣旨説明に立った。

「公私〔立中学校の入学定員〕ガ平均シテモ幾ラカ足ラヌカラ、中学校ヤ高等女学校ノ夜間教授ヲ許シテ貰ヒタイ、今日私立学校ナドハ午前ノ授業ヲシ、午後ノ授業ヲシ、夜ノ授業ヲスルト云フヤウニ、一ツノ学校ヲ一日ニ二度モ三度モ使ッテ居ルト云フヤウニ、学校ヲ経済的ニ使用シテ居リマスルガ、公立学校ヤ官立学校ハ一度ニ止メテ置ク、ア、云フヤウナ建物ヲ一度シカ使用セズニ置クト云フノハ甚ダ不経済ダカラ、公立官立学校ニモ夜間教授ヲ許シテ貰ヒタイ、又私立学校ニモ認メラレルコトニナリマシタナラバ、特ニ学校ヲ増設スル必要ハナイノミナラズ、今日ノモノデモ綽々トシテ余裕ガアルト思フノデアリマス」(165)

こちらは伝統的な二部教授論に基づく夜間中学公認論である。答弁に立った文部参与官河上啓太は、自らの母校である地方の公立中学校も夜間中学を附設していたと述べ、質問の趣旨は資格問題にあるのだろうと指摘したうえで、次のように述べた。

「個人トシテハ、私ハ夜間中学モ認メテヤルガ宜イデハナイカト思ヒマス、夜間教授ヲ受ケクル者ハ境遇上不利益ノ立場ニ居ル生徒デアリマス、昼間自ラ活キンガ為ニ働イテ居ッテ、疲レタ身体ヲ以テ夜習フノデアリマスカラ、其志ハ熱心デアリマス、随テ昼間ノ者ヨリモ真剣デアリマス、併シ疲レタ身体ヲ以テヤルノデアリマスカラ、能率ノ上ニ於テ幾分劣リハシナイカ」

「実業学校ニ於テハ之ヲ認メテ居リマス、然ラバ夜間中学モ認メタラバドウカト云フ考ヲ以テ、省内ニ於テモ協議中デアリマス、市内ノ開成中学ノ夜学部ノ如キ、其卒業生ハ中学卒業ノ資格ガ与ヘラレテ居リマセヌ為ニ、文部省デヤッテ居リマス試験ニ依リマシテ、中学ノ資格ヲ与ヘテ居リマス、其試験ヲ受ケマス検定ノ試験ノ結果ニ依ッテモ、中々成績ガ好イヤウニ聞イテ居リマス、(中略)総テノ者ヲ資格ノ無イ者、若クハ内容ノ悪イ者ニ対シテ之ヲ認メルト云フコトハ如何カト思ヒマスガ、開成中学ノ如キハ体操マデヤッテ、昼間ノ科目ヲ総テヤリタイト云フヤウナ風ニ努力シテ、而モ成績ガ好イ、是等モ其儘ニシテ置クト云フコトハ、私ハ今日ノ社会ノ要求デアリマスル所ノ教育ノ機会均等、之ヲ経済上ニ於ケル差別ノ為ニ受ケル所ノ教育上ノ差別ヲ緩和スルノハ、国家ノ義務デアルト云フコトカラシテ、第ニ当局者トシテ考慮シテ見タイト思フ」

さらに、現在は禁止されている中学校五年への編入についても、苦学生を救済するという「同一ノ御趣意ニ依ッテ考ヘタイ」とした。

それでは、なぜ夜間実業学校が認可されたにもかかわらず、夜間中学は認可されないのか。河上は慎重に言葉をつなぐ。

「御趣意ハ先程申シ上ゲマシタ通リニ、良イ事トシテ、文部省モ考ヘテ居ルノデアリマスガ、此中学校ノ入学難ト云フコトニ対シ根本原因ヲ為スコトハ、中学校ト云フモノハ、中学令ニ精神ヨリカモ、寧ロ上ノ学校ニ入ルト云フコトデアルト云フ風ニ考ヘテ居リマス、何人モ境遇ガ許セバ、若ハ自分ノ能力ガ許スナラバ、成ベク上ノ学校ニヤリタイ、上ノ学校ニ入ルニハ中学校ヲ経ルガ一番良イト云フノガ、今日日本ノ一種ノ空気デアリマス、ソレニ付キマシテ実業学校ト云フモノ、資格ヲ認メタナラバ、此入学難ガ幾分緩和サレルダラウト云フ所カラ、各実業学校ニ対シ、中等程度ノ実業学校ニ対シマシテ、其卒業生ハ中学生ト同ジニ、商業学校若クハ師範学校ノ二部ニ入ル資格ヲ与ヘタノデアリマス、此前夜間中学ノ問題ニ付テ、労働者問題デ次官或ハ大臣ガ御話ガアリマシタガ、是トハ少シ意味ガ違ヒマスケレドモ、今日斯ウ云フ空気ガアルノデス、中学ヘ入ルト云フコトハ実ヲ言フト上ノ学校ヲ造ッテモ、実際上ノ学校ハ中学校以上ニ入学難ノ所ガアル、是デハ却テ設備ハ十分出来ズ、中等学校ハ卒業シタシ、上ノ学校ヘハ入レヌ、実業方面ヘ出テ働クト云フコトモ困ルト云フコトニナルト、却テ思想上カラ云ッテモ、国民ノ能力ノ上カラ云ッテモ、遊民ヲ殖ヤスヤウナモノデアルト云フヤウナ考カラ、夜間中学ヨリハ寧ロ夜間商業、若クハ実業学校ヲ認メテ資格ヲ与ヘテヤル方ガ宜イ、夜間中学ヘ入学スル者ノ如キハ、境遇ガ経済的不利益ナ者デアル、不利益ナ者ガ中学校ヘ入ッテ資格ヲ得テモ、上ノ学校ヘ行クコトハ中々困難デアル、大部分ハ総テ世ノ中ニ出テ働クニ違ヒナイ、働ク者ガ中学校ヘ入ッテ間ニ合ハヌ人ヲ造ルヨリ、寧ロ夜間中学ヨリハ夜間実業学校ヲ認メテ、実業学校ヲ出タ者ハ上ノ方ヘ入レルヤウニ、中学校ト同ジヤウニ資格ヲ認メテヤッタ方ガ宜イデハナイカト云フ考ヲ持ッテ居ルノデアリマス、是ガ今日夜間中学ガ認メラレズシテ、夜間実業学校ノ方ガ先ニ認メラレタヤウナ訳デアリマス、文部省トシテハ両方ノ考ヲ考慮シテ、今日実業学校ノ方ニ先ヅ中学校ト同ジ資格ヲ認メテヤレバ、幾分カ中学ノ入学難ヲ緩和サレテ、其上ニ出テ来タ者ハ已ムヲ得ヌ場合ニ於テ実際上ノ働キヲシテ社会ニ出テ、職業ヲ求メ生活シテ行クノニ、遊民ニナラズシテ、世ノ中ノ思想上其他ノ影響ヲ与ヘズニ済ミハセヌカト云フヤウナコトデ、其方面ダケ今実行シテ居ル訳デアリマス」

留意しなければならないのは、文部省は夜間中学を以て中学校の入学難緩和に資するという考えには全く触れていないことである。むしろ、中学校卒業時点での入学難が厳然として存在している以上、夜間中学を認めたところで高等遊民を造出するだけに終わると述べている。そうした発想で夜間中学を公認するつもりはないと断じたともとれよう。

午後の審議に入ると岡田が登場し、次のように述べた。

「夜間中学ヲ設ケマスレバ、ソレガ為ニ便宜ヲ受ケル者モ相当ニアルデアリマセウガ、併シナガラ是ハ教育上ノ見地カラ見レバ不完全ナル教育施設ニ相違ナイ、殊ニ昼間ニ仕事ニ従事致シテ居ル者ガ、夜間ニ更ニ一人前ノ教育ヲ受ケルト云フコトニナルト、其生徒ノ健康上カラ考ヘテ見マシテモ、ドウモ余程無理ナ事ガ起ルト云フコトハ免レヌノデアリマス、教育上カラ見テ不完全ナコトニモナリ、又生徒ノ上ニ無理ガ起ルト云フコトニナリマス、又其卒業生ニ中学卒業生ト同様ノ資格ヲ与ヘルト云フコトニナルト、矢張入学ノ途ヲ図ッテ上ノ方ニ行ッテ入学難ヲ起スト云フ結果ニナリマスカラ、マダ当局者ト致シテハ、此夜間中学ヲ許可スルト云フ考ニハナッテ居ラヌノデアリマス、尚ホ併シ此点ハ篤ト考慮スベキ余地ハアリマス、(中略)中学校ト云フモノガ予備校デナイト云フヤウニ、今日ノ如キ不健全ナル状態ヲ救フコトガ出来マシタナラバ、夜間中学ト云フモノヲ認メテ宜シイ時期ガ達スルカモ知レナイ」

中学校の置かれている社会的状況が根本的に変われば夜間中学も認めてよいというのは、今のところ認可するつもりはないということである。とはいえ、文部省内で夜間中学公認問題は放擲されたのではなく引き続き研究中だと述べたことは注目される。単に官僚としてあらゆることに意を配っているというだけのことか、大臣が更迭されれば省議に付すべく準備中ということかは不明だが、検討自体はこの時期にもなされていたことがわかる。

それを察したのか、『教育週報』は「夜間中学は愈々認定か／学生の熱望と社会の世論に動出した文部当局」と題し、翌一九二六年度から修業年限六年で優秀な学校を専検指定し、上級学校進学・普通文官任用の特典を与えることで「夜間中学資格認定の件を決定すべく近くこれが省議を経て愈々発表する筈」と報じている。[166]また、『教育時論』は「夜間中学校の腹案」と題し、次のように報じた。

「最近文部省は多年の懸案たる夜間中学校問題を速かに解決する意向のもとに目下鋭意調査を進めてをるが文部省の腹案大綱は、

修業年限六ヶ年にして且つ内容優秀なる夜間中学校に対してその卒業生は高等専門学校入学資格に関し一般中学校と同じ待遇を受け且つ無試験で普通文官となり得る資格を受ける旨の認可を与へることであって兵役に関する特典を除外してゐるが若し来年度からこれが実施を見るに至れば苦学生に非常な福音であると同時に夜間中学制度に一転期を画《ママ》するであらう」[167]

この「スクープ」は、しかし、結果として誤報となった。もともと根も葉もないことだったのか、岡田文相をはじめとする否定論者が巻き返して省内を制したのかはわからない。これ以降の続報はなく、また他のジャーナリズムにも波及しなかった。本書第三章で触れるように、一九三二年五月にはこの記事の通りの方法で夜間中学公認問題には一応の解決がはかられるのだが、それまでさらに七年の歳月を必要としたのである。

おわりに

一九一〇〜二〇年代にかけての時期で重要なのは、第一に信愛中等夜学校(信愛学院)、第二に北海道・東京府の「準公立」学校の知名度が高まることで、「夜間中学＝勤労青少年教育」という概念が全国の教育関係者、さらには一般市民にまで広まったことである。簡単に図式化すれば、種々雑多な存在であった中学校程度の夜間各種学校の群れのなかに、私立中学校の編入者のプール(昼間の勤労は二義的)、勤労青少年の学びの場(昼間の勤労こそが一義的)という二つの峰が屹立するようになったのである。その結果、この種の学校を「中等夜学校」「夜間中学」という概念で包括するようになった。

ただし、ここで重要なことを二つ付記しておかねばならない。

第一に、「中等夜学校」「夜間中学」は全国的に不可欠な教育機関だとまでは認識されていなかった。信愛中等夜学校(信愛学院)や東京府立中学校の二部教授認可申請を除けば、夜間中学に関する報道は各地域限定であった。北海道庁の中等夜学校準則すら、全国紙の報道対象にはなっていない。地方で設置された学校も、実業補習学校と生徒を奪いあい、敗北して廃止となるなど基盤は脆弱であった。めぼしい特典を付与できないことがその理由の一つであるのは事実だが、さりとて資格付与を求める運動が全国規模で盛り上がったわけではなかった。夜間中学という概念は誕生したものの、大都市以外に住む人々の教育要求に比較すればやや先進的すぎたのかもしれない。[168]

第二に、「中等夜学校」「夜間中学」が勤労青少年のためのものという理念はまだ確立されていなかった。大都市以外で「中等夜学校」「夜間中学」が設置された場合、勤労青少年教育を中心に据えながらも二部教授をはじめとする中等教育の量的拡大が重要視されていたものが多かった。北海道庁の場合、中等夜学校準則は勤労青少年教育を理念としてうたったが、実際には昼間の課程で収容しきれない生徒をも受け入れる二部教授の役割も果たした。こうした例は、ひとり北海道にとどまらない。[169]いまだ概念は曖昧であり、中等教育の拡大という理想と、生徒募集難という現実との間のどこに足場を定めるかは設置者の方針次第であった。

こうした空気を一変させたのが一九二三年九月の関東大震災であった。罹災した中等学校の在学者を受け入れる大規模な装置が必要とみるや、文部省は即座に茗渓会に対し夜間中学の設置を慫慂する。そこに入学することが想定されたのは、昼間の中学校を退学して働かなければならなくなった青少年であった。一方、正規の中学校としての認可を求めて得られず挫折を繰り返していた東京府では、翌二四年に府立中学校五校が府の補助金と施設使用許可を受けて私立各種学校を経営するという形で、夜間中学を併置するのである。ジャーナリズムが頻繁に取り上げたこともあって、全国的に夜間中学の必要性が認識されるようになり、新設も進む。そして文部省高官の反応から、夜間中学公認は目睫の間に迫っているという認識が関係者の間で広まることになった。

しかし岡田文相の誕生により、夜間中学公認はまたしても葬り去られる。岡田文相期の文部省は、各種検定制度の整備と実業補習教育の振興という二つの施策を推し進めつつ、夜間中学公認は決して認めなかった。歴史の歯車が動き、文部省内で夜間中学公認問題の解決へ向けた動きが出てくるのは、一九二七年四月二〇日に誕生した田中内閣で、文部大臣に水野錬太郎が就任してからのことであった。それまでの間、文部省は少なくとも対外的には、夜間中学公認を求める世論を黙殺し続けたのである。

(1) 田山停雲『東京修学案内』井上一書堂、一九〇八年、一頁。
(2) 東華堂編輯部編『最新東京遊学案内』東華堂書店、一九一六年、九~一〇頁。
(3) 河野正義『中学検定指針』国民書院、一九一七年、一頁。
(4) 東京市役所編『東都学校案内』三省堂、一九二六年、三五三頁。
(5) 筑波大学附属図書館蔵「全国中学校長会議要項」一九一二年、一四頁。
(6) 委員は青木欣四郎(岩手県立福岡中学校長)・石橋朗(福島県立安積中学校長)・深井鑑一郎(東京府立第四中学校長)・戸村定楠(富山県立魚津中学校長)・小松倍一(石川県立金沢第一中学校長)・鶴崎久米一(兵庫県立第一神戸中学校長)・御手洗学(香川県立高松中学校長)・安倍志摩治(大分県立大分中学校長)の八名。
(7) 前掲「全国中学校長会議要項」四九頁。
(8) 数字の典拠は神戸高校百年史編集委員会編『神戸高校百年史』学校編、兵庫県立神戸高等学校創立百周年記念事業後援会、一九九七年、四八四頁。
(9) 唐澤富太郎編著『図説教育人物辞典――日本教育史のなかの教育者群像――』中巻(ぎょうせい、一九八四年、一五九頁)によれば、小委員会の委員の一人だった深井鑑一郎(東京府立第四中学校長)は、「大正元年に府立中学に先がけて夜間中学を開いて貧窮家庭の子女にも門戸を開放」したという。ただし、この件は、深井が校長を歴任した府立四中・城北中のいずれにも記述がないことから、事実かどうか確認できない。仮に事実だとすれば、中学校長会議の席上では何ら意見を表明していないことからみて、鶴崎の意見に触発され、戻った後で私塾程度のものを開設したということであろうか。
(10) 両国高校定時制編『両国高校定時制三十年の歩み』一九五四年、九六頁。
(11) 百年史編集委員会編『府立四中　都立戸山高　百年史』百周年記念事業実行委員会、一九八八年、一一〇頁。なお、回想では「夜間中学」となっているが、当時の新聞・雑誌は「二部教授」とのみ表記。詳細は本章第二節を参照。
(12) 前掲『図説教育人物辞典』中巻、一五八頁、「深井鑑一郎」の項。

(13) 東京都立教育研究所編『東京都教育史』通史編二、一九九五年、六九五頁。
(14) 同右、六八二頁。
(15) 前掲『府立四中　都立戸山高　百年史』一一〇頁。
(16) 前掲『両国高校定時制三十年の歩み』。認可申請を行った正確な日付は不明。
(17) 本文を示せば、次の通り(文部省『文部省例規類纂』第三巻、帝国地方行政学会、一九二四年、九〇五～九〇六頁)。
「専門学校令、中学校令又ハ高等女学校令ニ依ラサル各種ノ学校ニ対シ専門学校、中学校又ハ高等女学校等ニ紛ハシキ名称不許可方ニ関シ明治三十七年四月十九日辰発専二十八号ヲ以テ通牒致置候処右自今通牒中第二号及第三号ニ関シテハ中学校又ハ高等女学校ニ準スヘキ学科課程ヲ有スル学校ニ対シ之ヲ除外スルコトニ致候条自今是等ノ各種学校ニシテ中学、中学部、中学科、中学林又ハ高等女学部、高等女学科等ノ如キ名称ヲ付セントスルモノニ就キテハ其ノ入学資格、修業年限、学科課程等篤ト御取調ノ上大体中学校又ハ高等女学校ニ準スヘキモノハ該名称御認許相成差支無之候ニ付御了知相成度依命此段及通牒候也〔以下略〕」
(18) 水津千雲「夜間中学校に就て」政教社『日本及日本人』第七八八号、一九二〇年八月一日付、六一頁。
(19) 第六節で述べるが、岡田は一九二八年に文相を退いた際、教育週報社『教育週報』誌上で「夜間中学問題に関しては、余の在任中にも各種の苦学生団体等より認可の要求があったが、絶対にこれを認めなかった、〔中略〕余は実業補習教育普及説を執る者である」と述懐している。
(20) なお、文政審議会における夜間中学公認問題の取り扱いが注目される一九二八年には、再び「夜間中学を認めることは大賛成である」(開発社『教育時論』第一五五八号、一九二八年九月二五日付、二三頁)と述べている。田所自身は夜間中学ないしは中学校における二部教授に抵抗はなかったと思われる。
(21) 『教育時論』第一二四二号、一九一六年一二月二五日付、一八頁。
(22) 創立五十周年記念誌編集委員会編『城北史』学校法人城北学園、一九九二年、五三頁。同書によれば、深井は「家庭の事情により勉学を断念せざるを得ない者のために、公立の夜間中学校の設立」を提言したというが、その根拠を明らかにしていないため鵜呑みにはできない。なお、城北学園は府立四中(城北中を府立移管して誕生)を退職した深井が城北中の再興を目標として一九四一年に設置した学校で、四中とは直接の関係を持たない。
(23) 前掲『図説教育人物辞典』一五〇頁。なお、札幌農学校には新渡戸稲造・内村鑑三らとともに第二期官費生として入学したが、成績不良で一年留年している。
(24) 齋木織三郎編『教育人名辞典』教育実成会、一九一二年。
(25) 『読売新聞』一九一五年二月二四日付。
(26) 「中等教育に餓ゑたる東京市」博文館『太陽』一九一七年五月号、二九頁。
(27) 近江匡夫『井上明府遺稿』一九二〇年、三四頁。
(28) 為藤五郎「中橋文相のお手並」『太陽』一九一九年二月号、一四八頁。
(29) 衆議院事務局『第四十一回帝国議会衆議院予算委員第一分科(外務省、司法省及文部省所管)会議録(速記)』第四回、一九一九年二月五日、四八頁。
(30) 有馬頼寧『七十年の回想』創元社、一九五三年、二〇五頁。
(31) 尚友倶楽部・伊藤隆編『有馬頼寧日記』二(大正八年~昭和三年)、山川出版社、一九九九年、一九一九年五月三一日。
(32) 不就学児のための小学校で、午前・午後・夜間にパートタイム形式で授業を行い、諸経費は東京市が負担、無料の浴場・理髪所・授産施設(一部)を併設する。一九〇三年に特殊小学校の名で始まったが、差別的な印象を払拭すべく一九年に直営小学校と改称した。二六年には区に移管されて一般の尋常小学校となるが、経営内容は変更なし。なお、玉姫小は〇五年設置で、区移管後は正徳小と改称した(石井昭示『近代の児童労働と夜間小学校』明石書店、一九九二年)。
(33) 前掲『有馬頼寧日記』「大正八年当用日記補遺」。
(34) 木戸日記研究会編『木戸幸一日記』東京裁判期、東京大学出版会、一九八〇年、三三七頁。なお、この点に注目し、「危機意識を媒介とする華族社会の変容」という観点から当時の華族社会を説明した研究に、後藤致人『昭和天皇と近現代日本』(吉川弘文館、二〇〇三年)がある。
(35) 前掲『有馬頼寧日記』一九二〇年二月五日。
(36) 同右、一九二〇年二月一三日。
(37) 同右、一九一九年七月一日。
(38) 同右、一九一九年七月七日。なお、札幌遠友夜学校については後述。
(39) 七名の氏名は、細川護立・広幡忠隆・木戸幸一・佐々木行忠・織田信恒・岡部長景・松田正之(国立公文書館蔵「各種学校設置廃止」)。

(40)『東京朝日新聞』一九二三年三月七日付。
(41)『東京朝日新聞』一九一九年九月一六日付。有馬の談話。
(42)前掲『有馬頼寧日記』一九一九年九月二五日。
(43)同右、一九一九年一〇月二七日。
(44)同右、一九二〇年三月二〇日。
(45)前掲『七十年の回想』二一二頁。
(46)『東京朝日新聞』一九二一年一〇月一四日付「貧に埋もれる青年を救ふ労学院の実現／校外の大地所に工場学校寄宿舎を設け仕事をしながら勉強する」によれば、次の通り。
「勉強したいが貧乏な為に可惜《あたら》涙の雌伏をして居る青年の為に労学院の設計が内定した、約四十坪の地を郊外に求めて工場と学校と寄宿舎を建設して義務教育を受けた者なら無条件で入学させるのである、院内生活は凡て自治制に則って若い芽生えを自由に伸せやうと云ふのだが、大体に労務部と学業部に両別して労務部では朝の九時から就業を始め午後六時に終業する理想的な八時間制を布き凡ての労務に我が工場労働者の弊害を矯めた模範的なものとして一般の亀鑑になるのだ、又学業部は中等及び高等の二部に分けて七年制度で高等教育を修める組織である、中等部の間は午前中を三時間五時から八時迄授業を受けて就業までの一時間は自由に解放されるのだ、労務部では最初木工場を計画して同時に中学部を開始し来学期から実現する為に急いで居る、斯くて成業したものは真に労働者教育を体験するので卒業生は自然に我が労働者の味方として社会的な活動力を養ひ得る訳であるから、発起者は現存工場労働の模範として将来は労働者の為に第一線に居て働く指導者とならせたい希望なのである、従って労学院の一角は我国に未開拓な貧しい者に実質的に生きる道を与へる理想郷を実現することになる、背負尽せない此重大な使命を背負って産声を揚げる労学院の発起者は貧乏学生同盟の阿部実、帝国苦学生救済会の山崎氏等が主力となって内務省の後藤秘書官、鉄道省の矢部八重吉、協調会の田沢義輔氏等多少若い者の心に触れて行ける人達が賛成になって居る、協調と官僚の臭味はあっても頗る結構なもので富豪や華族で乗気になって居るものも少くないと云ふ、現に十二日も鉄道協会で賛助員発起者等の会合があった、尚学業部校舎は高等部が出来るまで小学校として社会に提供することになって居る、組織は理事制に拠るので院長も互選して支障の起らない限り若い者の力で成立って行きたいと云ふ」
(47)前掲『有馬頼寧日記』一九二〇年一二月二七日。

(48)『東京朝日新聞』一九二四年三月一日付。
(49) 詳細は後述するが、ここでは愛媛県の状況のみ触れておく。一九二四年四月二四日から開催された愛媛県教育協会では、入学難緩和のための県立夜間中学設置が議題となった(『海南新聞』四月二六日付)。さらに五月に入ると、松山市に接する北吉井村で志津川夜間中学(重信町史編纂委員会編『重信町史』一九八八年、六〇六頁。なお、『海南新聞』一九二四年五月一五日付によれば、学校名は「東温夜間中学会」)、九月には西条市に西条夜間中学会(県立西条中学校附設)が開校した(西条高校八〇周年記念誌作成委員会編『輝け　道前の群像』一九七九年、三八二頁)。
(50) 石戸谷哲夫『日本教員史研究』講談社、一九六七年、三八八頁。
(51) 前掲『有馬頼寧日記』一九二一年三月六日。
(52) 自らも中学校を退学した経験を持つ為藤は、毎月寄せられる多数の投書を読みつつ受験雑誌の編集にあたっており、やがて『中学世界』を無学歴者に学歴取得の方法を教授する雑誌へと変質させてゆく。詳細は、菅原亮芳「各誌解題」(教育ジャーナリズム史研究会編『教育関係雑誌目次集成　第Ⅲ期　人間形成と教育編』第三三巻、一九九一年、三七頁、『中学世界』の項)、前田一男「『教育週報』と為藤五郎」(大空社編『教育週報　解説・総目次・索引』一九九四年)などを参照。
(53) 結果を先取りすれば、一九二一年度から高等小学校卒業を入学資格とする修業年限四年(甲種)/二~三年(乙種)の夜間商業学校・夜間工業学校の設置を認め、卒業者には昼間の商業学校・工業学校と同じ資格・特典を与えることになる。
(54)『教育時論』第一二六八号、一九二〇年七月五日付、一八~一九頁。
(55)(18)に同じ。
(56)『教育時論』第一二七三号、一九二〇年八月二五日付、二一頁。
(57) 水津千雲「再び夜間中学に就て」『日本及日本人』第七九八号、一九二〇年一二月一五日付、七九頁。
(58)『教育週報』第三九五号、一九三二年一二月一〇日付、二頁。橋健三(開成中等学校長)の談話。
(59)『教育時論』第一二九三号、一九二一年三月一五日付、四〇頁。この件は教育史編纂会編『明治以降教育制度発達史』(龍吟社、一九三八~三九年)に掲載なし。
(60) 前掲『府立四中　都立戸山高　百年史』一〇三頁。同書はゲーリー・システム導入を一九二〇年四月としているが、誤りであろう。なお、同校ではこの制度を一九四三年まで継続する。
(61)『東京朝日新聞』一九二一年三月九日付。

(62)『教育時論』第一二九九号、一九二一年五月一五日付、三四頁。なお、この意見は五月一三日の視学官会議に提出されている。
(63)『東京朝日新聞』一九二一年五月八日付。
(64)桑原三二『東京府における公立夜間中学設置の経緯(東京府公立夜間中学発達史)』東京都立九段高等学校、一九七八年、一二頁。
(65)『日本及日本人』第八〇八号、一九二一年五月一日付、一七三頁。
(66)『教育時論』第一三〇四号、一九二一年七月五日付、一〇頁。
(67)『教育時論』第一二八六号、一九二一年一月五日付、一七頁。
(68)『教育時論』第一二九八号、一九二一年五月五日付、三八頁。
(69)『日本及日本人』第八〇八号、一九二一年五月一日付、一七三頁。
(70)『教育時論』第一三〇四号、一九二一年七月五日付、三三頁。
(71)中等教育研究会『中等教育』第四〇号、一九二二年三月二五日、一四頁。
(72)『教育時論』第一三六七号、一九二三年四月五日付、三九頁。
(73)文部省編『学制百年史』資料編(帝国地方行政学会、一九七二年、四八八頁)、厚生省五十年史編集委員会編『厚生省五十年史』資料編(厚生問題研究会、一九八八年、六二三頁)から筆者が計算。
(74)北海道教育研究所編『北海道教育史』全道編三、一九六三年、五七六頁。
(75)能木善七「人材養成を主眼とせる私立札幌青年学校」北海道自治協会『北海道行政』一九三三年八月号。能木は同校校長(北海道庁長官官房会計課長)。
(76)この成功を端緒に、翌一九二〇年には仙台鉄道教習所に同様の学科を設置し、二一年からは全国に六ヶ所あった教習所のすべてに拡大する。詳細は拙論(共著、廣田照幸・吉田文編『職業と選抜の歴史社会学――国鉄と社会諸階層――』世織書房、二〇〇四年、六章、七章)を参照。
(77)授業科目は修身・英語・数学・国語・理科・地理歴史・簿記(北海道庁内務部教育兵事課『北海道教育沿革誌』一九一八年、二三九頁)。
(78)授業科目は修身・国語・漢文・英語・数学(同右、二四〇頁)。なお、同校は一九二六年に休校となり、そのまま廃止。

(79) 函館市高等学校定時制教育振興会編『函館市高等学校定時制教育振興会創立四十周年記念沿革史』一九九一年、二頁。阿部平三郎(元函館市助役)の回想。阿部は一九二一年に専検に合格して北海道庁書記(判任官)に採用された後、二六年に高文行政科に合格した。

(80) 『北海タイムス』一九二一年四月八日付。

(81) 同右。

(82) 館脇操「大正十三年組」財団法人札幌遠友夜学校編『札幌遠友夜学校』一九六四年、九二頁。

(83) 佐藤一雄「中等夜学有鄰館沿革大要」中等夜学有鄰館『伏麟』第六号、一九二四年、二頁。ただし「内紛」について詳述なし(遠友夜学校の側の資料も同様)。

(84) 札幌市中央勤労青少年ホーム編『明日への架け橋――札幌市中央勤労青少年ホームの二〇年――』札幌市、一九八四年、三四頁。

(85) 『小樽新聞』一九二五年三月一九日付。

(86) 札幌市議会図書室蔵「大正十二年　札幌市会々議録」一九二三年二月二一日、教育課鈴木主事の答弁。

(87) 加勢蔵太郎「服部教一氏を語る」北日本評論社『北日本評論』第一二巻第六号、一九四三年、六〇頁。加勢は北海道庁視学官で、のち庁立札幌二中・一中の校長を歴任。

(88) 前掲『北海道教育史』全道編三、五六六頁。

(89) 『北海タイムス』一九二三年二月八日付。

(90) 北海道連合教育会『北海道教育』第六九号、一九二三年九月一日付、七七頁。

(91) 『小樽新聞』一九二三年五月一一日付。なお、引用中の「地方費」とは「北海道地方費」を指す。第一章注(15)を参照。

(92) 北海道教育研究所編『北海道教育史』全道編四(一九六三年、一五六～一五九頁)はさらに「小樽中等夜学校(庁立小樽中学校附設)」も設置されたとしているが、国立公文書館蔵「各種学校設置廃止」に同校の認可申請書類は綴じ込まれておらず、北海道小樽潮陵高等学校蔵「北海道庁立小樽中学校　日誌」にもこれに関する記述はない。このため、同校は実際には設置認可されなかったと考えられる。

(93) 札幌中等夜学校初代主事であった伊藤源一郎によれば、「一中の山田校長が洋行中だった。それで能校長に話があって二中に来た」(札幌西高等学校創立五〇周年記念事業協賛会編『創立五十周年記念』一九六三年、一八一頁)という。

(94)『小樽新聞』一九二三年五月八日付。
(95)前掲『創立五十周年記念』一八一頁。
(96)『小樽新聞』一九二三年五月八日付。
(97)服部教一「日本教育の改革(上)」『教育時論』第一四九七号、一九二七年一月一五日付、九頁。
(98)服部教一「日本教育の改革(下)」『教育時論』第一四九八号、一九二七年一月二五日付、八頁。
(99)『小樽新聞』一九二三年三月二五日付。なお、残余は中等部への入学は不許可だが、学力に応じて初等部の各学年に入学を許可。
(100)前掲『伏麟』第六号、四頁。
(101)『北海タイムス』一九二二年九月九日から二回連続。「幌都」は札幌の意。
(102)『小樽新聞』一九二三年四月一七日から五回連続。
(103)『北海タイムス』一九二四年九月二九日から二回連続。
(104)『北海道教育』第六〇号、一九二三年六月一日付、七一頁。
(105)北海中は北海高等学校、石川中は学校法人石川高等学校の前身。
(106)『小樽新聞』一九三〇年三月二二日付。
(107)『北海タイムス』一九二五年五月五日付。なお、この段階では青年学校令は施行されていないので、「青年学校」という言葉に制度的な意味づけはなく、単なる各種学校である。
(108)『北海タイムス』は一九二四年二月三・四日付、『小樽新聞』は同二月四日付で報道。他の出場校は、札幌から一中・二中・工業・師範、小樽から私立北海商業。
(109)『北海タイムス』一九二四年一一月八日付。
(110)『北海タイムス』一九二四年一二月九日付。
(111)札幌遠友夜学校『遠友』一九三三年九月。
(112)壽原重太郎議員の質問。北海道会「議案第一号調査委員会議事速記録」一九二三年一二月一三日。
(113)前掲『創立五十周年記念』一八二頁。
(114)田中淑雄「私の人生を左右した遠友夜学校」札幌遠友夜学校創立百年記念事業会編『思い出の遠友夜学校』北海道新聞社、

一九九五年、九四頁。一九三一年のある日、「私が給仕として勤めていた北大農学部の育種学教室で学んでおられた酒井寛一先生が、遠友夜学校で英語を教えておられて、私に遠友へおいでと強くお勧めになられましたので、二年の二学期から編入したのでした。(中略)私はそれまで市立《ママ》第二中学の夜間部に通っていたのでした」とある。

(115) 菊池新一「伝統と責任」前掲『創立五十周年記念』一五三頁。菊池は一九三二年卒(札幌中等夜学校第六期生)。執筆時には道立苫小牧西高校教諭。

(116) 創立六十周年記念誌編集部編『北海道室蘭栄高等学校創立六十周年記念誌　希望は果なし』創立六十周年記念協賛会、一九七八年、三六頁。

(117) 同右、三六頁。第一回卒業生石川又一の談話。

(118) 創立七〇周年記念誌編集部編『北海道室蘭栄高等学校七〇周年記念誌　ここにわれらあり』創立七〇周年記念協賛会、一九八八年、七一頁。

(119) 日本製鋼所編『日本製鋼所社史資料』上巻、一九六八年、三五〇頁。

(120) 室蘭市教員会郷土研究部編『郷土教育資料』一九三三年発行か、頁記載なし。同書は尋常小学校の副読本。

(121) 前掲『希望は果なし』三六頁。

(122) 前掲『郷土教育資料』頁記載なし。

(123) 丸山丈作「創立当時の思い出」東京都立三田高等学校『創立五十周年記念誌』一九七九年、四〇頁。なお同書で丸山は、後年、北海道庁の方式に学び、一九二九年に同様の形態で私立六高女夜学校を設置したと述べている。

(124) 国立公文書館蔵「認定指定総規」。

(125) 衆議院事務局『第四十六回帝国議会衆議院漢学振興ニ関スル建議案委員会議録(速記)』第二回、一九二三年三月二一日。以下同じ。

(126) 『東京朝日新聞』一九二三年五月二八日付。なお、教育評議会は臨時教育委員会の後身として一九二一年七月に勅令第三〇九号によって設置された機関で、会長一名・委員二五名(特別の必要ある時は臨時委員の設置可)を以て構成。主な答申としては、東京高師・広島高師の専攻科卒業生への学士号付与など。二四年四月には早くも廃され、代わって文政審議会が設置された。

(127) 今村明恒「関東大地震調査報告」震災予防調査会編『震災予防調査会報告』一〇〇(甲)、一九二五年。

(128) 内務省社会局編『大正震災志』下、一九二六年、二二八頁。
(129) 東京府編『東京府大正震災誌』第五編、一九二五年、九八頁。
(130) 茗渓会百年史編集委員会編『茗渓会百年史』茗渓会、一九八二年、二四九頁。
(131) 同右、二四九頁。
(132) 同右、二五二頁。
(133) 『中等教育』第四七号、一九二四年、四五頁。
(134) 前掲『東京府大正震災誌』第五編、九八頁。臨時震災救護事務局は一九二三年九月二日勅令第三九七号「臨時震災救護事務局官制」によって設置された内閣の外局。都市計画・物資供給などを目的に同年九月二七日に設置された帝都復興院とは、同じ内閣の外局だが別組織。翌二四年三月三一日で廃止。
(135) 前掲『東都学校案内』三九〇頁。なお、前掲『茗渓会百年史』は、「社会の不景気の影響を受けて茗渓中学への入学希望者が減少したことと茗渓会が茗渓会館の建設という大事業のために経費を節減せざるを得なくなったこと」を廃止の理由に挙げているが、いずれも根拠は示していない。少なくとも前者については、当時の報道などに全く登場しない話で、誤った憶測に基づく記述ではないか。
(136) 前掲『茗渓会百年史』には「昭和三年三月をもって茗渓中学は閉鎖」とあるが、国立公文書館蔵「各種学校設置廃止」によれば、一九二九年一二月六日の巳学第一五〇〇〇号で東京府知事から文部大臣へ同日付で茗渓中学廃止の件が進達されている。二四年度に一年生として入学した者の卒業は二九年となるから、実際に閉鎖されたのは『百年史』の記述より一年遅い二九年三月末(あるいはさらに何ヶ月か後)であったと考えられる。
(137) なお、当時の文部省首脳は、次官赤司鷹一郎・普通学務局長山崎達之輔・専門学務局長松浦鎮次郎・実業学務局長粟屋謙である。
(138) 『中等教育』第四七号、一九二四年、四七頁。
(139) 都立両国高等学校定時制課程編『創立七十周年記念誌』一九九四年、九三頁。
(140) 『教育週報』第五〜八号、一九二五年。なお、運動の詳細は、菅原亮芳「近代日本における私立中等学校の特質とその社会的機能に関する研究(一)」(財団法人日本私学教育研究所編『日本私学教育研究所紀要』第二八号(一)教育・経営編、一九九三年)を参照。

(141) いずれも国立公文書館蔵「各種学校設置廃止」。
(142) 「成城学校沿革史稿」学校法人成城学園編『成城学校百年』一九八五年。
(143) 麻布学園百年史編纂委員会『麻布学園の一〇〇年』第一巻歴史(一九九五年、一三三頁)によれば、麻布中では「ほとんど設備投資をすることなく夜間授業を開始することができた」という。隣接地にあって焼失した大倉高商の間借りを許したが、同校は夜学科を持っていたため麻布中学校の校舎に完全な照明設備を設置し、翌春に校舎復旧がなるや一切を寄贈して引き揚げたためである。ただ、こうした事例はさほど多くあるまい。
(144) 国立公文書館蔵「兵役法及文官任用令認定各種学校台帳」。
(145) 『東京朝日新聞』一九二四年三月一日付。
(146) 多摩地区の立川町(現在の立川市)の府立二中はさておき、東京市中心部に設置されている府立一中の名前がないのは奇妙に感じるであろうが、この時も学校長は夜間中学反対派の川田正澂である。中学校の施設は無償で貸与し、補助金も支給して学校長に経済的負担はかけないとはいえ、難色を示す個人に府が夜間中学設置・校長就任を命ずることはできなかったのであろう。
(147) 専検指定を受けるため、一九三三年に「東京府立夜間中学学則」を制定して全校を府立移管するまでこの状態が続く。
(148) 鉄中育英六十五周年記念事業委員会編『鉄中育英六十五周年[一九二一—一九八六]』芝浦工業大学中学高等学校、一九八六年、四五頁。なお、結果はまたも却下であった。
(149) (58)に同じ。
(150) 『日本及日本人』第四四号、一九二四年三月一五日付、一一八頁。
(151) 『教育時論』第一三九六号、一九二四年三月二五日付、二九頁。
(152) 衆議院事務局『第四十九回帝国議会衆議院予算委員会第五分科(司法省及文部省)会議録(速記)』第二回、一九二四年七月六日。以下同じ。
(153) 『教育週報』第一八二号、一九二八年一一月一〇日付、八頁。
(154) 財団法人日本学校保健会編『学校保健百年史』第一法規出版、一九七三年、一三二頁。
(155) 商業に関する実業補習学校の場合、前期課程(尋常小学校卒業程度で入学)であれば、①年間二八〇~四二〇時の教授時数を標準とすること、②学科目は修身・国語・数学・理科・職業を課すことの二点しか規定されておらず、学科目ごとの教授時数や学校名称に関する縛りはなかった――つまり、各種学校時代の教則に商業・簿記などを加設するだけで、学校区分を実業補習学校に切り換えることが可能だった――ためである。さらに松本市立松本夜間中等学校・青森夜間中学のように、既存の夜間中学でも同様の意図から学校区分を各種学校から実業補習学校に転換する事例もあった。

(156)『山形県統計書』は両校を「学校教育」ではなく「社会教育」の施設として区分、掲載している。

(157) 伊藤亀吉「『専検』に就て」文部省『文部時報』第五五九号、一九三六年八月二一日付、二四～三五頁。伊藤は文部省普通学務局勤務。なお、この後の専検制度の展開については、菅原亮芳「戦前日本における「専検」試験検定制度史試論――基礎的資料の整理を手がかりに――」(『立教大学教育学科研究年報』第三三号、一九八九年)を参照。

(158) 解釈に迷うところである。単純に国家試験となって難易度が上がったり採点が厳しくなったりしたためとも、逆に受験しやすくなったせいで全科目合格など全くおぼつかない学力の者まで受験するようになったためとも解釈できるが、いずれも確証はない。

(159) もちろん、科目合格者というのは、結果からみれば不合格者にほかならないし、最終的に数学・英語といった独学が相当困難な科目でいつまでも合格できずにリタイアする者も多かった。ただ、そうであっても、一部科目でも合格証書が届けば、頑張ればきっと全科合格にたどり着ける、あと(わずか)数科目だという心理になるであろう。

(160) 受験と学生編集部編『受験と学生――専検・高検・高資・実検・受験案内――』研究社、一九三九年、二〇頁。

(161) 関口勲「実業学校卒業程度検定に就いて」『文部時報』第七〇〇号、一九四〇年九月一日付、二～三頁。関口は文部省実業学務局長。

(162) 上級学校進学については、創設当初は実業専門学校の受験資格しかなかった。その後、一九二八年八月二八日文部省告示第三五五号によって同年以降の実検合格者すべてが専検指定され、高等学校・専門学校の受験資格をも得られるようになった。

(163) これ以降、このような種々の教育機関の学校一覧では、実検合格者があれば誇らしげに氏名を掲載する例がみられるようになる。

(164) 衆議院事務局『第五十回帝国議会衆議院予算委員会第五分科(司法省及文部省)会議録(速記)』第三回、一九二五年二月五日。以下同じ。

(165) 衆議院事務局『第五十回帝国議会衆議院教育ノ機会均等ニ関スル建議案(山桝儀重君外二名提出)委員会議録(速記)』第五回、一九二五年三月六日。以下同じ。この建議案は山桝儀重《やまますのりしげ》(憲政会)ほか二名による「教育ノ機会均等ニ関スル建議案」、山下谷次(政友会)による「受験資格撤廃ニ関スル建議案」など他の教育関係の建議と併合審議となった。山桝は貧困者に対する教育の振興などを、山下は上級学校進学・文官任用など社会的なあらゆる場面における受験資格の学歴制限撤廃を求めており、それはそれとして重要な建議案であるが、ここでは夜間中学公認問題をめぐって文部当局と直接切り結んだという点で荒川の議論に注目する。

(166)『教育週報』第七号、一九二五年七月四日付、二頁。

(167)『教育時論』第一四四四号、一九二五年七月二五日付、四四頁。

(168) ただ、それでも東京府の夜間中学の動向に、地方では全く関心を示さなかったわけではない。例えば、『北海道教育』第二八号(一九二〇年一二月一五日付、四四頁)は、中学校令改正による夜間中学創設と、東京府による設置計画について報じている。

(169) 例えば、一九二二年に福井市で設置された足羽学院の場合、設置者である大月斉庵は「第一は家が貧しく又体が弱くて正規の昼間の中学へ進学出来ない人を対象とする。またどうにもこうにも箸にも棒にもかからない、できの悪い子を教育するのだ、これが本当の教育ではないか」と語っており、病虚弱者・成績劣等者の救済機関でもあった。百周年記念誌編集委員会編『足羽小学校百年誌』百周年記念事業実行委員会、一九七三年、七〇頁、斉庵の次男の大月五(足羽学院講師・医師)の回想。

第三章　夜間中学への専検指定開始

はじめに

一九二〇年代半ば以降、夜間中学は劇的な変化を遂げる。

第一には、すさまじい勢いの増設である。一九二〇(大正九)年には全国で二〇校だった設置数が、三〇(昭和五)年にはおよそ五倍にあたる九九校へと増加するのである。

第二には、一九三二年以降、専門学校入学者検定規程による文部大臣の指定(専検指定)が夜間中学にも及ぼされたことである。専検指定を受けた学校の卒業者は、中学校卒業者に準ずる取り扱いを受けられるので、事実上の中学校昇格と目された。これに伴い、従来多かった中学校長個人が経営する形態に代わって、北海道庁や府県に移管したり財団法人を組織する夜間中学が主流となる。

第三には、一九四三年の中等学校令施行によって、正規の中学校に「夜間ニ於テ授業ヲ行フ課程」(一般には第二部、夜間部などと命名)が設置可能となり、専検指定学校を中心に正規の中学校へ移行する動きが出ることである。

このような「無資格→専検指定→中学校第二部」という夜間中学「正格化」の歴史を明らかにしたのは菅原亮芳である。序章で指摘した通り、その考察を夜間中学全体に敷衍することはできないが、首都圏に設置されていた学校に限ればおよそ妥当なものだと思われる。

そこで本章では、菅原とは若干視点を変えて一九二〇～三〇年代の夜間中学の歴史を叙述する。第一には、首都圏に次ぐ大都市圏でありながら、「正格化」以前にはほとんど夜間中学が設置されていなかった中京地区・京阪神地区に注目し、設置の実態について考察することである。第二には、地方都市でありながら多数の夜間中学が設置されており、一九三二年以降は「正格化」した学校としなかった学校が併存するようになる札幌に注目し、両者併存の実態を考察することである。

夜間中学が四一道府県と樺太・朝鮮・台湾にまで広がったことを思えば、この二つの作業が不可欠であることは言を俟たない。別な言い方をすれば、本章と菅原の記述とを接合することで、一九二〇～三〇年代の夜間中学の歴史の全体像となり得るのである。

第一節　専検指定開始直前の夜間中学

まず、一九二五～三一年の間に新設された夜間中学を表1に示しておく。毎年数校から十数校が、都市・地方を問わず新設されているのがみてとれる。

表1　1925～31年に新たに設置された夜間中学

年	府県	学校名	設置の状況
1925	青森	私立協成夜間中学	熊谷安吉(私立協成高女校長)が校内に新設
	岩手	花巻夜間中学	関壮二(県学務課長)の指導で町関係者が新設
	秋田	秋田中学校附設夜間中学	県社会教育費の補助により新設
	秋田	角館中学校附設夜間中学	県社会教育費の補助により新設
	秋田	大館高等女学校附設夜間中学	県社会教育費の補助により新設
	千葉	関東中学	不明
	東京	芝中夜学校	不明(私立芝中学校内に新設か)
	東京	順天中等学校	松見文平(私立順天中学校長)が校内に新設
	東京	明治中等学校	㈶明治大学が明大附中校内に新設
	東京	修徳夜学校中等部	天理教高安大教会東本分教会が新設
	神奈川	横須賀夜間中等学校	河辺良平(県立横須賀中学校長)が校内に新設
	愛知	名古屋中等学院	不明
	奈良	南都正強中学	藪内敬治郎(退役陸軍少佐)が薬師寺境内に新設
	愛媛	今治中等夜学校	日野福松が独立校舎で新設
1926	樺太	樺太教育会附属豊原夜間中等学校	樺太教育会が庁立豊原中学校内に新設
	山形	山形夜間中学	県補助により山形市教育会が新設
	山形	米沢中学夜学校	県補助により江口親明(県立米沢興譲館中校長)が新設
	東京	青山予備学校	東京農大内に新設
	東京	労働中学	賀川豊彦が本所基督教産業青年会内に新設
	東京	愛隣中等学校	ブライス(愛隣幼稚園長)が愛隣小学校内に新設
	長野	夜間上田中等学校	滋野恵音が新設
	奈良	金鐘中等学校	東大寺社会部が境内に新設
	奈良	天理青年訓練所	天理教が天理教校内に新設
	長崎	長崎夜間中学	長崎市が県立瓊浦中学校内に新設
1927	青森	八戸夜間中学	中西酉蔵(弁護士)ら有志が独立校舎で新設
	山形	鶴岡夜間中学	県補助により針生忠一(県立鶴岡中校長)が新設
1928	青森	青森夜間中学	関壮二(県学務部長)が橋本小学校内で新設
	愛知	豊川学堂	豊川閣妙厳寺が閣内(豊川稲荷境内)に新設
	愛知	名古屋護国院学堂	不明
	兵庫	兵庫県立第一神戸夜間中学講習所	兵庫県が県立第一神戸中学校内に新設
1929	千葉	中山学林	不明
	新潟	新発田町青年普通学校	新発田町が県立新発田商業学校内に新設
	富山	富山中等夜学校	富山県教育会が県教育会館で新設
	長野	善光寺向上学院	小林海遵(長養院住職)が院内に新設
	愛知	妙興禅林	不明
	兵庫	兵庫県立第二神戸夜間中学講習所	兵庫県が県立第二神戸中学校内に新設
	兵庫	兵庫県立姫路夜間中学講習所	兵庫県が県立姫路中学校内に新設
	兵庫	兵庫県立御影夜間中学講習所	兵庫県が御影師範学校内に新設
	広島	旭山夜間中学	私立旭山中学校内に新設
	沖縄	沖縄夜間中学	県の斡旋で沖縄教育会が那覇小学校内に新設
1930	埼玉	昭和義塾中等学校	加藤睦之助が大宮小学校内に新設
	広島	呉中学	不明
1931	北海道	私立池田中等学校	田中武治(池田町長)が池田農会内に新設
	岐阜	岐阜夜間中学	岐阜県が県立岐阜中学校内に新設

一　夜間中学公認運動の継続

夜間中学公認問題は一九二〇年代半ばに至っても解決しなかった。既存の夜間中学のなかには卒業しても特典を得られないことが影響し、実業補習学校に生徒を奪われて廃止となる学校もあった。夜間中学にとっては困難な時代だったが、それによって夜間中学そのものが衰退することはなかった。新設ラッシュは続き、公認を求める運動はいよいよ活発化した。

その意味で大きな画期となったのは、一九二五〜二六年にかけての時期である。まず二五年五月、為藤五郎(茗渓会主事)が『教育週報』を発刊し、たちまち既存の『教育時論』と並ぶ代表的な教育ジャーナリズムとなった。関東大震災後に茗渓中学創設の中心に立った為藤らしく(1)、同紙は「夜間中学の記事も詳細で、また苦学生たちの立場から文検の情報もさまざまに提供(2)」することになる。

また、夜間中学関係者による請願が相次いで行われるようになるのもこの時期である。在京の私立中が附設していた夜間中学の関係者が組織する全国私立中等学校教員向上会は、一九二五年七月二六日に夜間中学校令の制定を求める請願書を提出した。内容をみると、「一ニハ教育ノ機会均等上ヨリ一ハ社会政策上ノ見地ヨリ夜間中学校ヲ認定スル(3)」ことを求めており、入学難緩和といった昼間の中学校の補助的な位置づけではない。請願に訪れた同会幹事たちは文部政務次官鈴置倉次郎(衆議院議員/憲政会)に面会したが、「自ら夜学に通ひ苦学した経験」を持つ鈴置は、「昼夜平等に取扱ふ様にするのが最も公平で自らは其理想の実現の早く来る様に尽力する(4)」と述べたという。

生徒たちも東京苦学同志会・日本独学青年連盟・夜間中学生連合会など種々の団体を組織し、夜間中学差別撤

表2　「夜間中学ニ関スル建議意見」

年月日	事　　　項	提　出　者	提出先
1926. 7. 4	夜間中学及夜間高等女学校ノ認可	東京苦学同志会	文部省
1927. 3. 25	男女夜間中学ノ公認	北添忠燿外 38 名	議　会
1927. 7. 27	夜間中学校令ノ即時制定	夜間中学生連合会	文部省
1928. 3. 16	夜間中学校ヲ認ムルコト	帝国教育会長林博太郎	文部省
1928. 9. 23	夜間中学校六年制ニ絶対反対シ夜間中学校五年制ノ即時確立	夜間学生大会	文部省
1929. 1. 15	夜間中等学校ノ制度ヲ設クルコト	千葉県教育会長福永尊介	文部省
1930. 1. 8	夜間中学校ノ認可	東京府会議長遠藤千元	文部省

国立公文書館蔵「認定指定総規」より。

廃を求める運動を続けた。表2は国立公文書館蔵「認定指定総規」に集録されている主要な陳情・建議のリストである。

一見して夜間中学公認運動の高まりが理解できる。このうち、山桝儀重《やまますのりしげ》議員(憲政会)の紹介によって、一九二七年三月二五日に衆議院に提出された「男女夜間中学ノ公認」の請願理由書を以下に示す。

「教育ノ普及ト共ニ中学並ニ高等女学校ニ入学スル者愈々増加スルニ拘ラズ現今ノ学校ニ於テハ之等全部ノ入学志望者ヲ収容スルコト能ハズ一方貧困ノ為ニ入学シ得ザル者歳ヲ重ヌルニ従ヒ益々多キヲ加フル有様ナリ斯クノ如キ折柄文部省当局ガ夜間授業ノ商業学校並ニ工業学校等ニ対シテ之ヲ公認シ昼間通学ノ学生ト等シク高等専門学校入学ノ資格ヲ付与シタルハ真ニ時宜ヲ得タリト言フベシ

然ルニ其ノ入学志望者数最モ多数ヲ占メ而シテ最モ重要性ヲ持ツ夜間授業ノ中学校並ビニ高等女学校ニ対シテハ未ダ之ヲ公認セラレズ其ノ為メニ中学教育ヲ受クル事ヲ志望スル者ト雖之ヲ卒業スルモ何ラノ資格ヲモ与ヘラレザルヲ以テ已ナク手段トシテ商業学校等ニ入学スルモノ少カラズ之教育ノ本旨ヲ誤マラシムルモ甚ダシト言フベシ

シカモ高等専門学校ニ於テハ早クヨリ夜間授業公認サレ殊ニ最近ニハ実験ヲ生命トスル工業学校ノ如キスラ公認サレタル以上、之等ノ夜間授業ノ

男女中学ヲモ適当ナル方法ニ基キ直チニ之ヲ公認シ以テ不遇ナル自活勉学者ヲ救済セラレタシ」(5)

ほぼ従前通りの主張が並ぶなかで、最後段の「実験ヲ生命トスル工業学校ノ如キスラ公認サレタル以上」という新しい視点が目を引く。一九二一年以降、文部省は夜間商業学校とともに夜間工業学校を設置することを認めたが、実際には設置されなかった。同じ実業学校のカテゴリーにある農業学校・水産学校・職業学校には夜間授業を認めなかったことも考慮に入れれば、(6)その原因の一つが「実験ヲ生命トスル」——座学中心の商業学校とは違って大規模な実習を伴う——ことにあったのは確かであろう。ところが、一九二五年には東京保善工業学校(第二本科)・大宮工業学校(第二本科)、翌二六年には法政大学工業学校が相次いで設置された。しかも、この間の二四年三月一二日文部省告示第一〇九号によって、実業学校卒業者に対して専検指定がなされていたから、夜間実業学校の卒業者も中学校卒業者と同様に高等・専門教育機関を受験する資格が付与されたのである(指定前は、普通文官任用・実業専門学校進学の資格のみ)。夜間中学公認運動にとっては、実習を伴う商業学校・工業学校に夜間授業を認めるのであれば、座学中心である中学校には当然夜間授業を認可すべきだという新たな理論武装が可能となった。

なお、一九二七年二月一一日の紀元節には、皇后が総裁を務める恩賜財団慶福会が茗渓中学に事業補助費一〇〇〇円を交付した。(7)内務省の補助金を毎年受給している札幌遠友夜学校などと同様、社会事業としての価値を認めての交付だが、結果として夜間中学の社会的評価を高めることになったはずである。

この年には開成中等学校では二四年以来二度目となる夜間中学校設置の認可申請を行ったが、(8)当然ながら不認可に終わる。夜間中学公認への道はなお遠かった。

二　地方長官による青年訓練所認定

一九二六年四月二〇日、勅令第七〇号「青年訓練所令」が施行された。この結果、二五年四月一三日の勅令第一三五号「陸軍現役将校学校配属令」によって中等段階以上の学校の現役短縮が実現したのに続き、尋常小学校を卒業後に進学しなかった青年も青年訓練所(以下、青訓と略記)を修了することで六ヶ月間の現役短縮を受けられることになった。(10)(9)在営年限短縮を求める世論に対し、二四年に成立した加藤内閣は、職業・公民教育を施すとともに教練を課す青訓の設置で応えたのである。時の文部大臣は岡田良平、陸軍大臣は宇垣一成であった。

青訓の創設は、各種学校にも大きな影響を与えた。同時に制定された文部省令第一六号「青年訓練所規程」に以下の規定が盛り込まれていたからである。

> 第一条　青年訓練所ノ訓練期間ハ四年トス
> 第五条　青年訓練所ノ訓練時数ハ四年ヲ通シテ修身及公民科百時、教練四百時、普通学科二百時、職業科百時ヲ下ラサルモノトス
> 第八条　現ニ学校ニ在学シ地方長官ニ於テ青年訓練所ノ課程ト同等以上ト認ムル課程ヲ修ムル者ハ之ヲ青年訓練所ノ訓練ヲ受クル者ト看做ス(11)

各地方長官が青訓の課程と同等以上と認定した学校の卒業者には、学校区分の如何を問わず、青訓修了者と同様に六ヶ月間の陸軍現役短縮という特典が付与される。端的にいえば、夜間中学を含む各種学校が青訓を兼ねる

ことが可能になったのである。

夜間中学の授業時数は、修業年限四年で三〇〇〇時間以上、修業年限五年で四〇〇〇時間以上にのぼる。修身・公民・簿記にはそれぞれ週一時間(一年で約三五時間)程度を配当するのが一般的である。青訓規程が定める普通学科・職業科の最低基準は大きく上回っており、教練四〇〇時間を組み込めばよい。このため土曜・日曜や長期休業を利用して教練を実施し、青訓認定を受ける夜間中学が相次いだ。例えば、私立大分中等夜間学校(単独設置)では全生徒に教練を課し、一九二六年六月三〇日付で大分県知事から青訓認定を受けた(12)。私立函館中等夜学校(庁立函館中学校附設)では、一九二六年七月一日に函館市中等夜学訓練所を併設、希望する生徒三五名が入所している(13)。

また、私立天理青年訓練所(天理教校附設)のように、まずは青訓として設置した後で夜間中学に発展した事例もある。同校は、水曜午後・日曜午前に生徒全員に教練を課すこととし、一九二六年七月一日に入学者六一名を迎えて開校した(14)。その後、翌二七年には週六日間授業とし、中学校に準じた夜間授業を行う教育課程を導入して夜間中学となり、二八年には青訓から各種学校に転換して天理中等学校と改称した。なお、転換後は奈良県知事から青訓認定を受けている。

さらに地方によっては、学校側が申請を見送っても、地方庁の強い指導によって青訓認定の申請を余儀なくされる例すらみられた。キリスト教系の松山夜学校(単独設置)では、一九二六年七月一日の教師会で、「少くとも本年中は此まゝにして、形勢を見ること(15)」と決定した。しかし、三一年四月に愛媛県庁から「本県に於ては本年から満十六才から二十才迄の青年は青訓を受ける義務あることゝなった(16)」との指導があり、認定を申請している。

ところで、青訓認定の特典は、兵役に就いた時に初めて機能するものである。これにどれほどの価値があったのだろうか。この疑問に対する答えとして、東大寺が一九二六年四月に設置した金鐘中等学校(単独設置)の事例

表 3　東京府知事が青年訓練所規程第 8 条により認定した学校（1926〜28 年度）

認定日	認定された学校名
1926. 7. 1	開成予備学校，東京市立商業学校，東京市立第五実業学校，東京市立第二実業学校，東京市立第六実業学校，東京市本所区本所商工学校，東京市本所区業平商工学校，東京市立京橋商業学校，東京市立麻布商工実務学校，東京市立四谷商業実務学校，東京市立牛込商業実務学校，東京市立浅草工業専修学校，東京市立第一実業学校，東京三中夜学校，東京市立第三実業学校，東京市立第四実業学校，大倉高等商業学校，錦城中等学校，東京保善商業学校
1927. 3. 10	東京府立商業学校併設商業実務学校，巣鴨商業学校夜学部，巣鴨中等学校，東京四中夜間中等学校，早稲田商業学校夜間部
1927. 6. 18	東京府立滝野川商工学校併設商工補習学校，東京府青山師範学校併設商業補習学校，東京府立工芸学校併設実業夜学校，東京府立実科工業学校併設工業補習学校，京北実業学校夜間部，法政大学専門部別科
1928. 3. 3	東京実業学校夜間部
1928. 4. 28	中央商業学校夜間部
1928. 6. 26	東京保善工業学校第二本科
1929. 2. 12	東京市深川区数矢商工実務学校

東京都立教育研究所編『東京都教育史資料総覧』第 2 巻（1992 年）より作成。アミ掛けは夜間中学。

をみよう。同校はさっそく青訓認定を受け、二八年度の生徒募集広告では「特典」として盛り込んだ。

「東大寺金鐘中等学校は五ヶ年制度で県下中等学校教諭二十数名の教授によって完全に中学校の全学科を終了し得らる
尚本校は文部省令青年訓練所規程第八条の認定あれば卒業生は兵役在営期間短縮せらるゝ特典あり」[17]

生徒にとって青訓認定は悪くない話だったのだろう。東京府の場合、表3に示すように各種学校・実業補習学校のみならず、さまざまな種類の学校が名前を連ねている。学校区分が各種学校である夜間中学、さらに専門学校・実業学校も夜間授業を行う学校・学科の場合、現役将校の配属はなかった。したがってこれが兵役に関する初めての特典となった。

単独で新設された正規の青訓の多くが小学校に附設され、それゆえ既存の実業補習学校と競合して不振を極めるなか、こうして青訓認定を受けた学校の生徒は最低基準をはるかに超える時数の学習・教練にいそしみ、関係者の注目を集めることとなった。一九二七年の全国市長会議で、岡山市長は青訓を小学校ではなく中等学校に附設させ、「夜間中学に通ふ様な気分に」させることを提起している。[18]また、多くの夜間中学が青訓認定を受けたことから、夜間中学公認運動は青訓修了者に対する特典改善運動、あるいは正規の中等教育機関と青訓との差別撤廃運動という性格をも持つことになったともいえよう。

三　水野文相期における夜間中学公認機運の高まり

一九二七年四月二〇日に田中内閣が誕生すると、夜間中学をとりまく状況は一変する。夜間中学公認に反対していた岡田良平に代わって衆議院議員三土忠造(政友会)が、次いで六月二日には内務官僚出身で関東大震災の発生時を含め三度にわたって内務大臣を務めたことのある貴族院議員水野錬太郎が文部大臣に就任したのである。自らも苦学したうえ、小学校訓導・東京高等師範学校附属中学校教諭として教壇に立った経験を持つ三土と比べると水野は教育には全くの門外漢であり、「大臣稼業者」として冷ややかな視線を向けられた。しかし水野は就任するや、教育改革を促進するために省議を週一回水曜日に実施することを命じ、次々と新機軸を打ち出して世論の支持を集める。一九二八年五月二五日に辞任する際には、「兎に角相当な仕事をした」[19]という評価を受けるに至るのである。そのなかには夜間中学に関する仕事も含まれる。

まず、文部大臣就任直後の六月二九日に開催された地方長官会議における訓示で、水野は中等学校の入学難について触れながら以下のように述べた。

「教育ヲ受クルコトニ就キマシテハ貧富ニ拘ラズ均等ナル機会ヲ与ヘ、堅実ナル向学心ハ益々之ヲ奨励スルコトヲ要シマスルケレドモ、現時ノ如キ制度及社会ノ取扱ハ却ッテ教育ノ本義ニ合致シナイモノ多キヤニ考ヘラル、ノデアリマス。依ッテ学校卒業ニ伴フ特殊ノ資格待遇ニ関シテ整理改廃ヲ行ヒ、学校試験ノ制度及方法ニ就テモ亦適当ナル改正ヲ加ヘ以テ教育本来ノ目的ヲ実現スルニ勉メ、現下ノ時弊ヲ矯メンコトヲ期シテ居ル次第デアリマス」(20)

文部大臣が就任挨拶で入学難を論じるのも、「貧富ニ拘ラズ」という表現が登場することも斬新である。さらに水野は、こう続けた。

「普通選挙モ実行セラレ、陪審法モ実施セラレントスル今日デアリマスカラ、時世ノ趨向ニ考ヘ、殊ニ公民的精神ノ涵養ヲ基調トシテ国民ノ公共生活、政治生活ヲ完ウセシムベキ公民教育ノ発達充実ヲ図ルニ於テ、今後一層ノ力ヲ致スノ要アルコトヲ認メマス。時代ノ思潮ニ就キ、堅実明確ナル判断ヲ誤ラザラシムルコトハ現下最モ緊要ノコトデアリマス。殊ニ矯激ナル外来ノ思想ニ感染シ、之ガ為往々我邦ノ国体国情ト相容レザル言論行動ヲ為ス者ガアリマスル今日、学徒及青年等ノ此等思想ニ浸潤シテ其ノ前途ヲ誤ルガ如キコトナカラシムルコトハ、最モ意ヲ用フベキ所デアリマス。教育ノ局ニ当ル者ハ思想ヲ善導シテ正当ナル判断力ヲ具ヘシメ、国体観念ヲ涵養セシムルコトニ於テ、益々努力スルノ要アルモノト信ジマス。之ト共ニ義務教育ヲ修了シテ社会ニ出ズル大多数ノ青年ニ対シ、更ニ其ノ教養ヲ向上セシムルノ要愈々急ナルモノアリマスルコトハ、言ヲ俟タナイ所デアリマス」

この時は一九二八年度予算の策定時期であったが、水野は各局ごとに要求項目を出す従来の制度を廃し、大臣が包括的な項目を示す方式を導入[21]、初年度は以下のような「六大新規事業」を示した。[22]

第一　産業振興に関する教育施設費　約一〇〇万円

△科学研究奨励費△各種向上の能率増進を図る教育的施設△農産物の利用加工に対する教育施設△専門学校の学科増設△水産教育の奨励振興

第二　青少年教育施設費　約六五〇万円

△青年訓練施設の充実△男女青年団の訓練△実業補習教育の改善充実(俸給補助増額、教員講習・教員養成機関整備等)

第三　農村社会教育に関する施設費　約五〇万円

従来社会教育が都市に偏する傾向があったので、純農村の文化と生産とを振興する為の施設

第四　社会政策的教育施設費　約二〇〇万円

△貧困児童就学奨励△特別児童の教育施設△労働者教育助成△成人教育施設△指導員設置△フィルム改善普及

第五　私学興隆費　二〇〇万円

大学、高等、専門、中等の諸学校に偏頗なく助成

第六　移民教育費　二〇万円

青少年教育および社会政策的教育の充実は、水野の教育政策の根幹であった。夜間中学公認は盛り込まれていないが、趣旨からいって同一線上にある。

七月一一〜一三日に開催された全国学務部長会議では、入学難緩和のために、①夜間中学公認、②私学増設の奨励、③学校万能主義の排除、④学校卒業者の特権廃止が議論された。[23] 文部次官粟屋謙は『教育週報』のインタビューに応え、夜間中学については以下のように語っている。

「夜間中学制度の実現は本省でも希望してゐる所であるが、今のまゝの中学校の教科課程では時間其他の関係から考へて見てその儘之を夜間中学に適用することは困難である。それでこれが改正を図ると共に夜間中学制度を実現するやう尽力したいと思ってゐる」[24]

岡田文相期にはあり得なかった、文部省高官による夜間中学公認論の復活である。水野の就任は大きな効果をもたらしたことがわかる。『教育時論』も、「時代の要求する中堅国民の養成を計る趣旨に鑑み多年の宿題であった処の夜間中学校並に夜間高等女学校の制度を確立することに省議で大体方針を決定した」[25] と報じている。

同年一〇月二六日から開催された全国中学校長会議では、北海道庁立函館・埼玉県立不動岡・第二東京市立の各中学校長から夜間中学公認についての協議題が提出され、[26]「殆んど全会一致的に速に認可されんことを決議」、文部省への答申には「夜間中学校ノ制度ヲ定ムルコト」が盛り込まれた。[27]

この時期、夜間中学の空白地域や設置数が少ない地域で、公認を見越して「見切り発車」的に夜間中学を新設する事例が相次いだ。ここでは兵庫県を例にみてみよう。

そもそも京阪神地区は首都圏に次ぐ人口稠密地帯でありながら、夜間中学の設置は遅々として進まなかった。兵庫県の場合、第二章で述べたように一九一二年から中学校長会議で二部教授の実施を訴える校長がいるなど、ある種の先進性がうかがわれるが、府県立・「準公立」はおろか私立中学校附設の夜間中学さえ設置されなかった。夜間工業・夜間商業も神戸市に各一校設置されているだけだった。

それが一九二七年になると事情が一変する。直接の契機は、同年五月に長延連《ちょうのぶつら》が知事に着任したことであった。長は学務部長川崎末五郎とともに夜間中学の設置計画を練り、[28]一〇月には夜間中学一校・夜間商業一校の新設計画を公表した。一一月一五日付の『神戸又新日報』は「夜間商業を明春に／夜間中学は認定が遅れて／講習会の名で明春開校す」と報じた。学務当局は取材に対して、次のように答えている。

「文部省では其必要性を認めて居るのだから之等の生徒が卒業するまでには大丈夫中学校として認定され普通中学と同等の特典を有することになる(中略)よしんばさうならぬにせよ、検定試験もあり県として夜間中学にまで通ふ程の熱心な生徒を見棄てるやうなことはしない」

具体的には、夜間中学公認問題が解決しない場合、「成績優秀の者で昼間中学に移りたい希望者はそれぐ〳〵一中の相当の級へ入れることも考へてゐる」[29]とのことであり、無資格では卒業させないという強い意気込みがわかる。

こうした救済措置を明言した「準公立」の夜間中学は全国に類例をみない。長は中学校卒業後、小学校代用教員などを四年にわたって務めてから一高・京都帝国大学法学部へ進学、卒業後は文部官僚として普通学務局第三課長まで務めてから内務省に転じた経歴を持つ。[30]その長が夜間中学を手がけるにあたって、設置前から資格問題を強く意識していることは興味深い。夜間中学が教育的・社会政策的な効果を発揮するためには、中学校としての資格が是非とも必要だという確信があったのだろう。

かくして一九二八年四月、兵庫県立第一神戸夜間中学講習所(県立第一神戸中学校附設)が開校した。さらに翌二九年には同じ形式で神戸・御影・姫路に夜間中学が開校、兵庫県南部はにわかに県立夜間中学の集中地帯となるのである。

なお、第一神戸夜間中学講習所の第一回卒業式は一九三三年三月に実施のはずだったが、同年七月四日文部省告示第二五七号によって専検指定を受けるのを待って、七月九日に行われた。[31] 滑り込みではあったが、長の目算通りに晴れて「普通中学と同等の特典」を受けての卒業式となるのである。

四　中学教育調査委員会における夜間中学校制度認可決議

文部省は、一九二八年度の中学校入試から学科試験を排除し、小学校長の内申および口頭試問によって選抜するなど、中学校教育の改善に着手した。本格的な改善は文政審議会への諮問を経て決定することとし、諮問に先だって二七年一二月一七日に中学教育調査委員会を発足させた。委員は以下の一六名である。[32]

委員長　赤司鷹一郎（前文部次官／文政審議会臨時委員）
委　員　森岡　常蔵（文部省督学官／文政審議会幹事）
　　　　熊木　捨治（文部省督学官）
　　　　佐藤　礼云（文部省督学官）
　　　　吉田　熊次（東京帝国大学教授）
　　　　阿部　重孝（東京帝国大学助教授）
　　　　乙竹　岩造（東京高等師範学校教授）

齋藤　斐章（東京高等師範学校教授）
佐々木秀一（東京高等師範学校教授）
杉　　敏介（第一高等学校長）
塚原　政次（東京高等学校長）
西村房太郎（県立千葉中学校長）
清水　由松（麻布中学校長・麻布中等夜学校長）
大島　正徳（元東京帝国大学教授・東京市教育局長）
湯沢　直蔵（東京市立一橋高等小学校長）
野口援太郎（帝国教育会理事）

初日の会合に出席した水野文相は、以下のように挨拶した。

「教育制度改革中最も急を要するものは中学教育で収容力増加の一方法としての二部教授制度、夜間中学制の問題、学科課程の整理等幾多の問題がある。本省では本会によって是等の問題を研究して具体案を作り之を文政審議会に諮って最後の確定案を得る方針である」(33)

文部省は同委員会に対し、以下の六点を中心に調査を依頼した。(34)

△教育の内容に関するもの

一、中学校の学科目
一、教授時数の按配
一、教授要目
　△制度に関するもの
一、夜間中学を認むべきや否や
一、学級人員数に関する事項
一、二部教授を認むべきや否や

冒頭、赤司委員長は、同委員会を会議形式ではなく懇談会的に協議を進めること、毎週金曜日を例会とすること、自らと森岡・熊木・佐藤・阿部・清水の五名の委員からなる小委員会を設置して報告案の作成作業に入ることの承認をとった。

麻生中等夜学校長を務める清水由松が草案作成の中核に入ったため、ジャーナリズムは夜間中学公認問題の解決が間近と報じた。この結果、青森市の私立協成中学塾(私立協成高等女学校附設)のように、「修業年限五ヶ年学科程度県立中学校ト同等生徒卒業マデニ中学令ニ依ル特典ヲ得ル見込」[35]と、制度改正を前提とした生徒募集広告を行う学校も現れた。

小委員会の審議の過程では、全国の農会・商工会議所から中学校教育に関する意見を照会した。この結果、寄せられた意見は大略次の六点であった[36]。

一、中学校教育を地方的にするため学校当局に自由裁量の余地を与へること

一、中学校は上級学校の予備校の如き現状に鑑み実際教育を注入すること
一、人格の陶冶を主とし公民教育を盛にすること
一、必須科目の時間を増加すること
一、夜間中学を認可し私立中学の助成を図ること
一、体育教育に重きを置くこと

さらに、小委員会では矢作栄蔵（東京帝国大学経済学部長・帝国農会長）・平生釟三郎（甲南学園理事長・兵庫県教育会会頭）を招き、意見を聴取した。矢作が何を述べたのかは不明だが、自らも苦学して東京高商を卒業した平生は「下級学校が上級学校の予備校として取扱われつゝある現状を攻撃し、各級学校を夫々独立せしめて人格教育に重を置くの必要を力説し[37]」たという。具体的な発言内容は不明だが、夜間中学公認および私学助成をはかるべしとの意見に反対することはなかったろう。

こうした経過を経て作成された原案は中学教育調査委員会に送られ、審議の俎上に上った。清水以外にも夜間中学を公認すべきだという意見を持つ者がいたためか[38]、議論は円滑に進んだようである。一九二八年六月八日の会合では、審議内容が「学科課程の問題」「夜間中学問題」の二点に整理され、前者はほぼ片がつき、後者も認定することに決定した[39]。

教育関係者の間では、夜間中学公認問題も解決間近という空気が漂った。六月一八日の地方長官会議は文部省所管事務について協議したが、出席者から「夜間中学の制度を至急実施すべきである」との意見が出されている[40]。七月七日の『教育週報』は主筆為藤五郎が「前内閣で岡田文相によりてこそ阻害されたが、世論としては最早決定的のものであった」と断じ、修業年限六年といった問題点はあるものの「率先して着手断行すべき[41]」だと主張

し、経済不況による生徒激減と県財政悪化のため、同年三月限りで廃止となった秋田中学校附設夜間中学については「もう一年の辛抱だった」[42]と嘆じている。

九月一一日、同委員会は最終総会を開催して報告書を可決した。冒頭には審議の概要を述べ、続いて以下の決議事項一二項目を列挙、各項目について説明を行う形であった。[43]

決議事項

一、中学校ノ学科課程及各科目教授要項

二、高等小学校第二学年ヨリ連接スベキ修業年限三年ノ場合ニ於ケル学科課程

三、夜間中学校ハ之ヲ認ムルコト

四、道府県ニ教育評議会ヲ設置スルコト

五、私立中学校ノ設立ヲ容易ナラシムルト共ニ一層之ガ完備ヲ図ルコト

六、上級学校入学ノ為ニ中学校ノ教育ヲ破壊セシメザル方法ヲ講ズルコト

七、指定学校ノ生徒ヲシテ中学校ニ転学スルヲ得シムルコト

八、中学校教科書ヲ改善スルコト

九、修学旅行ノ日数ヲ教授日数ニ参入スルコト

十、半年進級制ニ付一層研究スルコト

十一、貧困児童ノ優秀者ニ中学校教育ヲ施スノ方法ヲ一層研究スルコト

十二、中学校令施行規則第二十四条第三項ヲ削除スルコト

以下、二四頁に及ぶ説明文が続く。夜間中学校に関する説明を引用しよう。

「昼間職業ニ従事シナガラ中学校教育ヲ受ケント志望スル者ニ対シ之ガ機会ヲ与フルハ人材育成ノ意味ニ於テ又社会政策ノ見地ニ於テ喫緊ノ要務トナスヲ以テ夜間中学校ノ設立ハ之ヲ認ムベキモノトス而シテ夜間中学校ハ之ヲ別種ノ中学校ト看做スコトナク文官任用令、上級学校入学ノ関係等ニ於テ普通ノ中学校ト同等ノ資格ヲ与ヘントスルニハ大体五年制中学校ノ課程ニ準拠セシメザルベカラズ、然レドモ此処ニ学ブ者ノ境遇及夜間ノ昼間ト異ナル事情ヲ顧レバ昼間ノ学校ニ比シテ多少ノ斟酌ヲ加フルハ当然ノ事ナリ唯昼間職業ニ従事セザル者ニシテ此ノ種ノ学校ニ入学スル者アルハ予メ考慮スベキ点ナリ

昼間学校ニ比シテ斟酌ヲ加フベキ点ハ

一 図画、音楽、実科ヲ欠クヲ得ルコト

但シ昼間職業ヲ有セザル者ハ実科ヲ欠クベカラズ

二 体操ハ毎週少クモ二時ヲ課スルコト

三 一時限ハ正味五十分トシ適宜時間割ヲ定ムコト

ナリ若シ昼間職業ヲ有セザル者ニ対シ始業前図画、音楽等ヲ学習セシムルノ設備ヲナスヲ得バ固ヨリ望マシキ事ニ属ス

尚必要ニ応ジ夏季冬季ノ休暇ヲ短縮シテ教授日数ヲ増加スル等ノ方法ヲ講ゼシメ修業年限ハ五年トナスヲ本体トスベシ然レドモ之ガ実施ヲ困難トスル事情アル場合ニハ修業年限ヲ一年以内延長スルヲ認ムルモ可ナリ」

なお、夜間中学認可はほとんど満場一致で成立した。これとは別に二部教授の可否についても議論が及び、時期尚早として否決された(44)。夜間中学校制度に関する説明文についても、勤労青少年と「昼間職業ヲ有セザル者」の取り扱いを峻別している点、修業年限五年とした点は斬新かつ具体的な提言である(45)。いずれも小委員会ならびに委員会における議論の深まりをうかがわせる。かくしてボールは文部省に投げ返された。

五　幻に終わった文政審議会諮詢第一二号

中学教育調査委員会の報告書を受け取った文部省は、さっそく一九二八年九月一八日に省議を開いた。しかし省議の中心に水野錬太郎はおらず、『東京朝日新聞』紙上に「改正案頗る結構(46)」との談話を寄せただけであった。実はこの四ヶ月前の一九二八年五月に水野は「優諚問題(47)」によって文部大臣を辞任し、後任には大蔵官僚出身で元蔵相の貴族院議員勝田主計《しょうだかずえ》が就任していた。ただし、大蔵官僚出身で文部行政にも内務行政にも携わったことのない勝田は何ら指導的な立場をとり得ず、各種ジャーナリズムから「大臣病患者」「伴食大臣」と批判を浴びている(48)。夜間中学公認問題について何か方針を示したとは考えられず、省内では水野の路線を継承して検討を続けていたと考えられる。

省議では報告書を、①中学校の教育課程全体の改正案、②夜間中学校の設置認可、③高等小学校から接続する三年制中学校の設置認可という三点に整理し、その可否について議論した。その結果、①は若干の字句修正を、②は学力・保健問題に配慮して修業年限を六年とする修正を施したうえで文政審議会に諮問することに、③は賛否両論があって実現の見込みはないものの諮問の準備はすることにそれぞれ決した(49)。

これを受けて、普通学務局では諮詢第一一号「中学校教育改善ニ関スル件」、諮詢第一二号「夜間中学校制度ニ関スル件」の二本の諮詢案を作成した。前者は、第一種・第二種の導入、修身を重視したり公民科を新設する一方で英数の授業時数を削減するなど、中学校の主目的を進学準備ではなく国民教育へと変更しようとするものであった。後者については、以下にその内容を示す。

左記要項ニ依リ夜間中学校ノ制度ヲ設ケ之ヲ実施セントス

記

一　夜間中学校ハ主トシテ昼間職業ニ従事スル者ノ為ニ夜間ニ亘リ教授スル中学校タルコト
二　修業年限ハ尋常小学校卒業ヲ以テ入学資格トスルモノニ在リテハ六年トシ、修業二年ノ高等小学校卒業ヲ以テ入学資格トスルモノニ在リテハ四年トスルコト
三　各学年ノ毎週教授時数ハ約二十時トシ教授日数ハ二百四十日以上トスルコト
四　生徒定員ハ六百以下トスルコト
五　夜間中学校ハ原則トシテ中学校ト同一ノ取扱ヲ為スコト
六　夜間中学校ニ於テハ完全ナル照明装置ヲ為スノ外特ニ生徒ノ保健衛生上必要ナル施設ヲ為サシムルコト

右ニ関スル意見ヲ求ム(51)

この二本を一括して文政審議会に諮問することについては、同審議会総裁である田中首相も承諾していた。それに備えて、東京三中夜学校(府立三中附設)・東京六中夜学校(府立六中附設)・開成中等学校(開成中附設)・麻布中等夜学校(麻布中附設)・海城学校(海城中附設)という在京の夜間中学五校に対し、九月一八日付で入学資

格・修業年限・現在生徒数から生徒の職業や卒業生の進路などにわたる詳細な資料提示を求め、「夜間中等学校ニ関スル調査」と題する基礎的な資料を作成している。(52)

だが、実際には諮詢直前になって第一二号は撤回され、九月二八日に第一一号のみが「中学教育改善案」として諮問された。(53)一旦省議で決した諮詢案が撤回されたのはなぜだろうか。この直後の一〇月六日、文部次官山崎達之輔（衆議院議員／政友会）は教育評論家協会の会員を東京会館に招き、教育時事問題に関する懇談会を開催した。話題の中心は中学教育改善案で、席上、為藤五郎は「聞く所に依れば、文部当局は今回この案を文政審議会に諮らず、保留したといふ事だが、これは高等政策によっての措置ではなからうか」と質した。山崎は次のように答えている。

「高等政策によったものではないが、年限を何年にするかについてはまだ省議が決まらず、省内の専門家は六年説を唱へて居るし、旁々今回は中学改善案と切り離した訳で、この点等決定し、成案を見た上で、改めて文政審議会に諮りたいと思って居る。かつて私が或る枢府の方を訪ひ夜間中学校の話をした所、それは既に早く実行してよいものではないかといふを聞いて、誠に意を強くした訳である。これも早く解決したいものと思って居る(54)」

山崎が訪ねた枢府（＝枢密顧問官）とは誰であろうか。当時の枢密顧問官は全部で二四名いたが、おそらくは山崎が普通学務局長として仕えた文部大臣の一人で、個人的にも親交があった江木千之だと推測される。(55)江木は文部大臣在任中に、「三学級二教員制度」、義務教育年限延長など旧来の枠組みにとらわれない施策を次々と打ち出している。一九二四年に文部大臣を退任すると枢密顧問官に任ぜられ、また改めて文政審議会委員に就任し、翌二五年からは文政審議会副総裁に再就任して議論をリードしていた[56]。

だが、江木が賛同したとしても、それだけで文政審議会が夜間中学公認でまとまるわけではない。強硬に反対するであろう委員が二人いたからである。江木と同じく、元文相で文政審議会副総裁でもある岡田良平(貴族院勅撰議員/東洋大学長)と、川田正澂(東京府立第一中学校長)である。文政審議会では、諮詢に批判的な意見が出されても一部修正あるいは付帯決議で円満に解決する手法が定着しており[57]、反対する委員がいても差し支えない。とはいえ、文政審議会の生みの親である江木と、育ての親である岡田の両文部大臣経験者が対立する図式のなかでそうした措置をとるのは好ましくなかろう。

また、文部省内では依然として夜間中学を公認する場合の修業年限「五年説」「六年説」が対立していた。大事の前では一年の差異など些事にもみえるが、逆にそのような些事すら意思統一をはかれない段階で文政審議会に諮問することははばかられよう。『教育時論』は次のように報じている。

「文部省では夜間中学の修業年限に関し最初は毎週教授時数二十時間年限六年、収容人員一学校六百人以下と決定してゐたが、その後年限五年説が出で漸次有力となったので更にもう一度審議をしなほすことになり目下山崎、粟屋両次官、安藤参与官、武部普通学務局長等の間で審査協議中である、政務官側は夜間中学は社会政策的の意味でこれを認めるのであるから毎週教授時数を二十一時間に増加し暑中休暇、冬期休暇等を相当短縮し、多少の無理はあっても修業年限は五年とし、また一学校の収容人員は五百人以下とした方がよいと主張してをり、省内の意向もまた次第に五年説に傾いてゐるから勝田文相がこれを認めれば夜間中学修業年限は五年となる模様で近く省議を開いていづれか正式に決定した上十二月上旬文政審議会に諮問する予定である[58]」

「都合ニ依リ諮詢取止」の都合とは、こうした文政審議会内および省内の意見対立が解消される見込みが立たなかったためだと考えられる。その後も事態の打開はならず、したがって『教育時論』が報じた「十二月上旬」になっても、夜間中学公認問題が文政審議会に諮問されることはなかったのだろう。

翌一九二九年二月二七日の貴族院予算委員会第三分科会では、真野文二議員（勅撰／元文部省実業学務局長・元九州帝国大学総長）が入学難緩和に関する質疑に立ち、二部教授という観点から夜間中学の設置を求めた。管見の限り、貴族院で夜間中学に関する議論が行われたのはこれが初めてのことである。夜間中学公認問題は貴族院でも論議されるほど全国家的なものとなっていたことがわかる。答弁に立った山崎次官は、「昨年一応ノ成案ヲ内部デ拵ヘマシタノデアリマス、併シマダ正式ニ省議ヲ決定スル運ビニ至ッテ居リマセヌガ、何レ議会終了後ニナリマシタナラバ相当ノ決定ヲ仰ギマシテ、自然文政審議会ノ御審議ヲ煩ハスヤウナコトニナルト思ヒマス」(59)と答弁している。「成案」というのは、幻に終わった文政審議会への諮詢第一二号案に相違ない。

しかしその後も再検討は遅々として進まなかった。同年六月七日の『東京朝日新聞』は、「夜間中学／文審諮問を延期／明年より実施絶望」と題して以下のように報じた。

「文部省では中学教育改善案の実施と同時に多年の懸案を解決し夜間中学校を中学校令において認め中学校卒業と同等の資格を与へることに方針を決定し既に修業年限を五ヶ年とする基礎案の作成を終り、多年の社会的要求もやうやく実現を見る気運に立ち至ったが、夜間中学については文政審議会の一部に反対の意向が強いので、いまだ中学改善案の審議が終らず、その上近く師範教育改善案等を付議せねばならぬ矢先、問題の多い夜間中学案を諮問するのは当を得たものではないとの意見が最近に至り文部省内に高く当分文政審議会に諮問する見込は困難となり従って明年度よりの実現はほとんど絶望の模様である」[60]

結局、諮詢第一二号はそのまま廃案となった。[61] 文部参与官安藤正純（衆議院議員／政友会）は夜間中学公認を求めたが、「孤軍奮闘」[62] だったという。文政審議会への諮問を今やおそしと待ちわびていた夜間中学関係者にとっては失望の極みであった。東京五中夜学校長（東京府立第五中学校長）伊藤長七は、中学教育調査委員会が決議を出した直後、『教育週報』に「賛否・逐条批評」と題する文章を寄せ、中学教育調査委員会が作成した諮問案を文政審議会に付議するか否かを省議の結果に委ねたことを批判した。

「夜間中学を、中学校令によって認むる事と、適切なる内容を与へんとする事も、即今の急務として極めて適切なる改良案と云ふべきであります。（中略）此委員会は已に、教育界の、就中中学教育界の権威者を連ねて出来たものであります。然るに、其案の採否如何を決し、やがて案の修正、変改を有するところの力を、文部省内の高等官連名会議に持たしめたと云ふ事は、誤りであると思ひます。若し大臣、次官、局長以下視学官に至るまで、文政当局の意見を加へる必要があるならば、何故に、最初から其中学教育調査委員会に当局高等官の人々を連ねざりしやと、詰問したくなるのであります。教育専門の権威者が、議定して成立たしめたる案を、専門以外とも云ふべき行政本位の人々によって裁量取捨するのは問題であります。教育の事も、何も彼も当局行政官のアタマに依って運用せねばならぬと考へ来りし、所謂官僚式の態度を、昭和の現代において、しかも教科の問題に適用する事を、文政当局のために惜しむものであります。かてゝ加へて、文部吏僚の手に変改せられたる案そのものが、更に文政審議会並に枢密院などの、多難なるべき前程を連想せねばならぬ痛ましき痛ましさを思はざるを得ないのであります」[63]

なお、諮詢第一一号の方は、一九二九年六月二〇日に文政審議会で可決され、三一年一月一〇日文部省令第二号「中学校令施行規則改正」によって実現をみることになる。

第二節　夜間中学公認運動と専検指定

一　文部省による実態調査と「御真影」下賜照会

一九二九年七月二日、政友会の田中内閣は張作霖爆殺事件により天皇の信任を失ったとして総辞職した。大命は民政党の衆議院議員浜口雄幸に降下、文部大臣には内務官僚出身の衆議院議員小橋一太が就任した。また、入学難緩和・受験資格撤廃などを訴え続けてきた「教育代議士」の山桝儀重が、総理大臣秘書官に起用されている。

小橋文相は就任早々、中学教育改善案をそのまま実施することへの疑問を表明し、文部当局に再検討を指示している。中学校の入学難緩和のために実業教育を重視するという観点からすれば、教育課程を第一種・第二種に区分するなど些末なことであるし、実施したところでほとんどは第二種に流れて意味をなさないというのが小橋の説明であった(64)。

その一方で小橋は、浜口内閣の「十大政綱(65)」に掲げた社会政策確立・教育改革に合致しており、入学難緩和の効果を持つのはもちろん、労働者教育振興(66)につながるものとして、夜間中学公認問題については推進の立場をとった。水野の降板によって足踏み状態であった夜間中学公認問題は、再び前進しはじめたのである。

一九二九年一〇月、文部省は初めて全国規模で夜間中学の実態調査に乗り出した。調査対象は表4に示す四三校であった。(67)

この時期の文部省は、以下に示すように前例のない書類を発している。

「　昭和四年十一月二十九日

文部大臣　小　橋　一　太　印

宮内大臣　一　木　喜　徳　郎　殿

照　会

皇后両陛下御写真拝戴ノ儀愛媛県知事ヨリ申請有之タルニツキ御下賜相成様取計相成度

天皇

左記学校ニ対シ

記

愛媛県北宇和郡父ノ川尋常小学校

今治中等夜学校

愛媛県北宇和郡河成尋常小学校

以上三校(68)」

愛媛県知事からの申請を受け、宮内大臣に対して今治中等夜学校ほか二校に対する「御真影」の下賜を照会したのである。この書類が注目されるのは、各種学校に対する「御真影」下賜は行われていなかったにもかかわ

表4　「中学校ニ類スル各種学校（夜間）」（1929年10月現在）の調査対象校

府県	学校名
青森	青森夜間中学（高3），私立協成中学塾（尋5），八戸夜間中学（高3）
岩手	盛岡夜間中学（高3），花巻夜間中学（高3），釜石夜間中学（高2）
宮城	仙台明善中学（尋5）
茨城	茨城弘道学院（尋5）
千葉	中山学林（尋4）
東京	開成中等学校（尋5），麻布中等夜学校（尋4），成城中等学校（尋4），早稲田中等夜学校（尋4），東京三中夜学校（尋4），四中夜間中等学校（尋4），東京五中夜学校（尋4），東京六中夜学校（尋4），東京七中夜学校（尋5），名教中等夜学校（尋4），赤坂中等学校（尋4），上野二中夜間中学（尋5），湯島中等学校（尋4）
神奈川	神中夜学校（尋4），横須賀夜間中等学校（尋4）
石川	金沢高等予備学校（尋4）
福井	足羽学院（尋5）
長野	松本夜間中等学校（尋4）
愛知	私立豊川学堂（尋5），名古屋奉安殿学堂（尋5），妙興禅林（高5）
奈良	天理中等学校（尋5），金鐘中等学校（尋5），南都正強中学（尋5）
広島	修道学校（尋5），広島中学（尋5），鯉城中学（尋5），旭山夜間中学（尋5），興文中学（尋5）
愛媛	私立松山夜学校（尋4），今治中等夜学校（高3）
福岡	私立福岡夜間中学（尋5）
大分	私立大分中等夜間学校（高3）
沖縄	私立沖縄夜間中学（尋5）

学校名にアミ掛けしたものは1932年以降に専検指定を受ける。
括弧内は入学資格（尋＝尋常小学校卒業程度，高＝高等小学校卒業程度）と修業年限。

らず[69]、書類を調製したことである。一九一八年六月二〇日官秘第一〇六号「天皇皇后両陛下御真影ヲ下賜スベキ学校幼稚園ノ件」によって、下賜対象は公私立盲唖学校・私立実業学校・私立高等小学校・私立尋常小学校・私立幼稚園にも拡大されていたが[70]、各種学校は公立・私立を問わず排除されていた。しかるにこの書類は地方庁から文部省を通過して宮内省に至り、「御写真録」に綴じ込まれるに至ったのである[71]。

なぜこのような事態が生じたのか、現段階ではわからない。仮に単純な錯誤によるものだとしても、そうした錯誤が起こること自体、注目すべきことである。「準公立」の夜間中学は中学校と混同してもおかしくないような状況が地方庁・文部省いずれにもあったのかもしれない。

二　専検指定方針浮上と夜間中学再調査

一九二九年一一月二九日、小橋文相は越後鉄道疑獄事件に連座して辞任に追い込まれた。後任には、農商務官僚出身で二四年から文政審議会委員を務めてきた衆議院議員田中隆三(民政党)が就任する。[72]

田中は、「当今ニ於テ最モ憂慮スベキ事ハ(中略)学生生徒ニシテ不健全ナル思想ヲ抱ク者ヲ生ジ而カモ従来ハ大学高等学校専門学校ノ生徒間ニ散在スルニ止マッテ居リマシタノガ最近ハ中等学校ノ生徒ニモ伝播感染シ其ノ運動方法ノ如キモ益々実際的トナラントスル傾向ガア」[73]ると述べ、府県に中等教育機関の生徒への思想指導の徹底を指示した。[74]また、実業教育・労働者教育の振興という方針を継承し、文政審議会答申に沿って学制改革を進めた。就任当初に表明した一九三〇年度からの中学教育改善案実施[75]はならなかったが、同年四月八日文部省訓令第六号「農業学校規程中改正」によって夜間農業学校の設置を可能にし、[76]翌三一年度からは中学校の課程を第一種・第二種に区分する。遅々たる歩みにジャーナリズムは「かけ声ばかりの／教育制度改善案／歴代文相の試案のみ山積して／実現したものはない」[77]といった批判を浴びせたが、停滞していた教育改革が再び動き始めたのは確かであった。

夜間中学公認問題については、便法によって解決を急ぐことになった。一九三〇年六月一九日、文部省は発普第一三四号「夜間授業ヲ行フ中学校ニ類スル各種学校卒業者ヲ専門学校入学者検定規程ニ依ル無試験検定受検者トシテ指定スルコトニ関スル準備調査ノ件」[78]を起案し、さらなる調査を実施した。注目すべきは、夜間中学を中学校令改正(あるいは「夜間中学校令」のような新しい学校令の制定)により中学校の一形態として制度化するのではなく、現行の各種学校のまま専検指定によって対応する方針を打ち出した点である。夜間中学公認問題の対立点は夜間中学を中学校として認めることの是非にあり、それを勅令によって認めるためには、少なくとも文部省・文政審議会・枢密院と三ヶ所の障壁を超えなければならない。一方、専検指定であれば、省令(例えば既存の専門学校入学者検定規程)あるいは訓令(省令の運用内規)の改正または新規制定でよく、いずれにしても文部省だけで決着をつけられる。既に前章でみたように、省内では相当以前から温められていた解決策の一つであったが、それがここへ来て急浮上したのである。

起案文書を吟味してみよう。調査対象は、在京の東京七中夜学校(府立第七中学校附設)・上野二中夜間中学(第二東京市立中学校附設)・開成中等学校(開成中学校附設)の三校である。対象学年は第三・五学年、試験科目は国語・英語・数学・物理(第五学年のみ)、経費は二三四円とある。末尾には、以下のような「本調査ヲ施行セントスル理由」が付されている。

「全国ニ於ケル夜間授業ヲ行フ中学校ニ類スル各種学校中ニハ尋常小学校卒業程度ヲ入学資格トスル修業年限五ヶ年ノモノ二十校(昭和四年十月現在調)アリ之等ノ学校中ニハ創立後相当ノ年月ヲ経過シ設備及職員組織等完備シ其経費及維持ノ方法モ相当確実ナルモノアリ、然ルニ現行ノ制度ニ於テハ之等ノ学校卒業者ハ仮令相当ノ学力ヲ有スルモ専門学校入学者検定規程ニ依ル試験検定ニ合格スルカ又ハ更ニ昼間ノ学校ニ入学シ之ヲ卒業スルニ非ザレバ専門学校入学ノ資格ヲ得ルコト能ハザル情況ナリ、殊ニ夜間授業ヲ行フ実業学校卒業者ハ既ニ専門学校入学ニ関シ中学校卒業者ト同等以上ノ学力アルモノト指定セラレ居ルニモ不拘入学資格、修業年限、学科程度、教授時数及職員組織等ニ於テ殆ンド中学校ト同様ナ夜間授業ヲ行フ之等ノ学校卒業者ヲ専門学校入学者無試験検定ニ関シ指定セザルハ其ノ権衡上当ヲ得タルモノト言フベカラズ、即チ尋常小学校卒業程度ヲ入学資格トスル修業年限五ヶ年以上ノ夜間授業ヲ行フ中学校ニ類スル各種学校中其ノ設備及職員組織経費及維持ノ方法等相当確実ナル学校ニシテ之ヲ申請スルモノニ付厳重銓衡ノ上其ノ卒業者ニ対シ専門学校入学ニ関シ中学校卒業者ト同等以上ノ学力アルモノト指定スルコトハ教育行政上妥当ニシテ且ツ社会政策上必要ナルコトト認メラル、仍テ本案相伺フ」

夜間実業学校が認可されている以上、夜間中学も認可しなければ権衡を欠くという公認運動の論理をそのまま認めていることがわかる。のみならず、担当者である普通学務局の加藤庶務課長は以下のように述べている。

「夜間生の現在の成績は昼間生に及ばないのであるが、将来発展の可能性は十分に持ってゐる様であるからその進路を開いてやる必要があると思ふ。尚小学校にも夜学校の設置されある所が少くないから、或はこれらを別系統として考へて見ることも必要であらう(79)」

実際に日の目をみることはなかったが、将来的に「夜間小学校—夜間中学校」という学校階梯を用意するという考え方は興味深い。夜間小学校の設置は東京・大阪といった大都市のみならず、地方都市やその近郊にまで及んでいた(80)。また、この一九三〇年は、東京市が既存の夜間小学校に加え、月島近辺の水上生活者の子弟のために水上小学校を設置した年でもある。あるいは小学校すら満足に通学できない階層への就学奨励策の一環として、夜間中等教育を整備することも検討課題の一つだったのかもしれない。

さて、夜間中学三校に対する学力検査は、九月二五〜二六日に実施された。督学官による判定結果は概して好意的で、次のような調査結果が報告されている。

「右三校ノ中ノ優秀ナ学校（而モソノ優秀ナ学級）ニ於ケル成績ハ頗ル見ルベキモノガアリマスカラ、之ヲ普通ノ中学校ニ比べテ余リ劣ルモノトハ思ハレマセン。全国ノ中学校中、設備ヤ組織ノ不完全ナ中学校デハ、寧ロ此ノ優秀ナ夜間中学ノ成績ニモ及ビカネルモノガ無イトモ言ヘマイト思ハレル位デアリマス。〔中略〕三校トモ相当ナ成績デアリマスカラ、先ヅ普通ノ中学ニ追随シ得ルモノト認メテ差支ナカラウト考ヘラレマス」〔国語、第三学年、文中の「優秀ナ学校」は開成中等学校〕

「総括的ニイフト矢張リ第五学年ト同ジク玉石混淆デ一般中学校ヨリモ石ノ割合ガ多イヤウニ感セラレル、シカシ多キハ二分ノ一少キモ三分ノ一程ノ生徒ハ一般中学校ノ生徒ニ比べテ遜色ハナカラウト思フ」〔数学、第三学年〕

「種々ノ事情ヲ総合シテ考ヘテ見マスルト、全級生徒ノ約三分ノ一ハ物理科ニ対シテ専検合格ノ資格ヲ与ヘルコトガ出来ヤウト存ジマス。普通ノ中学ニ比シテ優劣ノ差ノ大ナルコトニ驚カサレマス。〔中略〕御当局ノ御調査ニヨッテ夜間中学ノ認定ガ実現サレルコトハ希望シテヰマス」〔物理、第五学年〕(81)

文部省内の空気は夜間中学公認へと大きく傾いた。各種ジャーナリズムは一斉に公認近しと報じた。ただし『教育時論』は「夜間中等学校認可に決定」と題した記事で、修業年限について今なお「五ヶ年説と六ヶ年説とあるが可及的五ヶ年説に基いて学科目を編成する」方針だと報じており、修業年限をめぐる意見の齟齬が解決されていないことがわかる。(82)

この直後の一九三〇年一一月には浜口首相が東京駅で狙撃されて重傷を負い、翌三一年四月に総辞職、同じ民政党の若槻内閣が誕生する。しかし田中文相は留任したので、停滞は避けられた。翌三一年六月三〇日には、表5に示した三四校の夜間中学を対象に再度の全国調査を実施した。

表 5　「夜間授業ヲ行フ中学校ニ類スル各種学校」(1931 年 6 月 30 日現在)の調査対象校

府　県	学　　校　　名
北海道	私立池田中等学校(高 3)
青　森	青森夜間中学(高 3), 八戸夜間中学(高 3)
岩　手	盛岡夜間中学(高 3), 釜石夜間中学(高 3)
宮　城	夜間仙台明善中学(尋 5)
茨　城	茨城弘道学院(尋 5)
東　京	開成中等学校(尋 5), 東京七中夜学校(尋 5), 第一東京夜間中学(尋 5), 上野二中夜間中学(尋 5), 錦城中等学校(尋 5)
新　潟	新潟夜間中等学校(高 4), 私立長岡夜間中等学校(高 3), 加茂朝学校(高 3)
福　井	私立足羽学院(高 4)
岐　阜	岐阜夜間中学(尋 5)
愛　知	名古屋奉安殿学堂(尋 5), 私立豊川学堂(尋 5)
奈　良	天理中等学校(尋 5), 金鐘中等学校(尋 5), 南都正強中学(尋 5)
広　島	修道学校(尋 5), 興文中学(尋 5), 広島中学(尋 5)
愛　媛	私立松山夜学校(高 4), 今治中等夜学校(高 3)
福　岡	福岡夜間中学(尋 5)
長　崎	長崎夜間中学(高 4), 佐世保市立夜間中学(尋 6)
熊　本	熊本労学館(尋 5)
大　分	私立大分中等夜間学校(高 3)
鹿児島	鹿児島総合中等学校夜間部(高 4)
沖　縄	私立沖縄夜間中学(尋 5)

学校名にアミ掛けしたものは 1932 年以降に専検指定を受ける。
括弧内は入学資格(尋＝尋常小学校卒業程度, 高＝高等小学校卒業程度)と修業年限。

これ以降、普通学務局は法案作成作業に入った。ただし、作業は遅々たる歩みであった。修業年限問題という火種が依然としてくすぶっていたことに加え、夜間実業学校への陸軍現役将校配属に関して陸軍省と具体的な協議に入るなど[83]、夜間中学の周辺に存在するさまざまな問題にも意を配っていたためと推測される。夜間中学関係者は業を煮やし、松山夜学校などは「文部省が夜間中学を認可せ《ママ》ない[84]」方針だとみて、一九三一年度の新入生から教育課程を変更、夜間実業学校に転換している。

三　鳩山文相期における専検指定内規の制定

夜間中学の全国調査から半年後の一九三一年一二月一三日、満州事変拡大と経済政策破綻によって第二次若槻内閣が総辞職し、政友会による犬養毅内閣が誕生した。文部大臣には衆議院議員の鳩山一郎が就任した。

鳩山は、文部次官に粟屋謙、普通学務局長に武部欽一と、三土・水野・勝田文相時代には学制改革論議の中心にいたものの、その後は退官に追い込まれていたメンバーを復帰させた。さらに、文部政務次官には安藤正純、文部参与官には山下谷次と、いずれも「教育代議士」として知られる論客を配置した。

この人事はジャーナリズムの喝采を浴びた(85)。そして、夜間中学関係者にとっても好都合な人事であった。前述したように、粟屋・武部・安藤は一九二八年一〇月に社会政策的な観点から夜間中学を公認し、その修業年限を五年とする省内の原案をまとめたメンバーであったし、安藤・山下は衆議院で夜間中学公認論を主張してきた。夜間中学公認問題の解決にとっては追い風となる人事なのは、誰の目にも明らかだった。一二月二五日付の『教育時論』はこの人事を報じるとともに、同じ頁に「夜間中学昇格案」と題した記事を掲載した。

「文部省普通学務局では夜間中学卒業生に対し一般中学卒業者と同等の資格を与へて向学の道を開拓してやるべく研究中であったが、その資格を付与すべき学校の内容施設の範囲指定に関し原案作成中であったが此の度完成を見たので委員会に付議し近く省議に提出する筈である(86)」

こうした報道は全国各地、さまざまなジャーナリズムによってなされた。例えば『福島民報』は、「夜間中学制度／愈々実現するか／文相、次官、局長のトリオで／懸案解決期待さる」と題し、以下のように報じた。

「文部省では鳩山文相と安藤次官の就任、武部普通学務局長の返り咲きを契機として、多年の懸案たる夜間中学指定問題が再燃し、いよ〳〵解決せんとする機運が濃厚になりつゝある、この問題は嘗て安藤次官が田中内閣時代、勝田文相の下に発議せられ、極力これが実現を期し孤軍奮闘した曰く付きのものであるから、安藤次官としてもこの機会に実現せしめなくてはならぬと力んでゐるが、鳩山文相としても目下の状勢については新たに予算を計上するが如き新規事業の如き実行不可能であるので、最も実現性のある、そして効果的のものはこの夜間中学の指定問題であるから、武部普通学務局長に花を持たせる意味も含まれ、このトリオによって多年の懸案たりし夜間中学問題も近く解決されるであらうと一般に期待されてゐる[87]」

東京府ほか二〜三の府県では「設備その他内容の完備してゐる夜間中学を予選し認定方文部省に対し申請[88]」するなど、認定を見越した動きが始まった。東京府の場合、上野二中夜間中学・開成中等学校の二校から早くも認可申請があり、知事名による賛成意見を付して文部大臣に進達した。このことを報じた一九三二年二月二七日付の『教育週報』は、「近日中に文部省より詳細視察し正式に認定される筈である」とまで述べている[89]。

この段階の文部省内で意見の一致をみていなかった問題は、①解決方法、②修業年限、③設置主体と三つもあった。しかし鳩山文相から専検指定によって早急に事態の解決をはかるよう指示があったことで流れは決まり[90]、概略がさっそく報じられた。外地樺太でも、四月一三日の『樺太日日新聞』が「豊原の夜間中学も／近く資格を認める／文部省の議が纏まり次第に考慮」と題して報じた。樺太庁は財団法人樺太教育会に補助を与え、豊原夜間中等学校(庁立豊原中学校附設)を経営させていた。この記事のなかで、福山視学官は取材に応え、以下のように期待をにじませている。

「文部省から未だ何等の通牒に接しては居らぬが、然し文部省が実行する段になれば樺太庁もこれに準じて行ふだらう、豊原の夜間中学校は現在約一百名の生徒が居りこれを普通科高等科の二部に分け修業年限も四ヶ年としてゐる、文部省としてもいざこれを認可する場合は内容を慎重に調査するであらうから、夜間中学校ならどれでも認可するといふわけではあるまい、豊原中学は年〔一年に、の意〕庁の補助金三千五百円であるが然し総て中学校のものを使用してゐるのだし認可の場合は条件具備の上から云っても庁としては認可するであらう(91)」

四月六日の省議でも、解決方法については、①専検指定、②中学校令改正、③夜間中学校令制定のいずれによるべきかが再度議論となったが(92)、粟屋・武部・安藤・山下の四名を中心に意見統一をはかった結果、四月二〇日の省議で専検指定によることと決定した。省議終了後、武部は会見を開き、一九三一年六月三〇日に文部省が実施した全国調査の対象校(前掲表5)を専検指定の候補校として公表している。修業年限については、武部が尋常小学校卒業を入学資格とする学校は五年、高等小学校卒業を入学資格とする学校は三年とする私案を示し、一度はこれで決定していた。

しかし、四月二五日に夜間実業学校連合会が鳩山文相に申し入れを行ったことで、この案は実現困難となった。申し入れによれば、夜間実業学校は高小卒四年の課程しか認可されておらず、夜間中学が尋小卒五年・高小卒三年という有利な条件で認可されては経営に重大な影響をきたすとし、「これと均衡を保つ必要上夜間中学の修業年限も高〔小〕卒は四年として貰ひたい(93)」とのことであった。鳩山文相は「夜間中学の修業年限と夜間実業学校との修業年限とを必ずしも同一にする必要はない。夜間中学はその趣旨から見て高〔小〕卒は三年がよいと思って居る。もし是非均衡を取らねばならぬ必要があるならば夜間実業の方を三年にした方がいゝではないか」と一蹴したものの、省内の対立が再燃するのは必至であった。

既に述べたように、文部省では夜間中学公認問題の解決とあわせて、夜間実業学校(甲種)への陸軍現役将校配属を実施しようとしており[94]、さらに夜間実業学校長会議でも陸軍省に現役将校を配属するよう建議することを決議していた[95]。それぞれに一つずつ改善を行うことでバランスをとろうとしたのであろう。陸軍省も当初は好意的で、一九三二年一一月に発表した学校教練制度改革に関する三大指針に「夜間学校の如き制度組織に多少欠陥ありともその精神の正しきものに対しては配属将校を配属す[96]」を盛り込んでいた。しかし、前年一一月の第二次天津事件、一月の上海事変と軍事的な緊張をもたらす事件が相次ぐなかで、「好意は持って居るが、何分時局柄直にといふ訳には行かぬ[97]」という態度に変わっていた。さらに三月の満州国建国、五月の五・一五事件と歴史の大きな転換点にあって、新たに部隊を離れて学校に配属する将校を増やすことは不可能となっていた。夜間実業学校としてみれば、これでは修業年限が一年長いだけの利点はないことになる。

四月二八日の省議では、専門学務局長赤間信義・宗教局長下村寿一・社会教育局長関屋龍吉・実業教育局長菊池豊三郎が、夜間実業学校との均衡をとるため尋小卒六年・高小卒四年に延長すべきだと主張し、武部と対立して一致をみなかった[98]。結局、鳩山文相・安藤政務次官・粟屋次官・山下参与官の鳩首会談により[99]、芝田徹心図書局長が提案した尋小卒五年・高小卒四年という奇妙な折衷案を採用した。原理原則抜きの政治決着は夜間中学・夜間実業学校のいずれの関係者からも批判を浴びる結果となったが、落としどころはほかになかった。

設置主体は、武部の主張により自治体もしくは基本財産三万円以上の財団法人となった。『東京朝日新聞』は以下のように報じた。

「指定圏線に大変動を生じた、即ち全国の夜間中学のうち財団法人の組織を持つものは

一、鉄道夜間中学(東京)

一、新潟夜間中等学校(新潟)

右の両校のみで他の諸校は財団法人でなく、この点でいづれも指定圏外にあるのみならず、両校のうちには基本金額を考慮せねばならぬものがある状態である、従って指定の条件が発令になってもすぐ指定され得るものは一校か二校であって、他の諸学校は指定条件に副ふやうに学校組織の改正に着手せねばならぬ、また指定の手続としては当該学校が基本金額を公正証書として文部省に申請し、文部省はこれを調査した上で指定するのであって天降り的の指定はないわけだから、指定のためには相当時日を要するといってゐる、いづれにしても指定条件の発令と共に夜間中学の内容改善が全国的に行はれるに至るであらう」[100]

既に一九一一年七月二九日勅令第二一八号「私立学校令中改正」[101]によって、中学校は公立または基本財産五万円以上の財団法人の設置する私立学校でならなければならないことになっており、[102]昼間授業の専検指定学校も同様となっている。それに比較すれば相当緩和した金額だが、夜間中学の特殊事情を考慮してはいなかった。

夜間中学は既設の中学校に附設されていても、設立者は学校長個人という形態が一般的だった。威信ある道府県立中学校に附設され、該校の教員たちが教授する「準公立」の夜間中学でも、法的には自己資産ゼロの私立各種学校に過ぎない。専検指定のためには公立移管するか、三万円という大金を調達して財団法人を組織する必要があった。東京府立中学校附設の夜間中学群の専検指定が遅れたのは、まさにこの一点による。私立中学校附設の場合も、形は異なるが資産の問題は大きかった。伝統を誇る中学校の多くは私立学校令改正以前に設置されており、いわゆる既存不適格ということで財団法人を設立していない学校が多かった。一九三〇年に至っても「東京府だけに就て見ても、中学と高等女学校とで、なほ六割二分弱は依然として個人経営である」という状態が続いていた。[103]そうした伝統校に附設された夜間中学であっても、専検指定を申請するにはやはり基本財産三万円を調達しなければならない。

このように「準公立」にせよ私立にせよ、名門と目される中学校の関係者が経営する夜間中学ほど、専検指定は困難だという問題はあるものの、基本財産に関する規定は厳格にするほかなかった。いわゆる「インチキ学校」追放というのは文部省の一貫した方針であったし、専検指定学校たる夜間中学が雨後の竹の子のように大量発生して資格・特典を濫発したり、既存の夜間実業学校の経営を圧迫するような事態を招来してはならなかったからであろう。

かくして省議は定まった。一九三二年五月一八日、文部省普通学務局は各地方庁に対して夜間中学への専検指定内規となる発普第五六号を発した。以下にその全文を掲げる。

夜間授業ヲ行フ中学校ニ類スル各種学校(所謂夜間中学)卒業者ノ専門学校入学者検定規程第十一条ニ依ル指定ニ関スル件依命通牒

中学校ニ類スル各種学校卒業者ノ専門学校入学者検定規程第十一条ニ依ル指定ニ関シテハ従来昼間ニ授業ヲ受クル者ニ限ル取扱ノ処今般夜間ニ於テ授業ヲ受クル者ニモ之ヲ及ホスコトニ省議決定致シタルニ付御了知相成度

右ハ現ニ所謂夜間中学ニ学フ青少年ハ概ネ昼間業務ニ従事シ夜間ニ於テ授業ヲ受クルノ已ムヲ得サル実情ナルヲ以テ茲ニ社会政策的見地ヨリ教育ノ機会均等ヲ与ヘ以テ中学校卒業者ト同様ノ資格ヲ認メ斯種教育ノ改善ヲ図ラントスルモノニ有之就テハ爾今貴管下当該学校ヨリ右指定方申請有之タル場合ハ専門学校入学者検定規程第十一条ニ依ル指定ニ関スル規則所定ノ外特ニ左記事項ヲ整備セシメ其ノ実情調査ノ上意見ヲ付シ御進達相成度依命此段通牒ス

記

夜間授業ヲ行フ中学校ニ類スル各種学校卒業者ノ専門学校入学者検定規程第十一条ニ依ル指定内規

一、指定ハ省令ニ定ムル事項ノ外左ノ事項ニ該当スルヲ要スルコト

（一）入学資格及修業年限

（イ）尋常小学校卒業程度ヲ以テ入学資格トスル場合ハ修業年限ヲ五年以上トスルコト

（ロ）高等小学校卒業程度ヲ以テ入学資格トスル場合ハ修業年限ヲ四年トスルコト

（ハ）入学者ハ昼間業務ニ従事スル者ヲ主トスルコト

（二）学科課程

学科課程ハ中学校ニ準スルコト但シ作業科ハ之ヲ欠キ体操ノ教授時数ハ之ヲ減少スルヲ得ルコト

（三）教授日数

（イ）尋常小学校卒業程度ヲ以テ入学資格トスル場合ハ全学年ヲ通シテ千百七十日以上、四千六百八十時以上トスルコト

（ロ）高等小学校卒業程度ヲ以テ入学資格トスル場合ハ四箇年ヲ通シテ七百八十日以上、三千百二十時以上トスルコト

（四）教授時間

教授ノ終了時刻ハ午後九時三十分ヲ超ユルヲ得サルコト

（五）生徒定員及学級編制

（イ）生徒定員ハ二学級併進ヲ以テ限度トスルコト

（ロ）学級ハ同学年ノ生徒ヲ以テ編制シ一学級五十人以下トスルコト

（ハ）第二学年以上ニ入学ヲ許スヘキ者ハ相当年齢ニ達シ前各学年ノ課程ヲ終リタル者ト同等ノ学力ヲ

有スルモノトシ当該学年ノ生徒数ハ入学当初ノ生徒数ヲ超過スルヲ得サルコト

(ニ)　最高学年ニハ中学校若ハ専門学校入学者検定規程ニ依リ指定ヲ受ケタル学校ヨリノ転学又ハ当該学年ニ於テ退学シタル者ノ再入学ヲ除クノ外新ニ生徒ノ入学ヲ許ササルコト

(六)　教員組織

(イ)　教員定数ハ中学校ニ準スルコト

(ロ)　専任教員(他ヨリ兼ネサル者)ハ教員全数ノ三分ノ一以上トスルコト

(ハ)　教員免許状ヲ有セサル者ノ数ハ教員免許状ヲ有スル者ノ二分ノ一ヲ超エサルコト

(七)　照明設備

夜間ノ照明設備ハ特ニ教授上及保健上適当ナルモノナルコト

(八)　教科書

教科書ハ文部省検定中学校教科書ヲ用フルコト

(九)　授業料及基本金

(イ)　授業料入学金其ノ他生徒ノ負担ハ中学校ニ比シ相当低廉ナルヲ要スルコト

(ロ)　設立者ハ私立ニアリテハ財団法人トシ基本金ヲ三万円以上トスルコト

一、左ノ事項ニ付実地調査ヲ行フコト

(一)　教授訓練ノ状況

(二)　職員勤務ノ状況

(三)　生徒ノ学習状況及成績

(四)　生徒ノ出席状況

（五）　設備ノ状況
（六）　其ノ他必要ナル事項[104]

確認しておくが、これによって専検指定を受けた夜間中学であっても各種学校であることに変わりはない。「法令〔中学校令〕を改正しない以上、夜間中学は本質的には普通中学と認めたとは言はれない[105]」のであって、第四学年修了者（いわゆる「四修」）の高等学校受験資格、卒業者の兵役上の特典（陸軍幹部候補生志願資格）などとは無縁で、正規の中学校との格差は依然として残った。文部省が「一時的応急策[106]」と説明した所以である。しかし中学校令の改正（あるいは「夜間中学校令」の制定）のためには文政審議会・枢密院を通さねばならないし、兵役上の特典を付与するには陸軍省との協議が必要である。専検指定は次善の策としては十分の内容であった。

なお、文部省が計画していた夜間実業学校への陸軍現役将校配属は、結局実現しなかった。唯一とられた夜間実業学校制度への改善策は、一九三二年一二月五日発実第五四号実業学務局伺定「夜間実業学校ノ設立認可要項」によって、高小卒四年の課程しか設置できなかった夜間実業学校にも尋小卒五年の課程の設置を認めることで[107]、夜間実業学校関係者は不満ながらもこれで納得するほかなかった。

四　他省庁による夜間中学への特典付与

第二章で触れたように、専検指定を受けるだけでは専門学校・高等学校の受験資格、判任官任用資格といったごく狭い範囲の特典しか得られない。文部省と他の省庁が共同で所管する中学校卒業程度の資格認定・指定を受けるためには、当該省庁の承諾をとらねばならない。

特に影響が大きい資格で例を挙げれば、中学校または中学校と同等以上の学校に在学する者に対する一九二七年一一月三〇日勅令第三三〇号「兵役法施行令」による在学中の徴集延期の認定がある。

兵役法施行令

第百条　左ニ掲グルモノハ兵役法第四十一条第一項ノ規定ニ依ル中学校ノ学科程度ト同等以上ト認ムル学校トス但シ研究科、選科等ノ別科ヲ除ク

一　師範学校、実業学校(尋常小学校卒業ヲ入学程度トスル修業年限五年又ハ之ト同等以上ノモノニ限ル)、高等学校、大学令ニ依ル大学予科、専門学校、高等師範学校、大学令ニ依ル大学学部、臨時教員養成所、実業学校教員養成所及実業補習学校教員養成所

二　宮内大臣、文部大臣以外ノ各省大臣、朝鮮総督、台湾総督、関東長官又ハ樺太庁長官ノ所管学校ニシテ前号ニ掲グル学校ニ準ズルモノ

三　前二号ニ掲グル以外ノ学校ニシテ陸軍大臣及文部大臣ニ於テ認定ヲ為シタルモノ(108)

文部省はさっそく陸軍省と協議に入った。この結果、既存の専検指定学校と同様、文部大臣による専検指定を行ったのち、陸軍大臣・文部大臣による徴集延期の認定を行うこととなった。夜間中学の専検指定第一号は、一九三二年九月一二日の麻布夜間中学であったが、同校は翌三三年四月四日の陸軍文部省告示第一号で兵役法施行令第一〇〇条第三号による認定を受けている。

一方、文部省が関与しない資格の場合も、一般的には当該省庁が教育課程について文部省に照会し、そのうえで認定・指定を付与するか否かを判断する形をとる。その過程で、文部省の意向は色濃く反映されることになる。

ところがこの時期、そうした形をとらなかった興味深い事例がある。夜間中学とも一部関係するので、触れておこう。

一九三二年六月六日、鉄道省は告示第一七九号「旅客及荷物運送規則」を施行し、学校教職員ならびに学生・生徒に対する鉄道運賃低減に関する規定を改正した。従来は学校として文部省または地方庁の設置認可を受けてさえいれば低減が受けられたが、改正以降は鉄道大臣による学校指定制度を導入したのである。

旅客及荷物運送規則

第二条　本規則ニ於ケル用語ハ左ノ如シ（中略）

八　学校トハ左ニ該当スルモノヲ謂フ

イ　官公立学校

ロ　官公立学校ニ準ズベキモノ（修業期間一箇年以上ニシテ且一箇年ノ授業時数七百時間以上ノモノニ限ル）ニシテ鉄道省ノ指定シタルモノ

ハ　大学令、高等学校令、専門学校令、中学校令、小学校令、盲唖学校及聾唖学校令、幼稚園令ニ依リ設立シタル私立学校

ニ　前号学校令ニ依ラズ設立シタル私立学校（修業年限一箇年以上ニシテ且一箇年ノ授業時数七百時間以上ノモノニ限ル）ニシテ鉄道省ノ指定シタルモノ

第六十一条　学校ノ教員、学生主事、同主事補、生徒主事、同主事補、生徒監、舎監、学生又ハ生徒ガ片道五十粁以上旅行ヲ為ス場合ニ於テハ所定ノ割引証ヲ収受シ教員、学生主事、同主事補、生徒主事、同主事補、生徒監及舎監ニ対シテハ二、三等旅客運賃ノ二割ヲ、学生及生徒ニ対シテハ三等旅客運賃ノ二割ヲ低

減ス但小児ニ対シテハ之ガ低減ヲ為サズ(109)

この規則によれば、文部省と協議することなく鉄道省のみの判断で指定を行うことになっており、実際そのように運用された。文言で示された基準は修業年限一年以上・年間授業時数七〇〇時間以上だけだが、調査に不備があったのか、それ以外に何らかの判断材料があったのか、指定されなかった私立学校は全国で二〇〇校にのぼった(そのなかには、夜間中学も多数含まれていた)。文部省は当然反発し、撤回を求めたが、鉄道省はこれを突っぱねた。(110) 参考までに、初年度中に指定を受けた夜間中学を表6に示す。

興味深いのは、鉄道省の学校評価に対する自信である。鉄道省は逓信省と並んで、尋常小学校卒業の学歴しか持たない青少年を最下級の傭人として雇用し、全国六ヶ所に設けた鉄道教習所で教育を与えて雇員・判任官に登用する仕組みを古くから備えていた。そのなかには、機関士・駅員などの特殊技能を修得するための短期間(三〜六ヶ月程度)の学科のみならず、中学校・実業学校に相当する「普通部」や専門学校に相当する「専門部」といった長期間(三年程度)の学科も設置していた。(111) また、一九二二年四月からは財団法人鉄道育英会を組織して、夜間中学である東京鉄道中学を設置していた。教育に関しても素人ではないという意識を持っていたのではあるまいか。その後、指定学校は少しずつ増加していったが、文部省の意見を聴取することはついになかった。

表 6　1932 年度に鉄道運賃低減指定を受けた夜間中学

地域	学校名
樺太	私立樺太教育会附属豊原夜間中等学校
北海道	私立池田中等学校，札幌遠友夜学校
青森	私立協成中学塾，八戸夜間中学
岩手	盛岡夜間中学，釜石夜間中学
宮城	夜間仙台明善中学
福島	私立学半塾
茨城	茨城弘道学院
東京	東京三中夜学校，四中夜間中等学校，東京五中夜学校，東京六中夜学校，東京七中夜学校，第一東京夜間中学，上野二中夜間中学，成城中等学校，錦城中等学校，大日本国民中学会高等予備学校，開成中等学校，大成中等学校，麻布夜間中学，巣鴨中等学校，愛隣中等学校，東京鉄道中学
神奈川	神中夜学校，大正学院夜間中等学校，横須賀夜間中等学校
新潟	新潟夜間中等学校，私立長岡夜間中等学校，私立加茂朝学校
富山	富山中等夜学校
石川	金沢高等予備学校
福井	私立足羽学院
長野	私立夜間上田中等学校
愛知	私立豊川学堂，育英学校，名古屋中等学院，名古屋奉安殿学堂
京都	光山学院
大阪	自彊学院夜間中学部
奈良	金鐘中等学校，南都正強中学，天理中等学校
広島	広島育英学校，呉中学，私立興文中学，広島中学，修道学校
山口	私立鴻城実践中学
愛媛	松山夜学校*，今治中等夜学校
福岡	福岡夜間中学，立命中等学館
熊本	錦城学館
大分	大分中等夜間学校
鹿児島	鹿児島総合中等学校夜間部
沖縄	私立沖縄夜間中学
朝鮮	私立京城中等夜学校

＊松山夜学校は実業学校規程により経営中。

第三節　専検指定開始後の夜間中学

一　麻布夜間中学への専検指定

夜間中学への専検指定は、内規制定から四ヶ月後の一九三二年九月一二日の麻布夜間中学から始まった。公立ではなく、二四年設置とさほど歴史を有するわけではない同校が第一号となったことには奇異な印象を感じるかもしれないが、同校は中学教育調査委員会でも活躍した清水由松が学校長であり、卒業生の約一〇％が専検に全科目合格するなど学力水準も高かった。東京府立中学校附設の夜間中学群の処遇――府立移管か、自前の財団法人設立か――が決まらないなかでは、同校をおいてほかにはなかった。幸い同校の後身である麻布高等学校・中学校には「昭和七年　夜間中学指定ニ関スル書類」と題する簿冊が保存されている(112)。ここに綴じ込まれた書類を中心に、初の専検指定が行われた過程を概観しておきたい。

専検指定の基本方針が発表された翌日の一九三二年四月二一日、それまで麻布中等夜学校と称していた同校は、麻布夜間中学への改称と、修業年限の延長(四→五年)の認可を申請した。東京府では翌二二日付でさっそくこれを認可し、さらに二六日付でこの旨を文部省に開申している。次いで同校は文部大臣に対し、麻布中学校財団法人の寄付行為を改正した。従来は清水由松校長の個人経営だった麻布夜間中学を同財団が経営することとし、基本財産に関わる基準を満たそうとするものである。認可は七月一九日付で得られたが、それに先だつ六月二三日には専検指定を申請した。

七月二〇日、文部省から督学官熊木捨治・属官大津重治が来校した。一行は実地調査を実施のうえ、あらかじめ調製を指示してあった以下の書類を受領している。

一、設立ノ目的・方針及沿革ノ大要
二、職員生徒ニ関スル別紙調査票記入
三、現在及予定制度ニ於ケル各学年各科毎週教授時間表
四、現在及予定制度ニ於ケル各学年別教授日数及時数一覧表
五、現在及予定制度ニ於ケル各学科別受持教員名並受持時間数各学年別一覧表
六、前年度行事(施行セルモノ)及本年度行事目別一覧表
七、現在及予定制度ニ於ケル教科書一覧表
八、最近三ヶ年間ニ於ケル職員出欠状況ニ関スル一覧表
九、生徒及其保護者ノ職業別及通学区域一覧表
十、現在及予定制度ニ於ケル収支予算一覧表
十一、生徒ノ年齢別

調査の結果、専任教員数・授業時数などいくつかの問題が露見した。改善を指示された同校は、八月三一日付で専任教員五名を採用、九月一日付で在校生への時数補充計画を立案し、従来実施していなかった教練を正課に組み込んだ。

文部省は九月一二日に同校を専検指定したが、これは見切り発車であり、依然として多数の改善点が積み残さ

れていた。同校では引き続き改善に取り組んだ。まず九月三〇日には、翌一〇月一日から以下のように学則を改正することを申請した。

本校ハ昭和七年九月十二日文部省告示第二百一号ヲ以テ文部大臣ヨリ指定セラレタルガ左ノ個所ノ学則変更ノ必要ヲ生ジタリ

一、昼間業務ニ服スルモノヲ入学セシムルコトヲ明示シタリ
一、最高学年タル第五学年ニ入学シ得ル条項ヲ入学ヲ許サヾルコトヲ本則トスル意ノ文ニ改メタリ
一、生徒ノ及第ノ中ニ出席日数ノ事ヲ加ヘタリ
一、在学生中ニハ丁年以上ノモノモアルニ校外ニ於ケル喫煙ハ差支ナキタメ、文意ヲ改メタリ
一、新ニ教練体操ヲ加ヘタルニヨリ服装ヲ洋服トシタリ
一、従来試験ニノミ出席スルモノアリタルタメ退学ヲ命ズル条項ニ「出席常ナラザルモノ」ノ一項ヲ加ヘタリ
一、音楽科ヲ加ヘ各科目ノ時間数ニ変更ヲナシ高等普通教育ノ主旨ニ副ハンコトヲ期セリ
一、其他文章上ノ字句ニ変更ヲナシタリ

夜間中学としての独自性を出すべく、入学者を日中就業する者に限ると同時に、中学校同様の厳格な学校経営を行うよう要求されたことがわかる。さらに一〇月には公民科・音楽科の教員を新規採用したほか、既に提出した在校生への時数補充計画では不足だったらしく、二度にわたって再提出している。また、一一月一七日には東京府知事に青年訓練所認定を、陸軍大臣・文部大臣に兵役法施行令第一〇〇条第三項による徴集延期認定を申請

し、前者は翌三三年三月一一日付で、後者は同四月四日付で認定を受けた。この間の一〇月には、鳩山文相が直々に視察に訪れている。

麻布夜間中学に次いで、一二月六日には東京五中夜学校・開成中等学校が指定された。両者とも自前で財団法人を組織して専検指定に漕ぎ着けている。さらに翌一九三三年三月三一日には東京鉄道中学・上野二中夜間中学・第一東京夜間中学（第一東京市立中学校附設）と、在京で財団法人の設置による私立夜間中学が続いた。その後は地方ならびに公立夜間中学にも広がり、同年四月二二日には佐世保市立夜間中学（県立佐世保中学校附設）・長崎市立夜間中学（県立瓊浦中学校附設）、四月二八日には奈良県の南都正強中学（単独設置）および広島県の修道学校（修道中学校附設）が専検指定を受けた。このほか、六月に入った段階で七校が指定を待っている状態であった。(113)

二　「準公立」学校の公立移管

「準公立」の夜間中学にとって、専検指定開始は本来設立者であるべき道府県・市町村への移管を目指す契機となった。その具体的な動きを東京府でみよう。

特に多数の「準公立」夜間中学が設置されていた東京府の場合、その教員・生徒が夜間中学公認運動を牽引してきたにもかかわらず、自分たちは専検指定の埒外に置かれるという皮肉な事態となった。ここにおいて「準公立」夜間中学の生徒・卒業生は東京府立中学校内夜間中学公立期成連盟を組織し、移管運動を活発化させた。一九三二年八月、『教育週報』は「夜間中学を／公立にする運動／全国一万人を代表して／東京の同学在学生が」と題して以下のように報じた。

「多年の懸案となって居た夜間中学認定問題は専門学校入学資格その他一二の資格を付与する特殊学校として認可指定をなすことに決定解決したが、右に関し東京府立中学校内に存在する夜間中学の五校(三中、四中、五中、六中、七中)は認可指定の条件に適合し、最も優秀なる学校組織を有するにも拘はらず基本金の一項(金三万円也)が欠けて居るために認定を得られない状態にある。基本金の要求は泡沫的不正学校の濫立を防止するために必要なもので、前記諸学校の如き確実なものに対しては実際上から言へばその必要はないと見られる。併し法規上そのまゝの認定は許されないので関係学校在校生並に卒業生等はこの際府立に移管して所期の目的を達せんものと、東京府立中学校内夜間中学公立期成連盟を組織しこの程代表者堤喜市以下四十一名連署で香坂知事に請願書を提出した。同時に府会議員に対してこれが実現に尽力を求むる旨の陳情書を送った。因に全国に於ける夜間中学の数は現在六十四校で生徒数約一万人であるが、東京府立中学校内にある右五校の生徒は約一千百余人で決して少い数ではない。これらの勤労青年を生かすか殺すかは社会的に見て可なり重大な問題であり、しかも府立移管によって府には大した経費の増加を来さないので府当局も相当に考慮するものと見られてゐる[114]」

この直後、東京五中夜学校は東京府とは関係なく、財団法人を組織することに成功する。また東京市では、市立中学校附設の夜間中学二校にそれぞれ三万円を支出して財団法人を組織させた。取り残されたのは府立中学校附設の四校である。

一〇月一一日、東京府会の常置委員会改選に伴って教育常置委員長を退任した府議西沢浩仙は、学務部長安原舜一に退任挨拶に訪れた際、夜間中学の府立移管を強く求めた。

「府立学校内に経営する私立学校中、成績のよいものは之を公認し、さうでないものは整理するといふのが自分の意見である。現在経営中の四五の夜間中学も、これを公認すれば入学希望者も倍加するだらうし、さうなれば、立派に自立自営が出来る。経済上何等府民の負担が増加する訳ではないから、前の柏村学務部長、肥後視学官等にそのことを提議し、両氏とも大体了解して居た矢先、二人とも転任して了ったので問題がまた新しくなったので、学務部長に向って、年末の通常予算には是非とも計上するやう強く話して置いた(115)」

しかし、翌一九三三年度予算案に府立夜間中学の経費を盛り込まなかった。ここに至って府会は動き出す。改選された教育常置委員会は一一月一六日の初会合において、早急な府立移管を迫ることで一致した。一二月一日から始まった通常府会では、この件が学務部所管事項の重要な争点となった。四日、質問に立った山田清(民政党)は「痛烈に難詰的態度を以て数十分の質問を継続し」て、以下のように質した。

「夜間中学要望の声は、数年前よりの当府会の世論となって居り、文部省も速に夜間中学の制度を認めるに至って居るに拘らず、その世論の発源地とも言ふべき本府に於て未だ公立の夜間中学なく、たゞ私営のまゝに放任して居るのは何故ぞ、学務部長は教育の機会均等を唱へながら、事実は全然それを裏切って居るではないか。また公立学校内に私営の学校を置き得る法的根拠ありや(116)」

安原学務部長は、趣旨に賛成しながらもなお研究の余地ありとし、「尚小学校卒業生に対しては単に上級学校に入学することのみが教育を受けるすべてゞはないことをよく諭して居る」と流した。山田は「講釈を聞いて居るのではない」と憤慨し、予算修正を迫ったが、色好い返事は得られなかった。なお、この二日後の一二月六日には、東京五中夜学校が専検指定されている。

翌一二月七日には関口彌太郎(民政党)が「学務部長は府立中学内の夜間中学校の府営のため予算を一時は提案したと伝へられる」との内部情報を披露、足助嘉一郎(民政党)は公立学校授業料を増額して府立移管に充てるよう求めた。理事者側は賛同しなかったものの会派を超えて賛同が広がり、一二日から始まった予算委員会ではこれを叩き台に議論が進んだ。一七日付の『教育週報』は「中女学校の授業料を増額し／夜間中学を／府営とすべし／府会教育費委員会／予算更正要求か」と題して以下のように報じた。

「東京府会は既報の如く一週間の質問を終へて十二日より予算全部を六種の委員会に付託し、委員会は連日細目に亘って府並に警視庁当事者と質問応答をなしつゝあるが、予想された様に今年の府会の中心問題は教育費関係のものが最も賑はひつゝある。質問の内容は主として既報の本会議に於ける質問が反映し、西沢浩仙氏を初めとしその他の各委員より盛んに発言質問せられその結果委員会の一致の希望として結晶さるべく予想せられて居る点は、私立中等学校との権衡を保つ上からも府立中学校、女学校(実業学校は除く)の授業料を増額しその収入を以て府立学校自足自信《ママ》の理想に接近せしむると共に府の教育の大部分を分担する私立中等学校の補助金に充当せしめ、又問題の夜間中学府営の資に充てしめよといふことである。東京府立各学校の授業料は他府県に比し大体中位にあるが、一方校友会、保護者会等に支出する金額も相当額に上る故、その方を減額せしめる工夫をすれば授業料の増額は父兄の負担増額には決してならぬと見られて居る。増額の金額は一挙に多額の増加は考慮すべきことでこの際先づ五十銭を増額し、それだけにでも約一万五千円の増収となる訳で、その経費を夜間中学の府営に振り向けよといふ意向である。尚夜間中学は先般府の校舎使用のものとしては五中だけが文部省より指定せられ、他の七中、三中も三万円の基本金を積り当局に指定を申請して居る様な状態にあるので府営の必要と機運とは十分に迫って居るとの見解を以て府当局の善処を促す空気が濃厚である[117]」

結局、公立学校授業料増額と引き換えに夜間中学を府立移管する件は、府会の全会一致を以て決議された[118]。理事者側もこれを無視することはできず、一九三三年三月二四日の参事会で予算を修正し、府立中学校附設の夜間中学五校の府立移管を文部省に申請した。申請は三月三一日文部省指令東普第一四三号によって認可されている。

東京府では同日付で府令第一四号「東京府立夜間中学学則」を制定し、府立中附設の夜間中学の名称をすべて「東京府立〇中夜間中学」とし、修業年限を五年に延長することとした。一足早く財団法人を組織して専検指定を受けていた東京五中夜学校も、この措置に足並みを合わせることとなった。それ以外の四校は程なくして専検指定を申請、いずれも一九三三年から三四年にかけて指定を受けた。

同じように公立移管を果たして専検指定を受ける動きは、全国の「準公立」夜間中学に広がった。夜間中学を奨励するつもりのない文部省は、この直後の一九三三年六月三～五日に開催した全国学務部長会議で以下のような指示を行った。

「曩に所謂夜間中学卒業者に中学校卒業者と同様の資格を付与する為め尋常小学校卒業程度を以て入学資格とする修業年限五年又は高等小学校卒業程度を以て入学資格とする修業年限四年の学校中成績優良なるものを専門学校入学者検定規程に依りて指定するの件は既に通牒したる処なるが右は昼間業務に従事し夜間に於て勉学する所謂勤労青少年に対し社会政策的見地より教育の機会均等を得しめんとする趣旨に付右了承の上

夫々適切なる指導監督を図られんことを望む[119]」

内規制定後わずか一年にして、早くも夜間中学をみだりに新設・拡張させないよう監督することを求めたことがわかる。この件に関して取材を受けた文部省普通学務局では、山崎庶務課長が以下のように答えている。

「夜間中学の指定は昼間業務に従事し夜間でなければ勉学する事の出来ない境遇にある青少年に対し社会政策的見地から教育の機会均等を与へやうといふ趣旨に出たもので、決してこの種の学校を作る事を奨励して居るのではない。然るにこの趣旨のよく分って居ないものが少くないやうである。今日まで指定したのは東京市内に七校、地方では奈良、広島、長崎、佐世保に各一校だけで出願中のものは七校であるが、その他に希望して居るものは相当にあるやうである[120]」

しかし、この方針が徹底されることはなかった。専検指定は事実上、中学校としての「認定」あるいは中学校への「昇格」であり、夜間中学関係者はそれを渇望したからである。一例として、一九三三年七月四日に専検指定を受けた長野県の松本市立松本夜間中等学校(県立松本中学校附設)の卒業生の回想から抜粋しておく。

「夜間中学生は意地っ張りの少年が多かった。安んじていたのでは底辺労働者に固定されてしまう。飛躍への野望を抱いて、蛍雪の道を歩いたのである。昼間の生徒に負けてたまるかーと心にムチ打った。〔中略〕私が入試にパスしたのは、昭和八年だった。その秋、松本夜中が高等学校、専門学校への受験資格を与えられた。日本では三番目という栄光の〝認定校〟である。それまでは高等学校や専門学校の受験資格を得るために「高検」「専検」の国家検定試験をパスしなくてはならない。非常に難しいもので、普通の人なら不可能なことだった。認定の喜びは灯ちん行列で爆発した。百名足らずの祝賀だが少年たちは〝中学生だぞ〟と胸を張って大名町から本町、東町を行進した。（中略）女学生が通ると伏目に歩いた少年たちも、この日から目線が交せるようになった。天守閣の天ぺんにはい出したり、蟻ヶ崎高女の文化祭で恋文を配った者もいた[121]」

府県はもちろん文部省とて、こうした動きを抑えることはできない。夜間中学による専検指定申請はこれ以降も五月雨のように続き、府県は書類に不備がない限り副申を書いた。文部省も粛々と作業を行い、指定を行うほかなかった。

三　夜間中学未設置地区の動向

専検指定が始まった一九三二年段階で、一七県[122]は夜間中学の空白地帯であった。また、愛知県（私立四校）、京都府（私立二校）、大阪府（私立一校）、福岡県（「準公立」一校）のように、大都市圏でありながら府県が関与する夜間中学が一校も設置されていないとか、設置数がごくわずかにとどまる事例もある。専検指定の開始は、こうした地域にどのような影響を与えたのであろうか。ここでは大阪府の事例をみてみよう。

大阪府でも夜間中学を求める声がなかったはずはない。府会で可決された建議案に限ってみても、一九二五年一二月一八日には深川重義らの「夜間中学校ノ設立ヲ望ムノ意見書[123]」、二八年一二月一九日には岡本栄吉らの「夜間中学校ノ設立ヲ望ム意見書[124]」があった。前者は、「我府ノ施設ニ係ル中学校ハ近年二三増設ヲ見タル外学級ノ増加等ニ依リ聊カ入学難ヲ緩和シタルノ観アリ」としながら、「人口ノ増加ト好学心ノ向上トニ想致セバ之レヲ以テ容易ニ満足スヘキニアラサルハ勿論ナリ殊ニ動モスレバ左傾セントスル険悪ナル刻下ノ思想界ヲ根本的ニ改善セントスルニハ結局教育ノ普及ニ竣《ママ》タサル可カラズ」「資材乏シク全力ヲ学事ニ没頭スル能ハズ自活ノ傍若シクハ家事手伝ノ余暇ヲ以テ尚且ツ中等教育ヲ享受セント欲スル者ノ為メ新ニ就学ノ途ヲ開ク」ことを求めている。後者も趣旨は同様で、「将来益々此ノ労働階級者ノ数ガ増大シテ参リマシテ、従ッテ夜間教授ノ必要ト云フモノガ益々其ノ必要サヲ増シテ行クノデアリマスカラ、今日ニ於テ夜間中学校ヲ開設スル」べきだと述べており、夜間中学に入学難緩和と思想悪化対策という二つの効果を期待する全国的な風潮と同様の主張が、大阪府でも繰り返されていたことがわかる。

また、表7に示すように、夜間実業学校の設置は着実に進んでいた。しかし、大阪府は府立（あるいは「準公立」）夜間中学設置に踏み切らなかった。理由は単純で、文部省が正規の中学校としての夜間中学を認めないため、である。

「夜間中学ヲ設ケレバ今問題ニナッテ居ル入学難ト云フモノニ対スル大イナル緩和ニナリマセウ、同時ニ又入学緩和《ママ》ノミナラズ社会政策ノ一端トシテ昼間労働其他労務ニ従事シテ居ル者ガ夜間中学程度ノ学校ヲ卒業スル事ガ出来ルト云フ社会政策的ノ価値モ大ニアルノデアリマス、（中略）我々ノ会議ニ於テモ各府県ニ夜間中学ヲ置クト云フ事ハ必要デアルト云フ事ヲ希望致シマシタノデ、文部省モ最近ニ至ッテ具体的ノ案ヲ建テツ、アルノデアリマス、御承知ノ通リ夜間中学ヲ設置スルト云フ事ニ

表7　大阪府における夜間実業学校の設置状況（1920年代まで）

設置年	学校名
1912	成器商業学校第二部（実業学校としての認可は1921年）
1923	京阪商業学校第二本科，日新商業学校第二種
1924	浪華商業学校第三部，関西大学第二商業学校
1925	北陽商業学校夜間部
1926	興国商業学校夜間部
1928	大阪城東商業学校第二本科
1929	此花商業学校第二本科

澁木直一『夜間実業教育』（文部省実業学務局，1935年）より作成。

ナレバ文部省令ノミナラズ勅令ノ改正モ伴ヒマスルノデ、大阪府トシテ直チニ設置スルヤ否ヤヲお答《ママ》ヘスル事ハ出来マセン[125]」

「夜間中学ノ必要デアルコトハ、私ハ只今ノお話《ママ》ノ入学難緩和ト云フヨリモ寧ロ教育ノ機会均等ト云フ点ニ重キヲ置キマシテ必要デアルト思フテ居ルノデアリマス、何トカシテ夜間中学ヲ設ケタイモノデアルト云フコトハ熱心ニ考ヘテ居ルノデアリマス、〔中略〕文部省ノ方針ガ極マリマスレバ、本府ニ於キマシテモ其ノ実現ヲ致シタイト云フ考ヘヲ以《ママ》テ居ルノデアリマス[126]」

不思議なのは、他府県のように無資格でもとりあえず設置せよという意見が出ないこと、そして私立中学校が夜間中学経営に乗り出さないことである。一九二五年一二月の府会に「夜間中学校ノ設立ヲ望ムノ意見書」を提出した深川重義は、二七年に日本大学大阪中学校が開校すると学校長に就任するが、夜間中学を設置しようとはしなかった。私立学校は経営的な問題が優先なので、言行不一致とまでいうのは妥当ではなかろうが、勤労青少年教育を標榜した私立中学校が夜間中学を続々と附設した東京府と比較すると大きなズレがある。

ジャーナリズムの姿勢も、夜間中学が設置されている地方とは異なる。管見の限り、一九三二年より前に、『大阪朝日新聞』が夜間中学設置を求める記事・投書を掲載したことはない。このことは隣接する京都府の『京都日出新聞』にも共通するし、兵庫県の『神戸又新日報』も二七年秋に県立第一神戸中学校に夜間中学を附設する計画が明るみに出るまでは同様である。概して京阪神地区のジャーナリズムは夜間中学に対する注目度が高くなかった。正規の中学校として設置できないのであれば設置する必要はない、設置できるにしても夜間実業学校で「手に職」をつけながら正規の学歴を獲得する方がよい、といったプラグマティックな発想が京阪神地区では主流だったのであろうか。

大阪府会速記録を追う限り、動きがあったのは一九三二年六月二八日付で前樺太庁長官縣《あがた》忍《しのぶ》が知事に着任してからのことである。樺太は北端の「新領土」ながら、二六年から「準公立」の樺太教育会附属豊原夜間中等学校(庁立豊原中学校附設)が設置されており、内規制定後は専検指定を受けることが有力視されていた。[127] 民政党系の内務官僚でありながら財政出動を惜しまず、「必要であり意義あるものである限り前任者の計画なども大いに尊重して其の実現に努力[128]」すると評されてきた縣にとって、専検指定が開始されたというのに大都市大阪に一校の府立夜間中学もないという状況は放置できなかったのかもしれない。

一九三二年秋には設置箇所が府立市岡中学校に内定、学校長古川八太夫・教務主任佐藤桃吉は学務課の指示で東京・名古屋・神戸の夜間中学を視察している。府会における翌三三年度予算案の説明のなかで、縣は以下のように述べている。

「過般文部省に於きまして、夜間中学を卒業したる者も亦中学卒業者と同等の資格を与へられることに相成りましたので、愈々明年度より市岡中学校の設備を利用致しまして、取敢へず二学級編成の下に之れを設置することゝ致したのであります。之れに依りまして、昼間一定の職業を有し夜間を利用して中学の課程を履修したいと云ふ篤志の子弟に対しまして教育の機会に均霑せしめたいと存じます[129]」

府会でも推進論が次々と出された。趣旨説明には押谷富三が質問に立ち、夜間実業学校が多数あるなかでわずか一校二学級の夜間中学では、いくら試験的な設置とはいえ「試験タルノ価値ハナイ」とし、「試験的ニ設ケルト致シマシテモ、モウ少シ学級数ヲ殖シテ数個所ニ於テ夜間中学開設ノ御意思ガナイカ」と迫った。縣は以下のように回答している。

「此新制度ヲ施行スル上ニ於キマシテ、此際ハ此ノ程度ヲ以チマシテ運用ヲ致シテ見タイト考ヘテ居ルノデアリマス、此ノ実施ノ結果ニ依リマシテ、お話《ママ》ノ如ク方面ヲ異ニ致シマシテ、適当ナル場所ニ適当ナル施設ヲ致スト云フコトノ必要ヲ認メマシタ場合ニ於テハ、之レニ善処シタイト云フ考ヘヲ持ッテ居ルモノデアリマス[130]」

また、予算委員会では、熊本與市が質問に立ち、夜間中学と比較すれば「余程其ノ家庭的事情ヲ異ニシテ（中略）家庭ノ豊ナル者」が通学する師範学校の方は授業料免除で、なおかつ本科で月額七円、専攻科で一五〜二一円もの補助を与えるのは「ケッタイナ事」だと指摘し、夜間中学でも授業料免除・学用品無料支給を行うべきだと迫った。答弁に立った島田牛稚（視学官）は以下のように述べている。

「夜間中学校ハ必ズシモ無産者……貧困ナル人ノ救済ノ為ノミニ作ッタノデハナイノデアリマス、（中略）授業料ハ納メ得ルガ、昼間職業ニ従事シテ居ルカラ夜間学習シタイト云フ幾多ノ青年ガアル訳デアリマス、是レヲモ含ンデ居ルノデアリマス（中略）如何ニモ学資ニ堪ヘラレナイ、月二円ノ授業料ガ納メラレナイト云フコトデアリマシタナラバ、能ク学校当局ニ於テ調査ヲ致シマシテ府ト致シマシテハ授業料免除ト云フヤウナ方法ヲ採リタイト考ヘテ居リマス[131]」

ただし、「一般的ナル夜間中学校ヨリモ、完成教育ノ実業学校、而モ其中デ資金ヲ多額ニ要シマスル所ノ工業学校[132]」の夜間部を設置して欲しいという意見も出されており、夜間実業学校を重視する意見も強かったことには留意しておきたい。

最終的には原案が可決され、翌一九三三年四月、大阪府立夜間中学が開校した。その後の展開は早く、開校直後の七月一一日には文部省から督学官龍山美亮、属官小田島政蔵、府から学務課長島田牛雄、視学米井節次ほか保健課技師数名が実地調査を行い、廊下の照明以外は合格と判定した(133)。この結果、三四年三月一三日に専検指定、翌三五年四月一六日に徴集延期認定を受けた。また、大阪府からは三四年一月一九日に青年訓練所認定、鉄道省からは三七年八月一七日に鉄道運賃低減指定を受けている。

同校の経営が順調だったため、一九三四年に大阪府立高津夜間中学(府立高津中学校附設)、三七年に大阪府立北野夜間中学(府立北野中学校附設)、四二年に大阪府立今宮夜間中学(府立今宮中学校附設)と、次第に府立夜間中学の増設が進んだ。また、府立以外でも三九年に日本大学大阪夜間中学(日本大学大阪中学校附設)が開校したほか、四〇年には大阪府警察部が警察・消防職員の子弟を対象に、夜間の「警察中学」を設置する計画を立てている(134)。

このように専検指定以後に夜間中学新設の機運が高まるのは大阪府に限ったことではなく、特に一九三〇年代後半には新設数が全国的に顕著な増加をみる。専検指定内規が制定された三二年以降、中等学校令施行までに設置された夜間中学は、表8のようになる。一九二〇年代半ばの夜間中学新設ブームとの大きな差異は、府県立、私立の場合は財団法人による事例が目立つことである。そうした学校は設置から程なく専検指定を受けた。文部省が全国学務部長会議で強調した抑制方針は、何らの効果をも持たなかったのである。

四　専検指定学校・非専検指定学校の併存地域の動向

文部省が専検指定内規を制定した際、『教育週報』主筆の為藤五郎は以下のように夜間中学の今後を案じた。

「夜間中学令の新定ではなくて、言はゞ現在の経営されつゝあるものゝ中から選択認定するといふ規定になって居るが、その結果、認定と不認定との間に、その卒業生に差別が生ずるが故に、結局認定を受け得ざる学校は立ち行きが出来ないといふ事になる。そしてその結果は、折角伸びんとする夜間中学教育の機運を、萌芽の間に摘み去られる様な立場に置かれる学校も少くなくなる。そして、更にその結果は、夜間中学の新制が、その名の大きく美しい割に、実質は極めて貧小のものとなり了るの懸念はないであらうか」(135)

もっともな危惧である。専検指定は強制規定ではない。各種学校から申請があれば、文部省が調査して条件に適合しているか否かを判断するのである。専検指定を目指すことなく、従来のまま経営を維持するという選択はあり得るし、実際にそうした事例は多数みられた。のみならず、同じ地域内で専検指定学校と非専検指定学校が数年あるいは十数年にわたって併存する事例さえあった。この場合、両者の関係はどのようなものとなり、また社会的評価にどのような差異が現れたのであろうか。事例としては多数存在するが、ここでは併存の期間が最も長かった札幌を取り上げよう。

一九三二年五月の専検指定開始の段階で、札幌には五校の私立夜間中学が設置されていた。「準公立」の札幌中等夜学校(庁立札幌第二中学校附設)、北海道庁の給仕を教育する札幌青年学校(北海道庁舎内)、キリスト教系の札幌遠友夜学校(単独設置)、遠友夜学校から分離した中等夜学有鄰館(私立松華家政女学校附設)、仏教系の北海夜学校(本願寺札幌別院内)である。

このうち、札幌中等夜学校は直ちに専検指定を目指し、庁立への移管を求める運動を開始した。北海道庁から

年	府　県	学　校　名	設　置　の　状　況
1940	福　岡	福岡県飯塚夜間中学	福岡県が県立嘉穂中で新設
	福　岡	小倉夜間中学	小倉市が市立小倉商業で新設
1941	北海道	潮陵中学	小野徳四郎(庁立小樽中学校長)が校内で新設
	青　森	青森県田名部町立中学	田名部町が田名部尋高小で新設
	秋　田	秋田県庁青年学校	秋田県が県立秋田中で新設
	群　馬	伊勢崎夜間中等学校	板垣清平(会社社長)が伊勢崎図書館で新設
	埼　玉	埼玉県立敬和中学	埼玉県が県立浦和中で新設
	千　葉	八幡中学	㈶市川学園が私立市川中で新設
	東　京	東京市立豊島中学	東京市が第三東京市立中で新設
	東　京	明治大学附属明治第二中学	㈶明治大学が明大附属中で新設
	東　京	青山学院第二中学部	㈶青山学院が青山学院中学部で新設
	東　京	堀之内夜間中学	堀日正(日蓮宗妙法寺住職)が立正高女で新設
	東　京	杉並夜間中学	山崎芳次郎(私立杉並中学校長)が校内で新設
	東　京	正則第二中学	㈶正則中学校が校内で新設
	東　京	正則学園中学	㈶正則学園が正則商業で新設
	静　岡	静岡晃陽夜間中学	鈴木直吉・水谷團治が独立校舎で新設
	京　都	京都府立桃中夜間中学	京都府が府立桃山中で新設
	京　都	京都府立一中夜間中学	京都府が府立一中で新設
	山　口	宇部夜間中学	宇部市が市立宇部商業で新設
	大　分	大分県立大分夜間中学	大分県が県立大分中で新設
1942	北海道	滝川町立滝川夜間中学	滝川町が庁立滝川中で新設
	宮　城	東北学院第二中学部	㈶東北学院が東北学院中学部で新設
	宮　城	大河原中学	大河原町が大河原小で新設
	千　葉	千葉市立中学	千葉市が県立千葉中で新設
	東　京	東京府立振励中学	東京府が府立千歳中で新設
	東　京	城西学園第二中学	横島常三郎(私立城西中学校長)が校内で新設
	長　野	長野市立夜間中学	長野市が長野市立中で新設
	静　岡	静岡市立第二中学	静岡市が市立一中で新設
	大　阪	大阪府立今宮夜間中学	大阪府が府立今宮中で新設
	和歌山	和歌山県立和歌山夜間中学	和歌山県が県立和歌山中で新設
	岡　山	岡山県立岡山夜間中学	岡山県が県立第一岡山中で新設
	広　島	広島県立呉第二夜間中学	広島県が県立呉二中で新設
	広　島	広島県立広島夜間中学	広島県が県立広島一中で新設
	福　岡	福岡県玄洋中学	福岡県が県立中学修猷館で新設
	福　岡	福岡県関門中学	福岡県が県立門司中で新設

表8　1932〜42年に設置された夜間中学

年	府県	学校名	設置の状況
1932	福島	私立学半塾	伊藤円吉（福島師範学校教諭）が独立校舎で新設
	京都	舞鶴研修学院	三川啓明（桂林寺住職）が独立校舎で新設
	福岡	立命中等学館	不明
1933	大阪	大阪府立夜間中学	大阪府が府立市岡中で新設
	徳島	私立徳島夜間中学	近藤為治（徳島師範学校長）が校内で新設
	福岡	福岡県八幡夜間中学	福岡県が県立八幡中で新設
	福岡	私立夜間中学皇道館	加藤頼章（私立南筑中教諭）が荘島小で新設
1934	愛知	愛知県明倫夜間中学	愛知県が県立明倫中で新設
	大阪	大阪府立高津夜間中学	大阪府が府立高津中で新設
1935	北海道	帯広中等夜学校	西本俊雄（庁立帯広中学校長）が校内で新設
	東京	東京府立八中夜間中学	東京府が府立八中で新設
	愛知	私立東海夜間中学	㈶東海中学校が私立東海中で新設
	京都	京都府立夜間中学	京都府が府立二中で新設
	広島	広島県立呉夜間中学	広島県が県立呉一中で新設
	福岡	福岡県大牟田夜間中学	福岡県が市立大牟田商業で新設
1936	京都	京都府立三中夜間中学	京都府が府立三中で新設
1937	東京	東京府立一中夜間中学	東京府が府立一中で新設
	東京	東京府立二中夜間中学	東京府が府立二中で新設
	東京	東京府立九中夜間中学	東京府が府立九中で新設
	京都	立命館夜間中学	㈶立命館が立命館中で新設
	大阪	大阪府立北野夜間中学	大阪府が府立北野中で新設
	福岡	福岡県久留米夜間中学	福岡県が県立中学明善校で新設
1938	岩手	私立一関夜間中学	林頼作（医師）が一関幼稚園で新設
	神奈川	小田原夜間中等学校	林田正徳（県立小田原中学校長）が校内で新設
1939	大阪	日本大学大阪夜間中学	㈶日本大学が日大大阪中で新設
	神奈川	湘陽中学	赤木愛太郎（県立湘南中学校長）が校内で新設
1940	北海道	岩見沢夜間中学	岩見沢町が庁立岩見沢中で新設
	群馬	私立前橋夜間中等学校	佐藤思良（弁護士）が独立校舎で新設
	神奈川	川崎弘道中学	高橋隆起（川崎大師平間寺貫主）が県立川崎中で新設
	東京	日本体育会荏原第二中学	㈶日本体育会が日体荏原中で新設
	愛知	愛知県熱田夜間中学	愛知県が県立熱田中で新設
	高知	高知県立高知夜間中学	高知県が県立高知城東中で新設

色好い回答は得られなかったものの、資産家の北山新太郎から基本財産の寄付を受け、翌一九三三年四月五日に財団法人設立、同一〇日には専検指定を申請した。この年の生徒募集では、「新学期より文部省指定となり昼間中学同様の特典を与へられる」という話が流れたため、「一年生の如き六十名の募集に百十名も押掛け四年以下の補欠入学志願者も又多数に上った」[136]。実際には審査が遅れたため新学期からの指定は得られなかったが、同年一二月一六日には文部省督学官青木存義・属官小田島政蔵が調査のため来校、翌三四年三月九日に財団法人札幌夜間中学の設立(学校名も札幌夜間中学と改称)認可を受け、同一三日には専検指定を受けた。

同校主事だった伊藤源一郎(庁立札幌第二中学校教諭)は専検指定の頃をこう回想する。

「第三学期に入り、三月には卒業式であるが、果してそれまでに資格が与えられるだろうか、生徒としては大問題である。生徒から始終問いつめられ、つるし上げも食った。私は「だいじょうぶ」と答えたが、「先生、心配だ。どうしてくれる」という。無理もないことだった。校長は上京し文部省を訪問、やがて打電あり、「認定間違いなし。卒業準備急げ」。生徒はこれを聞いて、それこそ欣喜雀躍、手の舞い足の踏む所を知らずであった。資格を獲得してからは全道一の入学者が殺到、二中の応募者は定員の三倍、夜中は五倍となった。社会的信用も次第に高まり、思想の堅実さ、学業成績の優秀さは社会の信用する所となった」[137]

ここで重要なのは、専検指定後も同校の上級学校進学者は特に増加していないということである。一九三四〜三八年度の五年間に同校を卒業した二二三名中、進学はわずか三名(専検指定以前は八年間で四名)なのに対し、官公庁勤務は九三名を数える[138]。進学に関する特典を活用するのではなく、文官任用に関する特典によって官公庁の判任官となる道を選んだ卒業生が、実に四割以上に達するのである。専検指定を受けた夜間中学が新たに「信用」を獲得したとすれば、それは多分に職業上のメリットに対するものであった。

ところで、札幌夜間中学の専検指定を目指す動きは、微妙な、しかし確実な影響を他の夜間中学に与えた。官公庁の補助金支出などに変動はなかったが、ジャーナリズムは札幌夜間中学にばかり注目するようになったのである。象徴的なのは、『北海タイムス』が一九三二年、『小樽新聞』が翌三三年から、遠友夜学校・有鄰館の入学式・卒業式を報道しなくなったことである。『北海道庁統計書』ではいずれも「中学校ニ類スル各種学校」として掲載されているし、新聞でも「札幌の夜学校案内」(139)といった特集記事では従来同様に区別なく登場するから、別のカテゴリーと意識されたのではない。「学校間格差」が大きく開いたのである。

遠友夜学校では、もともと中等学校の受験予備校の要素も兼ね備えていた。これに加えて、「出ると資格が与えられる夜間中学が設けられることになると、自然その方に行くものが多く、夜学校は時とすると、こうした学校の予備校の様な役割を果たすことにさえなった(140)」という。一九三五年度の場合、入学状況が同校の庶務日誌に記されている。

「入学志願者は出来得る限り収容するのが本校の目的故全部入学せしめる方針はとってゐるが、学力の統一を図るため一応試験して適当と認めたる学年に入学許可せしむることゝする。そのために中二では三名を中一に回はし、中一希望の者では矢張り三名を初六に回はしてゐる。初等部の方では殊にそれが甚しく、初六志望の者で初四に回はねば《ママ》者もあった。中一は今年は馬鹿に少く五十名しかゐない。例年なら十名以上落しても八十名を突破するのであるが、札幌夜間中学の進出著しきものあるためか、本校の入学希望者も減少の状態を呈してゐる。一つには入学試験が早い故もあらう。札幌夜間中学の試験は四月十日頃であった。ところが入学率は三対一で仲々むづかしいらしく落第者も多かったと見えて、その落伍者の面々が此方へ来る訳でもあるまいが最近に至っても尚続々と入学願書がある始末[141]」

札幌青年学校は、在学中は北海道庁給仕(傭人)として雇用されることもあって、「貧困な生活の足しにする為の者のみでなく、立派に中等学校に入学せしめ得る家庭の子弟が志願」し、年二〇名ほどの採用枠に「大抵志願者二百名を超ゆる[142]」盛況を維持できたが、高文志望者をはじめとする中等学歴の取得希望者が札幌夜間中学に転じてゆくのは止められなかった[143]。他の夜間中学にも同様の事態が訪れていたことは想像に難くない。

しかし、次の二点には留意しておきたい。

第一に、すべての学校が専検指定を希望したのではなかったということである。遠友夜学校は既に財団法人を組織していたにもかかわらず、専検指定を申請しなかった。教員は北海道帝国大学生であるからほとんどは免許状を有しておらず、過半数が有資格という基準を満たせない以上、申請しようがなかったのは確かであろう。基準を満たすためには北海道帝国大学生以外から教員を採用する必要があり、その場合、同校の特質――北海道帝国大学生によるボランティア活動であること、授業料等が無償であることなど――自体が危殆に瀕しかねない。そのうえで、さらにいえば、制度的な問題が同校の専検指定を阻んだとはいい切れない。同校関係者あるいは新聞がこの障壁を批判したり、専検指定学校を羨望したりする記述は、管見の限り皆無だからである。北海道庁からは各種学校としての認可を受け、新聞では札幌夜間中学と並んで登場するものの、関係者にとって専検指定など想定外のことだったともとれる。

第二に、札幌夜間中学が社会的評価のうえでは屹立するようになったにもかかわらず、他校も経営を維持し続けられたことである。例えば、遠友夜学校の年度始めの人数(中等部男子)をみると、一九二九年の一二五名に対し、三四年でも一一五名とさほど変化はない[144]。しかも、「上級進学、または資格試験を受ける」ことを目標に通学し、のちに「中等部から北大に進学した者も(145)」いた。学歴よりも学力、すなわち、無料あるいは低廉な授業料で学び、必要であれば検定を受験して資格を取得すればよいという意識は、専検指定学校が出現した後も雲散霧消したのではなかったのである。

おわりに

以上、一九二〇～三〇年代の夜間中学の歴史を通史的に考察してきた。これを菅原亮芳が描いた「正格化」フレームに対置すると、以下の三点が浮かび上がる。

第一に、夜間中学に学ぶ青年たちが期待していたのは、進学よりも中学校程度――指標としては官公庁の雇員・書記（判任官）の採用試験やさまざまな検定試験に合格する程度――の学力を身につけることであった。専検指定の開始後も非専検指定学校が経営を維持できた以上、このことはさほど変化しなかったとみてよい。札幌と同様に、「正格化」した学校としなかった学校とが併存した事例は他の地方都市にも存在することから考えれば、「夜間中学＝進学」という図式を一般化することには躊躇せざるを得ない。むしろ、夜間中学は一貫して就学保障機関であり続けたのであり、進学保障機関たり得たのは一部の、おそらくは東京など大都市に存在する学校のみであったというべきである。ただし、東京においても一九三七年三月の府立夜間中学五校の卒業者二九六名中、上級学校進学者は九四名と三二％にとどまっている。これをして「昭和七年に於ける夜間中学の指定、続いて東京公立各中学校に夜間中学を附設せしめた方策は、決して教育政策の進歩を目ざしたものではなかった。〔中略〕上級学校入学といふ事が夜間中学に於ては困難な事であり無意味でさへある事は夜間教育当事者に於て痛感させられてゐる処である。夜間中学は昼間中学への追従をやめて実務への教育に変貌せねばならぬ(146)」といった批判を浴びせる研究者も存在していた。

第二に、専検指定された学校では、上級学校進学者の増加を伴わなくても社会的評価が高まった。結局のところ評価されたのは、中学歴を有しない者に中学校卒業者と同格のメリットを付与する機能の一点だったということである。夜間中学への専検指定の歴史的評価としては、進学にかかる障壁を撤廃したということ以上に、中学校の下限を引き下げ、学力重視だった無学歴者の学習世界に学歴を持ち込んだという点が重要であろう。実際に、これ以降、中等教育の周縁に位置する他の学校も、夜間中学の授業時数を根拠として専検指定を申請することが可能になった。例えば、夜間中学の授業時数との対比表を添付して専検指定を出願した航空局（逓信省の外局）所管の航空機乗員養成所は、一九四一年四月二二日付で指定を受けている。(147)

第三に、こうした無学歴者の学習世界の変容を受け、依然として少数者の特権という印象の強かった中等学歴は急速に一般化する。一九三〇年代末から四〇年代前半にかけて、夜間中学生のなかに「今の時勢では中学校卒業の学歴がなければ世渡りも難しい(148)」からといった、夜間中学を最低限の学歴獲得のための階梯、あるいは単なる進学先とみなす入学動機が多数現れてくる。これは全国共通の傾向で、同様の記述はいくつも見いだせる。作家の藤沢周平、漫画家の水木しげるは、自らの夜間中学入学の動機を次のように述べている。

「昭和十七年に私は村の学校の高等科を卒業し、鶴岡印刷株式会社で働きながら、夜は鶴岡中学校の夜間部に通うことになった。親を説得し、向学心に乏しい私の尻を叩いて、半ば強引に進学の手つづきをすすめたのはむろん佐藤喜治郎先生であった。〔中略、進学後も〕私の勉強ぎらいは相変らずで、なかなかすすんで勉強するというぐあいにはならなかった(149)」

「〔一九四三年に〕エライ絵描きになるには、上野の美術学校を出ないといけないと思いこんでいたので、とにかく、その入学資格になる学歴がほしく、またもや適当な学校を物色し始めた。僕は、子供の頃から、学校というものはねむたい所だと思ってきたが、新聞を見ていると、日本大学附属大阪中学の夜間部が生徒募集をしている。夜間中学なら、僕の目がパッチリさえている時に授業になるのだから好都合である。その上、途中でやめた工業学校の続きということで二年に編入できるようだ。そうすると、兵役直前という時に美術学校へすべりこめる(当時、美術学校はそんなにむつかしくなかった)。これはいいアイディアだ。試験も簡単で、すんなりと入れた。同校へ入ってみると、たっぷりと朝寝坊してから行けばいいので、とても楽だ。僕は、うれしくてしかたなかった[150]」

これらを不真面目だと言いたいのではない。回想には韜晦、諧謔、謙遜、さらには錯誤も含まれるし、そもそも昼間授業を行う普通の中学校ならあって当然のエピソードに過ぎない。ただ、その意味では「貧困」「苦学」「晩学」「社会事業」といった特異なカラーで展開した夜間中学が、一九三〇年代以降、専検指定学校さらには中学校の「夜間ニ於テ授業ヲ行フ課程」へと「正格化」してゆく過程で、次第に一般的な進路の一つという色彩を濃くしていったことは確かであろう。

(1)　茗渓会百年史編集委員会編『茗渓会百年史』茗渓会、一九八二年、二四九頁。
(2)　前田一男「解説(『教育週報』と為藤五郎)」中野光編『教育週報　解説・総目次・索引』大空社、一九九四年、三六八頁。
(3)　請願書の詳細は菅原亮芳「近代日本における私立中等学校の特質とその社会的機能に関する研究(二)――一九二〇―三〇年代における夜間中学校「正格化」問題をめぐって――」(『日本私学教育研究所紀要』第二八号(一)、一九九三年)を参照。
(4)　萩原太平治編『向上会小史』全国私立中等学校教員向上倶楽部、一九三〇年、四三頁。
(5)　国立公文書館蔵「認定指定総規」。

(6) このうち職業学校については、一九二八年四月一二日文部省令第六号「職業学校規程中改正」、農業学校については三〇年四月八日文部省令第六号「農業学校規程中改正」によって夜間授業が認可される。なお、職業学校は二〇年一二月一六日勅令第五六四号「実業学校令中改正」によって誕生した学校区分で、「裁縫、手芸、割烹、写真、簿記、通信術其ノ他ノ特種ノ職業」に関する教育を行う実業学校。

(7) 教育週報社『教育週報』第九二号、一九二七年二月一九日付、二頁。

(8) 『教育週報』第三九五号、一九三三年一二月一〇日付、二頁。

(9) 対象となるのは官公立の師範学校・中学校・高等学校・大学予科・専門学校・臨時教員養成所・実業学校教員養成所・実業補習学校教員養成所で、私立の場合は将校配属の申請が認可されれば可能となる。この結果、一年志願兵となった場合に、中等段階の学校卒業者は在営一ヶ年の後の勤務演習召集(三ヶ月)が不要となり、高等・専門段階の学校卒業者はさらに在営一〇ヶ月に短縮となった。また、一年現役兵である師範学校卒業者は、在営五ヶ月で帰休を命ぜられることとなった。詳細は教育史編纂会編『明治以降教育制度発達史』第八巻(龍吟社、一九三九年)を参照。

(10) 実際には翌一九二七年四月一日法律第四七号「兵役法」によって成文化された。同法第一一条に「現役兵ニシテ青年訓練所ノ訓練又ハ之ト同等以上ト認ムル訓練ヲ修了シタル者ノ在営期間ハ六月以内之ヲ短縮スルコトヲ得」とある。

(11) 『官報』第四〇九八号、一九二六年四月二〇日付。

(12) 国立公文書館蔵「各種学校台帳」。

(13) 函館中部高等学校創立七十周年記念事業協賛会編『七十年史』一九六五年、一三七頁。なお、のちに函館市中等夜学青年訓練所と改称。

(14) 国立公文書館蔵「兵役法及文官任用令認定各種学校台帳」。

(15) 松山教会(みつばさ社)『みつばさ』第二七号、一九二六年、四頁

(16) 『みつばさ』第八四号、一九三一年、六頁。

(17) 『奈良新聞』一九二八年三月一七日付。

(18) 『教育週報』第一〇八号、一九二七年六月一一日付、二頁。

(19) 『教育週報』第一五九号、一九二八年六月二日付、一頁。

(20) 文教資料編纂会編『歴代文部大臣演説集』一九八四年、三五七頁。

(21)『教育週報』第一一四号、一九二七年七月二三日付、二頁。
(22)『教育週報』第一〇九号、一九二七年六月一八日付、二頁。このほかに、事務的経費を加え、総額一五〇〇万円を要求した。
(23) 開発社『教育時論』第一五一六号、一九二七年七月二五日付、三七頁。
(24)『教育週報』第一二三号、一九二七年九月二四日付、二頁。
(25)『教育時論』第一五二二号、一九二七年九月二五日付、三四頁。
(26)『教育時論』第一五二六号、一九二七年一一月五日付、二〇頁。このうち庁立函館中・第二東京市立中は夜間中学を併設、当該中学校長は夜間中学長を兼任している。
(27) 川村文平「中学改革案」『教育週報』第一七六号、一九二八年九月二九日付、三頁。川村は北海道庁立函館中学校長兼私立函館中等夜学校長。
(28) 兵庫県教育史編集委員会編『兵庫県教育史』一九六三年、五一九頁。
(29)『神戸又新日報』一九二八年三月一八日付。兵庫県立第一神戸夜間中学講習所長に兼務発令された池田多助（県立第一神戸中学校長）のコメント。
(30) 戦前期官僚制研究会編／秦郁彦著『戦前期日本官僚制の制度・組織・人事』東京大学出版会、一九八一年、一五二頁。
(31)『神戸又新日報』一九三三年七月五日付。当初は修業年限四年で開校したが、専検指定を得るため一九三二年から五年に延長、翌三三年に第一回の卒業生を出した。
(32)『教育週報』第一三七号、一九二八年一月一日付、二頁。
(33)『教育週報』第一四〇号、一九二八年一月二一日付、二頁。
(34) 東京帝国大学教育学研究室教育思潮研究会編『教育思潮研究』第一巻第二輯、一九二八年四月。
(35)『東奥日報』一九二八年三月二九日付。
(36)『教育週報』第一五一号、一九二八年四月七日付、二頁。
(37) 河合哲雄『平生釟三郎』羽田書店、一九五二年、六六四頁。平生は入学難緩和をうたって甲南中学校を設置したほか、貧困青少年に奨学資金を給与する育英団体「拾芳会」を一個人の事業として実施してきたが、これを契機に教育行政に関与するようになる。一九二九年以降は文政審議会委員、三五年には貴族院議員（勅撰）となり、三六年には広田内閣の文部大臣に就任して義務教育年限延長を手がけ、四三年以降は枢密顧問官となる。また、この間、三三年から社長として招かれた㈱川崎造船所では、職工に給与を保証したうえで、一週間の勤務と一週間の東山学院（社内教育機関）における学習を義務づけている（岩井尊人編『私は斯う思ふ（平生釟三郎述）』千倉書房、一九三六年、二四六頁）。
(38) 確認できる範囲でいえば、斎藤斐章・大島正徳の両委員は、『教育時論』第一五六一号（一九二八年一〇月二五日付）の特集「夜間中学年限問題」で賛成意見を述べている。
(39) 『教育週報』第一六一号、一九二八年六月一六日付、二頁。
(40) 『教育時論』第一五四九号、一九二八年六月二五日付、六頁。
(41) 為藤五郎「何よりも夜間中学」『教育週報』第一七五号、一九二八年九月二二日付、一頁。
(42) 『教育週報』第一六四号、一九二八年七月七日付、七頁。
(43) 国立教育研究所内日本近代教育史資料研究会編『資料文政審議会』参考資料（下）、明星大学出版部、一九八九年、一六一頁。
(44) 『教育週報』第一七四号、一九二八年九月一五日付、三頁。
(45) なお、夜間実業学校の場合、昼間の職業の有無による取り扱いの差はなく、また入学資格が高等小学校卒業程度としたうえで修業年限は四年（すなわち尋常小学校卒業後の学習期間は合計六年）であった。
(46) 『東京朝日新聞』一九二八年九月一八日付。
(47) 一九二八年五月二二日、水野は久原房之助の入閣に反対して一旦は辞表を提出するが、翌二三日、優諚があったとして辞表を撤回、留任する。しかしこの件は皇室の政治利用だとして与野党、さらには貴族院からも批判を浴び、二日後の二五日に水野は引責辞任する。
(48) 例えば『教育週報』第一五九号、一九二八年六月二日付、一頁。
(49) 『東京朝日新聞』一九二八年九月一八日付。なお、一八日付の新聞に当日の省議の結果が掲載されているのは少々不可解なことであるが、記事のママとした。
(50) 第三学年以上において、第一種は実業を増課するコースで主に就職志望者用。第二種は外国語を増課するコースで従来通りの進学用。各中学校とも原則として両コースを設置することとされた。
(51) 前掲『資料文政審議会』参考資料（下）、四五二頁。第一一号の閣議決定案の表には「仰決議後、「夜間中学校制度」ニ関スル件モ同時ニ諮詢セラレ度旨文部省ヨリ申出アリタルニ付別紙ノ通第十二号トシテ第十一号ト併セテ諮詢下成様致度」との付箋があり、「総理スミ」との書き込みが認められる。

(52) 国立公文書館蔵「認定指定総規」に綴じ込み。

(53) 前掲『資料文政審議会』参考資料(下)、四五三頁。前述した第一一号の閣議決定案の裏には「夜間中学校制度ニ関スル件ハ都合ニ依リ諮詢取止トナル／館書記官ヨリ話アリ」との朱書きの付箋がある。「館書記官」とは、内務省出身で内閣書記官(内閣官房記録課長)の館《たち》哲二。館は文政審議会では幹事を務め、のちに東京府知事・内務次官などを歴任する。

(54) 『教育時論』第一五六〇号、一九二八年一〇月一五日付、二二頁。

(55) 三井須美子「江木千之と文政審議会(四)——学校の軍隊化を許した第五〇回帝国議会での教育論議(二)——」(『都留文科大学研究紀要』第五四集、二〇〇一年、四頁)によれば、教科用図書調査委員会第一部(修身)の部長・部員として仕事をして以来、江木は山崎の能力を高く評価していたという。

(56) 佐藤秀夫「解説」国立教育研究所内日本近代教育史資料研究会編『資料文政審議会』第一集、明星大学出版部、一九八九年、四五頁。

(57) 阿部彰『文政審議会の研究』風間書房、一九七五年、二四頁。

(58) 『教育時論』第一五六一号、一九二八年一〇月二五日付、三二頁。

(59) 貴族院事務局『第五十六回帝国議会貴族院予算委員会第三分科会議事速記録』第一号、一九二九年二月二七日。

(60) 『東京朝日新聞』一九二九年六月七日付。

(61) その後、一九三〇年一二月四日には「師範教育改善ニ関スル件」が諮詢第一二号として文政審議会に諮問されている。

(62) 『福島民報』一九三二年一月一六日付。

(63) 『教育週報』第一七五号、一九二八年九月二二日付、三頁。

(64) 『東京朝日新聞』一九二九年九月三日付。

(65) すべてを列挙すれば、①政治の公明、②国民精神の作興、③綱紀の粛正、④対支外交の刷新、⑤軍縮の促進、⑥財政の整理・緊縮、⑦非募債と減税、⑧金輸出解禁の断行、⑨社会政策の確立、⑩教育の更新。一九二九年八月に「思想国難、経済国難」の克服を目指して文部省が提唱して始めた「教化総動員運動」もこれに基づくものである。

(66) 例えば、一九二九年一一月二六日付の『東京朝日新聞』によれば、この日、小橋は文部大臣官邸で労働者教育に関する協議会を開催し、阿部磯雄（衆議院議員／社民党）・末広厳太郎（東京帝国大学教授）・春山作樹（同）・矢吹慶輝（元東京市社会局長）・惣田太郎吉（協調会）・椎名龍徳（霊岸小学校長）らを招いて労働者教育振興について検討している。

(67) 前掲「認定指定総規」に綴じ込みの調査結果から転載。

(68) 宮内庁書陵部蔵「御写真録　昭和四年」。同資料は小幡久美子氏（北海道大学大学院）から提供を受けた。

(69) 佐藤秀夫「解説」同編『続・現代史資料八　教育　御真影と教育勅語Ⅰ』みすず書房、一九九四年、一七頁。

(70) 文部次官から地方長官への通牒。佐藤秀夫編『続・現代史資料九　教育　御真影と教育勅語Ⅱ』みすず書房、一九九六年、八〇頁。

(71) 小幡久美子氏のご教示によれば、「御写真録」に書類が綴じ込まれている以上、実際に下賜が行われた可能性が高いとのことだが、現段階ではその事実を確認する手だてがない。

(72) この間、一九二八年一月二一日に一度退任し、同年九月二八日に再び任命されている。

(73) 一九三〇年五月二四日の地方長官会議における訓示（前掲『歴代文部大臣演説集』三七一頁）。

(74) 例えば、一九三〇年六月に開催した府県学務部長会議では、「中等学校における生徒の思想上の指導訓育施設」が筆頭の議題であり、文部省からは特に注意を払うよう指示している（『東京朝日新聞』一九三〇年六月二六日付）。

(75) 『東京朝日新聞』一九二九年一二月五日付。

(76) 一九三〇年五月七日に北海道庁・府県に対して発された文部省訓令第一〇号「実業学校諸規程中改正ノ要旨並施行上ノ注意」は、この措置を「一面ニ於テ実業学校ノ増設拡張ヲ図リ他面ニ於テ設備ノ利用ニ力メ其ノ収容力ヲ大ナラシムルト共ニ昼間労務ニ服スル者ニ対シ修学ノ便ヲ与ヘ教育ノ機会ヲ均等ナラシムル為」と説明している。

(77) 『東京朝日新聞』一九三〇年三月二二日付の記事タイトル。批判は痛烈で、本文の一部を抜粋すれば以下の通り。

「たとへば久しく各方面から要望されてゐる義務教育年限延長問題の如き当分実現の模様なく、又前内閣時代三土文相の目論んだ学校卒業に伴ふ特権の改廃は日の眼を見ずして遂に葬り去られ、水野、勝田両文相在任当時から今日まで引つゞき考究されてゐる中学教育改善案を始め師範教育、女学校教育、実業教育等の各種改善案もいまだ実現を見るに至らず案のみ徒らに山積して実行これに伴はず歴代文相の手腕を疑はしむるものがある」

(78) 前掲「認定指定総規」。文書の一頁目右肩にはマル秘の判が押されている。同文書は次官決裁前に撤回されて廃棄となり、細かい表現には若干違いはあるが内容的に同じものが八月二一日付で再調製される（理由不明、こちらはマル秘ではない）。この影響で、当初七月二〇日頃の実施予定だった調査が九月二五日にずれ込んでいる。なお、この文書の起案者は属官小田島政蔵だが、専検指定方式が小田島の発案というわけではない。前章で述べたように、文部省は一九二五年七月の段階で専検指定によって夜間中学公認問題の解決をはかり、兵役関連の特典については見送る方針だと報じられている。

(79)『教育週報』第二八一号、一九三〇年一〇月四日付、七頁。

(80) 例えば札幌市に隣接する豊平町(現在の札幌市豊平区)の場合、皇后の下賜金によって一九一六年五月には豊平尋常高等小学校に夜間部を設置している(札幌市立豊平小学校百周年記念事業協賛会事業部会編『百年のあゆみ』一九八一年、六〇頁)。ちなみに同校は札幌遠友夜学校から豊平川を渡った対岸にある。

(81) 前掲「認定指定総規」。なお、英語については学校・学年別の講評しかなかったので割愛した。

(82)『教育時論』第一六三三号、一九三〇年一〇月二五日付、三八頁。

(83)『教育週報』第三五三号、一九三二年二月二〇日付、二頁。

(84) 西村清雄『恩寵と犠牲』一九四一年、四七頁。西村は同校校長で、同書は校史。なお、後述する専検指定内規の制定を受けて、一九三六年からは各種学校に再転換し、三八年に専検指定を受ける。

(85) 例えば、一九三一年一二月一九日付の『教育週報』は「新文部省を／何と見る／諸家は語る」と題する特集を組んだが、尼子止(『教育学術界』編集長)が「今度の文部省は大賛成だよ。鳩山文相を初めとして次官も参与官もよく揃った。前の文部省のやうに出鱈目はやるまい」、中沢留(市立日比谷高等小学校長)が「大いに期待してゐる。鳩山文相だから大いにやって呉れて、朗らかになると思う。それに政友会の積極政策がよい」というように、歓迎の声で埋まっている。

(86)『教育時論』第一六七五号、一九三一年一二月二五日付、三五頁。

(87)『福島民報』一九三二年一月一六日付。

(88)『北海タイムス』一九三二年三月八日付。なお、「文部省普通学務局では、いよ〳〵近く正式に認定する事に略方針決定し、校舎設備教科目内容等の委細に亘って草案完成、目下委員会に付議してゐるので多少の修正を加へてから、更に省議にかけて確定発表される模様である」とのこと。

(89)『教育週報』第三五四号、一九三二年二月二七日付、五頁。ただし、実際にはこの申請は受理されず、専検指定の開始後になって両校とも再度申請をなしている。

(90)『教育週報』第三五六号、一九三二年三月一二日付、二頁。

(91)『樺太日日新聞』一九三二年四月一三日付。同紙は池田裕子氏(北海道大学大学院)から提供を受けた。
(92)『教育時論』第一六八六号、一九三二年四月一五日付、三七頁。
(93)『教育週報』第三六三号、一九三二年四月三〇日付、二頁。
(94)『教育週報』第三六二号、一九三三年四月二三日付、二頁。
(95)『教育週報』第四四五号、一九三三年一一月二五日付、三頁。
(96)帝国教育会『帝国教育』第六一四号、一九三二年一一月一五日付、五八頁。
(97)『教育週報』第三五三号、一九三三年二月二〇日付、二頁。
(98)『東京朝日新聞』一九三二年四月二九日付。
(99)『東京朝日新聞』一九三二年五月四日付。
(100)『東京朝日新聞』一九三二年五月五日付。
(101)同令は「私人ニシテ中学校又ハ専門学校ヲ設立セムトスルトキハ其ノ学校ヲ維持スルニ足ルヘキ収入ヲ生スル資産及設備又ハ之ニ要スル資金ヲ具ヘ民法ニ依リ財団法人ヲ設立スヘシ」(第二条ノ二)と規定し、文言上では個人経営の私立中学校を禁じた。
(102)さまざまな学校記念誌に登場する記述であるが、私立学校令は基本財産の金額に触れておらず、また管見の限り各種法令・文書類でも金額を明示したものを発見できなかった。戦前の財団法人および戦後の学校法人については、長峰毅『学校法人と私立学校』(日本評論社、一九八五年)が詳しいが、同書にも金額には触れていない。当時の記述としては、東京文理科大学教育学会『教育学研究』第八巻第八号(一九三九年一二月刊)の記事「文部省の私立学校改善方策」によれば、文部省が検討中の「学校法人法」の要点の一つに「私立中学校の場合基本財産(中学校五万円、女学校三万円)は私大と同様供託させて学校経営者が勝手にこれを抵当に入れたりする事を防ぎ、財政の健全化を図る」(一〇〇三頁)とあるのが、唯一の事例である。
(103)青木健作「私立中等学校の病弊」前掲『向上会小史』付録四九頁。「青木健作」は井本健作(日本大学附属中学校教論)のペンネーム。
(104)前掲「認定指定総規」。
(105)『教育時論』第一六八七号、一九三二年四月二五日付、一二頁。
(106)『教育週報』第三五三号、一九三三年二月二三日付、二頁。

(107) 夜間実業学校についても基本財産三万円以上の財団法人を組織することが必要。
(108) 『官報』号外、一九二七年一一月三〇日付。
(109) 鉄道省『鉄道公報』第一六二号、一九三二年六月六日付。
(110) 『教育週報』第三七六号、一九三二年七月三〇日付、五頁。
(111) 詳細は拙論(共著、廣田照幸・吉田文編『職業と選抜の歴史社会学――国鉄と社会諸階層――』世織書房、二〇〇四年、六章、七章)を参照。
(112) この資料は、菅原亮芳氏(高崎商科大学)より提供を受けた。
(113) 『教育週報』第四二一号、一九三三年六月一〇日付、二頁。
(114) 『教育週報』第三七八号、一九三二年八月一三日付、五頁。
(115) 『教育週報』第三八七号、一九三二年一〇月一五日付、五頁。
(116) 『教育週報』第三九五号、一九三二年一二月一〇日付、五頁。
(117) 『教育週報』第三九六号、一九三二年一二月一七日付、五頁。
(118) 『教育週報』第四〇四号、一九三三年二月一一日付、七頁。
(119) 『教育思潮研究』第七巻第一輯、一九三三年、二七三頁。
(120) 『教育週報』第四二一号、一九三三年六月一〇日付、二頁。
(121) 古川寿一「貧すれども窮せず」記念誌委員会編『松本夜間中学校　松本深志高等学校定時制　記念誌』一九七二年、一〇七頁。古川は一九三八年卒。
(122) 列挙すれば、秋田・栃木・群馬・埼玉・千葉・山梨・静岡・三重・和歌山・鳥取・島根・岡山・徳島・香川・高知・佐賀・宮崎の一七県。
(123) 大阪府『通常大阪府会速記録』第七号、一九二五年一二月一八日、二九六頁。
(124) 大阪府『通常大阪府会速記録』第一一号、一九二八年一二月一九日、三六〇頁。
(125) 大阪府『通常大阪府会速記録』第三号、一九二七年一一月二八日、七一頁。参与官上田荘太郎(書記官)の答弁。
(126) 大阪府『通常大阪府会学務部予算委員会速記録』第二号、一九二九年一二月一六日、一六六頁。参与官鈴木登(書記官)の答弁。

(127)『樺太日日新聞』(一九三二年四月一三日付)の記事「豊原の夜間中学も／近く資格を認める／文部省の議が纏まり次第に考慮」。なお、同校の場合、実際には専検指定を受けないまま、一九四五年まで存続する。
(128)『樺太日日新聞』(一九三六年七月八日付)の記事「歴代長官物語　九／今日の拓計案に偲ぶ経綸の一端／至正至公を以って実績残す／十代目長官　縣忍氏」。
(129)大阪府会史編纂委員会編『大阪府会史』第四編上巻、大阪府会事務局、一九五七年、二四六頁。
(130)大阪府『通常大阪府会速記録』第二号、一九三二年一二月二日、一〇二頁。
(131)大阪府『通常大阪府会学務部予算委員会速記録』第三号、一九三二年一二月二一日、三四一頁。
(132)大阪府『通常大阪府会速記録』第一〇号、一九三二年一二月一二日、五三九頁。
(133)市岡高校定時制課程校史編纂委員会編『田龍三十年の歩み』一九六三年、一六一頁。なお、「島田牛雄」は注(131)の「島田牛稚」と同一人物だと考えられるが、いずれが正しいか不明。
(134)『北海タイムス』(一九三九年六月一三日付)の記事「警察中学を開校／大阪で明春から」。
(135)『教育週報』第三六六号、一九三二年五月二一日付、一頁。
(136)『小樽新聞』一九三三年三月二九日付。
(137)伊藤源一郎「札幌中等夜学校から夜間中学までの思い出」北海道札幌西高等学校創立七〇周年記念誌編集委員会編『創立七〇周年　定時制六〇周年』一九八二年。伊藤は一九二二〜四三年に同校主事。
(138)文部大臣指定財団法人札幌夜間中学『学校一覧』一九三八年五月、二〇頁。
(139)『北海タイムス』一九三四年三月二〇〜二六日。ほかに北海夜学校・札幌遠友夜学校・中等夜学有鄰館が登場。
(140)高倉新一郎「札幌遠友夜学校」財団法人札幌遠友夜学校編『札幌遠友夜学校』一九六四年、一八頁。高倉は元同校教師で、一九四四年三月の廃校時には財団法人札幌遠友夜学校理事、北海道帝国大学農学部助教授。
(141)札幌遠友夜学校記念室蔵「自昭和拾年四月至昭和十二年四月　庶務日誌　第三号」。記載者は教師小島悦吉(北海道帝国大学農学部学生)。
(142)能木善七「人材育成を主眼とせる私立札幌青年学校」北海道自治協会『北海道行政』一九三三年八月号。
(143)泉吉太郎「不撓不屈遂に北海道普文に恵まる」受験界社『受験界』第一九巻第二号(一九三八年、一二六頁)によれば、泉は「北海道庁の給仕を拝命、補習学校に入ってこつこつ勉強してゐましたが」、高文を目指し「昭和十年札幌夜間中学第四学年に編入し、本年三月卒業」とある。
(144) 札幌市教育委員会文化資料室編『さっぽろ文庫⑱　遠友夜学校』北海道新聞社、一九八一年、七六頁。
(145) 時任正夫「貴重な思い出」前掲『遠友夜学校』二二九頁。時任は北海道帝国大学農学部学生だった一九三四～三五年に、教師として同校に在職。
(146) 三井為友「我国に於ける夜間実業学校に就て」『教育思潮研究』第一三巻第一輯、一九三九年、一七二頁。
(147) 国立公文書館蔵「昭和十六年　認定指定雑載　第二教育門わ二ノ二十五」。
(148) 『北海タイムス』一九四〇年四月三日付。
(149) 藤沢周平『半生の記』文藝春秋、一九九四年、五八頁。
(150) 水木しげる『ねぼけ人生』筑摩書房、一九九九年、七二頁。

第四章　総力戦体制下の夜間中学

はじめに

一九三二(昭和七)年五月一八日に専検指定が始まって以降、ごく一部の夜間中学関係者を除けば、中学校令改正(あるいは夜間中学校令制定)によって正規の中学校とするべきだといった意見はみられなくなる。専検指定を受けることは、中学校への「昇格」[1]「改称」[2]だと受け止められたからである。無論、正しい捉え方ではないが、教育現場のレベルでは専検指定によって夜間中学の資格問題が収束したとみてよい。

ただし、それは便宜的な措置に過ぎず、依然として夜間中学と中学校とは異質な存在であった。夜間中学は学校教育ではなく社会教育だと認識していた地方官庁もある。[3] また夜間中学の生徒や関係者は、さまざまな場面で中学校との差を身に沁みて感じていた。

具体的には、第一に「御真影」下賜の有無である。規定上、公立・私立を問わず、また専検指定を受けたとしても、各種学校たる夜間中学に「御真影」が下賜されることはない。中学校・実業学校などに附設されていた夜間中学の場合、学校行事の際には昼間の学校に下賜されたものを便宜的に使用することも多かったと推測されるが、(4)単独設置の学校では儀式のたびに正規の中等教育機関との格差を噛みしめることになったはずである。

第二に陸軍現役将校配属の有無、ひいては卒業者の陸軍幹部候補生資格の有無である。陸軍省は、学校区分を問わず夜間授業を行う場合は現役将校を配属しなかった。もちろん教員たちには「夜間中学には幹部候補生となる資格は与えられていなかったから、軍隊では下級兵士の苦しみを味わう(5)」ことはわかっていたから、せめて青年訓練所認定を受けることによって六ヶ月の陸軍現役短縮を受けようとする夜間中学は多く存在していた。

第三に教員の待遇である。純粋な私立学校の場合、設置者と教員との間にあるのは単純な雇用関係であるから、とりたてて矛盾は生じない。だが、公立および「準公立」学校の場合は、専検指定を受けたとしても学校区分は各種学校に過ぎないため、年功加俸・奏任待遇など中等教員に与えられるべき優遇措置の点で矛盾が露呈した。昼間との兼任教員の場合は問題ないが、専任教員の場合はこうした優遇措置とは全く無縁となる。教員にとっては深刻な事態であった。例えば、小林政吾(大阪府立市岡夜間中学主事)は雑誌『中等教育』に文章を寄せ、次のように述べている。

「職員は、中学校に比すれば非常に菲薄な待遇でありまして、先づ俸給令などいふものがありませんから「一ヶ月金何円ヲ給ス」といふ辞令より貰はれませぬ。其の在職期間は恩給年限に通算はせられますが、猶、中等程度の他の各種学校教員と同一待遇でありますから、年功加俸もなく、奏任待遇もありませぬ(6)」

文部省もこの矛盾に気がついており、専検指定内規のうち、専任教員を三分の一以上とする規定を事実上骨抜きにする。一九三四年一〇月二二～二四日に中等教育会(会長嘉納治五郎)が主催した「夜間中等学校振興に関する協議会」(於東京文理科大学)に文部省から派遣された熊木捨治督学官は、諸井慶五郎(天理中等学校長)・八田三喜(新潟夜間中等学校長、元東京府立第三中学校長)から出された専任教員数についての質問に応え、次のように述べている。

「原則としては専任の教員は全々夜間教授の外に時間を持ってはならぬことゝなってはゐるが、実際上に於てはその限りにあらずであります。原則は昼間に職を持たぬことゝなってはゐますが、事実としては、昼間一時間も授業を持ってはならぬと云ふのではありません。又学校の事情から見て専門的にやって貰ひたいとの考があるかも知れぬが事実はそうではない。次の定数の問題ですが、規定では定数職員の三分の一になって居ります。が併し夜間中等学校は学級数が少ないから、仮に五学級としても三分の一の十人では多過ぎるから、せめて三人位は置いて貰ひ度いですね。〔中略〕が併しその反面に夜間中等学校が兼任教師の寄合世帯になると、統一上甚だ不便を生ずると思ひます。〔中略〕専任を廃して全々兼任教師とすると云ふことは一寸考へものですね(7)」

恩給生活に入った退職教員等を夜間専任の嘱託教諭として再雇用することで規定を満たし、残りは昼間の中学校教員の兼任とすることで条件をクリアーする便法は既に多数みられるが、文部省としてこれを黙認するということである。内規自体を修正せず運用で切り抜けるやり方は、いかにも日本的な対応といえようか。

こうしたさまざまな問題を前に、中等教育会では夜間の大学・専門学校・中等学校を包摂して充実整備をはかるべきだという結論に達し、一九三五年六月四日に夜間教育振興会を設立した(8)。会長には嘉納治五郎(貴族院議員・中等教育会長)、副会長には森岡常蔵(東京文理科大学長)が就任している。また、三七年には文部省主催で初の夜間中学校長会議が開催される。夜間中学への専検指定はさまざまな問題点をはらみながら妥協的に始まったが、ここに至って再検討を行い、修正をはかる作業が始まったことがわかる。
しかし、その解決をみる前に日本は戦時体制に入り、第二次世界大戦の泥沼を経て敗戦へと至る。そのなかで夜間中学の歴史はどのように展開したのかを考察するのが本章の課題である。

第一節　青年学校男子義務制導入による夜間中学の動揺

一　青年学校の誕生

一九三五年四月一日勅令第四一号「青年学校令」により、実業補習学校・青年訓練所を統合して青年学校が発足した。文部省は同日付で、北海道庁府県に訓令第二号「青年学校令及青年学校規則制定ノ要旨並ニ施行上ノ注意事項」を発し、「青年学校ノ本旨」を次のように説明した。

「青年学校ハ小学校卒業後直ニ社会ノ実務ニ従事スル男女大衆青年ニ対シテ普ク教育ノ機会ヲ与フルト共ニ青年教育上最モ重要ナル時期ニ於テ其ノ教養ニ間隙ナカラシメンコトヲ期スルモノニシテ其ノ教育ノ本旨ハ従前ノ実業補習教育及青年訓練ノ特質ヲ融合シテ心身ノ鍛錬及徳性ノ涵養ト職業其ノ他実際生活ニ須要ナル知識技能ノ修得トヲ主眼トシテ教授及訓練ヲ為シ以テ健全ナル国民善良ナル公民タルノ素地ヲ育成スルニアリ而シテ此等男女青年ハ概ネ業務ノ余暇ニ於テ修学スルモノナルニ付学校ノ組織内容ハ通常ノ学校ニ比シテ著シク簡易自由ヲ旨トシ以テ地方ノ情況、青年ノ境遇等ニ適応セシムルモノトス」(9)

青年学校は中等教育機関(専検指定学校を含む)に進まなかった青少年を対象に、補習教育・公民教育と軍事教練を授けることを主眼とした学校である。多くが小学校附設で教育内容の水準は中等学校よりかなり低かったこと、文部省内での所管が社会教育局であったこと、有資格の専任教員数が極めて少なかったことなど、種々の課題をはらんだまま発足した制度であるもの(10)の、初等後の教育を受ける機会を「普ク」付与するというのはたいへんな意気込みであった。それを裏打ちするように、青年学校は青訓が持っていた特典をすべて継承した。

第一に、文部大臣あるいは地方長官が特に認めた場合以外は授業料無償であった。

第二に、三月二九日勅令第四〇号「兵役法施行令中改正」により、卒業者には六ヶ月の陸軍現役短縮という特典を付与した。

第三に、六月五日陸軍文部省令第一号「兵役法施行令第三十一条第三項ノ規定ニ依ル認定ニ関スル件」により、教練はじめ所定の学科の授業時数を確保することで地方長官から認定を受けた教育機関も青年学校として取り扱うこととなった。

この青年学校の発足により、夜間中学は、①専検指定および青年学校認定を受けている学校、②青年学校認定を受けている学校、③専検指定も青年学校認定も受けていない学校、という三種類に分けられることになった。専検指定までゆかなくとも、青年学校認定を受けている夜間中学には、次のような生徒が入学してくる可能性が生まれた。

「私は昭和十一年に朝陽高等小学校の商業科を卒業しました。当時徴兵検査を受けるには青年学校に入らないと具合が悪いというので、青年学校に入りました。青年学校にいっているうちに中学校に入れば軍事教練も受けられるし、勉強もできるというので、昭和十二年の四月に〔私立鶴岡〕夜間中学に入学したわけです」[11]

その一方、専検指定も青年学校認定も受けていない夜間中学の場合、特典において見劣りするのは避けがたい。前章で事例に挙げた札幌の場合、非認定校である北海夜学校が廃校となり、青訓認定を受けていた札幌青年学校(学校区分は各種学校)が青年学校に移行している。従来、何ら指定・認定を受けていなかった学校にとって、青年学校の発足は少なくない影響を与えることとなった。

二　陸軍省による現役将校配属の検討

青年学校の発足によって今さらながら明白となったのは、兵役上の特典における昼間と夜間の懸隔であった。今や夜間中等教育さえ受けられない者を対象にする青年学校も誕生した。夜間授業だというだけの理由で、夜間専門学校・夜間中学・夜間実業学校を青年学校認定で留め置くことが果たして妥当かどうか。

かくして一九三六年一二月二八日、陸軍省副官(大臣秘書官)より各師団(第一・一二は留守師団[12]、第九・一九・二〇師団は除外)の参謀長に対して陸普第七九八六号「夜間学校調査ニ関スル件」が発された。その文面にいう。

「従来夜間学校ニ対シ陸軍現役将校配属希望ノ向少カラス之カ研究資料トシテ別紙記載ノ学校ニ付学校経営ノ一般情況(現役将校ヲ配属シ得ルヤ否ヤノ程度モ明ニスルコト)、各学校生徒現在人員、学校側ノ陸軍現役将校配属希望ノ有無及希望ノ程度、陸軍現役将校ヲ配属スル場合現在ニ於ケル配属将校ヲ以テ兼務セシメ得ル範囲若シ現在ノ配属将校ニテ不足ノ場合ニ於テハ其ノ人員、各学校学則等昭和十二年二月二十日迄ニ報告相成度依命通牒ス[13]」

調査対象として別紙に挙げられたのは、表1に示す大学四校、大学予科四校、専門学校・大学専門部一八校、夜間中学・夜間実業学校一一三校一一九学科に及んだ。

調査を進める過程で対象校は拡大した。第七師団の場合、次のようであった。

「陸軍では夜間中等学校に勉学してゐる生徒にも将来陸軍の士官たる資格を与へるため夜間中等学校へ現役将校を配属する意向を有し目下全国夜間中等学校の実情調査を行ってゐるが第七師団司令部でも札二中、旭中、北商その他優秀と目される夜間中等学校の教育状況並に学生数につき実際調査をなし陸相へ報告することゝなった。従って近い将来にはこれら夜間学校に現役将校が配属され家業の傍ら軍事教練が施されると共に従来閉ざされてゐた幹部候補生の道が開かれることになった[14]」

文中の「札二中」は専検指定学校である札幌夜間中学、「北商」は夜間実業学校である北海商業学校第二本科だが、いまだ専検指定されていない旭川夜間中学(庁立旭川中学校附設)なども調査対象に加えられている。また、担当官は相当好意的なコメントを行ったことがわかる。

しかし、またしても夜間学校に対する陸軍現役将校配属はならなかった。調査から半年も経たない一九三七年七月七日、盧溝橋事件を契機に日中間は全面戦争に突入、陸軍は夜間学校への配属どころか、現に配属されている将校の帰隊を求めた。さらに翌三八年九月には、予備役・後備役将校を配属することとし[15]、複数校の兼務も実

表1 「夜間学校調査ニ関スル件」(1936年12月28日現在)の調査対象校

師　団	学　　校　　名
近　衛	東京市立九段中学，東京府立七中夜間中学，昌平中学，東京府立三中夜間中学，東京府立五中夜間中学，東京府立実科工業学校第二本科，安田工業学校第二本科，大宮工業学校第二本科，法政大学工業学校，日本大学工業学校，東京工業学校第二種，東京市立小石川工業学校本科，東京市立深川工業学校第二科，東京市立蔵前工業学校本科，中央商業学校第二本科，東京実業学校第二商業部，成立商業学校第二本科，昭和第一商業学校第二本科・第三本科，修徳商業学校第二本科，錦城商業学校第二本科，東京商業学校，東京市立商業学校，法政大学商業学校，日本大学商業学校，中央大学商業学校，明治大学商業学校，駿台商業学校，東京市立深川商業学校，実践商業学校，東京市立荒川商業学校，東京市立向島商業学校
留守第一	麻布夜間中学，東京府立四中夜間中学，東京市立上野中学，東京府立六中夜間中学，東京市立高輪工業学校，早稲田実業学校第二本科，東京府立第一商業学校第二本科・第三本科，巣鴨商業学校第二本科・第三本科，東京主計商業学校第二本科，東亜商業学校第二本科，東京市立京橋商業学校第二本科，目白商業学校第二本科・第三本科，日本大学第四商業学校第二本科，千葉関東商業学校，大倉高等商業学校中等科，立正商業学校，国士舘商業学校，日本大学第二商業学校第二本科，慶應義塾商業学校，日本大学第三商業学校，帝京商業学校第二本科，帝国商業学校第二本科，東京市立四谷商業学校本科，東京保善商業学校本科(一種・二種)，東京市立牛込商業学校本科，小田原商業学校第二本科，横浜市立専修商業学校
第　二	仙台市立夜間中学
第　三	岐阜県岐阜夜間中学，名古屋工業学校，中京商業学校夜間部，金城商業学校夜間部，静岡県立浜松第二商業学校
第　四	兵庫県立第一神戸夜間中学，兵庫県立第二神戸夜間中学，兵庫県立御影夜間中学，大阪府立市岡夜間中学，大阪府立高津夜間中学，関西工業学校第二本科，成器商業学校二部，京阪商業学校第二本科，日新商業学校第二種，浪華商業学校第三部，北陽商業学校夜間部，興国商業学校夜間部，大阪城東商業学校第二本科，此花商業学校第二本科，北神商業学校夜間部，関西大学第二商業学校，大阪市立実践商業学校，大阪市立港商業学校，岸和田市立商業学校，神戸市立第二神港商業学校，兵庫県立第二神戸商業学校，尼崎市立商業学校，和歌山県立和歌山商業学校
第　五	広島県松本商業学校第二本科，呉商業学校第二本科，山陽商業学校第二本科
第　六	鹿児島実業学校(夜間部土木科・商業部夜間部)，鹿児島実科中等学校
第　七	札幌夜間中学，北海商業学校第二本科
第　八	山形県立山形夜間中学，青森市立夜間中学，盛岡夜間中学
第　十	兵庫県立姫路夜間中学
第　十一	徳島県立徳島夜間中学
留守第十二	長崎市立夜間中学，福岡県福岡夜間中学，福岡県八幡夜間中学，佐世保市立夜間中学，長崎市立第二商業学校，佐世保市立商業学校本科
第　十四	松本夜間中等学校，栃木県宇都宮実業学校第二本科
第　十五	南都正強中学，京都商業学校夜間部，京都市立専修商業学校

学校名にアミ掛けを施したものが夜間中学。

施せざるを得なくなる。こうして夜間学校への陸軍現役将校配属は幻に終わったのである。

三　青年学校義務制の導入による夜間中学の動揺

時局の変化のなかで、青年学校発足からわずか四年後の一九三九年四月二四日、青年学校は早くも大きな制度的転換を遂げる。青年学校令が全面改正され、中等教育機関に進まなかった男子に就学義務を課したのである。また、これに先立つ同年三月八日法律第一号「兵役法中改正」によって青年学校卒業者に対する六ヶ月の陸軍現役短縮の特典は廃止され、代わって四月二四日法律第八七号「青年学校令ニ依リ就学セシメラルベキ者ノ就業時間ニ関スル法律」によって一六歳未満の労働者の就業時間を制限する工場法・鉱業法・商店法の適用を受ける職場においては、青年学校で教授および訓練を受ける時間も就業時間とみなすこととなった。労働と学習で過重な負担となるのを避けるための措置である。

さらに、青年学校認定に関して出された六月二九日文部省告示第三六六号は、夜間中学の歴史にとって決定的な一撃を加えた。

青年学校令施行規則第三十二条第一号ノ規定ニ依リ指定スルコト左ノ如シ
明治十四年文部省達第四号府県立学校幼稚園教育博物館設置廃止規則ニ依リ設置シタル学校ニシテ其ノ卒業者ニ付専門学校入学者検定規程ニ依ル指定ヲ受ケサルモノ(16)

これは青年学校認定に関する規程である。明治一四年の規則による府県立学校とは、男子の場合、一般に夜間中学しか考えられず、専検指定・青年学校認定を受けないことはあり得ないので、設置と同時に自動的に青年学校と認定し、就学義務を果たしたものとする。しかし、私立(および市町村立)の場合、専検指定はおろか青年学校認定さえ受けない学校は多数存在する。それらを青年学校義務制の理念に反する存在として排除し、①専検指定を受けるか、②青年学校に改組するか、③徴兵検査後の成人のみを対象とするかの三択を迫ったのがこの告示であった。

そうした夜間中学がいかに深刻な影響を受けたかを、前章で考察した札幌の夜間中学群を事例としてみてみよう。一九三九年に札幌遠友夜学校長に就任した半澤洵(北海道帝国大学農学部教授)は、次のような挨拶を行った。

「本校の目的は貧児晩学者に無月謝にて普通教育を授くることであります。〔中略〕

然し此の目的は設立当初とは社会的重要性が著しく異って来たのであります。其の目的とする普通教育制度が次第に完備し、教育機関が普及して、普通教育を受けない貧児晩学者が次第に少くなり、又其の組織の上からは教育機関としての体系を備へる事が困難なため、教育系統を統一せんとする現在の方針に戻《ママ》り、従って卒業生に資格を与へ得ないといふこの二つの原因より生徒は次第に減じつゝあります。

即ち、義務教育の普及殊に夜間小学校の設立は今日の初等部の人員を減少し、初等教育の再教育の如き有様となり、遂に中心を中等部に移すの止むなきに至り、更に中等部も亦夜間中学校の設立により次第にその方に生徒を吸収され、今や青年学校の義務化により男生徒の大部分を失はんとしつゝあるに、今又社会事業なるものが次第に内容を変へ来り、貧児教育の如きは之を教育機関に譲るべく社会事業としての価値は漸次低くなりつゝあるのであります。

此処に於て夜学校はその目的を変へて社会事業として、他の時代の要求する事業に転ずるか又は教育の対象を、例へば女子教育、成人教育、庶民教育等未だ教育機関の行亘らざる方向に転ずるの途をとるか、或は又全く組織を換へて教育機関としての体系を整へて、例へば青年学校となるか、然らざれば、現状の儘で規模を小さくするか、その何れか一を選ばなければならぬのであります。

然し乍ら、所謂資格を有する学校に改組する事は恐らく社会事業としての性質を失ひ、現在の組織では不可なるのみならずその特徴をも失ふ事にもなるのでありまして、所詮採るべき途は次の二つであらうと思ひます。

即ち、その一は教育の対象を替へる事であり、他は専任者を設置して他の社会事業を経営せしめ、夜学校は塾式の昔に帰るとも従来の通り、経営し続ける事であります。

然し斯る変化は熟考を要し、今日二、三の案は持って居りますが、未だ実現の自信を持つに至りません。故に夜学校は従来通りの目的と組織によって遂行し、その変改は今後の宿題として諸氏の共に熟考下さらん事を希望致します。

然し乍ら斯る状態になっても夜学校の必要は失はれるものではなく、たとへ青年学校の義務化が行はれようとも当分の内は夫れに漏れるものゝあるべきことは恰かも小学校が普及しても初等部の生徒の急激な減少を見なかった例の如く、若し経済的原因により青年学校に入学し得ぬものがあれば之を収容することゝし、その卒業生は青年学校卒業と同様の資格ある如くする様努めると共に、他方に於ては女子青年、晩学者、朝鮮人、其の他青年学校入学義務者以外の者で教育を要するもののあるべき故、それらの教育に当り完備され、法規によって教育方法の一定されたる教育機関とは種々の異なる特徴あるを以て――例へば、教材選択の自由、教育方法の自由、個人個人に立ち入った全的教育、自治的訓練等が挙げられます――これらを活かすことにより、夜学校本来の目的に向って進み得ると考へるのであります(17)」

文章からは進退ともに窮したという感が伝わってくる。それでも長い歴史を誇る同校の場合、決断を先送りしたまま迎えた一九三九年度の生徒募集でも、例年通りの入学者を迎えることができた。その一方で、他の学校は即座の対応を迫られた。中等夜学有鄰館は、「青年学校に改組するか、現状維持ですごすか、廃校にするか（中略）問題の決着を同年（一九三九年）四月以降に残して、二十名の新入生を迎え、新年度をはじめた」[18]が、出席状況が悪化の一途をたどる。一九三九年秋には休館を余儀なくされ、翌年三月には在校生を札幌夜間中学・札幌遠友夜学校に編入学させて廃校となった。青年学校義務制に伴って官公庁から強制措置が発動されたわけではないが、学ぶ側から拒絶された格好である。

青年学校令施行後は青年学校区分をとっていた札幌青年学校は、一九三九年四月一日付で各種学校に復帰して昭和中学と改称、修業年限を四年に延長して専検指定を受ける積極路線をとった。前章で述べたように、既に同校でも中等学歴の取得希望者が札幌夜間中学に転じてゆくのは止められなかったから、義務制青年学校のままではもはや生徒を確保しかねるという判断に至ったのであろう。また、これにあわせて、北海道庁に採用された給仕には補助を与えて同校入学の義務を課し、卒業すれば中卒者とみなして無試験で雇員に登用する優遇策を導入した。設置場所も北海道庁舎から庁立札幌一中へと移転し、札幌夜間中学に比肩する水準を確保した。この結果、事務手続きは若干遅れたものの四一年二月一五日に専検指定を受けている。矢継ぎ早の対応には、在校生の多くが「どのような経緯で青年学校から昭和中学に移行（設立）されたのか不明」[19]という印象を抱いたほどであった。

かくして一九四〇年四月の段階で、札幌にあって非専検指定学校のまま存続を画策しているのは札幌遠友夜学校一校のみとなった。中等部男子の入学者は一〇〇名[20]と例年と遜色のない実績だが中退者は後を絶たず、関係者は苦渋の思いで教育活動を続けていた。

「青年学校等ができて義務制になると、全く生徒がいなくなるのは当然だった。教える者としては情ない話しであったが、「無資格の学校にいるよりは、有資格の学校に行き、社会の階段を一つでもよじ昇ってくれゝばその方が幸福なのだ。我々はそうした機会のない人だけを対象にして行かう。それが我々の使命なのだ」と語り合い、出入のはげしい生徒を見ては、「夜学校に来なければ、空しい一宵を過す人達だ。入学して一時間でも我々の授業を受けてくれれば何かの足しになろう。入れよう。そしてできるだけ毎日出るように努めよう」と励ましあった」[21]

ところで、この時期には「中等教育一元化」を推し進め、義務制青年学校を中等教育に位置づけるべきだという意見が朝野を問わず語られていた。

「既に青年学校義務制の原則は確立して居る。パート・タイム・システムであらうと何であらうと、青年学校は顕然たる中等教育と認むべきものである。〔中略〕一括して中等教育令で統制してかゝることは意味のあることであるかもしれぬ」（文部省実業学務局長岩松五良[22]）

「青年学校は国家の要請する人物を錬成する機関であると同時に、此処に学ぶ生徒の要望をも充す教育施設としなければならないと云ふことである。青年学校は現在の状況に於ては「袋小路」になってゐる。青年学校をして真に青年にアピールせしめるには、青年学校卒業生の全部と云ふことは困難にしても一部成績の優秀な者に対しては上級学校進学其の他の資格を与へ、この袋小路に光明を与へてやらなければならない」（文部事務官浜島敏雄[23]）

「夜間中学校《ママ》に通ふのは、昼間に於て勤労に従事して修学の機会を得られないからであるに違ひない。此の如き勤労青少年に教育の機会を与へ、此の如き教育を義務づけるのが青年学校教育義務制を決した本旨でなければならぬ。勤労青年が授業料も納めないで教育を受けられる青年学校へ行かないで、別の夜間中学を選ぶとすれば、義務づけられたる青年学校の教育が余程不完全な欠陥を持ったものでなければならぬ。〔中略〕義務制が完備充実するならば、実業専門学校、大学との連絡の問題が起るに違ひない。青年学校は上級学校へ進入することを目的とするものでないことは勿論であるが、青年学校から上へは進めないものだと制限する必要はない」(東京朝日新聞社論説委員〔のちに文部省社会教育局長〕関口泰)[24]

しかし、遠友夜学校の日誌類をみる限り、とりあえず青年学校化しておくことで中等教育としての将来が開けるというような、明るい希望をうかがわせる記述は見いだせない。多様な学習要求に応えるべく独自の発展を遂げてきた夜間中学は、一九三〇年代末には専検指定学校と義務制青年学校の狭間で立ちすくむ結果となったのである。同様の事態が全国各地で発生していたであろうことは想像に難くない。

第二節　中等学校令による夜間中学の制度的再編

一　教育審議会における議論

一九三七年一二月一〇日勅令第七一一号「教育審議会官制」によって、教育審議会が発足した。義務教育年限延長・中等教育一元化など積年の課題となっていた学制改革、「国体明徴」「教学刷新」路線に即した教育改革に道筋をつけるため、内閣直属で設置された審議会である。政府からの諮問は「我ガ国教育ノ内容及制度ノ刷新振興ニ関シ実施スベキ方策如何」のみと事実上の白紙委任であったから、審議会は多大な時間をかけて自由に議論を行うことになった(ただし、青年学校義務制の導入については教育審議会を経ることなく決定しており、学制改革はその枠内での議論を強いられている)。

興味深いのは、夜間中学が教育審議会の議論に登場するのは中等教育という観点でのみだということである。青年学校・各種学校など、夜間中学と密接な関係を有すると思われる学制改革の議論において言及されたことはない。このことから、教育審議会には「中等教育一元化」を青年学校にまで推し進めようという方針はなかったといってよい。

さて、夜間中学の取り扱いについて口火を切ったのは臨時委員西村房太郎(東京府立一中夜間中学長・府立第一中学校長)で、一九三九年二月一〇日の諮問第一号特別委員会第九回整理委員会の席上であった。まず西村は、二月三日に全国夜間中学校長協会総代として提出してあった建議を朗読した。

「　　夜間中学校制度改正ニ関スル建議

現下ノ実情ニ鑑ミ速ニ現行中学校ノ制度ヲ改メ中学校ニ於テ「夜間ニ亘リ教授ヲナスコトヲ得ル」道ヲ拓ク必要アリト認ム

右建議ス

　　理　由

一、現行法令ニ於テハ中学校ノ教授ハ昼間ノミニ限定セラレ所謂夜間中学校ノ課程ハ之レヲ認メズ然ルニ現在各道府県ニ於ケル公、私立夜間中学ノ設立ハ逐次増加シ其ノ成績亦顕著ナルモノアリ、依テ文部省ハ昭和七年以降ノ実情ヲ調査シ其ノ卒業生ニ対シテ専門学校無試験検定ヲ始メ中等学校ト同等以上ノ資格ヲ認定スルニ至レリ

然レドモ夜間中学ノ設置組織ニ関シテハ特定ノ法的根拠ナク公立夜間中学教員ノ資格、名称ノ如キモ明治十九年十二月二十八日閣令第三十五号ヲ適用シテ「教諭」ト呼ブノミニテ其ノ待遇等ニ就テハ全ク閑却セラレヲル状況ニ徴シテモ其ノ不備ヲ窺フニ足ルベシ

一、斯クノ如ク夜間中学ハ中学校ト同等ナル効果ヲ挙ゲツヽアルニモ拘ラズ其ノ法令上、制度上ノ不備ハ其ノ組織、教員資格、待遇等ニ左ノ如キ欠陥ヲ来タシ教育上、実際上ソノ支障極メテ大ナリ

(一) 一学級ノ収容生徒定員ノ規定ナキコト

(二) 学級ニ対シテ配当スベキ教員数ノ規定ナキコト

(三) 奏任待遇教諭ノ制度ナキコト

(四) 俸給令ノ準拠スベキ規定ナキコト

(五) 公立中等学校教諭ニ共通ニ支給セラル、年功加俸令ノ適用ナキコト

其ノ他、他ノ中等学校ニ比較シテ著シク等閑ニ付セラル、タメ優秀ナル教育者ヲ招来スルコトヲ得ザル憾ミ大ナリ

一、中等学校中、実業学校ニアリテハ大正十年三月十八日文部省令第十七号、大正十一年一月十五日文部省令第四号ノ各規定中ニ「夜間ニ亘リ教授ヲナスコトヲ得」ト規定セラレ爾来昼間及夜間実業学校ハ資格、待遇、俸給等ソノ間ニ何等軒輊ヲ見ズ而モ其ノ教育ノ振興発展ニ寄与シツヽアルニ、独リ之レト全ク趣旨ヲ同ジウセル夜間中学ノミ例外トシテ取扱ハレ、ソノ為教育上忍ビ難キ障害ニ苦シミツヽアルハ洵ニ昭代

ノ不祥事ニシテ、之レガ適正ナル制度ノ確立ハ刻下ノ急務ナリト認ムルモノナリ

以　上

昭和十四年二月三日

全国夜間中学校長協会

総代　東京府立一中夜間中学々校長　西村房太郎

教育審議会総裁　原　嘉道殿(25)」

これに続いて西村は、夜間中学が各種学校であるために教師・生徒が蒙っている不利益について簡単に述べている。注目されるのは、「現在ノ実情デハ、官庁等ニ勤メテ居リマス給仕ハ、ヤハリ中等学校ノ卒業免状ガアリマセヌト、モウ終生給仕デアリ、本官ニナレナイヤウナコトモ聞イテ居ルノデアリマス(26)」というくだりである。上級学校進学ではなく、職業生活における中等学歴を求めて入学してくる生徒が多数いることを踏まえた発言であろう。

西村の説明が終わるや、整理委員長林博太郎(貴族院議員・元東京帝国大学教授)は速記中止を命じ、懇談会に切り換えた。議論以前に、夜間中学が中学校ではない理由など、基本的でかつ込み入った説明が必要だったためだと思われる。一時間一五分にわたる懇談会の結果、林は次のように総括している。

「夜間中学ニ付キマシテハ大体左ノ如ク将来研究ヲ進メルコトニ致シマス。高等国民学校卒業後四年ノ夜間中学及普通国民学校卒業後六年ノ夜間中学ヲ認メ、其ノ教諭ノ待遇ハ昼間ノ中学校ノ教諭ト同等ニスルコト、尚ホ之ニ付テハ当局ノ意見モ更ニ聴クコト、並ニ青年学校トノ関係ニ付テモ当局ノ調査シタル意見ヲ聴イテ、

（四月）四日以後ノ整理委員会ニ於テ尚ホ本案ヲ練ッテ研究スルコト、殊ニ社会政策上栄養価値ノアル夕食ヲ是等夜間中学校ノ生徒ニ供給スルコトニ付テモ考慮スルコト、此ノ程度ニ今日ハ止メテ置キマス」

なお、「高等国民学校」は当時の高等小学校（一九四一年四月一日から国民学校高等科）、「普通国民学校」は同じく尋常小学校（国民学校初等科）を指している。

西村はこの後も夜間中学に関する発言を続ける。四月一四日には「社会政策的ニ見テ」、夜間実業学校と同様に認可すべきであり、そのためには修業年限が六年に延びても構わないと主張した(27)。夜間中学の入学資格・修業年限が議論された六月一六日には、幹事中根秀雄（文部省教学局庶務課長）が「夜間中学校ノ制ヲ設ケ其ノ修業年限ハ之ヲ四年トシ、高等国民学校卒業程度ヲ以テ入学資格トスルコト」との答申案を示したが、西村は「社会政策カラ申シマスト」経済的な事情に配慮して「普通国民学校」卒業程度で入学する制度とすべきだと述べている(28)。他の委員も、義務教育を八年に延長することとの整合性、生徒の健康問題には意を払いつつも、西村に賛同した。臨時委員佐藤寛次（東京帝国大学農学部長）は「義務教育ト云フモノヲ夜ニ替ヘルノダト云フ原則ヲ認メルコトハ如何デスカ(29)」と踏み込んだ提案をし、田所美治（貴族院議員／勅撰・順心高等女学校長・元文部次官）も「青年学校トハ違フ、夜間中学校ト云フモノヲ認メテ、ソコデ中等学校五年掛ッタノヲ六年ヤルト云フ途ヲ開イタラ、尋小ヲ出テカラ行ッテ良カリ《ママ》サウニモ考ヘル(30)」と西村の肩を持った。

一方、整理委員長の林は、六月一六日に「夜学ハ罪デスヨ、目ガ悪クナルシ、「トラホーム」ガ多クナル(31)」と述べるなど夜学そのものに好感を持っておらず、委員たちと対照的である。その後も「日本ノ「トラホーム」ハ大シタ問題デス、サウシテ夜黒板ノ黒イ《ママ》字ヲ見ルト云フノハイケナイ(32)」「日本全体ノ保健問題カラ言ッテドウダ(33)」などと述べ、特に「普通国民学校」卒業程度から入学する課程を認めることには難色を示し続けた。

議論を制したのは田中穂積（貴族院議員・早稲田大学総長）であった。議論が膠着しているのをみた田中は、次のように述べた。

「私ハ是ハ尋小卒業ヲ入レルト云フコトハイケナイト思ヒマス、ト云フコトハ、一体労働問題デ、労働ニ従事スル少年ノ年齢ヲ幾ツニスルカ、或ハ既ニ成年ニ達シタ者ノ一週間ノ労働時間ヲ何時間ニスルカト云フヤウナコトハ、ソレハ目先ノ一国ノ生産力ト云フ上カラ言ヘバ、労働時間ヲ制限スルコトハ不得策デアルト云フコトハ明カデアリマスケレドモ、本当ニ国力ノ根本ヲ培養スルト云フ上カラ言ヘバ、一週間ノ労働時間モ減ラサナケレバナラヌ、少年ノ従業モ廃サセナケレバナラヌ、殊ニ、一体夜間中学ニ入ラウト云フ青年ハ昼間一人前働イテ居ル、昼間一人前働イテ居ル者ヲ入レテ、其ノ余力デ以テ学問ヲスルト斯ウ云フモノナンデ、一人前ノ仕事ノ上ニ二人前ノ仕事ヲサセル訳デアル、高等小学ニ居ル時代ノ少年ニサウ云フ重荷ヲ課スルト云フコトハ、ソレハ何ト云ッテモ残酷ナ話デアル、ノミナラズ一体ソレハ国力ノ根本ヲ培養スル途ヂャナイ、目先ハ本人ニ取ッテ親切ナヤウデアリマスガ、其ノ親切ハ仇ニナルノデ、結局健康ヲ害シテシマフトカ、中途デ病人ニナッテシマフト云フヤウナ結果ヲ多クノ場合ニ於テ産ム、無論強イノハ最後マデヤッテ行キマセウガ、現ニアノ中学ノ、ドウ云フ方面デ調査シタノデアリマシタカ、夜間中学ノ体力ノ検査表ヲ私ハ見タコトガアリマスガ、初メ入ッタバカリニハ昼間ノ方ヨリモ体格ガ良イ、所ガ三年位カラ後ニナルト悪クナルト云フコトハ、畢竟スルニ、尋常ヲ卒業シテ、サウシテ少年時代ニ二人前ノ仕事ヲサセル、サウ云フ残酷ナコトヲスル結果ナンダカラ、社会政策ト云フヤウナコトドコロデハナイノデ、ソレハ其ノ少年ヲ殺シテシマフコトニナルノダカラ、体格ノ上カラ言ッテ、殊ニ国民ノ義務教育ヲ八年ニシタノデスカラ、義務教育ヲ了ッタ者ヲ入レルト云フコトガ極メテ合理的ナ話デ、夜間中学モ決シテ閑却スルニハ当ラナイト思ヒマスガ、之ニ尋小卒業ヲ入レルト云フコトハ、体格ノ上カラサウ云フコトハ為スベキコトデナイ、斯ウ思フ」[34]

この意見に正面から反対する者はいなかった。委員会の空気は一変し、「高等国民学校」卒業程度で入学して修業年限四年とする方がよいという流れとなる。西村一人が「尋卒五年ガ六年ニナリ、今マデ四十五分宛ヤッテ居ルノヲ四十分位ニシテ、サウシテ四時間ヲ三時間ニシテ身体ニ中止シテヤッタラ健康モドウカト思ヒマス」[35]と食い下がったが賛同は広がらず、林は原案通りで特別委員会にかけることを宣言した。

七月二一日の第三一回特別委員会では、委員関口八重吉(東京工業大学教授)が夜間中学における単位制導入について議論があったか否かを質問しただけで、原案通り可決された。[36]九月一四日の第一一回総会でも、委員椎尾辨匡(衆議院議員/無所属・東海中学校長)から既存の夜間中学と何が違うのかという基本的な質問が出ただけで可決された。[37]このほか、夜間実業学校・夜間高等女学校に関する議論のなかで夜間中学にも言及することはあったものの、話題となったのは三種類の夜間中等学校の入学資格・修業年限などの整合性をとることであり、特に問題点を指摘するものではなかった。かくして、来るべき学制改革では正規の夜間中学校を認めるものの、「普通国民学校」卒業程度で入学する課程は認めないという方針が確定したのである。

二　中等学校令による夜間中学校に対する文部省の方針

一九四三年一月二一日勅令第三六号「中等学校令」が公布された。同令はこれまで別種の学校とされてきた中学校・高等女学校・実業学校を「中等学校」という概念のもとに包摂した。なお、同年三月八日勅令第一〇九号「師範教育令改正」により、中等学校程度であった師範学校本科第一部は廃止となっている。この結果、文部省所管で初等教育終了後にある学校は中等学校令もしくは青年学校令によることになった。

中等学校令第九条では、すべての学校に「夜間ニ於テ授業ヲ行フ課程」の設置を認めた。

中等学校令

第一条　中等学校ハ皇国ノ道ニ則リテ高等普通教育又ハ実業教育ヲ施シ国民ノ錬成ヲ為スヲ以テ目的トス

第二条　中等学校ヲ分チテ中学校、高等女学校及実業学校トス

中学校ニ於テハ男子ニ、高等女学校ニ於テハ女子ニ高等普通教育ヲ施シ実業学校ニ於テハ実業教育ヲ施スモノトス（以下略）

第九条　中等学校ニハ特別ノ必要アルトキハ夜間ニ於テ授業ヲ行フ課程ヲ置キ又ハ之ノミヲ置クコトヲ得

前項ノ課程ニ付テハ前二条ノ規定ニ拘ラズ其ノ修業年限ハ中学校及高等女学校ニ在リテハ三年、実業学校ニ在リテハ男子ニ付テハ四年（中略）トシ其ノ入学資格ハ国民学校高等科修了程度トス[38]

ここに夜間中学が夜間中学校、すなわち法規上の中学校夜間課程として存在し得る根拠が誕生した。かつて夜間中学公認運動が目指した「正格化」運動は、ついに最終的な達成をみた。従来の専検指定内規と中等学校令の差異は、義務教育年限延長に対応し、国民学校初等科修了程度で入学する修業年限五年の課程を認めず、国民学校高等科修了程度で入学する修業年限三年の課程のみとなったこと程度であった。

文言をみるだけでは、文部省が方針転換して夜間中学に温かい手をさしのべ、「正格化」を認めるようになったようにもみえる。しかし、専検指定の開始以来、学校令の制定を求める声はほぼ途絶えていた。この時期になって、あえて正規の中学校として認めるという制度改革は、そもそも何を目的としてなされたものであろうか。

それを理解するには、中等学校令の細則として制定された一九四三年三月二日文部省令第二号「中学校規程」において、設置に関する手続きを規定した第四九条の但し書き「夜間ニ於テ授業ヲ行フ学校ニ付テハ特ニ其ノ設置ヲ必要トスル事情ヲ併セ具申スベシ」に注目しなければならない。これと同時に出された文部省令第四号「実業学校規程」にはそうした文言がなく、夜間授業を行う事情を説明する必要はない。等しく中等学校の「夜間ニ於テ授業ヲ行フ課程」といっても、依然として夜間中等教育は実業学校を中心とすべきであり、中学校は「特ニ其ノ設置ヲ必要トスル事情」がなければならないというのが文部省の方針だった。また、中等学校令の意味内容を徹底すべく北海道庁・府県に対して発した一九四三年三月一二日文部省訓令第一号にも次のようにある。

「夜間ニ於テ授業ヲ行フ中等学校ハ従来実業学校ニ於テハ之ヲ認メタルモ中学校及高等女学校ニ類スルモノハ各種学校トシテ専門学校入学者検定規程第十一条ニ依ル指定ヲ受クルノ途ヲ認メラレタルニ過ギズ之ガ為学校管理上支障多キノミナラズ教育上ニ於テモ遺憾ノ点少カラザル実情ニ在ルヲ以テ今般特別ノ必要アル場合ニ限リ中等学校ニ夜間ニ於テ授業ヲ行フ課程ヲ置クコトヲ得シメ昼間業務ニ従事スル青少年ニシテ向学ノ志アル者ニ対シ中等学校教育ヲ授クルノ途ヲ開キタリ而シテ入学資格ハ義務教育年限延長ノ趣旨ニ則リテ国民学校高等科修了程度ニ限リ且保健上ノ影響ヲ考慮シ修業年限ヲ昼間ノ課程ニ比シ長カラシメタリ(39)」

中学校夜間課程を認めるのは設置を奨励するのではなく、管理を徹底するための措置であることに注意が必要である。

また、具体的な措置については、一九四三年三~五月の『文部時報』に掲載された「中等学校令及び各学校規程の解説」と題する逐条解説で、担当官が次のように明言している。

「現に専検指定を受けて居る夜間中学又は夜間女学校は十八年度より直ちに中等学校令に依るべきであって将来は其の存続は許容しない方針である。〔中略〕類似の名称例へば中学とか高等女学院とかを使用することも法文の上では禁止しては《ママ》ないが、将来は勿論使用せざることが望ましい。中等学校と云ふ名称に付ても法文上の禁止はないが成るべく用ひない様にさせたい[40]」

類似名称を名乗る専検指定学校は宗教系私学と夜間中学に多かったが、前者は文部省が強く指導した結果[41]、宗教活動を課外化して中学校に改組する事例が相次いでいた。さらに夜間中学を中学校に組み込めば、専検指定学校という玉虫色の存在を空洞化することが可能となる。もちろんそれによって中学校という概念が拡大し、宗教系私学や夜間中学に通う生徒の被差別感ないしは劣等感を若干薄める結果をもたらすことは確かであろう。しかし、中学校に改組すれば新たな特典が付与されるどころか、逆に不利益が生じた。そのため文部省の方針は容易に徹底しなかった。

不利益の第一は、多くの学校にとって大幅な生徒減となることである。従来は国民学校初等科修了程度で入学する修業年限五年(初修五年)の課程にするか、高等科修了程度で入学する四年(高修四年)の課程にするかを各学校が任意に選択でき、実際には前者が圧倒的に多かった。しかし中等学校令では高修三年に統一された結果、専検指定学校が中学校に改組すれば、自動的に一または二学年分、すなわち全体の二〇または四〇%の生徒が減少することになる。文部省は改組に伴う定員増は認めなかった。

夜間中学側の反応は公立および「準公立」の学校と私立学校とで大きく割れた。前者の場合、初修五年の課程でも入学者の多数派は高等科修了者だった現実を踏まえて、実際には二年もの年限短縮で生徒の負担軽減につながるとして歓迎する空気が強かった。例えば、富山県は一九四三年三月二六日付の文教第七〇六号で、専検指定学校たる県立富山夜間中学廃止ならびに県立雄峰《ゆうほう》中学校設置を認可申請したが、その理由には次のようにある。

「従来夜間中学志願者ハ其ノ大多数ガ国民学校高等科修了者又ハ之ト同程度ノモノヲ以テ占メタルノ実状ナリシガ新制ノ夜間ニ於テ授業ヲ行フ中学校ハ三年制トナルヲ以テ事実上従来ニ比シ修業年限著シク短縮セラルルコトトナリ、将来之等進学者ニ対シ此ノ施設ハ大ナル光明ヲ与ヘ得ルモノト信ゼラル。

依ッテ茲ニ中等学校令公布ヲ機トシ従来ノ県立夜間中学ノ組織ヲ改変シテ国民学校高等科修了程度ヲ以テ入学資格トスル三年制夜間課程ノ中学校トナシ更ニ之ガ施設ヲ拡充シテ以テ青少年学徒ノ皇国民錬成ニ資シ彼等進学者ヲシテ皇国ノ恩沢ニ浴セシムル機会ヲ与ヘントスルモノナリ[42]」

一方、私立の場合、改組は手間多くして経営に大打撃となる。中等学校令施行とともに中学校を開設した事例が少ないのは、これが最大の理由であった。

第二に、在校生・新入生の融和の困難さである。初修五年の専検指定学校が、高修三年の中学校夜間課程に移行するにあたっては、①中学校は純粋に新設する形をとり、在校生は既存の専検指定学校に残存させて全員が卒業する年度の三月末日付での廃止を認可申請する、②在校生も新設の中学校に編入学させて専検指定学校は直ちに廃止する、のいずれかを選択しなければならない。前者の場合には、新たに中学校に入学してくる一年生が、既に専検指定学校に在籍している二年生より学歴・年齢とも平均して上であり、修業年限の関係で卒業は同時という事態が生じる。複雑な話であるばかりでなく、生徒の間に微妙な空気が流れることは避けがたい。後者の場合は、教育課程を大幅に変更する必要がある。いずれにしても厄介な問題であった。

実際には、ほとんどの学校が前者を選択した。その理由は技術的な問題ばかりではない。例えば、京都府立二中夜間中学（府立第二中学校附設）は府立上鳥羽中学校（同）へ移行するにあたり、在学者を上鳥羽中の上級学年に編入しようとしたが、「当時の生徒たちは、二中夜間中学の名に憧れて、七倍もの競争率の入学試験を経て入学したのだから夜間中学のままで卒業したいという希望が強く、誰も新制の上鳥羽中学校に移るとは言わなかった」(43)ため頓挫した。ある卒業生は次のように回想する。

「今までと違った雰囲気になりました。違う学校の人という感じでした。二中夜間中学の人はそのまま残って、上鳥羽中学校の人と一緒に卒業しました。それでも上鳥羽中学校の人を下級生として親しくするということはなかった。何か違う感じでした」

こうした二つの複雑な問題から、中等学校令施行の一九四三年四月段階で、既存の私立夜間中学（公立学校附設のものを除く）三三校のうち、中学校夜間課程を設置したのは半数にも満たない一二校にとどまり、専検指定すら受けていない一二校を含む二一校が文部省の方針を黙殺した。

ただし、五月三一日には文部省国民教育局長が各地方長官に対して、発国第三三八五号「中等学校制度改善ニ伴フ事務処理方針」(44)を発し、改めて専検指定学校（申請中のものを含む）を中学校に改組させるよう指示したため、翌四四年四月段階では三二校中二七校が中学校を設置している。

三　夜間中学設置数の急増

文部省は夜間中学の濫設に警鐘を鳴らしたが、結局のところ、それはポーズに過ぎなかった。県庁所在地ではない都市、さほど周辺人口のない町村、既に夜間中学が設置されている地域など、濫設防止という観点からすればストップがかかってもおかしくない設置計画が次々と申請されたが、文部省はそれらに粛々と認可を与えている。海後宗臣が「義務教育年限延長と、青年学校教育義務制の二つが十九歳までの青年を如何に学校へ学校へとかりたてていることか」(45)と述べたように、中等教育熱は高まる一方であり、設置抑制の唯一の理由であった保健問題は総力戦体制下にあって二の次にされていたのだから当然のことであろう。

この時期の夜間中学設置数の急増からは、これまでにない二つの特徴がみてとれる。

第一に、従来は青年教育・企業内教育が果たしていた機能の一部を夜間中学が担うようになったことである。それが特に顕著だったのは産炭地・工業地帯を抱える福岡県であった。表2に示すように、福岡県では一九四三年度から既設の公立夜間中学(専検指定学校)八校を中学校夜間課程に移行させたのに加え、一挙に七校を新設した。東京・大阪といった大都市ならいざ知らず、地方にしては相当な稠密さである。ここまで丹念に夜間中学の整備を推進する理由は、一九四三年提出の設置認可申請書類に次のようにある。

「本件認可ヲ必要トスル理由

イ．夜間中学校ヲ設置セントスル地方ハ北九州ノ重工業地帯ニシテ多数ノ軍需工場、諸会社又ハ炭坑等アリ、之等各職場ノ事務ニ従事スル勤労青少年ニシテ夜間ニ於テ高等普通教育ヲ授ケント希望スル者極メテ多ク、

表2　1943年における福岡県内の公立夜間中学校

設置	地　域	改組前の名称	位置（附設先）	改組後の名称
1923	福　岡 ①	福岡県博多中学	福岡市（福岡県福岡中学校）	福岡県博多中学校
1933	北九州①	福岡県北筑中学	八幡市（福岡県八幡中学校）	福岡県北筑中学校
1935	筑　後 ①	福岡県大牟田中学	大牟田市（市立大牟田商業学校）	福岡県大牟田中学校
1937	筑　後 ②	福岡県久留米中学	久留米市（福岡県立中学明善校）	福岡県久留米中学校
1940	筑　豊 ①	福岡県飯塚中学	飯塚市（福岡県嘉穂中学校）	福岡県飯塚中学校
1940	北九州②	小倉夜間中学	小倉市（市立小倉商業学校）	小倉北豊中学校
1942	福　岡 ②	福岡県玄洋中学	福岡市（福岡県中学修猷館）	福岡県玄洋中学校
1942	北九州③	福岡県関門中学	門司市（福岡県門司中学校）	福岡県関門中学校
1943	北九州④	（新設校）	小倉市（福岡県小倉中学校）	福岡県企救中学校
1943	北九州⑤	（新設校）	戸畑市（福岡県戸畑中学校）	福岡県天籟中学校
1943	北九州⑥	（新設校）	若松市（福岡県若松中学校）	福岡県洞海中学校
1943	福　岡 ③	（新設校）	福岡市（福岡県筑紫中学校）	福岡県三宅中学校
1943	筑　豊 ②	（新設校）	直方市（福岡県鞍手中学校）	福岡県直方中学校
1943	筑　豊 ③	（新設校）	田川市（福岡県田川中学校）	福岡県英彦中学校
1943	筑　後 ③	（新設校）	朝倉郡（福岡県朝倉中学校）	福岡県甘木中学校

「地域」は，福岡・北九州・筑豊・筑後の各地区ごとに何校目にあたるかを丸数字で表記。
名称の「福岡県」は福岡県立の意。博多中の設置年は私立としてのもので，県立移管は1932年。なお，小倉北豊中学校は小倉市立。

而カモ之等向学心ニ燃エル青少年中ニハ素質優秀ナルモノ少カラザルモノアルノ実情ニ鑑ミカヽル青少年ニ対シ夜間ニ於テ授業ヲ行フ就学機関トシテ夜間中学校ヲ設置セントスルモノニシテ本県下ノ特殊事情ヲ考慮シ止ムヲ得ザルモノトシテ本案ノ通処理スルコトニ致度

ロ・前記各工場及会社等ノ当事者ヨリカヽル勤労青少年ノ教育施設トシテ夜間中学校ノ設置ヲ要望シ之ガ施設（主トシテ給食施設）ニ要スル資材ノ提供又ハ金銭ノ寄付申出ノアルコト

ハ・夜間中学校卒業者ハ卒業後引続キ当該工場会社等ニ勤務スルモノトシ上級学校等ニ進学スルコトハ極力抑制スルコトニ当事者間ニ連絡ヲトラシムルコトニ打合セ済ニシテ之等措置ニ付テハ遺憾ナキヲ期シ居ルコト[46]」

これら新設校の主要な入学者として想定されているのは、夜間中学生の伝統的な職業である給仕・小僧・書生などではなく、従来は企業内教育機関――それは同時に青年学校でもある――で学んでいた工員・坑夫である。しかも彼らを雇用する企業群は夜間中学新設にかかる資材・資金を提供するうえ、卒業後は中卒者として待遇改善のうえ雇用継続をはかるという。当時の入学者の回想からは、進学あるいは職業に関する資格を得るために中等教育なかんずく中学校教育を求めていたことが読みとれる。

「貧しい故に進学することが出来ず、就職の道を撰ぶしかなかった少年達にとって、人生にともされた大きな希望の明りでした。〔中略〕国鉄の制服、陸軍造兵廠の工員服、詰めえり服や菜っ葉服と種々雑多な服装。〔中略〕夜道を帰るときの語らいは、「卒業して大学へ行こう。早稲田、中央、日大、法政、関西等々二部制をひく大学は東京・関西だ。転勤させてもらって行こう」などと熱をあげたものです(47)」

「私は第二次大戦の煽りを受けて昭和十八年五月、八幡製鉄所に入社、技術研究所に所属し、実験工(工員)として働くことになった。そこには夜間中学校へ通う者が多く、卒業すれば職員の登用試験受験の受験資格が得られると聞いた。当時、職員は工員の羨望の的であり、仕事上からも高小卒以上の知識の必要性を感受していた。しかし、当時の情勢、特に兵役を考えると、今更夜学かと随分悩み戸惑った。結局、夜間中学校へ行く決心をした(48)」

「第一回入学生二学級一〇二名の年齢は十四才から二十四才までと幅広く、そのほとんどは軍需工場に勤めており、無職者は私を含めて三〜四名であったが、みんな職場や地域の青年学校教育に飽き足らず、向学心に燃えた者ばかりであった(49)」

彼らは国鉄・軍工廠・製鉄所など大規模な国家機関・国策企業で労働に従事している。そうした職場はいかなる場合であっても要員不足など許されないため、一般企業よりも良好な待遇を用意して――教育面でいえば多様な部内教育機関で学力補習・技能教習を受けられることで――人気を博してきた歴史がある。そうした職場でも労働者の間に夜間中学への進学熱が高まり、国策企業がその新設を直接支援するのである。この時期、施設・教育内容・特典に劣る部内教育機関は急速に魅力を失い、勤務の傍ら、中等学歴を獲得できることを謳い文句にしなければ労働力払底を乗り越えられないという危機感が生じていたことがうかがえる。

第二に、文部省・地方庁のいずれもが、夜間中学に二部教授の役割をも期待するようになったことである。中等教育要求の高まりを受け、学校新設のための資金難・資材難の狭間で、文部省も一九四〇年頃から中学校における二部教授を検討していたが[50]、これをなし崩し的に現実化した。例えば、広島県は四四年二月二九日付の教第二二九四号で、広島県立広島第三中学校(県立広島第一中学校附設)設置を認可申請したが、その書類には次のようにある。

「最近広島市及付近町村ノ人口膨張並ニ向学心ノ高揚ニ伴ヒ入学志願者著シク増加シタリ然ルニ資材ハ校舎ヲ新築シテ学校ヲ増設スルコト困難ナル状況ナルガ故ニ在来ノ校舎及設備ヲ利用シテ夜間ニ於テ授業ヲ行フコト、シ以テ地方ノ要望ニ副ハントスルモノナリ、依テ広島県立広島第一中学校ノ校舎並ニ設備ヲ使用シ広島第三中学校ヲ設置セントスルモノナリ[51]」

本来は昼間授業の中学校を増設すべきだが、資材調達がままならないので中学校夜間課程をというのは、かつて文部省が断固認めなかった二部教授論の理屈そのままである。従来であれば即座に却下したと思われるこうした申請書に対しても、文部省は粛々と設置認可を与えている。もはや中等教育熱の高まりは無視できず、さりとて学校新設の負担には耐えられず、苦肉の策としてとったのが夜間中学の拡大であった。もちろん二部教授の意味合いでの夜間中学設置を奨励するような通牒は出していないが、そうした内容の申請書で認可を受けた事例は数多いから、文部省と地方庁との間には「阿吽の呼吸」があったに違いない。

ところで、そうした事例では、新たに夜学生を迎える中学校の側の空気は冷たかった。これまで夜間中学を附設しないできた中学校に、地方庁が定員増という大義名分をもとに夜間中学設置を押しつけるということは、中学校教育を受けるだけの学力なしとして入学試験で不合格にした者を入学させることになるのだから。右に挙げた広島三中の関係者は、次のように回想する。

「その頃の広島市内では、公立夜間中学は僅かに私立として二校門戸を開いている状況であった。殊に二百数十年の伝統と歴史を誇る藩校修道館が、修道学校の名の下に独立経営されている外は二、三名の私学がその施設を併置している有様で、県立学校としての登場は、全く広島市に関する限り想像されなかった時代である。その頃の「苦学生」は社会的にも、人間的にも全く惨めな待遇と存在に甘んじなければならなかった。社会一般の低級な批判は、定時制教育の確立されつつある今日では想像もされない立場に置かれていた。そして、それはそれなりに理由のない事ではなかった。その頃の盛り場、「新天地」の人混みの中を、風呂敷包みを小脇に抱えて漫歩するサボ学生が、大半は夜学生で占められて居たから。伝統と歴史を誇る広島一中のユーカリ樹の学び舎に産ぶ声をあげた広島夜間中学の創設の頃は、内外の注目と批判の的でもあった。「伝統の学園を不良の養成所にするな」…良きにつけ、悪しきにつけ、こんな言葉が交される[52]」

「当時の一中の職員室の空気は、何だか冷いものがあり、(中略)夜学など開くことに何の関心も示さぬ先生が大部分、中にはよけいなものが出来て、風紀を乱し、将来一中の面汚しになるのではないかと案じて下さる人々もあった。私はひそかに期していた。それは今にみて見よ、この夜学から昼間の一中生に劣らぬ東大《ママ》合格者を出してやるからと」[53]

従来と異なる「何だか冷い」空気は、現場の学校長・教員のなかで夜間中学を附設しようという機運が盛り上がって設置に漕ぎ着けたのではなく、地方庁の指示で設置を余儀なくされたことを如実に物語る。おそらくは授業・行事などをとりおこなううえで協力を得にくいとか、昼間中学生の夜間中学生に対する蔑視といった問題も、既存の学校以上にあったものと推測される。その意味では、夜間中学設置数は急増したが、従来の夜間中学像とは異なる学校も多かったはずである。

第三節　戦争末期の夜間中学

一　男子軽労働禁止による職業制限

一九四四年四月一日以降、夜間中学生のイメージは全国的に大きく変化した。契機となったのは、前年の四三年六月一八日勅令第五一三号「労務調整令中改正」の第八条二、「必要アリト認ムルトキハ命令ノ定ムル所ニ依リ業種又ハ職種ヲ指定シテ男子従業者ノ雇入、使用、就職及従業ヲ禁止又ハ制限スルコトヲ得」という規定である。これを受けて出された同年九月二三日厚生省告示第五五六号は、該当する職種ならびにその措置を開始する日を、表3のように指定した。

表 3　「労務調整令中改正」によって禁止となった男子軽労働

禁　止　職　種　名		開始
事務補助者	一般事務ノ補助ヲ為ス者ニシテ主トシテ左ノ各号ノ一ニ該当スルモノ 一，文書ノ受付，発送，仕分 二，文書，カード，図書，資料等ノ浄書，透写，複写 三，文書，カード，図面，図書，資料其ノ他之ニ類スルモノノ分類，整理，出納 四，所定ノ方法形式ニ依ル伝票，カード，帳簿等ノ記載 五，所定ノ方法形式ニ依ル伝票，帳簿，諸計表等ノ集計又ハ計算 六，伝票，証票，カード，乗車券，諸計表其ノ他之ニ類スルモノノ照合検査 七，所定ノ方法形式ニ依ル証票，案内書，通知書，請求書，報告書，諸計表等ノ記載	44. 3. 15
現金出納係	現金出納器ニ依リ主トシテ現金ノ計算出納ノ業務ニ従事スル者	44. 1. 15
小使，給仕，受付係	官公署，工場，会社，銀行，学校，病院，事務所等ニ於テ書類ノ運搬，受付，掃除，其ノ他ノ雑務ニ従事スル者	同上
物品販売業ノ店員，売子	売店，売場等ニ於テ客ニ接シ主トシテ商品ヲ販売スル業務ニ従事スル者	同上
行商，呼売	行商，呼売ノ業務ニ従事スル者	同上
外交員，注文取	保険，銀行，商店等ノ外交又ハ注文取ノ業務ニ従事スル者	44. 3. 15
集金人	代金，料金，会費等ノ集金事務ニ従事スル者	同上
電話交換手	電話交換ノ業務ニ従事スル者	44. 1. 15
出改札係	常備乗車券，入場券，其ノ他切符類ノ販売又ハ之ガ改鋏ノ業務ニ主トシテ従事スル者但シ常時荷扱，電信又ハ運転ノ業務ヲ併セ行フ者ヲ除ク	44. 3. 15
車　掌	電車及乗合自動車ノ車掌但シ荷扱車掌及高速度電車ノ後部車掌ヲ除ク	44. 5. 15
踏切手	鉄道軌道ニ於ケル踏切ノ看守但シ市街地ニ於ケル交通頻繁ナル踏切ノ看守ヲ除ク	同上
昇降機運転係	建築物中ニ備付ケラレタル昇降機ニシテ専ラ人ノ昇降ノ用ニ供セラルルモノノ運転ノ業務ニ従事スル者	44. 1. 15
番頭，客引	旅館，料理店，飲食店，貸席業等ニ於テ客ノ接待，客引其ノ他ノ雑務ニ従事スル者	同上
給仕人	旅館，料理店，飲食店等ニ於テ客ノ料理食事ノ給仕其ノ他ノ雑務ニ従事スル者	同上
料理人	旅館，料理店，飲食店，工場，会社，病院等ニ於テ飲食料品，嗜好品等ノ調理料理ノ業務ニ従事スル者	44. 3. 15
理髪師，髪結，美容師	男女ノ理髪，髪結，美容ノ業務ニ従事スル者	同上
携帯品預り係，案内係，下足番	百貨店，劇場，料理店等ニ於ケル携帯品預り係，案内係，下足番	44. 1. 15

厚生省告示第 556 号より作成。適用範囲はいずれも 14～40 歳未満の男子で，海上勤務者は除く。

表4　文部省による夜間中学生徒職業調査(1928 年 9 月 18 日)

職業＼学校	東京三中夜学校	東京六中夜学校	開成中等学校	麻布中等夜学校	海城学校	合　計	百分比
給　仕	77	139	172	78	37	503	28.1
家事手伝	119	23	86	19	44	291	16.2
書　生	13	56	108	52	10	239	13.3
店　員	34	99	74	25	5	237	13.2
職　工	54	35	19	21	10	139	7.8
官公署等雇	9	—	114	14	—	137	7.6
無　職	34	—	40	12	8	94	5.2
通信社事務員	20	25	—	—	2	47	2.6
会社員	—	7	25	10	—	42	2.3
農　業	—	26	—	2	—	28	1.6
僧　侶	—	2	4	5	—	11	0.6
病院書記	6	—	—	3	1	10	0.6
軍　人	—	—	1	1	2	4	0.2
牛乳配達	—	—	—	3	—	3	0.2
新聞配達	—	—	—	2	—	2	0.1
高等小学校在学	—	—	—	2	—	2	0.1
労働者	—	—	—	2	—	2	0.1
絵ビラ師	—	—	—	1	—	1	0.1
納豆売	—	1	—	—	—	1	0.1
合　計	366	413	643	252	119	1,793	100.0

国立公文書館蔵「認定指定総規」の綴じ込み資料をもとに作成。

「男子軽労働禁止」と称されるこの措置は、夜間中学生を直撃した。若干時代は遡るが、夜間中学公認問題の対応が迫られていた一九二八年九月一八日に文部省が実施した在京の夜間中学の生徒の職業は、表4のようであった。給仕・家事手伝・書生・店員と上位四種がいずれも禁止職種であり、これだけで七割を超過する。地方都市に設置されている夜間中学の場合でも、農業が上位に入ってくる以外は同様の傾向である。例えば、福岡県大牟田夜間中学(市立大牟田商業学校附設)の場合、一九三九年四月二一日付の調査で生徒一七八名中、会社従業員五二、農業四四、商業三八、工業八、会社員八、官公吏三、教員三、僧侶二、神官一、店員一、無職一八である。(54) おそらく会社従業員・商業はほとんどが禁止職種であろう。また、一九四一年発行のある受験案内書でも、苦学希望者は「理想的に云へば、最も収入の多い、而して時間の余裕のある、比較的骨の折れ無い職業」に就くべきであり、具体的には書生、銀行・会社・商会等の事務員、諸官庁役所雇員、給仕、店員、郵便局員、外交員・外務員、筆耕、家庭教師、学校教員、巡査がよいとしているが[55]、その多くが禁止職種に指定された。この結果、全国的に夜間中学生の多くが「重労働」への転職を余儀なくされることとなり、退学を余儀なくされる生徒は各校で続出した。男子軽労働禁止は、夜間中学生の生活を根底から覆す大事件となったのである。

とりわけ昭和中学校（庁立札幌第一中学校附設）の場合、事態は深刻であった。同校の入学試験は北海道庁給仕の採用試験を兼ねており、生徒は入学と同時に日給月給制の給仕としての勤務に就く。一〜二年生の仕事は掃除・お茶汲み・書類配達などの雑用ばかりだが、三年生に進級すると同時に、事務系は「写字生」、技術系は「写図生」と称されるようになり、雑用ではなく書類・図面作成の補助的な仕事に就くようになる。待遇は、入学時の初任給が月額約二一円で、以後六ヶ月ごとに日給五銭以上昇給するほか、賞与もある。また、給与とは別に、授業料の半額分にあたる月額一円を毎月支給するほか、毎年洋服一着の現物支給ならびに靴代五円の支給があった。さらに卒業すれば全員が無試験で北海道庁雇員に採用となる[56]。全国の夜間中学に類例をみない厚遇ぶりであった。

当時の昭和中学の内情は、在校生であった高橋揆一郎『少年給仕』に詳しい[57]。同書は昭和中学を舞台にした自伝風の小説であるが、校内で起きたことの経過は正確に描出されているという[58]。この記述を中心に、夜間中学における男子軽労働禁止の実相を追ってみよう。

まず、不吉な風説が流れ出したのが一九四三年秋のことである。

「近ごろ妙な噂がしきりである。昭和中学が廃校になるかも知れないというのだ。この時局下、男子給仕の使役はまかりならぬという達しがその筋から出されそうだといういかにもありそうな話である[59]」

この日はアッツ島玉砕の慰霊祭の日だったというから、一九四三年九月一二日である。昭和中学生は全員が給仕であるため、男子給仕を禁止するなら廃校は必至ということで生まれた風説だと考えられる。

「十月に入り官庁の土曜半ドンが廃止になった。それにつれて土曜日午後の昭和中学の教練もなくなった。教練は好きではないが教練のない中学校なんてあるものか。〔中略〕つぎの土曜日もやはり教練がない。そしてその夜噂が現実となった。〔中略〕道庁会計課長の宣告であった。「あらためていうまでもないが、いまや心身共に健全な少年たちが便々と茶を汲み書類を運ぶ時代ではなくなった。国の大方針によって道庁給仕職は本年度を以て廃止となる。諸君の身の振り方については順次相談に乗ることになるが、国は諸君の旺盛なる体力を必要としているのである。そこのところを心しておくように」。教室に戻ってみなひそひそ話になった。給仕をなくすわけだから噂されるように昭和中学も消えるはずだが、会計課長は学校の存廃には言及しなかった[60]」

「道庁会計課長」とあるが、学校長のことである(兼任)。学校の存廃に言及しなかったのは、いくら入学試験が北海道庁給仕の採用試験を兼ねているとはいえ、双方の身分は直接関係しないためである。男子給仕の解雇は必至とはいえ、それによって昭和中学校を廃校とするのは文部省が許可するまい。北海道庁は同校の今後をどうするかについて方針を打ち出せなかったと推測される。

「十月も中旬に入った。（中略）ついに教練の坂本大尉から駄目押しの宣告が出た。勤務中の午後三時、全給仕が食堂前の会議室に集められた。教練が正課からはずされてもうずいぶんたったせいか、壇上にあがった大尉はその風貌に似ず感傷的であった。発言の前に給仕たちを見渡す表情が沈鬱である。そして昭和中学閉鎖を明言した。「本校創立以来六年あまり、わしは給仕諸君の甲斐々々しき働きぶりをつぶさに見てわが子のごとくに思っておった。みな優秀であった。勤勉であった。かつまた夜は勉学に励み月影を踏んで帰る。堅固なる意志なくして容易に貫徹できるわざではない」といって寸時絶句した。三期生までは試験を受けて属官待遇になった者もいる。あるいは他に転じてひとかどの働きをしている者もいる。男子給仕就業禁止令によってわずか七期生をもって閉鎖となるに当たり自分としては断腸の思いであるが、これも聖戦完遂のため余儀ない処置である。これからはみなそれぞれの道を選んでゆくことになるけれども、なお学業の方は結論が出るまで望みを捨てずに精進してほしいという趣旨だ(61)」

一〇月下旬には休止状態だった教練が復活する。廃校とする場合、生徒は他の中学校に編入学させねばならないが、その際、規定通りに学科・教練等を課していなければ不利益につながりかねないためにとった措置だと考えられる。

「役所の土曜日半ドン廃止につれて停止中だった教練は何と日曜日に復活することになった。教官は「これからは月々火水木金々だ。第一線の兵隊にくらべりゃあままごとのようなものだ」といって張り切っている。十月も末近い肌寒い日曜日、復活第一課は大通公園を練兵場にして距離目測の訓練である。公園は一丁ごとに一区画だから目測は簡単だし内容も面白かったけれど気温がさがってみな震えながらだった(62)」

これが一一月に入ると風向きが変わってくる。同月二三日付『北海道新聞』は「道庁の男子給仕さん代替／昭和中学廃校」と題した記事を掲載、初めて昭和中学の廃校問題に触れた。記事によれば「在校生徒の卒業をまって廃校することになった」という。

やがて一二月には、庁立札幌二中夜間部との統合が噂されるようになる。

「またひとつ噂が流れている。昭和中学は廃校になるけれども来春卒業の四年生は別として三年生以下の在学生は、札幌にあるもうひとつの夜間中学にそっくり編入させるという話だ。昭和中学が南の第一中学校の校舎を借りているなら、札幌夜間中学校は西の第二中学校を借りているのである。札夜中と呼ばれるこの学校は昭和中学のように生徒の年齢が一定でなく、社会人を多く含み北大進学者も出しているいわばおとなの学校である。そこへの一括編入が本当ならばさしあたり仙吉たちは職業と学業のうちのひとつが解決するわけだ。今は噂のうちだけれど道庁というお上の力や温情を窺わせるこんな重大なことが根も葉もない噂として流れるものだろうか(63)」

年が明けて一九四四年二月二四日、噂通りの統合が決定した(64)。

「三時間めには全校生徒が集められ、校長自ら正式に昭和十九年三月末日を以て昭和中学は廃校にすると発表したのである。生徒のざわめきを制し、校長は但し四月からは札幌夜間中学に全員編入が決定したとこれまた正式に二の矢を放ったのだった。現在の一年生は札幌第二中学校に校舎を移して札幌夜間中学の二年生に編入。二年生と三年生はそれぞれ同四年生と五年生に編入し校舎は引続きこの第一中学校を使用し、これを札夜中分校とするというものだった[65]」

北海道庁給仕は一学年一五〇名いたが、三月末日で写字生・写図生に採用された者を除き一四〇名が退職を余儀なくされた[66]。給仕は禁止職種だが研究機関の補助員なら可ということで、北海道帝国大学などに職を求めた者もいたが[67]、多くは慣れない肉体労働に就いた[68]。なかには職を失って退学、帰郷する者も少なくなかった。退学者の数字やその後の動向は正確にはわからない。

昭和中学校は三月二五日に廃止認可を受け、同月末限りで廃止となったが、実態としては庁立札幌二中の昭中分教場としてさらに一年間存続した。学校儀式の際には二中に出向くが、それ以外の授業・教練等は引き続き分教場で行った[69]。なお、経営母体の財団法人給仕教育資産は、北海道庁が女子給仕を採用するようになったのにあわせて北海道庁女子青年学校を経営することになった[70]。

翌一九四五年三月、昭中分教場は卒業生六一名(繰り上げ卒業の三年生を含む)を出したのを最後に閉鎖され[71]、残る三年生は庁立札幌二中夜間部へ編入となった。運命に翻弄された形の高橋揆一郎は、同窓会の記念誌に寄せた長文の最後を次のように締めくくっている。

「夜中編入後のことは語る気がしない。ここでの二年間は徹底して怠けていた。向学心のかけらもなかった[72]」

二　各種学校整理による中学校改組・専検指定の増加

中等学校令施行後も、文部省の方針に反して非専検指定の各種学校のまま経営を維持する夜間中学は多数存在した。しかし、一九四三年一〇月一二日に「教育ニ関スル戦時非常措置方策」が閣議決定され、学校教育の抑制がはかられたことで事態は急転する。

教育ニ関スル戦時非常措置方策

第二　措置

一、学校教育ノ全般ニ亘リ決戦下ニ対処スベキ行学一体ノ本義ニ徹シ教育内容ノ徹底的刷新ト能率化トヲ図リ国防訓練ノ強化、勤労動員ノ積極且ツ徹底的実施ノ為学校ニ関シ左ノ措置ヲ講ズ

(三)　中等学校

(イ)　昭和十九年三月ヨリ四学年修了者ニモ上級学校入学ノ資格ヲ付与シ昭和二十年三月ヨリ中等学校四年制施行期ヲ繰上ゲ実施ス

(ロ)　昭和十九年度ニ於ケル中学校及高等女学校ノ入学定員ハ全国ヲ通ジ概ネ前年度ノ入学定員ヲ超エシメズ工業学校、農業学校、女子商業学校ハ之ヲ縮小ス

(ハ)　男子商業学校ニ於テハ昭和十九年度ニ於テ工業学校、農業学校、女子商業学校ニ転換スルモノヲ除キ之ヲ整理縮小ス

(六)　各種学校

（イ）男子ニ付テハ専検指定学校及特ニ指定スルモノノ外之ヲ整理ス
三、教育実践ノ一環トシテ学徒ノ戦時勤労動員ヲ高度ニ強化シ在学期間中一年ニ付概ネ三分ノ一相当期間ニ於テ之ヲ実施ス
四、在学中徴集セラレタル者ノ卒業資格付与ニ付テハ特別ノ取扱ヲ考慮ス
五、在学中徴集セラレタル者ノ復学ニ付テハ特別ノ便宜ヲ図ルト共ニ統合整理セラレタル学校ノ旧在学者アル場合ニハ臨時ニ必要ナル施設ヲ講ズ
六、学校ノ統合整理ニ伴フ教職員ノ措置ニ関シテハ総合的ニ之ガ再配置ヲ図リ転換スル学校其ノ他必要ナル部面ノ所要ニ充当シ特ニ大学、専門学校教職員ニ付テハ可及的其ノ研究ヲ継続シ得ル如ク措置ス
七、本要綱実施ノ為必要アルトキハ学校及学科ノ廃止、定員ノ減少、学校ノ移転等ヲ命ジ得ル如ク法制上必要ナル措置ヲ講ズ
八、学校ノ整理、転換、移転等ヲ命ジタル場合又ハ本要綱実施上特別ノ必要アル場合ハ政府ニ於テ之ガ補助其ノ他必要ナル方途ヲ講ズ（以下略）(73)

夜間中学にとって重要なポイントは三点ある。

第一に、中等学校令施行前の専検指定学校時代に入学した生徒についても、在学期間を一年短縮するということである。しかも一学年ぶんの生徒数が減少するからといって、入学定員を増加させて経営の安定をはかるのは許さないのである。授業料収入に経営を依存する私立夜間中学にとっては、大きな痛手であった。

第二に、専検指定を受けない私立各種学校にとどまっていれば「整理」、すなわち廃校を余儀なくされるということである。この閣議決定を受けた文部省は、「未ダ財団法人ノ認可ヲ受ケ居ラザル夜間中等学校ハ存続ヲ欲

表5　中等学校令施行時に非専検指定の私立各種学校であった夜間中学

設置	学　校　名	附設先学校名	1943〜45年の動向
1926	樺太教育会附属豊原夜間中等学校	★庁立豊原中学校	継続(ソ連軍侵攻のため廃校)
1921	☆札幌遠友夜学校	—	廃校
1923	釧路商業中等学校	★庁立釧路中学校	★釧路市立中学校に移行
1935	帯広中等夜学校	★庁立帯広中学校	廃校
1941	潮陵中学	★庁立小樽中学校	☆潮陵中学校に移行
1942	☆東北学院第二中学部	☆東北学院中学校	☆東北学院第二中学校に移行
1940	厩城中学	★県立前橋中学校	☆厩城中学校に移行
1941	伊勢崎夜間中学	★県立佐波農学校	★伊勢崎市立伊勢崎中学校に移行
1923	豊山第二中学	☆豊山中学校	☆豊山第二中学校に移行
1941	☆明治大学附属明治第二中学	☆明治大学附属明治中学校	☆明治大学附属明治第二中学校に移行
1940	☆日本体育会荏原第二中学	☆日本体育会荏原中学校	☆日本体育会荏原第二中学校に移行
1941	☆青山学院第二中学部	☆青山学院中学部	専検指定
1941	堀之内夜間中学	☆立正高等女学校	☆堀之内中学校に移行
1941	杉並夜間中学	☆杉並中学校	☆杉並中学校(第二部)に移行
1941	☆正則学園中学	☆正則商業学校	☆正則学園中学校に移行
1941	正則第二中学	☆正則中学校	☆正則第二中学校に移行
1942	城西学園第二中学	☆城西学園中学校	☆城西学園第二中学校に移行
1940	☆川崎弘道中学	★県立川崎中学校	専検指定
1923	長岡夜間中等学校	—	継続(戦災で焼失して廃校)
1901	広島中学	☆山陽中学校	継続(戦災で焼失して廃校)
1919	鴻城実践中学	☆鴻城中学校	廃校
1924	大分中等夜間学校	—	継続(戦災で焼失して廃校)

「設置」は開校(または中等部設置)年度。「附設先学校名」が「—」表記の学校は単独設置。
学校名に★を付したものは官公立，☆を付したものは財団法人による私立，無印はそれ以外の私立。

セザルヤノ方針デアリ」、未指定校の存在意義には「大ナル疑問」があるとの見解を示した[74]。非専検指定学校は中学校設置あるいは青年学校認定に向けて動かなければ、長期的存続は望み得ないことになった。

第三に、中学校夜間課程であっても定員を現状維持もしくは縮小させることである。文部省はこれを実現するため、専検指定を求めて財団法人を新規設立する場合の基本財産額を「三万円以上」から「十万円以上」へ引き上げるという荒療治を行った[75]。

表5は、中等学校令が施行された一九四三年四月一日の時点で、非専検指定の私立各種学校として経営されていた夜間中学が、四五年にかけてどのような変化を遂げたかを示したものである。約半数は附設先の中学校を経営す

る財団法人などに移管して、正規の私立中学校への移行を果たした。

問題は新規の申請の場合である。公立移管か、一〇万円の基本財産を造成して財団法人を組織しなければ「不要不急」の学校として授業停止命令が出されることになる。この危機を乗り越えて中学校設置に漕ぎ着けた学校は、群馬県・北海道の三校だけであった。

群馬県の場合、各夜間中学とも校舎・講師を県立中等学校に依存していたものの、県が夜間中学設置に消極的なため県立移管は望むべくもなかった。厩城中学は、設置にあたっても中心的な役割を果たした石川薫(群馬県内務部社会課長)・佐藤思良(弁護士)らが寄付金集めに奔走、財界関係者の協力を得て一〇万円を調達し、財団法人厩城中学校を設立した。(76) 伊勢崎夜間中学は、寄付金・授業料で不足するぶんを負担していた板垣清平(伊勢崎航空工業㈱社長)らが運動した結果、伊勢崎市への移管を果たした。(77) この結果、両校とも一九四四年三月三一日付で中学校(私立厩城中学校・伊勢崎市立伊勢崎中学校)の設置認可を受け、続いて四月二四日付で在校生を継承する各種学校(私立厩城中学・私立伊勢崎夜間中学)の専検指定を受けた。厩城中学の中心人物である佐藤思良は、手続きの困難さを次のように回想している。

「戦時中のため、技術学校は認可するが普通学校は許さないという当時の東条内閣の閣議決定であるというので、今でいう座り込みをして、戦時中であり技術教育が必要であればあるほど高等普通教育が必要であることを主張した。そこで、とうとう文部省も折れて係官の現地視察となった。(中略)専門学校入学者検定規程の適用ある学校となるためには文部省に金十万円を必要とするので、石川課長に御努力を願い調達してもらって、ようやく、生徒諸君の期待通り上級進学できる資格を獲得することができた(78)」

もう一校、北海道の潮陵中学の場合、交渉の末、暫定的に基本財産五万円の財団法人で中学校設置の認可を受けるという異例の展開をたどった[79]。同校は庁立小樽中学校の教諭近藤清吉が主唱し、同校同窓会が財政援助を行うことで、一九四一年三月に私立各種学校として開校した。一九二〇年代とは異なり、庁立中学校を借用するということ以外に北海道庁は援助を行わなかった。のみならず、文部省の意向を体して、財団法人の新規設立にすらいい顔をしなかった。このため潮陵中主事となった近藤は、何度も上京して担当官と交渉した結果、庁立小樽中の同窓生から寄付を受けた土地（評価額三万円）・公債一万円に加え、あと一万円を追加できれば財団法人の設立を認可するとの確約を引き出した。同校では一九四二年から所有地に植林を進めており、三〇年後の完成時点で二〇万円を超えるという説明を文部省側が承諾したのである。同窓会は寄付募集を行って条件を満たし、四四年五月二三日付で財団法人潮陵中学校財団の設置認可を受け、同年八月三一日には既存の潮陵中学が専検指定を受けた。近藤は、その過程を以下のように回想している。

「文部省は財団法人学校の不認可方針を打ち出そうとしている形勢に際会し、北海道庁は之が文書の受理を好まぬのである。私は意を決して直接文部省に交渉することとした。昭和十九年三月三十一日同省中等教育課に出頭した。係官中村吉郎氏である。果して文部省の態度は強硬であった。私もしかし強硬である。〝この認可が得られなければ津軽海峡を渡ることができない〟と。やがて中村氏は折れた。財産一〇万円を限界とするからと譲歩されたが、それは不可能なことである。山林の価値は三〇年後数十万円に達するのである、目前の額にとらわれる必要はないであろうと主張した。遂に中村氏は〝それではもう一万円現金を加せばよろしい〟と大譲歩された[80]」

このように新規の財団法人設立は困難を極めた。しかし、実際のところ、夜間中学の場合、非専検指定学校であっても整理はあくまでも可能性にとどまり、地方庁から廃校指令が出されることはなかった。一九四四年度に入る段階で廃校となったのは、「戦時非常措置方策」とは直接関係しない理由で自ら授業継続を放棄した三校だけであった。具体的には、札幌遠友夜学校は教師（すべて北海道帝国大学生）の学徒動員により授業継続困難、(81)帯広中等夜学校は生徒減により休校中、(82)鴻城実践中学は経営上の都合で生徒を鴻城中学校（昼間授業）に移管(83)ということで、いずれも昼間授業の各種学校にとられたような強制措置の発動の結果ではない。(84)もちろん、中学校への改組あるいは廃校への圧力がかかっていたことは想像に難くないが、一般の各種学校においては勤労動員の強化、修業年限の短縮、軍学校への進学勧奨などが徹底されるなかで、夜間中学は半ば放任という状態が続いたのである。

三　陸軍幹部候補生資格の付与

一九三七年二月に陸軍省は、夜間学校へ現役将校配属を行うことを前提とした調査を実施したが、状勢の変動に伴って実施をみなかったことは既に述べた。

ところが一九四三年に入ると、各地の師団・連隊区で再度の夜間学校調査を実施するようになる。仙台師団の新発田連隊区（新潟県）の場合、同年一月に県立加茂農林学校の配属将校を近隣の夜間中学である加茂朝学校（専検指定学校／単独設置）に派遣して調査させた。同校では色めき立ち、三月四日に開催した財団法人大昌寺教学財団の理事会で「加茂朝学校配属将校申請ノ件」を議決している。(85)

さらに一一月には、東京師団が大規模な学校調査を実施した。一一月八日付で師団参謀長から関係学校長に対して東師兵務第四四一号「陸軍現役将校未配属学校調査ニ関スル件通牒」を発送し、同月末までの提出を求めた。添付された調査用紙には、「教練資材整備ノ状況」「御真影奉戴ノ有無」の記入欄があるのが目を引く。[86]さらに同師団では、都立三中第二部に教練の特別査察を実施したという。[87]

いずれも陸軍省の指示によるものなのか、師団・連隊区の独自の判断で実施したのか、あるいは他にも調査を実施した師団・連隊区があるのかといったことについては、文書・法令による確認がとれない。調査の結果についてどのような議論がなされたのかについても判然としないが、この後、全国の中学校夜間課程ならびに専検指定学校の卒業者に幹部候補生資格を認めたうえ、過去の卒業者にも遡って資格を付与することになったらしい。例えば、五稜中学（専検指定学校／庁立函館中学校附設）を一九四三年三月に卒業した関輝夫は次のように語っている。

「財団法人になり、北海道庁立になってからの卒業生は全部幹部候補生の資格をもっていたということ。僕は満ソ国境にいて知らなかった。学校に配属将校いなければダメだし、氷見谷教官は配属将校ではないからと、満州の現地で受けるようにすすめられた時、資格がないと云って断った。そうしたら、軍隊で学校に照会して間違いなく受けられると返事がきた。それで、軍隊では僕を呼びだして、故意に忌避した兵隊と見なし、反戦主義者としてチェックされた。〔中略〕僕が昭和十八年に卒業する時には、通達されていない。お前らは専門学校入学資格はもらったけれど、残念ながら軍人としてはぐっと落ちちゃう。まあ、しっかり奉公してこいと云われた。夜学の卒業生は戦争の経緯でどうもその資格が後で追認された様ですね」[88]

この回想が事実だとすると、関係諸機関のみに通達した可能性が高いが、それを裏付ける史料は見つからなかった。もしも政策転換を隠蔽する意図があったとすれば、青年学校の教練との関係ということになろう。

一九四三年の段階では、昼間授業の中等学校であっても現役将校――すなわち陸軍士官学校出身者――は配属されておらず、予備役将校――一般に下士官あるいは一年志願兵(幹部候補生)出身者――で代用し、しかも数校を兼務する形で配属するのが一般的であった。つまり、職業軍人の中核である現役将校を学校に配属し、その指導のもとで教練を受けた者にのみ特典を付与するという理念は、既に根底から瓦解していたのである。となれば、幹部候補生の員数不足を乗り切るために、曲がりなりにも中等教育を受けた者であればすべて資格ありとして処遇するのが最善の方法であったはずである。

しかし、それは同時に、中等学校と青年学校との間で指導者の質に差はないにもかかわらず、後者には幹部候補生資格を付与しないという点に問題が移ることを意味する。中等教育を受けていない者にまで幹部候補生の資格を認めるべきか否か、陸軍省には判断がつかなかったのではなかろうか。省令・告示といった正規の発表を経ず、既に入隊した者への周知徹底もなされないまま、ひっそりと導入されたことからは、このような想像が成り立つ。

いずれにせよ夜間中学と昼間授業の中学校を隔てていた格差の一つであった兵役上の特典は、期せずしてなし崩し的に解消した。それは格差是正という積極的な意図に基づく措置ではなく、員数確保という冷厳な要求の前になし崩し的に実施された彌縫策に過ぎなかったと思われる。しかし、それにせよ、また一歩、中学校の概念は拡大され、昼夜の格差が一段と小さくなった点には留意しておきたい。

四　夜間中学に対する学徒動員の実施通達

一九四四年三月、昼間授業の中等学校では通年動員が始まった[89]。文部省では四月一七日に、大臣を本部長、次官を次長とする学徒動員本部を設置した。この際、多くの生徒が昼間職業に従事している夜間中学は動員の対象から除外され、窮屈ながらも授業が実施された。この結果、中学生は所属する課程の別を問わず原則として昼間は全員が働き、終業後は夜間の生徒のみ授業を受けるという奇妙な状況が出現した。

もちろん夜間中学でも、就労状況の激変による生徒の欠席・退学、空襲警報による授業中断、教師の出征や昼間の学徒動員引率による欠講などで、困難を極めながらの授業継続である。それでも授業があること自体が、昼間授業の中等学校の生徒からすれば羨望の対象であった。埼玉県立浦和中学校第二部では、「敗戦ま近い十九年から二十年にかけては、空襲を避けての灯火管制とたび重なる停電のため、週三日授業できれば上等であった。それでも、勤労動員に明け暮れていた昼間部生徒よりはましで、むしろうらやましがられる存在であった[90]」との回想が残る。

羨望は嫉妬へとたやすく変化する。これを避けるべく、各夜間中学ではさまざまな勤労奉仕に積極的に取り組んだ。仙台市立図南中学校(仙台市立商業学校附設)では、学校長が休日に神社境内除草や公園清掃を行うよう指示、生徒も状況を理解して「我等は夜学の生徒として特別の待遇を受けて居るが、此の御同情に甘えることなく」作業に取り組んだ[91]。奈良県正強中学校(単独設置)では「主として出征卒業生の農家へ勤労奉仕作業に出かけ、また、食糧不足を補うために、学習のかたわら、学校の近くの田地を借り受け食糧増産の農事に従事した[92]」。

そのさなかの一九四四年一一月八日、文部省学徒動員本部は、文部省総務局長・厚生省勤労局長・軍需省総動員局長・各地方長官・警視総監・軍需管理部長・鉱山監督局長に宛てて動総第八二号「夜間学校学徒動員ニ伴フ措置要項」を発した。

夜間学校学徒動員ニ伴フ措置要項

一、夜間学校学徒ニシテ左ニ該当スルモノアルトキハ学徒勤労令ニ依リ之ヲ動員ス

（一）昼間終日従事スベキ特定ノ職業ヲ有セザル者

（二）就職者ニシテ其ノ職種ノ内容ニ於テ学徒勤労令施行規則第二条ニ依ル総動員業務ニ転換従事セシムルヲ適当ト認メラルル者

右ノ夜間学校学徒ニシテ昭和十八年九月二十三日厚生省告示第五百五十六号ニ掲ゲラルル労務調整令第八条二ノ規定ニ依ル男子従業者ノ傭入、使用等ヲ禁止セラル職種ニ従事スルモノアルトキハ（一）ニ該当スルモノトシテ動員ス

二、夜間学校ノ運営ニ当リテハ特ニ在学者ニシテ昼間総動員物資ノ生産其ノ他ノ重要業務ニ従事セル者ノ勤労ニ支障ヲ来サザル様留意シ自今左ノ要領ニ依ラシム

（一）夜間学校ノ始業時刻ハ午後七時以降トスルコト

（二）工場事業場ニ出動又ハ就職セル学徒ニシテ残業又ハ深夜就業ノ為学校ニ出席スルコト能ハザル場合ハ出席ト看做シ取扱フコト

此ノ場合ハ工場事業場ノ責任者ノ証明書ヲ呈示セシムルコト

（三）夜間学校ノ授業時数ハ適宜之ヲ縮減シ又ハ一単元ヲ三十分トシテ実施シ得ルコト

（四）夜学校ノ教科、科目ハ出来得ル限リ重点的ニ整理又ハ再編成スルコト

（五）夜間学校学徒ニシテ動員ヲ受ケタル者ノ卒業進級等ニ関シテハ学校ニ於ケル出席日数、学業成績ノミヲ要件トセズ出動先ニ於ケル成績ヲモ併セ勘案シテ之ヲ認定スルコト（93）

これによって、夜間中学にも学徒動員を実施し得ることになった。さらに一一月二一日には、文部省国民教育局長が各地方長官に宛て、発国第六二〇号「夜間中等学校生徒ノ動員並ニ教育ニ関スル件」を発した。

夜間中等学校生徒ノ動員並ニ教育ニ関スル件

一、第一学年ノ動員ハ昼間ノ中等学校低学年ト同一ニ取扱ヒ第二学年以上ノ動員ハ高学年ト同一ニ取扱フコト

二、夜間中等学校学徒ノ動員ハ施設ヲ共用セル昼間中等学校アル場合ハ其ノ動員ニ編入スルヲ得ルコト

三、昼間重要業務ニ従事シ学徒勤労令ニ依ル動員ヲ受ケザル者ニ関スル措置ハ左ノ要領ニ依ル

（一）第一学年ニ在リテハ成ルベク所定ノ授業ヲ受ケシムルヤウ措置スルコト

（二）残業又ハ深夜作業ヲ継続シテ行フ場合ニ在リテモ勤務先ノ休日ハ成ルベク学校ニ出席セシムルコト

（三）勤務先ノ証明書ニヨリ出席ト見做ス場合ニ在リテハ出動状況・勤務成績ヲ勤務先ヨリ定期ニ報告セシメテ成績評定ノ資料トナスコト

四、学徒勤労令ニ依リ動員セラレタル者ニ対スル教育訓練ハ左ニ依リ之ヲ行フコト

（一）第一学年ニ在リテハ成ルベク所定ノ授業ヲ行ヒ得ルヤウ措置スルコト

（二）第二学年以上ニ在リテハ昼間ノ中等学校学徒ト同様ニ取扱フコト

（三）第二学年以上ニ在リテモ昼間勤務ノ場合ハ実情ニ即シテ授業ヲ実施スルニ努ムルコトトシ要スレバ青年学校ノ施設等ヲ活用シテ現地ニ於テ授業ヲ行フコト

五、学校ニ於ケル教育ハ昼間ノ勤労状況等ヲ勘案シ概ネ左ニ依リ実情ニ即シテ実施スルコト

（一）始業時刻ハ午後七時以降トスルモ全学年ニ亘リ必ズシモ一律ニスルヲ要セズ勤務終了時刻及通学ニ

要スル時間等ヲ勘案シ適宜之ヲ定ムルコト

(二) 学徒ノ出席少数ナル場合ニ在リテハ適宜複式授業個人指導ヲ行フ等適切ナル措置ヲ講ズルヲ得ルコト

(三) 学徒勤労令ニ依リ動員セル者ト然ラザル者トニ対スル授業ハ必ズシモ之ヲ一律ニスルヲ要セザルコト

(四) 教育内容ニ付テハ「決戦非常措置要項ニ基ク中等学校教育内容ニ関スル措置要項」ニ依リ重点的ニ要点ヲ課スルコト(94)

夜間中学でも定職を持たない高学年生徒(二・三年生)を動員すること、その際には附設先の昼間学校の動員に編入してもよいこととしたのである。夜間中学も動員からの聖域ではなくなったのである。

それでは、該当する生徒はどのくらいいたのであろうか。この通達とは前後するが、大阪府は一一月四日付で各夜間中学に「夜間中等学校在学生徒ノ動員可能人員調査」の実施を指示した。府立北野中学校附設)では、表6のように回答している。この表から推測すると、一一名の生徒が学徒動員にあったということになろう。だが奇妙なことに、同校の学校記念誌に学徒動員に関する記述はなく、実態は全く不明なのである。昼間授業の中学校の場合、このようなことはあり得ない。学校にとって授業時間に動員を受けるというのは重大事件だし、卒業生が在学中の想い出を文章にする際に書き漏らすはずがない。措置要項が出され、調査まではされたものの、実際には学徒動員は行われなかったと思われる。

実はこうした事例は同校に限らない。実のところ、学校記念誌に学徒動員があったことを記録している夜間中学は、管見の限り表7に示す四校しかないのである。このうち、高知城東中学校は前年の一九四三年度段階で生

表6　「昭和十九年度第三四半期学徒勤労動員給源調（夜間）」

男女別＼種別		在学総数	内訳（勤務先による） 官公署含学校	同作業庁	軍需工場	その他の工場	商業	土木建築	運輸通信	農林水産	無職	その他	動員可能人員	備考
男子	高学年	129	32	3	57	4	11	0	14	4	0	4	11	
	低学年	73	13	5	32	6	0	0	7	4	1	5	13	
	計	202	45	8	89	10	11	0	21	8	1	9	24	

村川行弘編『北野定時制四十年史』（大阪府立北野高等学校定時制課程，1977年，29頁）より。

表7　学徒動員が実施された記録のある夜間中学

県名	学校名	実施時期	実施状況
広島	県立呉第四中学校	1943～	昼間家業に従事している者で実施
高知	県立高知城東中学校	1944. 9～	生徒21名で高知電気冶金会社にて実施
新潟	加茂朝中学校	1944. 12～45. 3	4年生50名で加茂滑空機工場にて実施
山形	県立山形中学校	1945. 4～	無職の生徒を編成して学年交代で実施

出典：広島県呉三津田高等学校編『三津田ヶ丘　創立60周年記念誌』1966年
前田和男編『高知追手前高等学校資料集』第5巻，1993年
加茂暁星学園創立60周年記念事業実行委員会編『暁鐘』1980年
山形県立山形東高等学校校史編纂委員会編『山形東高等学校百年史』1987年

徒総数一五四名であるから(95)、無職あるいは家業に従事している者を選抜したものと思われる。また、加茂朝中学校は当初から期間限定での実施だが、純農村地帯にあり、また曹洞宗禅林を兼ねる同校の場合、冬の農閑期を利用して卒業間近の四年生のみの学徒動員ならば可能だったのだろう。

しかしこれら四校とは逆に、「本校は終戦まで動員されずに済んだ(96)」、「生徒は昼間労働に従事しており、勤労動員は免れた(97)」といった事例が散見されることからすると、動員が皆無か、少なくとも長期間継続して行われる本格的な動員ではなく、せいぜい単発の軽作業を数日間という程度で済んだ学校が相当数を占めた可能性が高い。

そもそも学徒動員は単なる労務の提供ではなく、「教育ノ一環(98)」である。それが詭弁でないことは、学校・学年・学級ごとに隊を組織し、教師が引率して作業に就くことでかろうじて担保されていた。しかし夜間中学の場合、動員可能な生徒はごく少人数であるから、その形は非効率的に過ぎる。附設先の

昼間中等学校の動員に編入してよいといわれても、ごく少数の「異端」を混在させるのは教育的にどうか。夜間中学の学徒動員は技術的に困難な施策であり、満を持して登場させたかにみえる措置要項はほとんど実質的効果を持たなかった。

だが夜学生の学徒動員の困難さなど、最初から予想できることである。うがった見方をすれば、この措置要項は無職の夜学生をしらみつぶしに動員することよりも、国民に国策の徹底を印象づけることに眼目があったとも推察されよう。実際、この措置に関しては「夜学生にも勤労動員[99]」といった報道がなされており、手抜かりなく動員政策を実施しているという印象を広めたことだけは確かなのである。

五　授業停止を免れた夜間中学

一九四五年一月一五日、文部省総務局長は各地方長官に宛て、発総第一号「各種学校刷新ニ関スル件」を発し、各種学校の整理をさらに徹底するよう指示した。

各種学校刷新ニ関スル件

標記ノ件ニ関シテハ曩ニ通牒セル所ニ依リ夫々実施中ノ処ナルモ今般学徒勤労令ノ施行ニ伴ヒ更ニ之ガ強化ヲ図ルノ要アルニ依リ左記方針ニ基キ実施ノ徹底ヲ期セラレ度依命此段及通牒

一、各種学校ノ新設ハ原則トシテ当分ノ内之ヲ認可セザルコト

二、従来徴用除外ノ措置ヲ講ゼラレタル各種学校ハ今後一層指導監督ヲ厳ニシ其ノ内容ヲ充実強化セシムルト共ニ学徒勤労令ニ依リ動員ヲ強化ス

三、従来徴用除外ノ措置ヲ講ゼラレザルモノ（夜学校ヲ含ム）ニシテ未ダ閉鎖又ハ生徒ノ募集停止ノ措置ヲ採ラレザルモノニ対シテハ勧奨ニ依リ極力其ノ実現ヲ期スルモノトス
四、前項ノ措置ニ依リ尚閉鎖又ハ生徒ノ募集停止ノ措置ヲ為サザルモノニ対シテハ国民学校令等戦時特例第七条ニ依ル命令ヲ為スコトヲ得ルモノトス
五、前二項ニ該当スルモノ及従来閉鎖又ハ生徒ノ募集停止ヲ為シタルモノノ現ニ在学スル生徒ニ対シテハ学徒勤労令ニ依ル命令ハ之ヲ為サズシテ左ノ措置ヲ講ズルコト
（イ）男子生徒ニシテ現在徴用中ノモノハ其ノ儘之ヲ継続シ徴用サレザルモノノ中徴用シ得ベキモノハ之ヲ徴用スル如ク措置スルコト
（ロ）〔女子につき省略〕
六、各種学校ニシテ従来ノ勧奨ニ依リ現在生徒募集ヲ停止シ又ハ事実上学校ノ経営ヲ休止中ノモノニ付テハ新ニ生徒募集ヲ認メザルコトトシ之ガ査察ヲ厳ニスルモノトス
（備考）
本方針ニ依リ難キ特殊ノ事情アル場合ハ地方長官ニ於テ文部大臣ニ協議シテ決定スルコト(100)

しかし、この通達も夜間中学にとってほとんど意味を持たなかった。管見の限り、学徒動員も実施されなかったし、樺太・広島・大分では専検指定も青年学校認定も受けない学校が経営を維持したのである。考えてみると、夜間中学は各種学校のなかでも特異な性格を持っている。第一に、昼間授業の中等学校に附設されている学校がほとんどで、廃校にしても校舎転用が不可能なことである。第二に、生徒のほとんどは昼間職業に就いており、「勤労即教育」どころか「勤労及教育」の学校だということである。第三に、そもそも夜間中

学は「社会政策」として広がった学校であり、勤労青少年の思想対策としての効果にも期待が寄せられていたことである。授業継続は夜間中学にとって必然であったのであり、緊急に建物が必要といった非常事態でもない限り、授業停止・整理など実行する予定はなかった（あるいは不可能だった）といえよう。実際、一九四五年三月一八日の閣議決定「決戦教育措置要綱」に盛り込まれた「国民学校初等科ヲ除キ学校ニ於ケル授業ハ昭和二十年四月一日ヨリ昭和二十一年三月三十一日ニ至ル期間原則トシテ之ヲ停止ス」により、四月一日から中等段階以上の学校が一斉に授業停止になり、昼間授業の中学校が在学していれば二一歳まで徴集されないだけの労働の単位と化した後も、ほとんどの夜間中学は授業を継続していた。そして、それは中等学校／専検指定学校／非専検指定学校、あるいは大都市／地方の別を問わなかった。学校記念誌に掲載された回想から、いくつか事例を挙げておく。

・滝川町立中学校（庁立滝川中学校附設）

「昭和二十年四月、滝川町立中学校入学。〔中略〕どんな厳しい世相であっても働らきながら学ぶことのできる学校は当時の私たちにとっては素晴しい教育機関でした」(101)

・青森市立第二中学校（独立校舎）

「当時、普通中学・実業校では授業は事実上実施されていない。独りわが校のみが授業がなされていた。このことが後半、われわれに大きな誇りと自信を与えている」(102)

・山形県立米沢興譲館中学校（夜間部）

「〔授業が継続されたが〕夜間課程の生徒は、当時で言う産業戦線にすでに身をおきながらの勉学であったから、問題はなかった」(103)

「我々は、決して忘れてならない幸わせなことがあった。それは、豊富な授業の時間であった。昼間部の生徒らは、郷里、母校を離れて軍需工場に動員中、殆ど教科からも離れる歳月をおくったものといわれる。しかし我々は、母校々庭で泣き合いながらも終戦を知らされもしたが、卒業まで、大方、夜間授業は受けることができた点で、教師への感謝を忘れてはならない[104]」

・東京都立上野中学校（第二部）

「佐崎重夫〔元同校教諭〕　それから戦争中のことで、是非記録にとどめておいて欲しいのですが、戦争中授業をやったと私が言うと、誰も信用してくれない。しかし実際、一〜二日の停電を除いて毎日授業をやったんですよ。昼間の学生は勤労動員で授業はやらなかったけれど、夜間の学生は一日も休まずに、本当に授業を受けていたんですよ。〔中略〕

今関政徳〔元同校教諭〕　いや停電はなかったんですよ。というのは、私が軍の秘密司令部の地下ケーブルに学校の電源をつないでもらっていたのですよ。だから空襲があっても停電があっても、うちの学校だけは停電しないわけだ。

一同　（感嘆）

今関　私が責任を持つから昼間国策に沿って働く生徒に、夜、勉学の便宜を図ってもらいたいと申し出たら、軍部も受け入れてくれた。空襲で、灯火管制になった時などは、暗幕を窓につけて授業を続けましてね。まあそんなことは、公けに言えませんでしたが、とにかく、うちだけは戦争中も停電ということはないんです。

佐崎　生徒は毎日通っていましたよ[105]」

・昌平中学校（独立校舎）

「激しい戦争の最中に一日も休校せず、蛍の光りを守り続けた[106]」

・東京育英中学校（鉄道省東京鉄道教習所附設）

「昭和二〇・三・一三　空襲のため、校舎・校具全焼

昭和二〇・七・一　昭和鉄道学校の校舎において授業再開[107]」

・加茂朝中学校（独立校舎）

「他の中等学校が根こそぎの動員でほとんど学校としての態をなさないような状態においこまれていたなかで、朝中学校はその特色を発揮しえたのである。昼間は軍需工場などへの動員がありながらも、終業後に登校するために、とにかく授業を停止することはなかった[108]」

・岐阜県岐阜第三中学校（県立岐阜第一中学校附設）

「連日の空襲警報下よく授業を継続してきたが、兼任先生の欠席で二時間授業の日が多かった[109]」

・京都府立二中夜間中学（府立第二中学校附設）

「昼間の中学では兵器工場等軍需工場に動員されたりして碌に勉強していないのに私達はしっかり学問を習って居て、其れも又一つの誇りであった[110]」

・大阪府立市岡第二中学校（府立市岡中学校附設）

「本校の方針として「授業はいついかなる場合でも之を行うから、出来るだけ登校せよ。空襲警報が解除されたときは、必ず授業が行われるものと思え」という厳しいものであった。この通達に対して、生徒は一言の不平不満も言わなかった。いやむしろ学徒としてそれが当然であるべきだ、との面構えで登校してきた。そして、可能な範囲でがむしゃらに勉強した[111]」

・兵庫県立湊川中学校（県立第二神戸中学校附設）

「湊川中学校は夜間のため、生徒は昼間労働に従事しており、勤労動員は免れた。〔中略〕四四年（昭和一九）には昼間からの時間講師も生徒とともに工場に動員され、専任教官も五名に減っていたので、正規の四時間授業はおこなわれず、三時間授業がやっとであった。しかし、終戦の年になると専任教官も一名になってしまい、一日一時間の授業しかおこなわれないようになった(112)」

・松山城南中学校（独立校舎）

「一九四五（昭和二〇）年七月二六日の午後十一時ごろだったが、私はちょうど期末試験も終わり、一安心して道後温泉に行ってのんびりとしていた(113)」

このほか、学校記念誌に一九四五年四月以降の授業の有無をとりたてて記述しない学校も多かった。授業停止となれば大事件であるから、記事・回想に登場しないはずはない。記述がないということは、普通授業あるいは集約授業を実施していたと推定される(114)。

一九四五年四月段階の夜間中学総数は一二三校。三七都道府県および樺太の中心都市ならびにそれに比肩する地方都市では、昼間人気のない中学校舎が夜になると活況を呈する光景が一般化した。この時期の夜間中学で学んだ者にとって、授業を受けられることが大きな喜びとなったのも当然のことである。

このような夜間学校の特別扱い（あるいは放任・無視）は、一九四五年五月二二日勅令第三二〇号「学徒勤労令」が出された後も変わらず、夜間中学は学校教育の灯を守り続けた。既に夏・冬の長期休業は廃されていたから、七〜八月の酷暑のなかでも電球のもとでの中学校教育は継続されたのである。

学徒動員・授業停止が中学校における究極の総力戦体制だとすれば、夜間中学はそこから脱落していたように映る。しかしながら、それを可能にしたのは生徒のほとんどが学徒動員どころか正規の労働力として国策に——

しかもかつてのような軽労働ではなく軍需工場などにおける重労働に――組み込まれたうえで、夜間望んで学習していたことにほかならない。夜間中学生は総力戦体制からの脱落どころか、逆に深く（ないしは過度に）順応した存在であった。それゆえにこそ文部省は容喙できなかったといえる。

ただし、夜間中学でも校舎を失って物理的に授業継続が不可能となる学校は続出した。都立第三・第四中学校は一九四五年三月九～一〇日の東京大空襲で校舎を焼失した。周囲一帯が焼失したため、近隣の学校に間借りして授業というわけにもゆかず、両校の第二部は授業停止を余儀なくされた。飯久保直雄（都立第三中学校第二部教諭）は、次のように回想している。

「昭和二十年三月九日本校は戦禍を受け、事務室と体育館を除き校舎類焼の厄に遭う。〔中略〕学校の界隈も罹災し、生徒も四散、連絡もなかなか困難であったが、学年改まって協議の結果、連絡の目的で、毎週一回土曜日午前九時生徒を一斉に召《ママ》集することになり、四月七日から実施した[115]」

熊本県立中学済々黌は、一九四五年六月二九日に師第一二七四八部隊田口隊（陸軍航空整備兵一五〇〇名）が校舎を接収したため昼間部・夜間部とも授業停止となった。学校日誌には黌長青木幸泊による次の記述が残っている。

「六月二十九日（金）　戦局危急ニ際シ、夜間中学モ県ノ諒解ヲ得、又、雇用主ト相談ノ上、当分授業ヲ停止シタイ[116]」

類似の事例として、大阪府立北野第二中学校(府立北野中学校附設)では集約授業を実施している。一九四五年五月一〇日現在の「大阪府立北野第二中学校要覧」には、「空襲ノ熾烈化ニ依リ従来ノ夜間授業ヲ停止シ第一第二第三第四日曜日ノ四日間昼間ニ於テ七時間(一時限四十五分授業)授業ヲ実施ス」[117]とある。夜間中学ではなく「日曜学校」となったのは、防空あるいは停電対策のための緊急措置だと考えられる。

その後も、七月の大分空襲によって私立大分中等夜間学校(非専検指定/独立校舎)、八月六日の原爆投下によって広島中学(非専検指定/私立山陽中学校附設)、八月九日のソ連軍による侵略で樺太教育会附属豊原夜間中等学校(非専検指定/庁立豊原中学校附設)がこれに続いた。そのほか、徴用や勤務する工場の疎開によって休学・退学を余儀なくされる生徒は無数にいた。その意味では、夜間中学も満身創痍で敗戦を迎えたのである。

おわりに

総力戦体制下においては夜間中学も深刻な影響を受けた。どれほど多くの生徒が学労一如の生活に困難をきたして休学・退学し、また兵役に服して戻らなかったかわからない。しかし、一般社会の「暗い」「息苦しい」空気の学校生活への影響、座学による授業時間の縮減、勤労動員の強化、文系を中心とした上級学校進学の困難化、最終的にとられた授業停止といった定型で語られる一般的な教育の歴史とはその様相が大きく異なっている。そうした昼間授業の中学校を襲った直接的・暴力的な措置は、夜間中学にはほとんどとられなかった。男子軽労働禁止や増産のための労働強化によって生徒の登校が難しくなるとか、空襲・接収によって校舎を失うといった間接的な影響を受けるにとどまった。さらに誤解を恐れずにいえば、総力戦体制の影響を受けながらも夜間中学は制度的に充実し、昼間授業の中学校との格差が次第に消えてゆく結果となったのである。

しかし、だからといって文部省が夜間中学に温情溢れる特別措置をとったのではない。ごく一部とはいえ学徒動員は実施されたのだし、各種学校整理・授業停止を規定した法令に夜間中学を留保する文言はない。中等学校令による中学校としての公認も、管理の徹底が目的だった。生徒への徴用・徴集はもちろん、過重労働にも何ら制限をかけなかった。夜間中学に与えたのは温情ではなく、無視ないしは放置だったというべきであろう。

文部省が夜間中学に容喙しなかったのは、制度史的にみると極めて興味深い話である。再度確認しておけば、その理由の第一は夜間中学の持つ特異性にあった。そもそも夜間中学は一九一〇年代以降、社会政策的な意味で全国に拡大したのであり、官公庁から補助金を受給する学校が多かった。設置形態は中学校附設が一般的だから、廃校させても校舎転用は不可能である。また、生徒の多くは昼間職業に就いているから、学徒動員も困難である。このように特異な状況にある学校を昼間中学校と同じ基準で律するのは技術的に相当な困難を伴う。

そして、より重要な第二の理由は、原理的にいって文部省が「勤労即教育」をスローガンに学徒動員を徹底すればするほど、夜間中学では授業継続の必然性が高まるということであった。「勤労即教育」の名のもとに学徒動員を推し進める以上、昼間一人前に労働したうえで夜間に学習する――いわば「勤労及教育」という究極のあり方を実践する――者にいうべき言葉はない。

この結果、主に貧困によって一旦は中学校教育から排除され、社会政策・二部教授としての夜間中学を選ばざるを得なかった青少年たちが、総力戦体制の深化によって逆に最も中学校教育に浴することになったのである。

しかしそうした興醒めな理屈は、個々の夜間中学生にとって関係のない話であった。彼らは喜々として昼働き夜学ぶ生活を維持し、昼間は学徒動員を引率しながら夜間は教壇に立ってくれた教師への純粋な感謝の思いを強くした。のみならず、昼間の中学生が学徒動員で疲労困憊して机に向かうことすら困難な姿を後目に、仕事と学習を両立させる苦難に立ち向かった日々の誇らしい記憶は、それが多感な頃のものであるがゆえにその後の人生をたくましく生き抜く糧ともなった。

戦渦のなかでこうした学びが維持され続けたことの意味は小さくない。そしてその熱気を維持したまま、夜間中学のほとんどは新制高等学校夜間課程の中心校の母胎となっていったのである。

（1）例えば、『信濃毎日新聞』一九三三年七月二日付に、「松本夜間中学／昇格決定す／普通中学と同一資格」とある。
（2）例えば、『神戸又新日報』一九三三年七月五日付に、「夜間中学講習所／中学校に改称／文部省から認可さる」とある。
（3）例えば、『山形県統計書』は夜間中学を一貫して「通俗教育」の項に掲載している。
（4）一九三六年一二月一八日、岩手県庁から文部省に対し、県立釜石商業学校に下賜された「御真影」を同校附設の釜石町立釜石夜間中学にも使用させてよいと考えるがどうかとの照会があった。釜石夜間中学は専検指定を受けていなかったが、文部省は翌三七年四月一九日に「貴見ノ通御取扱相成度」と回答、文部大臣官房秘書課『昭和十二年　文部省例規類纂』（一九三八年、二頁）にも掲載している。同校の場合は、釜石商業学校と設置者が異なり、しかも共通する教員も少なかったため取り扱いに疑義が生じたのであろうが、一般には便宜をはかった例も多いと考えられる。
（5）石田理「ヂンタの響き」麻布学園百年史編纂委員会編『麻布学園の一〇〇年』第二巻文集、学校法人麻布学園、二七八頁。石田は一九四一年卒。
（6）小林政吾「夜間中学に就いて」中等教育研究会『中等教育』第七六号、一九三四年、八頁。
（7）『中等教育』第七八号、一九三四年、二五〜二六頁。なお、これとは別に、長岡恒吉（県立山形夜間中学長・県立山形中学校長）は建議案「夜間中等学校教員の待遇を昼間のそれと同等にされ度き旨其筋に建議すること」を提出している（同誌一六〜一七頁）。
（8）教育週報社『教育週報』第五二五号、一九三五年六月八日付、七頁。
（9）『官報』第二四七一号、一九三五年四月一日付。
（10）米田俊彦「青年学校」久保義三ほか編『現代教育史事典』東京書籍、二〇〇一年、九九頁。なお、青年学校の制度的展開については、鷹野良博『青年学校史』（三一書房、一九九二年）、米田俊彦『教育審議会の研究　青年学校改革』（野間教育研究所紀要第三九集、一九九五年)などを参照。

(11) 山形県立鶴岡南高等学校定時制の課程を閉じる会実行委員会編『山形県立鶴岡南高等学校定時制の課程を閉じる会記念誌星窓』山形県立鶴岡南高等学校定時制、一九八四年、四二頁。座談会における高橋吉郎(卒業生)の談話。

(12) 師団は独立して作戦し得る平時一万名超・戦時約二万五〇〇〇名の戦略単位部隊。戦地派遣の際には、若干の要員を残留させて留守・補充業務を担当する留守師団を組織した。詳細は、秦郁彦編『日本陸海軍総合事典』(東京大学出版会、一九九一年)を参照。

(13) 防衛庁防衛研究所蔵「陸軍省大日記　甲輯　昭和十二年」。

(14) 『小樽新聞』一九三七年二月五日付。

(15) 平原春好『配属将校制度成立史の研究』野間教育研究所紀要第三六集、一九九三年、二二七頁。

(16) 『官報』第三七四三号、一九三九年六月二九日付。

(17) 半澤洵「校長就任に当りて」札幌遠友夜学校『遠友』第二四号、一九三九年二月二〇日。新渡戸稲造の死後、第二代校長を務めていた妻新渡戸萬里子の死去に伴う人事。

(18) 北海道教育研究所編『北海道教育史』全道編四、一九六四年、一八四頁。

(19) 桜井弘七「追懐」昭和中学同窓会編『青雲　昭和中学記念誌』一九九七年。

(20) 札幌市教育委員会文化資料室編『さっぽろ文庫⑱　遠友夜学校』北海道新聞社、七六頁。

(21) 高倉新一郎「札幌遠友夜学校」財団法人札幌遠友夜学校編『札幌遠友夜学校』一九六四年、一八頁。

(22) 岩松五良「時代と教育」中央報徳会『斯民』第三五編第一号、一九四〇年。

(23) 浜島敏雄「青年学校の振興方策」『斯民』第三七編第五号、一九四二年。

(24) 関口泰「中等学校と高等学校に関する要綱批評——青年学校義務制との関係——」帝国教育会『帝国教育』第七三一号、一九三九年九月一日付、五頁。

(25) 「教育審議会諮問第一号特別委員会第九回整理委員会会議録」第五輯、二三七頁。

(26) 同右、二三九頁。

(27) 「教育審議会諮問第一号特別委員会第九回整理委員会会議録」第六輯、一九五頁。

(28) 「教育審議会諮問第一号特別委員会第九回整理委員会会議録」第八輯、二一三頁。

(29) 同右、二二三頁。
(30) 同右、二二四頁。
(31) 同右、二二三頁。
(32) 同右、二二四頁。
(33) 同右、二二五頁。
(34) 同右、二二六頁。
(35) 同右、二二八頁。
(36) 「教育審議会諮問第一号特別委員会会議録」第八輯、七五頁。
(37) 「教育審議会総会会議録」第六輯、三八頁。
(38) 『官報』第四八〇五号、一九四三年一月二一日付。
(39) 『官報』第四八四七号、一九四三年三月一二日付。
(40) 岡田孝平・曾我部久「中等学校令及び各学校規程の解説(一)」『文部時報』第七八六号、一九四三年三月二五日付、二五～二七頁。岡田・曾我部はいずれも文部事務官。
(41) 同志社社史史料編集所編『同志社百年史』通史編二、一九七九年、一一八七頁。
(42) 国立公文書館蔵「中学校設置廃止認可」。
(43) 京都府立二中夜間中学の記録編集委員会編『京都府立二中夜間中学の記録』一九八五年、三五頁。
(44) 前掲「中学校設置廃止認可」の東京都(第二冊)綴じ込みの申請書類には、各中学校とも「東京都ニ於ケル各種学校ニシテ夜間中学校ニ組織ヲ変更セントスル予定校数」と題した書類が添付されており、文面には「客年五月三十一日発国三三八五号中等学校制度改善ニ伴フ事務処理方針ノ通牒ニ依ル専検指定学校(指定ヲ受クル予定ノモノヲ含ム)ノ措置ニ関スル事項ニ基キ申請有之タルモノ」とある。文部省の意向を受けて東京都が各専検指定学校に強い指導を行ったことがうかがえる。なお、この書類を付された学校は、正則第二中学校・豊山第二中学校・日本体育会荏原中学校第二部・正則学園中学校・明治大学附属明治第二中学校・城西学園第二中学校・昌平中学校の七校。
(45) 海後宗臣「中等学校制度の伝統と問題」東京帝国大学教育学研究室教育思潮研究会編『国民教育の動向』(『教育思潮研究』別冊)、目黒書店、一九四三年。

(46) 前掲「中学校設置廃止認可」。

(47) 永田秀雄「在校中の思い出と所感」福岡県立小倉高等学校定時制課程閉校記念誌編集委員会『あゝ愛宕山の灯』一九八五年、三六頁。永田は企救中一期生で、一九四三年入学。

(48) 三輪良一「定時制と私の人生」戸畑高等学校創立五十年史編集委員会編『創立五十年史』一九八五年、一五三頁。三輪は天籟中一期生で、一九四三年入学。

(49) 赤司岩雄「三宅中学創立の頃」福岡県立筑紫丘高等学校内編集委員会編『福岡県立筑紫丘高等学校創立六十周年記念誌』一九八七年、一七五頁。赤司は三宅中一期生で、一九四三年入学。

(50) 『教育週報』第七九六号(一九四〇年八月一七日付)は、「中等学校／収容力増加に／二部教授／文部省で考究中」と題し、以下のように報じている。

「中等学校入学者選抜に関し文部省では新考査法の改善を期すると共に、一方入学難解消の根本策として中等学校につき学校、学級の増加を奨励してゐるがこれには多額の経費を要し、時局柄建築資材の入手も出来ぬので中々実現が困難である。そこで第二の対策として中等学校の二部教授の問題が着眼されてゐる。これは過般の全国学務部長会議の席上に於ても多くの人々から熱心に提唱された所であるので、普通学務局では各府県と連絡をとりその可能範囲につき調査を行って居る。小学校に於ては以前より二部教授を行ひ来って居り、現に東京市を始め大都市では之れが続けられて居る状態である。これは已むを得ざるの処置とはいへ、小学校では之を忍んでゐるのであるから中等学校でも暫定的処置として出来ないことはないものと見られてゐる」

これに対し、櫻井賢三(東京府立第一高等女学校長)は「夜間部を作れ／二部制よりも可」と題した意見を寄せた。

「収容力増加のために二部教授をやることには賛成は出来ぬ。それよりも夜間部を作った方がよい。府県庁のある五万以上位な都市ならば出来ないことはない。夜間部を増加すれば相当収容力は増加される。第二の策は午前組午後組といったやうな二部制ではなくて、始業時刻と終業時刻を一時間づゝ位ずりちがはせて、そこから捻出した時間により学級増加を図るのである。これは無論教育的だとは言はれない。体操の時間とか掃除とかの関係など面白く行かないことになるが、併し二部教授よりもはるかに欠点が少なくてよい。教育上からは変則的なことは出来るだけ避けた方がよいのであるが、社会問題として考へた場合には或程度まで忍ばねばなるまい」

こうした素地があって、「夜間中学＝二部教授」が現実のものとなったといえよう。

(51)　前掲「中学校設置廃止認可」。同校は、一九四二年に開校した県立広島夜間中学を中学校に改組したもの。なお、広島県では一九四三年四月一日から県立広島夜間中学を県立広島第三中学校に改組し、六月三〇日付の広島県令第四七号「広島県立中学校学則」に同校を掲載する措置をとった。このことは国立公文書館蔵「中学校設置廃止認可」に綴じ込みの同年六月一三日付「広島県報」号外で確認できる。しかし、なぜか文部省への届出は遅れて翌四四年二月二九日教第二二九四号となり、認可が下りたのは年度が変わっての同年四月一七日広国第二六号である。つまり、一九四三年度については、文部省から正式な設置認可がなされないまま、県立広島夜間中学に代わって県立広島第三中学校が経営を開始していたことになるが、このような事態となった理由は不明である。

(52)　福本実編『創立八十周年記念誌』広島県広島国泰寺高等学校、一九五七年、七〇頁。

(53)　田中元逸「夜間開設当時のことなど」前掲『創立八十周年記念誌』一三七頁。田中は一九四二〜四七年に同校の初代専任主事として在職。引用文中の「東大」は第一高等学校を指すと思われる。

(54)　前掲「陸軍省大日記」。留守第十二師団司令部学第五〇号、留守第十二師団参謀長より陸軍省副官へ兵役法施行令第一〇〇条第三号認定に関して回答。

(55)　箕輪香村『男女東京遊学案内――苦学と就職の秘訣――』文憲堂、一九四一年、四一頁。箕輪は講義録出版の最大手である大日本国民中学会の受験部長。

(56)　「北海道庁公報」第三〇一〇号、一九四三年二月六日付に掲載の「昭和中学生徒募集要項」。なお、一部は札幌市教育委員会文化資料室編『さっぽろ文庫㉚　旧制中学物語』(北海道新聞社、一九八四年、八五頁)から補足した。

(57)　昭和中学同窓会『昭和中学同窓会会報』第六号(一九八四年、一二頁)によれば、高橋は一九四三年四月に同校最後の入学者となる第七期生として入学した。

(58)　牧島忠敏氏(元昭和中学同窓会幹事長)のご教示による。

(59)　高橋揆一郎『少年給仕』新潮社、一九九二年、八〇頁。

(60)　同右、八二頁。

(61)　同右、八七頁。

(62)　同右、八九頁。

(63)　同右、九九頁。

(64) 札幌西高等学校創立五〇周年記念事業協賛会編『創立五十周年記念』一九六三年、一九三頁。
(65) 前掲『少年給仕』一〇五頁。
(66) 『毎日新聞』一九八〇年一〇月二五日付、特集記事「われらが母校シリーズNo.一六一　昭和中学校」。
(67) 青雲会『青雲会通信』第五号、一九八四年、五頁。
(68) 前掲『青雲　昭和中学記念誌』六四頁。
(69) 同右、六八頁。
(70) 国立公文書館蔵「認定指定総規」。
(71) 北海道札幌南高等学校創立百周年協賛会百年史編集委員会編『百年史　北海道札幌南高等学校』一九九七年、二〇四頁。
(72) 前掲『青雲　昭和中学記念誌』七一頁。
(73) 近代日本教育制度史料編纂会編『近代日本教育制度史料』第七巻、講談社、一九七六年、二二二頁。
(74) 北海道小樽潮陵高等学校蔵「諸文書綴　潮陵中学校後援会」、文書名「潮陵中学校財団概要」。
(75) ただし、この件は後述するように学校記念誌にはエピソードとしていくつも登場するが、管見の限り、公文書・官報などによる確認はできない。
(76) 佐藤思良「前橋夜間中学の創設」前橋高等学校校史編纂委員会編『前橋高校八十七年史』下巻、一九六四年、一〇八四頁。
(77) 群馬県立佐波農業高等学校創立五〇周年記念誌編集委員会編『創立五〇周年記念誌　佐波農五十年』一九七三年、四〇一頁。
(78) 前掲「前橋夜間中学の創設」。
(79) 潮陵高等学校創立五十周年記念事業協賛会編『潮陵五十年史』一九五三年、一三九頁。
(80) 近藤清吉「近藤天山回顧録――潮陵中学校創設から潮陵高校まで――」近藤清吉先生回想誌刊行会編『天山近藤清吉回想誌』柏葉書院、一九六九年、四二頁。
(81) 札幌遠友夜学校廃校の詳細については、拙稿「札幌遠友夜学校の終焉――北海道帝国大学関係者による社会事業と総力戦体制――」北海道大学百二十五年史編集室編『北大百二十五年史』論文・資料編(二〇〇三年)を参照。
(82) 北海道帯広柏葉高等学校四十周年記念祝賀協賛会編纂部編『創立四十周年記念誌』(一九六三年、一七頁)によれば一九三八年に廃校とあるが、北海道庁保存資料に基づいて執筆された前掲『北海道教育史』全道編四(一二二〇頁)には四四年廃校とある。おそらく三八〜四四年の六年間は休校中だったと推測される。
(83) 鴻城義塾百年史編纂委員会編『創立百周年記念　鴻城義塾百年史』一九九一年、二二四頁。
(84) なお、川崎弘道中学(県立川崎中学校附設)は、神奈川県指令によって一九四三・四四の両年度にわたって生徒募集を中止させられているが、理由は不明である。同校は四〇年二月一二日に高橋隆起(川崎大師平間寺貫主)らが財団法人を設立し、県立川崎中の校舎・教員を兼用して開校した後、専検指定あるいは中学校設置を申請することはなかった。そのためかどうかは不明だが、四三年度は生徒募集を停止させられている。同年一一月一六日には文部省告示第八一二号で専検指定を受けたものの、翌四四年度も引き続き生徒募集を停止させられ、募集再開は四五年度からとなった。この間の経過については、学校記念誌も「時局進展のため県の指令を受け」(創立五〇周年記念誌編集委員会編『川高五十年史――年表と資料――』一九七七年、一九頁)と書くのみで詳細は不明。
(85) 前掲「中学校設置廃止認可」。
(86) 千葉県総合教育センター蔵「昭和十八年度　発翰綴　市川中学校」。
(87) 坂内竜雄「軍歌と歌曲と」両国高校定時制記念誌編集委員会編『六十年の歩み――夜学校・夜間中学から定時制高校へ――』一九八四年、三三頁。坂内は当時の在校生で、一九五〇年卒。「わが三中二部が全国の夜学を代表して、特別査察を受けることになった」と書いているが、この記述の正否については確認がとれない。
(88) 北海道函館中部高等学校定時制創立六五周年記念実行委員会広報部編『創立六五周年記念誌　楊燈』一九八八年、一五八頁。関輝夫(卒業生)の回想。
(89) 根拠法令は、一九四四年八月二五日勅令第五一八号「学徒勤労令」および同日文部・厚生・軍需省令第一号「学徒勤労令施行規則」として事後制定。
(90) 埼玉県立浦和高等学校創立八十周年誌編集委員会編『銀杏樹　八十周年誌』一九七五年、七八頁。
(91) 仙台図南高等学校創立二十五周年記念行事実行委員会編『仙台図南二十五年史』一九五九年、九五〜九六頁。
(92) 奈良県正強学園編『創立四十周年記念誌』一九八六年、二一頁。
(93)『文部時報』第八二〇号、一九四四年一二月一〇日付、二八〜二九頁。
(94) 同右。
(95) 高知県『昭和一八年度　高知県統計書』。

(96) 前掲『仙台図南二十五年史』九五頁。
(97) 兵庫県立湊川中学校(県立第二神戸中学校附設)の事例。兵庫県立湊川高等学校五十年史編纂委員会編『音高く流れぬ――湊川高等学校五十年史――』一九七九年、八頁。
(98) 一九四四年三月二四日発国第一九二号「決戦非常措置要綱ニ基ク中等学校教育内容ニ関スル措置要綱ノ件」の「第一 方針」より。
(99) 『朝日新聞』一九四四年一一月一〇日付。
(100) 『文部時報』第八二二号、一九四五年二月一〇日付、二九頁。
(101) 高林広己「青春の一ページ」北海道滝川工業高等学校定時制課程閉課記念事業協賛会編『学労』一九八一年、一六頁。高林は一九五〇年卒。
(102) 青森県立北斗高等学校創立六〇周年記念誌刊行委員会編『創立六〇周年記念誌 北斗七星』一九九六年、三一頁。
(103) 山形県立米沢興譲館高等学校創立百年記念事業実行委員会編『興譲館世紀』一九八八年、四五二頁。
(104) 清水澄「学友とともに」閉校記念誌編集委員会編『青雲』一九八一年、五五頁。清水は一九四六年三月に同校を卒業。
(105) 東京都立上野高等学校定時制編『五十年の歩み』一九七五年、三三頁。
(106) 開成・昌平史編集委員会編『開成・昌平史』一九九一年、一六頁。
(107) 鉄中育英六十五周年記念事業委員会編『鉄中育英六十五周年[一九二一―一九八六]』一九八六年、一九六頁。
(108) 加茂暁星学園創立六〇周年記念事業実行委員会編『暁鐘 加茂暁星学園六十年史』一九八〇年、二三一頁。
(109) 岐阜県立華陽高等学校創立五十周年校舎竣工記念事業実行委員会編『蛍雪五十年』一九八一年、五〇頁。
(110) 熊見金大「二中夜間中学に学んだ喜び」前掲『京都府立二中夜間中学の記録』一二〇頁。熊見は一九四六年卒。
(111) 市岡高校定時制課程校史編纂委員会編『田龍三十年の歩み』一九六三年、六四頁。村上泰明(元同校教諭、一九四三～四五年に在職)の回想。
(112) 前掲『音高く流れぬ』八頁。
(113) 大野昭弘「松山空襲と握り飯」松山城南高等学校創立一〇〇周年記念誌編集委員会編『松山城南高等学校創立一〇〇周年記念誌 松山城南百年の譜』一九九一年、九〇頁。大野は一九四六年卒。
(114) なお、都立四中の学校記念誌には「十九年十一月八日には夜間学校生徒も動員されることになり、二十年四月からは全ての授業が行われなくなった」(柳原栄太郎「定時制のあゆみ」百年史編集委員会編『府立四中　都立戸山高　百年史』一九八八年、二七六頁。柳原は一九八〇~八六年に同校教頭)との記述があり、事実だとすれば全国で唯一同校だけ勤労動員によって授業停止に追い込まれたことになる。しかし、管見の限り、これを裏付ける報道も回想もなく、事実かどうかは疑わしい。

(115)　飯久保直雄「三中・両国高に勤務して」両国高校八十年編集委員会編『両国高校八十年』一九八二年、九八頁。飯久保は一九二三~五九年まで同校に勤務。

(116)　済々黌百年史編集委員会編『済々黌百年史』一九八二年、八三〇頁。

(117)　村川行弘編『北野定時制四十年史』大阪府立北野高等学校定時制課程、一九七七年、三〇頁。

終　章

一　夜間中学の戦後

敗戦後、GHQによる占領政策によって、わが国の教育制度は根幹から改変されることになった。各教育機関は、修業年限を復旧し、一部教科の授業を停止する程度の必要最小限の変更を実施して、新制度の実施を待った。文部省学校教育局は、総力戦体制に伴う臨時措置の撤廃作業に着手した。一九四五(昭和二〇)年一二月八日発学第八六号「終戦ニ伴フ各種学校ノ措置ニ関スル件」では、新規の学校設置、休廃止の指示を出した学校の授業継続、生徒募集の再開を認めた。また、各学校長に対する四六年二月一二日発学第六七号「中等学校及高等学校等修業年限延長ニ関スル件」、各地方長官に対する同年二月二三日発学第九〇号「中等学校修業年限延長実施ニ伴フ措置ニ関スル件」で、本来の修業年限に回復させることを指示した。ただし、本人の希望があれば短縮のままで卒業することも可能とされ、その場合も上級学校入学・文官任用などの特典は付与することとされた。

また、戦前の夜間中学に付与されなかった特典の一つに、修業年限五年の学校の四年修了時点で高等学校・大学予科の受験資格を付与する制度――いわゆる「四修」――があった。一九四三年三月三一日文部省令第二六号

「高等学校規程」第三〇条により、国民学校初等科から接続する修業年限五年の専検指定学校であっても、文部大臣から指定――いわゆる「高入指定」――を受ければ同じ取り扱いを受けられることになっていたが、実際には昼間授業の中等学校にしか与えられていなかった。また、国民学校高等科から接続する修業年限四年の学校は、指定対象から除外されていた。

この件は一九四六年一一月二六日文部省告示第一二二号で、新たに「国民学校高等科修了程度を以て入学資格とする修業年限四年の夜間に於て授業を行ふ課程の中学校第三学年を修了した者」を高入指定することで解決した。この時点で、専検指定を受けないまま経営を継続している夜間中学は一校も存在せず、初等科修了程度に接続する修業年限五年の夜間中学はごくわずかしか残っていなかったから、ほぼすべての夜間中学在学者に四修資格が与えられたことになる。ただし、時あたかも敗戦後の混乱のさなかのため、夜間中学の学業継続自体が困難を極めていた。また、学制改革の実施により、この資格で高等学校を受験できたのは一九四七・四八年度の二回に限られる。こうしたことから考えると、実際に高入指定の資格で受験した者が果たして存在したかどうか。もちろん、実態としてはほとんど効果を持たなかったとしても、昼間と夜間の格差が撤廃されたという意味は大きい。

ところで、戦争が終結した結果、夜間中学拡大の機運は再び高まりをみせた。なかには千葉県立東葛飾中学校のように、在校生が夜間中学の附設運動を行った事例すらある。(1) しかし、多くの府県では、学制改革の進展を見守ってからということで先送りになり、一九四八年度以降に学校教育法による新制の高等学校夜間課程として実現する。そうしたなかで、山形・埼玉・宮崎・鹿児島の四県では、改革を待たず表1に示すように八校の夜間中学を設置した。

埼玉県は既に県立浦和中に第二部を設置していたためか、県としての動きはなく、公私立の夜間中学が各一校

表1　敗戦後に旧学校令により設置された夜間中学

設置日	設置	学校区分	学　校　名	学校教育法施行(1948年)後の措置
1946. 3. 30	町立	中学校	埼玉県忍中学校	埼玉県忍高等学校(町立)に移行
1946. 7. 1	私立	中学校	鹿児島敬天中学校	不明
1946. 8. 27	市立	青年学校	山形市立山形公民中学校	山形県立山形第六高等学校に移行
1946. ?	市立	青年学校	酒田市立酒田琢成中学校	廃校(生徒は県立酒田二高へ移管)
1947. 3. 20	私立	中学校	埼玉中学校(夜間部)	埼玉高等学校に移行(1957年廃校)
1947. 7. 1	県立	中学校	宮崎県立宮崎中学校(夜間部)	宮崎県立宮崎大宮高等学校に移行
1947. 7. 1	県立	中学校	宮崎県立都城中学校(夜間部)	宮崎県立都城泉ヶ丘高等学校に移行
1947. 7. 1	県立	中学校	宮崎県立延岡中学校(夜間部)	宮崎県立延岡恒富高等学校に移行

設置されるにとどまった。

鹿児島では、鹿児島総合中等学校(昼間授業)および鹿児島敬天工業学校(夜間授業)を経営する財団法人薩摩学園が鹿児島敬天中学校を設置した。同校はもともと一九二二年設置の鹿児島夜間中等学校に淵源を有しており、夜間中学に回帰したともいえよう。

宮崎県ではかつて一九三五年の陸軍特別大演習に伴う行幸を記念し、宮崎県教育会が主体となって夜間中学を設置することを決定したものの[2]、結局見送りとなった経緯があり[3]、県も設置に熱心だった。県は当初、県立宮崎中への先行設置を予定していたが、直前になってGHQから命令があり[4]、三校同時の設置をみている。

山形県の場合、夜間授業を行い、「中学校」を名乗る青年学校が二校も設置される異例の事態を生じた。新制高等学校のモデル・スクールとなる山形公民中学校の場合、山形市立青年学校長の雨谷憲作が同校を"Common Citizen High School"にするという計画をたて、アメリカ軍政部の支持を得たため設置となった[5]。既に一九四六年四月頃から、国民学校高等科・青年学校を吸収して修業年限五年の義務制「実務中学校」[6]を設置するという文部省の計画が報じられたこともあって、青年学校卒業者に上級学校進学資格を付与する案として関係者の注目を集め、全国から視察者が訪れた[7]。

一九四八年から実施に移された中等段階の学制改革において、旧制の中等学校・青年学校と新制高等学校との関係は、以下のように定められた。

- 昼間中等学校→「通常の課程」に移行、修業年限三年。
- 夜間中等学校→「夜間課程」に移行、修業年限四年。
- 青　年　学　校→廃止のうえ、別途、新制高等学校には週に二〜四日間の授業を行う「定時制課程」(昼間または夜間授業)を設置、修業限四〜六年。

このほか、一部の旧制中等学校は新制中学校に移行したが、一九四七年二月一七日発学第六三号「新学校制度実施準備に関する件」によって文部省学校教育局長が各地方長官に指示したように、「中学校は、全日制とし、夜間の授業を認めない」のであるから、夜間中学は新制高等学校(夜間課程)に移行するほかない。新制の公立高等学校では、夜間課程・定時制課程を広範に設置することになっていたから、「準公立」の夜間中学はすべてが公立に移管された。そもそも公立中学校として運営すべきものであったから、ようやく本来の姿に改善されたというべきであろう。

同時に、農地改革も夜間中学の公立移管を後押しした。急ごしらえの財団法人は、基本財産を篤志家から寄付を受けた土地の地代に頼るのが一般的であった。そうした土地も、不在地主の土地は強制買収して小作農に安価で払い下げるという農地改革の例外とはならない。例えば、一九四三年に潮陵中学校(道立小樽中学校附設)の経営を目的に設立された財団法人潮陵中学校財団では、基本財産五万円のうち六割を占める不動産三万円のすべてが買収対象に指定された。同校が新制高等学校へ移行するには公立移管するしか道はなく、一九四八年度から道立移管され、附設先の道立小樽中とともに道立小樽高等学校となった。

一九四八年四月一日、夜間中学は他の旧制中等学校と同様、一部が廃止になったほかは、ほとんどが新制高等学校夜間課程へと移行した。(8) ここに一九一〇年代から叫ばれ続けてきた中等教育の昼間・夜間による格差撤廃が、制度的に実現されたのであった。

しかし、定時制課程が低くみられる風潮はその後も草の根レベルで残存し、ことあるごとに社会問題化した。その後もこの問題は根本的に解決されることのないまま、一九七〇年代に始まる高度成長によって高等学校進学率が急上昇し、経済的な問題によって定時制課程に進むことを余儀なくされる生徒が激減、問題が別の次元に移るまで続いたのである。

二　本書が切り拓いた地平

まず各章で明らかにしたことを概括しておく。

第一章は、一八八六(明治一九)年「中学校令」が「一府県一尋常中学校」を上限とし、同時に夜間授業を行う中学校の設置を事実上禁止して以降、中学校程度の普通教育を希望する青少年のニーズに応える夜間各種学校が、主に都市部で設置され始める過程を描いた。こうした夜間各種学校は、上級学校受験・普通文官任用・一年志願兵出願といった中学校卒業者に付与されるさまざまな特典とは無縁であり、名称も多くは単に「〇〇夜学校」を名乗るだけであって、のちの時代にみられるように「中等」「中学」を標榜することはなく、また勤労青少年教育というよりは私立中学校の経営拡大のための二部教授という色彩が強かったが、これが夜間中学の原初的形態である。

第二章は、一九一〇〜二〇年代において、勤労青少年教育の重要性が認識されるのにつれ、中学校程度の夜間各種学校が「中等夜学校」「夜間中学」の名で全国の主要都市に広がってゆく過程を描いた。夜間中学普及の要因は二点ある。第一に、社会問題化した中学校の「入学難」を改善するために二部教授を実施すべきだとする意見が、都市住民のみならず府県立中学校長の間にも浸透したことである。第二に、東京府において、有馬頼寧を中心とする華族の子弟たちが社会事業として設置した信愛中等夜学校、中等教育に大きな影響力を持つ茗渓会(東京高等師範学校同窓会)が文部省の慫慂を受け、関東大震災救護事業として設置した茗渓中学のように特徴ある夜間各種学校が、ジャーナリズムによって全国に報じられたことにある。かくして夜間中学という存在が人口に膾炙し、わが府県にも夜間中学を、という意識は徐々に全国に広がってゆく。また、従来は夜間中学の経営は私学中心だったが、府県立中学校長が自校の設備・教員を使用して「準公立」の私立夜間中学を経営する方式が北海道庁で案出され、それが各地方庁に伝播することで設置数が一挙に増加した。この結果、一九二五(大正一四)年には第五〇回帝国議会衆議院で初めて本格的に夜間中学公認をめぐる論争がなされるなど、夜間中学に中学校としての資格が付与されないことが社会問題化した。

第三章は、一九三二(昭和七)年から、一部の夜間中学に専検指定がなされるようになる過程およびそれ以降の夜間中学をとりまく状況を描いた。文部省は一貫して夜間中学公認を認めなかったが、鳩山文相期には主に宗教系私学の救済に使われてきた専検指定の手法で救済することとした。専検指定を受けた夜間中学も法制上は各種学校に過ぎなかったが、その卒業者は中学校卒業者に準じた特典が付与されるようになったことで、夜間中学公認問題は一定の解決をみる。ただし、専検指定学校の卒業者にとっては上級学校進学に際しての障壁が撤廃されたことになったものの、それによって進学志向が高まったのではなく、多くの生徒たちは、職場において(または就職・転職にあたって)中卒者の待遇を受けられるようになることを最大のメリットとして、卒業後も職業生活を維持した。

第四章は、一九三〇年代末以降の総力戦体制期の夜間中学の動向を描いた。一九三九年の青年学校男子義務制導入、さらに四三年の中等学校令施行により、工業系以外の男子各種学校は「不要不急」とみなされ、やがて四四年以降は原則廃止するよう強い指導がなされる。さらに正規の中学校も、四四年には学徒動員、四五年には一年間の授業停止措置がとられ、通年動員が開始される。かかる総力戦体制の深化にもかかわらず、夜間中学は従来通りに授業を継続、四五年度には普通授業を行える中学校は夜間中学のみという状況にあった。

終章においては、戦後における夜間中学増設運動や青年学校の「中学」呼称問題の発生、新制高等学校夜間課程(のち定時制課程)切り換えに伴う公立移管運動など、既往の戦後教育史研究にない知見についてまとめた。

この結果、本書は以下の達成をみた。

第一に、これまで明らかにされていなかった夜間中学の通史を描くことで、日本近現代における民衆の生活実態の一断面を明らかにしたことである。また、先行研究は夜間中学と文部省・教育関係者との関わりのみでその歴史を論じてきた印象が強いが、本書はそれにとどまらず内務省・地方庁・社会事業家・ジャーナリズム・政治家など、さまざまな機関・個人との関係を視野に入れることができた。この結果、夜間中学の歴史を「正格化」図式のみで捉え得る中学校制度史の一隅から、日本近代史・成人教育・生涯学習・社会福祉といったカテゴリーにつながるものとして位置づけなおした。

第二に、専検指定を受けるまでの夜間中学は、実業補習学校(青年学校)・鉄道教習所・給仕学校など高等・専門教育機関につながる学歴を付与できないさまざまな傍系の教育機関の一種であり、また指定後もそれらが相当近接したところに位置づけられていたことを描き出すことで、これらのさまざまな学校をも中等教育の範疇として捉えるべきだという視角を打ち出したことである。従来、これらは各種学校・青年教育・企業内教育といった別個の区分であって、相互に関係させて考察することはなかったといってよい。しかし、経済的に恵まれないために上級学校に進学できなかった当時の青少年たちの目には、これらすべてが初等教育修了後の学びの選択肢として映っていたはずである。かかる視点からすれば、近代日本の青少年にとってこうしたさまざまな教育機関が持っていた意味を考察することの重要性は贅言を要しないであろう。その学びをして「小上昇」「ささやか立身出世主義」「クール・アウト」といった分析で事足れりとするのは、よくてシニシズム、さもなくば「帝国大学至上主義」というほかない。

第三に、総力戦体制下ならびに戦後の学制改革期の研究に、新しい知見を与えたことである。とりわけ戦争末期の学校教育といえば、初等教育は学童疎開、中等教育は学徒動員、高等・専門教育では学徒動員・学徒出陣というように、時代の要求に塗りつぶされた生活であった印象が強い。しかし、ここに夜間中学の授業継続という事実をかぶせてみると、依然として選ばれた一部の者の特権を享受しているという色彩が強かった中等段階以上の学生・生徒に、応分の——すなわち進学し得なかった青少年と同等の——負担を求めたのが総力戦体制下の教育政策であったことが鮮明に浮かび上がる。

以上のことをもとに、本書が切り拓いた(古くて)新しい教育史の研究課題についても言及しておく。

それは、無学歴者の学びの場となったさまざまな傍系の教育機関の歴史について考察することである。そのなかには軍学校・鉄道教習所・逓信講習所のように、学生・生徒となることは「就職」でありながら「入学」とみなされるような教育機関——しかも授業料無償・手当支給で、卒業後には当該省庁内で優遇措置あり——もあった。その一方で、ある種の各種学校・青年学校のように実利的な点からすれば何らメリットはない学校も存在した。こうした多種多様な教育機関を包括的に捉え歴史的な評価を与えることは重要だと考える。

このことは別に新奇な発想ではない。今から六〇年もの昔、海後宗臣は次のように述べている。

「中学校、実業学校、青年学校は〔中略〕、文部省が統轄している学校のうち、国民学校教育を基本としてその上に構えられているものであるが、この他に文部省以外の諸官庁が統轄していて、学校機能を果しているものが存在しているのである。これ等のうちで、中等教育の段階に該当するものが、陸海軍の学校の他に、現場をもっている諸官省によって施設されている。例えば、鉄道省、逓信省の如きは、古くよりその要員を養成するために、学校の形をとった施設を持っていて、実務教育を進めているのである。又、昭和十四年三月に公布された「工場事業場技能者養成令」は厚生省の下に営まれる学校であって、十四歳以上十七歳以下のものを養成工として教育し、中堅職工たらしむることを要望し、国民学校高等科修了者を基準としてこれに三ヵ年の学校教育を施すこととなっているのである。かくの如きものも総べてこれを中等教育段階の学校教育施設となすならば、ここに、文部省行政のうちに伝統的に入らないで今日に至った一団の中等学校があって、前者と並列して第四の種別を構成しているのを知る。これ等の四種の諸学校が、国民学校教育の基礎段階の上に構えられているのであって、かくの如き諸学校を通覧して、中等学校の制度とは果して何を意味しているかという全般的な考え方が吟味せられなければならない(9)」

海後の著作集に解題を寄せた佐藤秀夫が、「著者の学校論の神髄(10)」と呼んだこの論文の、まさに中心的な主張となっているのがこの引用部分である。初等教育を終えた者の前に広がる学校を等しく中等教育として捉え、その意味や在りよう、そしてあるべき姿を模索するのが教育学の正しい視座だというこの主張は、しかしその後の教育史研究においては全く忘却されていた。

無学歴者とみなされていた青少年の学びの場に関する研究は、単に従来の教育史に欠落していた部分に光を当てるばかりでない。一部の富裕層ではなく、一般ないしは貧困家庭からみた教育制度の実像を描くことでもある。

それは同時に、日本の近現代史における民衆の生活実態の一断面を活写する作業となり、日本教育史のみならず日本近現代史、さらには社会福祉・生涯学習といった分野の歴史的研究にも新しい研究課題を提起するものである。そればかりでなく、折しもフリースクール・朝鮮人学校など、正規の高等学校ではない教育機関で学習した者やその中途退学者に対する学歴資格の付与をめぐって激しい議論が巻き起こっているなかで、あるべき中等教育像を考察するための格好の課題となると考える。私の目指すべき地平は、まさにここにある。

(1) 千葉県立東葛飾高等学校五十周年記念誌編集委員会編『千葉県立東葛飾高等学校創立五十周年記念誌』(一九七五年、二二六頁)には、次のように記述されている。

「当時の出来事として、昭和二十二年秋の頃から同二十三年にかけて、一部生徒の間に、夜間部設置の運動があったことも特記したい。これは、旧制中学というものが、経費その他の点から、かなり「特権階級の学校」という面があり、あたら秀才が小学校教育のみで終わる例が少なくなく、そうした人々に対する同情によって起こったものである」

(2) 『宮崎新聞』一九三五年八月七日付。

(3) 『日向日日新聞』一九四七年四月一三日付。「県立夜間中学は宮中に開設される、〔中略〕うまく行けば延岡、都城にも開設を考慮している」とある。

(4) 宮崎日日新聞社編『大宮百年』一九九一年、三四頁。

(5) 詳細は、創立二十周年記念誌編集委員会編『山形県立山形中央高等学校創立二十周年記念誌』(一九六七年)を参照。なお、同校は一九四七年には青年学校のまま「山形産業高等学校」と改称、五月三日付で文部省から実験高等学校に指定されている(山形県教育研究所編『山形県学校史年表』一九七三年、一六四頁)。なお、一九四七年一二月二七日発学第五三四号によって文部省学校教育局長から各都道府県知事に宛てた「新制高等学校実施準備に関する件」は、「青年学校関係者の中には、旧制度の青年学校が新制度の定時制高等学校になるのだと考えている者もいるようであるが、これは全く認識の足らないことを示すものであって、〔中略〕青年学校と定時制課程の間には直接には何の関係もないのである」「定時制の課程は、青年学校の性格を受け継いではならないのである」と念を押した。しかし同校の場合、青年学校令によって中学校・高等学校を名乗った時代も校史の一部として記録されることになった。

（6）内田糺・森隆夫編『中学校・高等学校の歴史』第一法規出版、一九七九年、一八四頁。「実務中学校」は仮称で、ほかにも「公民学校」「実業中学校」などの案があった。この案は、「進学の道開くか／青年学校改革の具体案」（『北海道新聞』一九四六年四月一四日付）のように、青年学校卒業者に上級学校進学資格を付与する案として全国で報じられ、青年学校関係者や勤労青少年の注目を集めた。

（7）くだんの英熟語の直訳が「公民中学校」であって、当初は普通科を置いておらず、したがって本書で述べてきた夜間中学とは微妙に意味合いを異にするが、学校教育法施行前において中学校の名のもとに夜間授業を行う学校であったことに相違はなく、一応その存在に触れておく必要はあろう。

（8）その結果、同じ新制高等学校で行う夜間授業といっても、夜間中等学校から移行した課程と、青年学校の流れを汲む定時制課程とが存在する形となった。この点に関しては発足当初から新制高等学校の理念に反する新たな格差を持ち込むものだとの批判が強く、結局は一九五〇年四月に両課程は「定時制課程」の名称で統一され、修業年限は四年となった。

（9）海後宗臣「中等学校制度の伝統と問題」東京帝国大学教育学研究室教育思潮研究会編『国民教育の動向』（『教育思潮研究』別冊）、目黒書店、一九四三年（『海後宗臣著作集』第四巻　学校論、東京書籍、一九八〇年、四二一〜四二二頁から重引）。

（10）前掲『海後宗臣著作集』第四巻、五四五頁。

あとがき

本書は、二〇〇二年に北海道大学から博士(教育学)の学位を授与された論文「近代日本の夜間中学に関する歴史的研究」に大幅な加筆修正を行ったものである。なお、次に示す論文がそれぞれの章を執筆する際のベースとなっている。

①「一九二〇～三〇年代における夜間中学の展開――札幌遠友夜学校中等部・札幌中等夜学校を中心に――」教育史学会編『日本の教育史学』第四四集、二〇〇一年(第二章および第三章の一部)

②「総力戦体制下の夜間中学――学徒動員・授業停止を免れた中学校――」教育史学会編『日本の教育史学』第四六集、二〇〇三年(第四章の一部)

③「札幌遠友夜学校の終焉――北海道帝国大学関係者による社会事業と総力戦体制――」北海道大学百二十五年史編集室編『北大百二十五年史』論文・資料編、二〇〇三年(第一章および第四章の一部)

以下、本書を執筆するに至った経緯について記しておきたい。

私が夜間中学について研究しようと決めたのは、北海道大学大学院教育学研究科修士課程への入学時であった。もっと正確にいえば、教育史研究に手を染めたのがまさにその時であった。

学部時代の私は、同じ大学ではあるが文学部哲学科西洋哲学専攻課程というおよそ畑違いの分野におり、まさか教育史研究に手を染めることになるとは夢にも思っていなかった。かといって哲学にのめり込んでいたわけではない。不登校児を集めるフリースクールの学生スタッフと補習塾のアルバイト講師といういささか変わった二つの「現場」に立つことに酔いしれ、友人には「不登校はお前だ」と言われる毎日だった。卒業後は高校教員になろうと思っていたから教育学関係の本は乱読したが、教育史関係のものがあったかどうか。

そんなこんなで大学では学問への憧憬すらろくに育たぬまま、お払い箱よろしく卒業と相なった。卒業式の後、学位記と教員免許状をもらうため、学内を南北一キロメートルにわたってまっすぐ続くメインストリートを文学部に向かった。足許は雪解け水でぐちゃぐちゃだったけれども、見上げた道の上の空はどこまでも青く、突き抜けるような解放感を味わったことを昨日のように思い出す。

道立高校での教員生活は予想以上に充実しており、あっという間に三年が過ぎた。

ある日、用事があって事務室の奥の薄暗い耐火倉庫に入った。過去の学校経営に関する書類や帳票類、卒業者・退学者の個人データといった保存書類が収蔵されているカビ臭い倉庫。そこでふと目にとまったのは、「潮陵中学関係書類」と書かれた数個の段ボール箱だった。勤務校の前身である旧制小樽中学校とは異なる名称を付された箱に興味を持ち、開けて中をのぞいたあの瞬間が、今思えば人生の転換点だった。パラパラと書類を繰るうちに、さまざまな疑問が浮かび上がってきた。小樽中学校同窓会が中心となって夜間中学を経営するとあるが、なぜわざわざ総力戦体制下に私立中学校を新設する必要があったのか。そもそも庁立中学校の校舎内に私立中学校を設置できるのはなぜか。学徒動員で勉強もままならないはずの時期に、夜間中学へ入学する生徒がいたのはなぜか。それは向学心の結果だとして、卒業者に数倍する膨大な数の退学者がいたのはなぜか。書類を繰るほどに疑問は湧き、深まるばかりであった。当時、自主夜間中学の運営にも携わっていた私は、この書類にいたく興味を惹かれた。もちろん旧制中学と新制中学の違いはわかっていたから、自分のやっていることと違うのは理解できた。要は定時制課程の前身かとも思ったが、中学校ではなく各種学校であり、卒業しても無資格との記述には当惑させられた。書店・図書館で戦前の夜間中学に関する本を探索したが、あいにく見つからなかった。

教えを乞うべく母校に向かい、教養部の頃に自主ゼミでご指導いただいた竹田正直先生（現在は北海学園大学）を教育学部長室にお訪ねした。すると曰く、そうした研究は寡聞にして知らない、疑問があれば自分で調べて本を書きなさい、それが最良の勉強法だ、とのこと。かつての劣等生、しかも教育史のイロハも知らぬ高校教員に何を、と思ったところに間髪を入れず、大学院教育学研究科は社会人入試を始めたところだ、うちの講座に入学したらどうか、と二の矢を放たれる。勤務先に確認したところ、週一日なら校長裁量で研修（職務専念義務免除）を与えられるから受験してもよい、という。昨今の教育現場は、若手・中堅教員に管理職の基礎資格たる専修免許状をとらせるため、大学院通学に極めて寛容なのだ。ちょうど教育学について勉強をしっかりしてみたいと思い始めていた時である。毎週毎週、土日を含めて三日も勉強させてもらえるのなら、ひとつやってみようか。そんな具合で大学院を受験した。

幸い合格して院生となり、逸見勝亮先生に師事した。先生は金曜午前の院ゼミを土曜午前に移すなど最大限の配慮で私を迎え、基礎的な知識・手法のみならず、調査に時間と体力を惜しまないことの重要性を身をもって教えて下さった。管理職として忙殺されるようになる直前の時期であり、しかもちょうど先輩院生が次々に就職したり留学したりで研究室が淋しくなったこともあって、——こういう表現はお気に召さないかもしれないが書いてしまおう——碩学に学部生レベルの基礎知識から手取り足取り……という究極の贅沢に浴したことは限りない幸運であった。ご指導の通りにきちんと育ったとはいえないけれども。

また、教育史・比較教育講座の日本教育史グループでは、年一回、非常勤講師を招いて集中講義を行う。修士課程の二年生がいればその修士論文のテーマにあわせて、いなければ歴史関係で面白い研究をしている方を招く。

先生の人脈の広さと院生の少なさとが相俟ってできる芸当だが、他大学との交流の少ない地方の大学の院生にとって、学外の優れた研究者の謦咳に接するのは貴重な体験であった。しかも話はそこにとどまらない。自分の研究テーマに明るい方が見えた場合、講義終了後も末永く個人的に教えを乞いたくなるのが人情というものだが、先生はこのことに極めて寛容であった。おかげで私の場合、菅原亮芳先生(財団法人日本私学教育研究所、現在は高崎商科大学)、廣田照幸先生(東京大学)に資料その他研究上のさまざまなご援助を頂戴する機会を得た。それは本書を執筆するために必要不可欠なものであった。

こうしたご配慮のおかげで、北海道という地の涯にあっても研究上のハンディを感じたことはほとんどない。研究の性格上、ほぼ全国の都道府県図書館・公文書館をまわって公文書・学校記念誌・ローカル紙などを閲覧する必要があり、資料調査に時間と経費がかかることだけは否めないが、旅好きの私にとって、それは移動を楽しんだ挙げ句、調査もできる素晴らしい時間であった。福岡県図書館で調査をしながら近くのコインランドリーでたまりにたまった衣類を洗濯したこと、愛知県公文書館の調査終了後に銭湯につかってから夜行バスで岡山を目指したこと、高知県図書館の調査終了後に乗った大阪南港行きフェリーで夏の夜の海風に吹かれたことなど、すべてがよき思い出である。

「何ごとによらず、あるストイックな壁がなければ、事は成熟しないのである。(中略)書物が貴重だからこそ懸命に読み、異性に接することも禁じられていたゆえに、内部に真摯なロマンが育った」(高橋和巳「自立と挫折の青春像――我が青年論――」『高橋和巳全集』第一二巻、河出書房新社、一九七八年、一四三頁)というのが修士課程の頃の意識であった。研究と仕事を両立させることは、自分にとって研究を進めるうえでの「ストイックな壁」だった。

しかし、修士課程を卒えるにあたって、私は悩んだ末、勤務先に辞表を出した。趣味で始めた研究はもはや病膏肓に入るの状態で、よもやここで中断することなど考えられなかった。だが博士後期課程の院生として全国を資料調査で巡って学位論文を書くことと、高校教員として生徒を指導することの両立など、自分の力量では到底不可能だった。

そうして手に入れた研究一本槍の生活は、これまでとはまた別種の楽しさだった。あの夏の日に言われた「本を書くのが最良の勉強法」の心も少し理解できるようになった。やがて日本学術振興会特別研究員に採用され、文部省科学研究費の交付を受けて思うように資料調査をすることが可能となり、おかげでどうにか学位論文を提出することができた。審査の過程では、所伸一先生、横井敏郎先生、新谷恭明先生(九州大学)からもご指導を賜った。

明くる二〇〇三年度からは愛知教育大学に赴任した。教員養成の仕事に従事しながら、研究対象を夜間中学のみならず鉄道教習所・逓信講習所・軍学校・青年学校など多様な傍系の教育機関にまで広げ、近代日本の青少年の前に広がっていた学習機会の在りようを浮かび上がらせることに取り組んでいる。それはまた、あの日、耐火倉庫のなかで抱いた疑問により深く、より鮮明な解答をもたらす作業でもある。

よき恩師ばかりではなく、よき先達、よき仲間に恵まれたことも幸運だった。

昭和中学同窓会幹事長だった牧島忠敏氏は、同校に関する貴重な資料を多数ご提供下さった。さらに氏を基点にして、同窓会の皆さまにさまざまな協力をいただけたのは望外の喜びであった。昭和中学は一九四四年に閉校したため、同窓会は新入会員のいない会であった。会員の高齢化を考慮した結果、二〇〇四年七月に解散したが、皆さまにおかれては今後とも健やかな毎日をお過ごしになるようご祈念申し上げる。

北海道大学大学院教育学研究科四一八(のち移転して一〇六)号室で机を並べた先輩・友人——とりわけ井上高

聡、小幡久美子、池田裕子、池田拓人の各氏――から受けたアドバイスや刺激は絶大なものだった。今や散り散りになったが、お互いソファーを気にしながらパソコン画面に向かった日々のことを忘れず、研究に取り組んでおられることと思う。

また、かつての職場である北海道小樽潮陵高等学校の同僚にも感謝を捧げねばならない。若造にも自由な教育活動・研修をさせてくれる空気が充ち満ちた職場だったおかげで、二年間にわたって職務の傍ら、大学院へ通学することが可能となったのである。お世話になりっぱなしでお別れしたことは今もって心苦しいが、今も校種は違えど同じ教師として頑張っていること、「現場」の風を教員志望者に伝えようと努力していることをもってお許しいただきたい。

こうした多くの方々の支え、いくつもの幸運のおかげで、私は研究を続けることができた。どこか一部でも欠けていれば、本書は形をなしていなかったはずである。今後、さらに研究を深め、教育学の発展に貢献することで、幾分でも恩返しができればと念じている。

本書の刊行にあたっては、日本学術振興会から平成一六年度科学研究費補助金(研究成果公開促進費)の交付を受けた。また、北海道大学図書刊行会の前田次郎氏、今中智佳子氏には編集の全般にわたってお世話になった。円子幸男氏は緻密な校正をしてくれた。記して感謝したい。

二〇〇四年七月

三上敦史

三上敦史(みかみ あつし)

1968年，北海道帯広市生まれ。北海道大学文学部哲学科卒業，同大学院教育学研究科博士後期課程単位取得退学。日本学術振興会特別研究員を経て，現在，愛知教育大学助手。博士(教育学)。

主要論文

「1920-30年代における夜間中学の展開——札幌遠友夜学校中等部・札幌中等夜学校を中心に」教育史学会機関誌編集委員会編『日本の教育史学』第44集，2001年

「札幌遠友夜学校の終焉——北海道帝国大学関係者による社会事業と総力戦体制」北海道大学編『北大百二十五年史』論文・資料編，2003年

「総力戦体制下の夜間中学——学徒動員・授業停止を免れた中学校」教育史学会機関誌編集委員会編『日本の教育史学』第46集，2003年

「鉄道教習所の教育史1——鉄道院による中央・地方教習所の創設」(廣田照幸・吉田文編『職業と選抜の歴史社会学——国鉄と社会諸階層』世織書房，2004年)

「鉄道教習所の教育史2——鉄道省による総合教育体系の展開」(同上書)

近代日本の夜間中学

2005年2月28日　第1刷発行

著　者　三上敦史

発行者　佐伯　浩

発行所　北海道大学図書刊行会

札幌市北区北9条西8丁目北海道大学構内(〒060-0809)

tel.011(747)2308・fax.011(736)8605・http://www.hup.gr.jp/

㈱アイワード／石田製本

ISBN4-8329-6511-5

書　名

本書についてのご感想・ご意見

今後の企画についてのご意見

ご購入の動機

1 書店でみて　2 新刊案内をみて　3 友人知人の紹介

4 書評を読んで　5 新聞広告をみて　6 DMをみて

7 ホームページをみて　8 その他（　　　）

値段・装幀について

A 値　段（安　い　　普　通　　高　　い）

B 装　幀（良　い　　普　通　　良くない）

郵便はがき

料金受取人払

札幌中央局
承認

1748

差出有効期間
2006年10月31日
まで

060-8787

札幌市北区北九条西八丁目
北海道大学構内

北海道大学図書刊行会 行

ご氏名（ふりがな）		年齢　歳	男・女
ご住所	〒		
ご職業	①会社員　②公務員　③教職員　④農林漁業 ⑤自営業　⑥自由業　⑦学生　⑧主婦　⑨無職 ⑩学校・団体・図書館施設　⑪その他（　　　）		
お買上書店名	市・町　　書店		
ご購読新聞・雑誌名			

索　　引

さ　行

た　行

な　行

は　行

ま　行

や　行

ら・わ　行

参考資料　夜間中学の設置形態・名称の変遷

《凡　例》

①各地方・府県ごとに設置順に排列する。内紛などにより分離開校した学校は，母体となった学校の直下に配列する(例えば，北海道；札幌遠友夜学校と中等夜学有鄰館)。東京府は設置数が膨大なため，便宜的に公立(設置時に私立でも，のちに公立移管された学校を含む)と私立を別立てで排列する。

②学校名の直前に付した記号は，★；公立学校，☆；「準公立」の私立学校，無印；私立学校を示す。学校名に丸括弧を付したものは計画を示す。山括弧(〈　〉)は学校教育法施行後の学校名を示す。

③使用する線の凡例は以下の通り。

- 設置計画・案などの存在。
- 開校または閉校の時期が不明(存続が確認された年を基点にして2年分の長さで表示)。
- 小学校・実業学校など中学校以外の教育課程で経営。
- 中学校に準じる教育課程で経営。
- 専検指定を受けた各種学校，正規の中学校・高等学校夜間課程として経営。

④線が斜めに下りてゆくのは，改称年が不明なことを指す(例えば，愛知県；豊川夜間中学)。また，ヨコに延びないままタテに通過してゆくのは，同じ年に再改称されたことを指す(例えば，青森県；私立協成夜間中学)。

⑤各種学校(専検指定学校を含む)から中学校への改組は，別の学校設置(各種学校廃止ならびに中学校設置)として行われ，両者が併存する事例が多い。このため，同じ枠内に記載するが，線は結ばない。

⑥出典に関しては，主要なもののみを掲載。新聞・雑誌は本来，号数・発行年月日まで掲載すべきところであるが，紙幅の関係で発行年のみとする。

⑦2004年7月時点で判明しているものをまとめた。

樺太庁

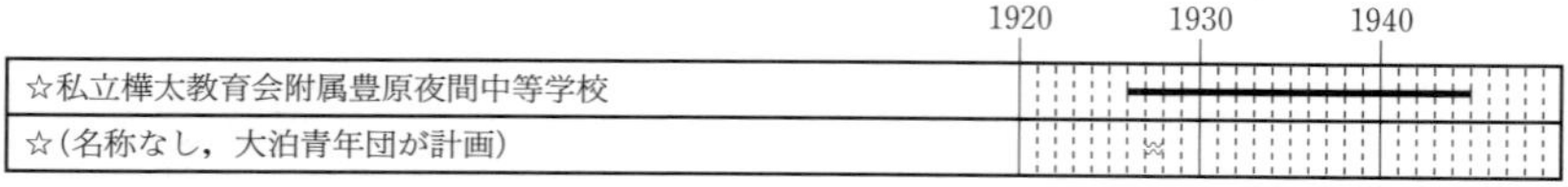

私立樺太教育会附属豊原夜間中等学校(庁立豊原中学校附設)

- 『樺太日日新聞』1926～29・32・34～36年
- 『小樽新聞』1926年
- 樺太庁『樺太要覧』1927～43年

・樺太教育会『樺太教育』1928・32 年
・樺太庁『樺太庁統計書』1931・33～35 年
・樺太庁『樺太教育概況』1931～33 年
・樺太敷香時報社『樺太年鑑』1932～39 年
・『北海タイムス』1936 年
・鉄道省『鉄道公報』1937 年
・樺太社『樺太』1941～44 年
・北海道教育研究所編『北海道教育史』地方編 2，1957 年
・全国樺太連盟編『樺太沿革・行政史』1978 年
・高田銀次郎『樺太教育発達史』青史社，1982 年
・凍原――樺太教育の想いで――編集委員会編『凍原――樺太教育の想いで――』樺太教職員スワンズ会，1984 年

名称なし，大泊青年団が計画

・『樺太日日新聞』1927 年(12/15)

北海道庁

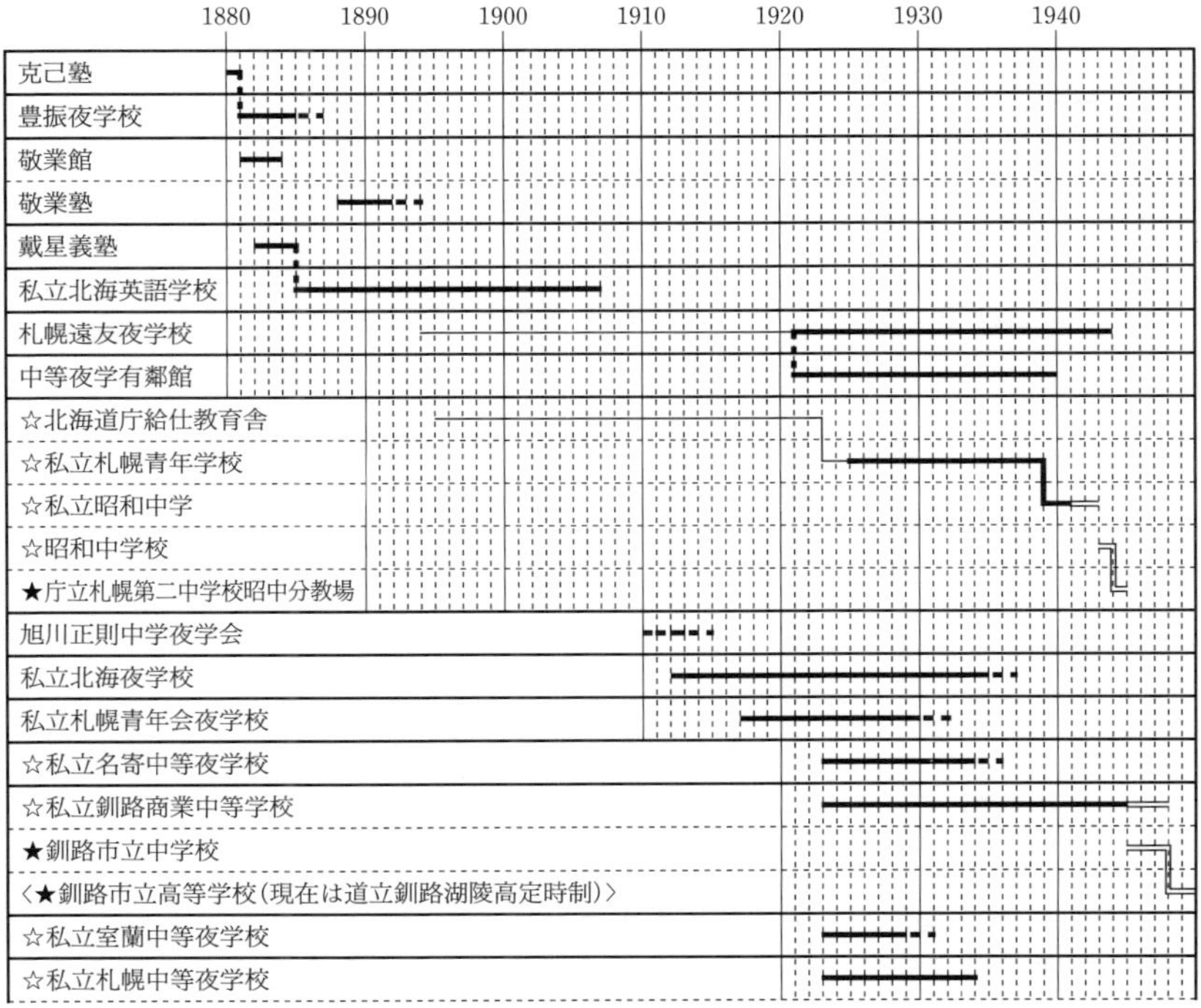

☆私立札幌夜間中学	
★庁立札幌夜間中学	
★庁立札幌第二中学校（夜間部）	
★道立札幌第二中学校（夜間部）	
〈★道立札幌第二高等学校（現在は道立札幌西高定時制）〉	
☆私立旭川中等夜学校	
☆私立旭川夜間中学	
☆北辰中学	
★庁立北辰中学	
★庁立旭川中学校（夜間部）	
★道立旭川中学校（夜間部）	
〈★道立旭川高等学校（現在は道立旭川東高定時制）〉	
☆私立函館中等夜学校	
☆私立函館夜間中学	
☆五稜中学	
★庁立五稜中学	
★庁立函館中学校（夜間部）	
★道立函館中学校（夜間部）	
〈★道立函館高等学校（現在は道立函館中部高定時制）〉	
（☆私立小樽中等夜学校）	
☆私立池田中等学校	
☆私立帯広中等夜学校	
☆岩見沢夜間中学	
★岩見沢市立中学校	
〈★岩見沢市立高等学校（現在は道立岩見沢東高定時制）〉	
（★室蘭市立夜間中学）	
☆私立潮陵中学	
☆潮陵中学校	
〈★道立小樽高等学校（現在は道立小樽潮陵高定時制）〉	
★滝川町立滝川夜間中学	
★滝川町立中学校	
〈★道立滝川高等学校（現在は道立滝川工高，1981 年定時制廃止）〉	
（★校名未定，道会で庁立根室商に附設の建議案提出）	
（★網走町立黎明中学校，庁立網走中に附設計画）	

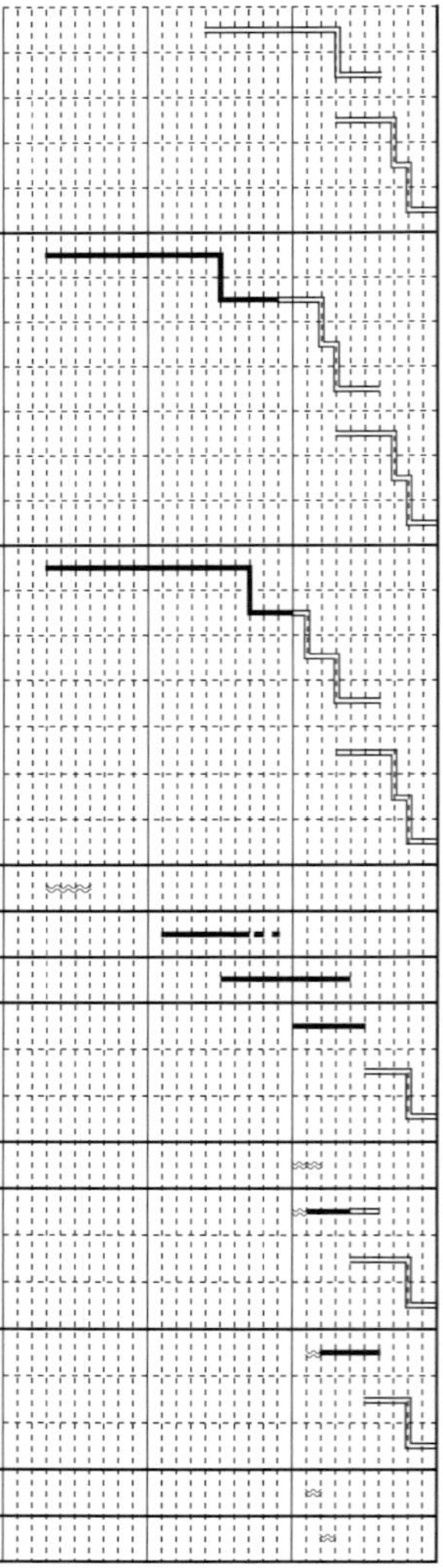

克己塾

- 北海道教育研究所編『北海道教育史』全道編 4，1964 年
- 山崎長吉『札幌教育史』上巻，1986 年

豊振夜学校

- 大蔵省『開拓使事業報告』第 4 編，1885 年
- 札幌県『札幌県学事第四年報』1885 年

・北海道教育研究所編『北海道教育史』全道編 4，1964 年
・山崎長吉『札幌教育史』上巻，1986 年
・北海百年史編集委員会編『北海百年史』1986 年
敬業館・敬業塾
・大蔵省『開拓使事業報告』第 4 編，1885 年
・北海道教育研究所編『北海道教育史』全道編 4，1964 年
・山崎長吉『札幌教育史』上巻，1986 年
戴星義塾・私立北海英語学校
・北海道庁『北海道庁統計書』1896 年
・『北海タイムス』1926 年
・『北海中学校　学校一覧表』1936 年
・『札幌商業学校一覧表』1936 年
・北海道教育研究所編『北海道教育史』地方編 2(1957 年)，全道編 1(1961 年)，全道編 4(1964 年)
・北海道私学教育史編集委員会編『北海道私学教育史』1963 年
・北海学園創基百周年記念事業出版専門委員会・札商六十五年史編集委員会編『札商六十五年史』1986 年
・北海百年史編集委員会編『北海百年史』1986 年
・山崎長吉『札幌教育史』上巻，1986 年
・北海学園創基百周年記念事業出版専門委員会編『北海学園百年史』1987 年
札幌遠友夜学校
・国立公文書館蔵「遠友夜学校　給仕教育資産　北海学園」「中学校設置廃止認可」
・札幌遠友夜学校記念室蔵「昭和二年十一月　事業日誌」「昭和三年四月　事業日誌」「自昭和拾年四月至昭和十二年四月　庶務日誌　第三号」「自昭和十六年三月　庶務日誌　第五号」
・北海道議会蔵「大正十一年議案第一号調査委員会議事速記録」
・札幌市議会蔵「大正十二年札幌市会々議録」
・『北海タイムス』1921・22・24〜41 年
・財団法人東京府社会事業協会『日本社会事業年表』1922 年
・『小樽新聞』1923〜32・36・39・42 年
・札幌市『札幌市学事一覧』1923〜41・43 年度
・北海道帝国大学文武会『北海道帝国大学新聞』1926・28・29・31・33・34・39 年
・財団法人北海道社会事業協会『北海道社会事業』1929・34・36 年
・札幌遠友夜学校『遠友』1930・31・33〜35・38〜40 年
・鉄道省『鉄道公報』1932・37 年
・北海道庁『北海道庁統計書』1933〜36 年度
・『北海道新聞』1943・44 年
・北海道教育研究所編『北海道教育史』地方編 2(1957 年)，全道編 4(1964 年)，総括編(1970 年)
・財団法人札幌遠友夜学校編『札幌遠友夜学校』1964 年
・札幌市教育委員会文化資料室編『さっぽろ文庫⑱　遠友夜学校』北海道新聞社，1981 年
・札幌市中央勤労青少年ホーム編『明日への架け橋——札幌市中央勤労青少年ホームの 20 年

――』1984 年
・札幌市教育委員会文化資料室編『さっぽろ文庫㉞　新渡戸稲造』北海道新聞社，1985 年
・瀬沼茂樹・小田切進編『有島武郎全集』別巻，筑摩書房，1988 年
・山崎長吉『札幌教育史』上巻(1986 年)，中巻(1992 年)
・札幌遠友夜学校創立百年記念事業会編『思い出の遠友夜学校』北海道新聞社，1995 年

中等夜学有鄰館

・札幌遠友夜学校記念室蔵「自昭和拾年四月至昭和十二年四月　庶務日誌　第三号」
・『北海タイムス』1921・22・24〜27・29〜31・34・37 年
・『小樽新聞』1923〜27・29〜32・34・36 年
・札幌市『札幌市学事一覧』1923〜41 年度
・札幌市会『札幌市会々議録』1923 年
・中等夜学有鄰館『伏麟』1924 年
・北海道帝国大学文武会『北海道帝国大学新聞』1926・28・33・35 年
・北海道庁『北海道庁統計書』1933〜36 年度
・北海道教育研究所編『北海道教育史』地方編 2(1957 年)，全道編 4(1964 年)
・札幌市中央勤労青少年ホーム編『明日への架け橋――札幌市中央勤労青少年ホームの 20 年――』1984 年
・山崎長吉『札幌教育史』中巻，1992 年

北海道庁給仕教育舎〜庁立札幌第二中学校昭中分教場(庁立札幌第一中学校附設)

・国立公文書館蔵「夜間中等学校台帳」「学則・規則・認可」「中学校設置廃止認可」「遠友夜学校　給仕教育資産　北海学園」
・札幌区役所『札幌区統計一斑』1914・17 年度
・札幌市『札幌市学事一覧』1924〜41・43 年度
・『北海タイムス』1925・26・29・31〜33・35・36・38〜41 年
・北海道庁学務部教育兵事課『昭和四年四月　北海道教育要覧』1929 年
・『小樽新聞』1931・39〜41 年
・北海道自治協会『北海道行政』1933 年
・北海道庁『北海道庁統計書』1933〜34 年度
・北海道庁『北海道青年学校名簿』1936 年
・北海道庁『北海道青年学校状況調』1936 年
・文部省社会教育局『青年学校名簿』1938 年
・鉄道省『鉄道公報』1939 年
・昭中会『昭中会々報』1941 年
・『北海道新聞』1942・43・95・97・2001 年
・内閣印刷局『官報』1943・44 年
・札幌南高等学校創立六十周年記念事業協賛会編『六十年史』1955 年
・北海道教育研究所編『北海道教育史』地方編 2(1957 年)，全道編 4(1964 年)
・札幌西高等学校創立 50 周年記念事業協賛会編『創立五十周年記念』1963 年
・北海道札幌西高等学校編『創立六十周年記念』1972 年
・青雲会『青雲会通信』1976〜84 年
・昭和中学同窓会『昭和中学同窓会会報』1979〜2003 年

・高橋揆一郎『北の旗雲』新潮社，1979 年
・『毎日新聞』(北海道版)，1980 年
・北海道新聞社編『私のなかの歴史①』1985 年
・札幌市教育委員会文化資料室編『さっぽろ文庫㉚　旧制中学物語』北海道新聞社，1984 年
・高橋揆一郎『少年給仕』新潮社，1992 年
・昭和中学校同窓会編『青雲　昭和中学記念誌』1997 年
・北海道札幌南高等学校創立百周年記念協賛会百年史編集委員会編『百年史　北海道札幌南高等学校』1997 年
・昭和中学同窓会『青雲　昭和中学同窓会名簿』1998 年
・昭和中学五期会『昭和中学五期会会報』2003 年

旭川正則中学夜学会

・旭川正則中学夜学会『文叢』1913 年

私立北海夜学校

・北海道庁『北海道庁統計書』1914～19・33・34 年度
・北海道庁『北海道庁管内学校一覧』1914～17 年度
・札幌区『札幌区学事一覧』1915・20 年度
・札幌区『札幌区統計一斑』1918 年度
・『北海タイムス』1919・24・25・28・30・34 年
・札幌市『札幌市学事一覧』1923～35 年度
・『小樽新聞』1924・28～30 年
・大塚高俊『新版　大札幌案内』1931 年
・北海道帝国大学文武会『北海道帝国大学新聞』1931 年
・北海道教育研究所編『北海道教育史』全道編 4，1964 年
・山崎長吉『札幌教育史』上巻(1986 年)，中巻(1992 年)

私立札幌青年会夜学校

・札幌区役所『札幌区統計一斑』1917・18 年度
・北海道庁『北海道庁統計書』1918・19・26～29 年度
・札幌区『札幌区学事一覧』1920 年度
・鈴木栄吉『基督教青年会発達史』開拓社，1921 年
・札幌市『札幌市学事一覧』1923・24 年度
・北海道教育研究所編『北海道教育史』全道編 4，1964 年
・山崎長吉『札幌教育史』中巻，1992 年

私立名寄中等夜学校(庁立名寄中学校附設)

・国立公文書館蔵「各種学校設置廃止」
・名寄尋常高等小学校『郷土誌』1933 年
・『小樽新聞』1923・24・26 年
・『函館毎日新聞』1923 年
・北海道連合教育会『北海道教育』1923 年
・北海道庁『北海道庁統計書』1926～29・33・34 年度
・北海道庁学務部教育兵事課『昭和四年四月　北海道教育要覧』1929 年
・『北海タイムス』1932 年

・北海道教育研究所編『北海道教育史』全道編4(1964年)，総括編(1970年)
・北海道名寄高等学校創立50周年記念事業協賛会編『五十年誌』1972年

私立釧路商業中等学校～釧路市立中学校(庁立釧路中学校附設)

・国立公文書館蔵「各種学校設置廃止」「中学校設置廃止認可」
・札幌遠友夜学校記念室蔵「昭和三年四月　事業日誌」
・釧路市役所『釧路市勢一斑』1925・26年度
・北海道庁『北海道庁統計書』1926～29・33～36年度
・『小樽新聞』1926年
・釧路市役所『釧路市勢要覧』1928年度
・北海道庁学務部教育兵事課『昭和四年四月　北海道教育要覧』1929年
・釧路市役所『釧路市勢一覧』1929～32・35年度
・北海道庁『北海道青年学校状況調』1936年
・『北海タイムス』1939年
・北海道教育研究所編『北海道教育史』全道編4(1964年)，総括編(1970年)
・北海道釧路湖陵高等学校創立80周年定時制70周年並びに校舎改築落成記念事業協賛会編『湖陵八〇年』1991年

私立室蘭中等夜学校(庁立室蘭中学校附設)

・国立公文書館蔵「各種学校設置廃止」
・『室蘭毎日新聞』1926年
・北海道庁『北海道庁統計書』1926～29・33年度
・室蘭市教員会郷土研究部編『郷土教育資料』1933年発行か
・北海道教育研究所編『北海道教育史』地方編1(1955年)，全道編4(1964年)，総括編(1970年)
・創立六十周年記念誌編集部編『北海道室蘭栄高等学校創立六十周年記念誌　希望は果なし』1978年
・室蘭市史編さん委員会編『新室蘭市史』3，1985年
・創立70周年記念協賛会編『北海道室蘭栄高等学校創立70周年記念誌　ここにわれらあり』1988年

私立札幌中等夜学校～道立札幌第二中学校(夜間部)

・国立公文書館蔵「各種学校設置廃止」「認定指定私立各種学校」「中学校設置廃止認可」「学則・規則・認可」
・防衛研究所蔵「陸軍省大日記　甲輯」
・札幌遠友夜学校記念室蔵「自昭和壱拾年四月至昭和十二年四月庶務日誌第三号」「自昭和十六年三月至　庶務日誌第五号」
・『小樽新聞』1923～42年
・北海道連合教育会『北海道教育』1923年
・札幌市『札幌市学事一覧』1923～41・43年度
・『北海タイムス』1925～42年
・北海道庁『北海道庁統計書』1926～29・33～36年度
・北海道庁学務部教育兵事課『昭和四年四月　北海道教育要覧』1929年
・内閣印刷局『官報』1934・36・39・43年

・北海道帝国大学文武会『北海道帝国大学新聞』1931 年
・札幌中等夜学校校友会『校友会誌』1933 年
・鉄道省『鉄道公報』1933・37 年
・教育週報社『教育週報』1934・43 年
・中等教育会『中等教育』1934 年
・財団法人札幌夜間中学『文部大臣指定　財団法人札幌夜間中学　学校一覧』1936・37 年
・札幌夜間中学校友会『校友会誌』1936 年
・札幌夜間中学『学校一覧』1936 年
・受験界社『受験界』1938 年
・『北海道新聞』1942・43 年
・北海道教育研究所編『北海道教育史』地方編 2(1957 年)，全道編 4(1964 年)，総括編(1970 年)
・札幌西高等学校創立 50 周年記念事業協賛会編『創立五十周年記念』1963 年
・北海道札幌西高等学校編『創立六十周年記念』1972 年
・北海道札幌西高等学校創立 70 周年記念誌編集委員会編『創立 70 周年記念　定時制 60 周年』1982 年
・札幌市教育委員会文化資料室編『さっぽろ文庫㉚　旧制中学物語』北海道新聞社，1984 年
・山崎長吉『札幌教育史』中巻，1992 年

私立旭川中等夜学校～道立旭川中学校(夜間部)

・国立公文書館蔵「各種学校設置廃止」「中学校設置廃止認可」「学則・規則・認可」
・『小樽新聞』1923・34・35・37～39・41 年
・北海道庁『北海道庁統計書』1926～29・33～36 年度
・北海道庁学務部教育兵事課『昭和四年四月　北海道教育要覧』1929 年
・内閣印刷局『官報』1939・41～43 年
・『北海タイムス』1939・42 年
・『北海道新聞』1942・43 年
・教育週報社『教育週報』1943 年
・旭川東高等学校創立五十周年定時制三十周年記念事業協賛会編『開校五十年史』1955 年
・北海道教育研究所編『北海道教育史』地方編 2(1957 年)，全道編 4(1964 年)，総括編(1970 年)
・旭川市史編集委員会編『旭川市史』第 3 巻，1959 年
・旭川東高等学校七十周年記念協賛会編『開校七十年史』1974 年
・旭川東高等学校八十周年記念協賛会編『開校八十年史』1984 年
・旭川市教育委員会編『旭川市教育史』1985 年
・北海道旭川東高等学校創立全日制九十周年定時制七十周年校舎落成記念事業協賛会編『開校九十年史』1993 年

私立函館中等夜学校～道立函館中学校(夜間部)

・国立公文書館蔵「各種学校設置廃止」「認定指定私立各種学校」「兵役法及文官任用令認定各種学校台帳」「認定指定雑載」「中学校設置廃止認可」「学則・規則・認可」
・北海道議会蔵「昭和十三年　議案第一号調査委員会議事速記録」第 5 号
・『小樽新聞』1923 年

・『函館毎日新聞』1923 年
・北海道庁『北海道庁統計書』1926～29・33～36 年度
・開発社『教育時論』1927 年
・教育週報社『教育週報』1928・43 年
・北海道庁学務部教育兵事課『昭和四年四月　北海道教育要覧』1929 年
・『北海タイムス』1929 年
・鉄道省『鉄道公報』1939 年
・『函館新聞』1940 年
・内閣印刷局『官報』1940・42・43 年
・財団法人函館夜間中学『文部大臣指定財団法人函館夜間中学一覧』1940 年
・函館夜間中学校友会『巨星』1940 年
・『北海道新聞』1942・44 年
・北海道教育研究所編『北海道教育史』地方編 1(1955 年)，全道編 4(1957 年)，総括編(1970 年)
・函館中部高等学校創立七十周年記念事業協賛会編『七十年史』1965 年
・北海道函館中部高等学校八十周年記念協賛会編『白楊魂　創立八十周年記念誌』1977 年
・北海道函館中部高等学校創立 90 周年記念協賛会編『写真集　白楊ヶ丘九十年』1985 年
・創立八十周年，定通教育発足三十五周年記念事業実行委員会編『函商夜間教育(函商定)八十年史』1985 年
・北海道函館中部高等学校定時制創立 65 周年記念実行委員会編『創立 65 周年記念誌　楊燈』1988 年
・北海道函館中部高等学校百周年記念事業協賛会編『函中百年史』1995 年

(私立小樽中等夜学校)

・国立公文書館蔵「各種学校設置廃止」
・『小樽新聞』1923 年
・北海道教育研究所編『北海道教育史』全道編 4，1964 年

私立池田中等学校

・国立公文書館蔵「認定指定総規」
・『小樽新聞』1931・32 年
・『北海タイムス』1932 年
・帝国教育会『帝国教育』1932 年
・鉄道省『鉄道公報』1932・37 年
・北海道庁『北海道庁統計書』1933～35 年度
・北海道池田高等学校創立五十周年記念協賛会編集係編『創立五十周年記念誌』1968 年
・北海道教育研究所編『北海道教育史』総括編，1970 年
・池田町史編集委員会編『池田町史』下巻，1989 年

私立帯広中等夜学校(庁立帯広中学校附設)

・国立公文書館蔵「中学校設置廃止認可」
・北海道議会蔵「昭和十二年　第三十七回通常道会議事速記録」第 8 号
・『十勝毎日新聞』1935・2003 年
・『十勝新聞』1935・36 年

・北海道庁『北海道庁統計書』1935・36年度
・鉄道省『鉄道公報』1936・37年
・北海道教育研究所編『北海道教育史』全道編4(1964年), 総括編(1970年)
・北海道帯広柏葉高等学校四十周年記念祝賀協賛会編纂部編『創立四十周年記念誌』1963年
・近藤清吉先生回想誌刊行会編『天山近藤清吉回想誌』柏葉書房, 1969年
・十勝教育研究所編『戦後十勝教育史』1973年
・十勝毎日新聞社編『ああ青春のオベリ魂――帯中～柏葉60年の歩み――』1983年
・東北海道新聞社編『帯中物語――十勝野拓く郷土の人脈――』1983年
・帯広柏葉高等学校七十周年記念協賛会編纂部編『柏葉七十年史』1993年
・帯広教育史編集委員会編『帯広教育史――学校教育の百年――』1997年
・北海道帯広柏葉高等学校新校舎落成・全日制80周年・定時制50周年記念事業協賛会編纂部編『柏葉　全日制80周年・定時制50周年記念誌』2003年

岩見沢夜間中学～岩見沢市立中学校(庁立岩見沢中学校附設)

・国立公文書館蔵「中学校設置廃止認可」「学則・規則・認可」
・『北海タイムス』1940年
・『小樽新聞』1942年
・北海道教育研究所編『北海道教育史』地方編2(1957年), 全道編4(1964年), 総括編(1970年)
・岩見沢市史編さん委員会編『岩見沢市史』1963年
・岩見沢市議会史編さん委員会編『岩見沢市議会史』1964年
・北海道岩見沢東高等学校五十周年記念事業協賛会編『五十周年記念誌』1972年
・北海道岩見沢東高等学校創立全日制六十周年定時制四十周年記念事業協賛会編『創立六十周年記念誌』1982年
・北海道岩見沢東高等学校創立全日制七十周年定時制五十周年記念事業協賛会編『大地の稔り』1992年

(室蘭市立夜間中学)

・『北海タイムス』1940年

私立潮陵中学～潮陵中学校(庁立小樽中学校附設)

・国立公文書館蔵「中学校設置廃止認可」
・北海道小樽潮陵高等学校蔵「潮陵中学校　学則」「潮陵中学校　日誌」(1941～47年)
・『小樽新聞』1934・37～41年
・『北海タイムス』1941・42年
・小樽市役所『小樽市学事一覧』1943年
・内閣印刷局『官報』1944年
・潮陵中学報国会『潮』1942年
・鉄道省『鉄道公報』1942年
・潮陵倶楽部編『潮陵』1949・50年
・潮陵高等学校創立五十周年記念事業協賛会編『潮陵五十年史』1953年
・北海道教育研究所編『北海道教育史』地方編1(1955年), 全道編4(1964年), 総括編(1970年)
・北海道小樽潮陵高等学校開校六十周年記念祝賀協賛会編『小樽潮陵高等学校　六十年の歩み』

1963 年
・近藤清吉先生回想誌刊行会編『天山近藤清吉回想誌』柏葉書房，1969 年
・潮陵高等学校開校七十周年記念祝賀協賛会記念事業部編『潮陵七十年史』1973 年
・天山会編集部編『天山会』1973 年
・小樽潮陵高等学校定時制創立五十周年記念協賛会記念誌編集部会編『燈光』1990 年
・北海道小樽潮陵高等学校創立九十周年記念協賛会編『潮陵九十年史』1993 年
・北海道小樽潮陵高等学校創立 100 周年記念協賛会編『潮陵百年』2003 年

滝川町立滝川夜間中学〜滝川町立中学校(庁立滝川中学校附設)

・国立公文書館蔵「認定指定私立各種学校」「夜間中等学校台帳」「中学校設置廃止認可」「学則・規則・認可」
・『小樽新聞』1942 年
・鉄道省『鉄道公報』1942 年
・北海道教育研究所編『北海道教育史』地方編 2(1957 年)，全道編 4(1964 年)，総括編(1970 年)
・北海道滝川工業高等学校創立五十周年記念協賛会編『創立五十周年記念誌　校歴五十年』1970 年
・北海道滝川工業高等学校創立六十周年記念協賛会編『六十年史』1980 年
・北海道滝川工業高等学校定時制課程閉課記念事業協賛会編『学労』1981 年
・北海道滝川工業高等学校創立七十周年記念協賛会編『七十年史』1990 年

(校名未定，道会で庁立根室商に附設の建議案提出)

・北海道議会蔵「昭和十六年　第四十一回通常道会議事速記録」付録

(網走町立黎明中学校，庁立網走中に附設計画)

・北海道教育研究所編『北海道教育史』地方編 1，1955 年
・松田貞夫『オホーツク新書③　オホーツクの「夜の教室」から』オホーツク新書刊行会，1982 年
・北海道網走南ヶ丘高等学校創立七十周年記念協賛会編集部編『七十年史誌』1992 年

青森県

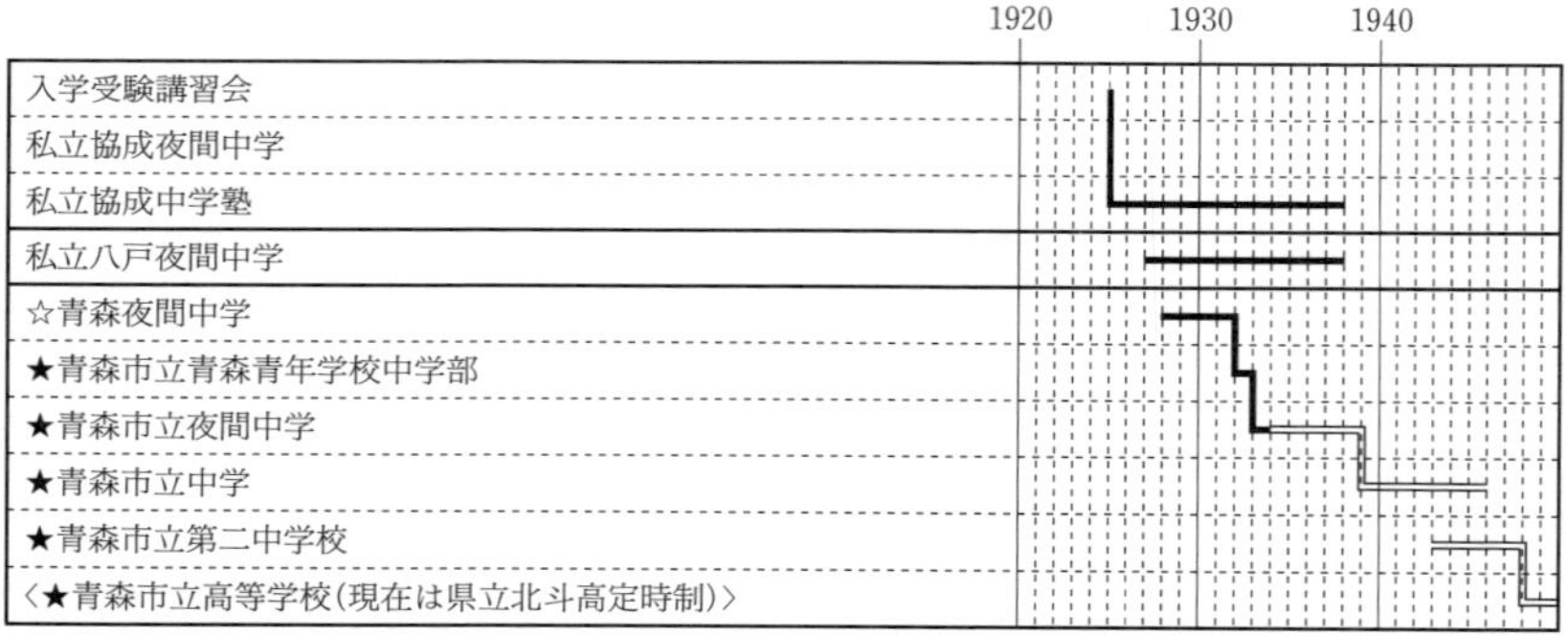

★青森県田名部町立中学			
★青森県田名部中学校			

入学受験講習会～私立協成中学塾(私立協成高等女学校附設)

- 国立公文書館蔵「各種学校設置廃止」「各種学校台帳」「認定指定総規」
- 『東奥日報』1925・27・28・32 年
- 青森県『青森県統計書』1927～35 年度
- 鉄道省『鉄道公報』1932・37 年
- 青森県『青森県勢要覧』1934・35 年度
- 青森県教育史編集委員会編『青森県教育史』第 4 巻資料編 2，1971 年

私立八戸夜間中学(八戸市立商業学校附設)

- 国立公文書館蔵「各種学校設置廃止」「認定指定総規」「各種学校台帳」
- 『東奥日報』1927・28 年
- 青森県『青森県統計書』1927～34・36～38 年度
- 鉄道省『鉄道公報』1932・37 年
- 帝国教育会『帝国教育』1932 年
- 青森県『青森県勢要覧』1934～36・38 年度
- 青森県教育史編集委員会編『青森県教育史』第 2 巻記述編 2・第 4 巻資料編 2，1971 年
- 八戸市教育史編さん委員会編『八戸市教育史』上・下，1974・75 年
- 青森県立八戸中央高等学校創立 40 周年記念事業協賛会編『ひとつなる真』1988 年

青森夜間中学～青森市立第二中学校(青森市立第一中学校附設，1942 年から独立校舎)

- 国立公文書館蔵「各種学校設置廃止」「公立各種学校設置廃止認可」「認定指定総規」「各種学校台帳」「兵役法及文官任用令認定各種学校台帳」「中学校設置廃止認可」「学則・規則・認可」
- 防衛研究所蔵「陸軍省大日記　甲輯」
- 『東奥日報』1928・32・33 年
- 青森県『青森県統計書』1929～34・36～38・40 年度
- 青森市『青森市統計書』1930～32・34～36 年度
- 帝国教育会『帝国教育』1932 年
- 青森県『青森県勢要覧』1934～36・38 年度
- 内閣印刷局『官報』1934・36・39・43 年
- 中等教育会『中等教育』1934 年
- 鉄道省『鉄道公報』1937・39 年
- 青森市史編纂室編『青森市史』第 1 巻教育編，1954 年
- 青森県教育史編集委員会編『青森県教育史』第 2 巻記述編 2・第 4 巻資料編 2，1971 年
- 青森県立北斗高等学校創立 60 周年記念誌刊行委員会編『創立 60 周年記念誌　北斗七星』1996 年

青森県田名部町立中学～青森県田名部中学校(町立田名部小学校附設)

- 国立公文書館蔵「夜間中等学校台帳」「中学校設置廃止認可」「学則・規則・認可」
- 青森県教育史編集委員会編『青森県教育史』別巻，1973 年
- 田名部高等学校創立 70 周年記念事業協賛会編『若き命に光あり　田高 70 周年記念誌』1986 年

・むつ市史編さん委員会編『むつ市史』年表編，1988 年

岩手県

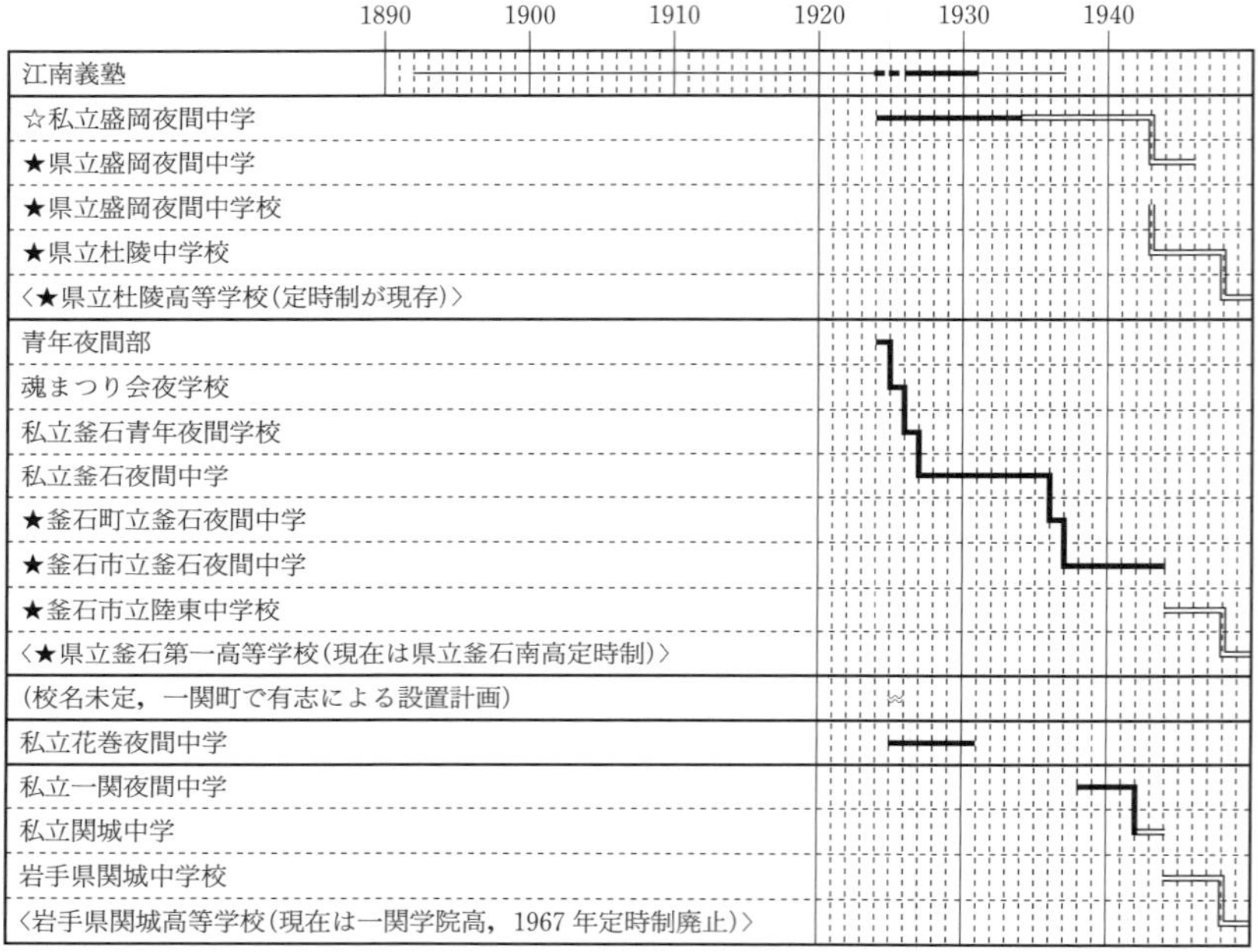

江南義塾

・『岩手日報』1924 年
・岩手県『岩手県統計書』1926～34 年度
・鉄道省『鉄道公報』1932・37 年
・盛岡市史編纂委員会編『盛岡市史』第 8 分冊 1，1963 年
・浦田敬三『江南義塾の父　菊地道太』盛岡タイムス社，1992 年

私立盛岡夜間中学～県立杜陵中学校(県立盛岡商業学校附設)

・国立公文書館蔵「認定指定私立各種学校」「公立各種学校設置廃止認可」「認定指定総規」「夜間中等学校台帳」「兵役法及文官任用令認定各種学校台帳」「中学校設置廃止認可」「学則・規則・認可」
・防衛研究所蔵「陸軍省大日記　甲輯」
・岩手県立図書館蔵「第一回運動会番組　昭和九年五月二十日　盛岡夜間中学」
・岩手県立杜陵高等学校蔵「大正十五年度以降　学校調査書類綴　盛岡夜間中学」「昭和十五年度以降学校諸業事記録　杜陵高等学校」「昭和九年　盛岡夜間中学一覧」
・『岩手日報』1924・27・31・34・36 年

・岩手県『岩手県統計書』1926～40 年度
・鉄道省『鉄道公報』1932・37 年
・帝国教育会『帝国教育』1932 年
・内閣印刷局『官報』1934・36・39・43 年
・教育週報社『教育週報』1934 年
・中等教育会『中等教育』1934 年
・鈴木勝二郎先生追悼録編纂委員会編『鈴木勝二郎先生追悼録』1949 年
・盛岡市史編纂委員会編『盛岡市史』第 8 分冊 1，1963 年
・岩手県編『岩手県史』第 10 巻近代編 5，1965 年
・岩手県教育委員会編『岩手近代教育史』第 2 巻大正昭和 I 編，1981 年
・川村仙二編『校誌　岩手県立杜陵高等学校』1982 年
・創立七十周年校史編集委員会編『七十年史　飛翔杜陵』1995 年

青年夜間部～釜石市立陸東中学校(県立釜石中学校附設)

・国立公文書館蔵「各種学校設置廃止」「認定指定総規」「各種学校台帳」「夜間中等学校台帳」「中学校設置廃止認可」「学則・規則・認可」
・『岩手日報』1925・26・31 年
・岩手県『岩手県統計書』1926～40 年度
・鉄道省『鉄道公報』1932・37 年
・帝国教育会『帝国教育』1932 年
・中等教育会『中等教育』1934 年
・文部大臣官房文書課『昭和十二年　文部省例規類纂』1938 年
・内閣印刷局『官報』1944 年
・岩手県編『岩手県史』第 10 巻近代編 5，1965 年
・岩手県教育委員会編『岩手近代教育史』第 2 巻大正昭和 I 編，1981 年
・岩手県立釜石南高等学校校史編集委員会編『釜南 70 年史』1988 年
・岩手県立釜石南高等学校創立八十周年記念事業協賛会編『詞章』1994 年

(校名未定，一関町で有志による設置計画)

・『岩手日報』1925 年

私立花巻夜間中学(町立花城尋常高等小学校附設)

・国立公文書館蔵「認定指定総規」
・『岩手日報』1925～27・31 年
・岩手県『岩手県統計書』1926～31 年度
・岩手県編『岩手県史』第 10 巻近代編 5，1965 年
・岩手県立花巻北高等学校編『桜雲 45 年史』1976 年
・岩手県教育委員会編『岩手近代教育史』第 2 巻大正昭和 I 編，1981 年
・岩手県立花巻北高等学校創立六十周年記念事業協賛会編『桜雲臺六十年史』1992 年

私立一関夜間中学～岩手県関城中学校(私立一関商業学校附設)

・国立公文書館蔵「夜間中等学校台帳」「中学校設置廃止認可」「学則・規則・認可」
・『岩手日報』1938 年
・岩手県『岩手県統計書』1938～40 年度
・内閣印刷局『官報』1942～44 年

・鉄道省『鉄道公報』1939 年
・岩手県編『岩手県史』第 10 巻近代編 5，1965 年
・岩手県教育委員会編『岩手近代教育史』第 2 巻大正昭和 I 編，1981 年
・一関学院五十年史編集委員会編『一関学院五十年史』1988 年

宮城県

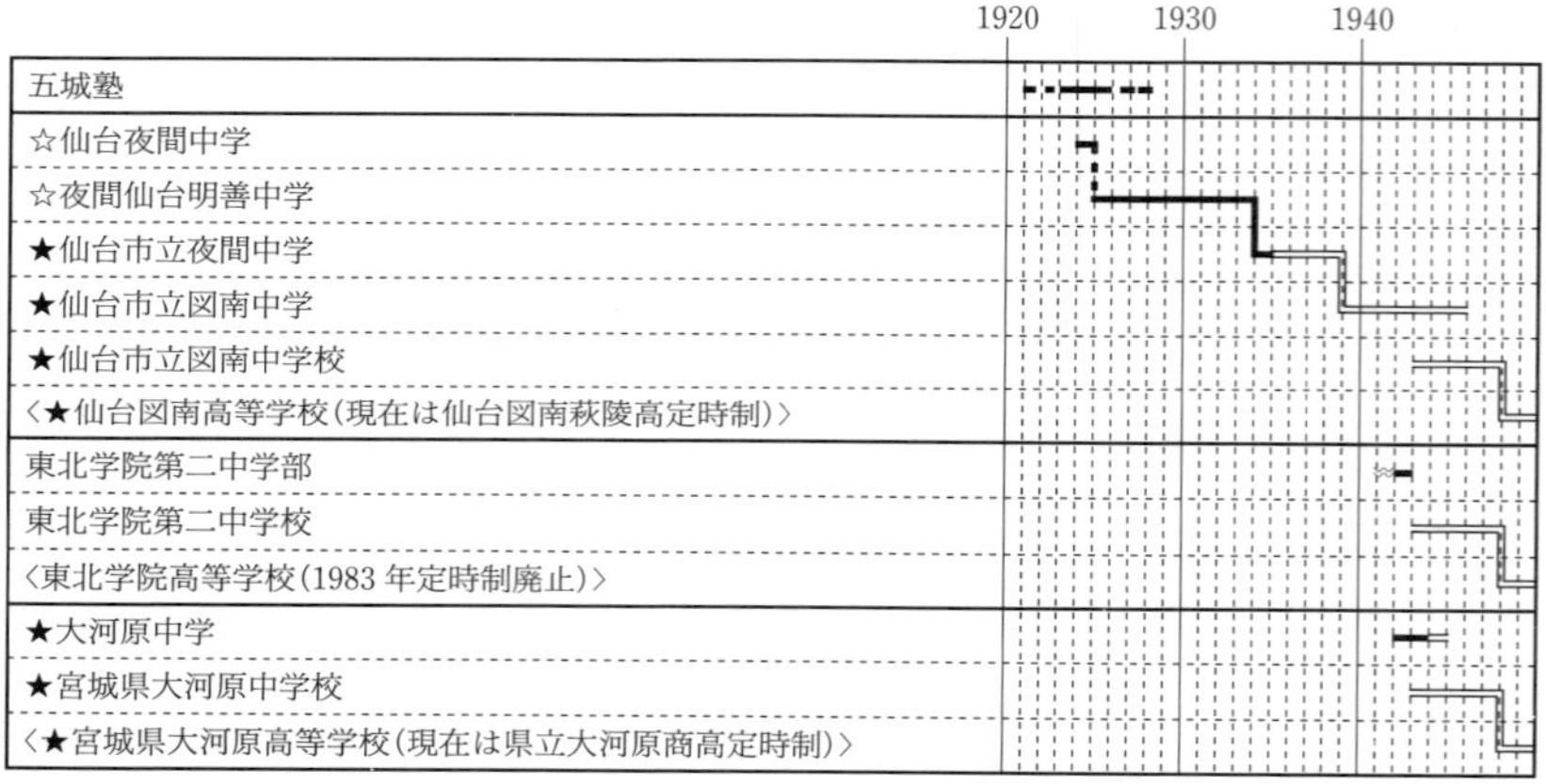

五城塾

・仙台市史編纂委員会編『仙台市史』第 4 巻別篇 2，1951 年
・仙台明善会編『池田菊左衛門先生追悼回顧録』1974 年

仙台夜間中学～仙台市立図南中学校（市立五橋高等小学校附設）

・国立公文書館蔵「認定指定総規」「公立各種学校設置廃止認可」「兵役法及文官任用令認定各種学校台帳」「学則・規則・認可」
・防衛研究所蔵「陸軍省大日記　甲輯」
・宮城県『宮城県統計書』1926～38 年度
・鉄道省『鉄道公報』1932・37・39 年
・帝国教育会『帝国教育』1932 年
・仙台市『仙台市統計書』1933・39 年度
・宮城県『宮城県公報』1934 年
・仙台明善中学『明善』1934 年
・仙台明善会『仙台明善中学学友会誌』1934 年
・『河北新報』1934・42・43 年
・『読売新聞』（宮城版），1934 年
・中等教育会『中等教育』1934 年
・文部大臣官房文書課『昭和九年　文部省例規類纂』1935 年
・内閣印刷局『官報』1935・36・39・43 年

・『仙南日日新聞』1942 年
・仙台市史編纂委員会編『仙台市史』第 4 巻別篇 2，1951 年
・仙台図南高等学校創立二十五周年記念事業実行委員会編『仙台図南二十五年史』1959 年
・宮城県宮城県史編纂委員会編『宮城県史』11(教育)，1959 年
・仙台商業高等学校校史編集委員会編『仙商七十七年史』1973 年
・仙台明善会編『池田菊左衛門先生追悼回顧録』1974 年
・宮城県教育委員会編『宮城県教育百年史』第 2・3・4 巻，1977・75・79 年
・仙台図南萩陵高等学校編『仙台図南萩陵高等学校開校 10 年の歩み』1994 年
・第 9 図南会『卒業 50 周年記念文集　はだかでんきゅう』1995 年

東北学院第二中学部～東北学院第二中学校(東北学院中学校附設)

・国立公文書館蔵「各種学校台帳」
・『河北新報』1943 年
・東北学院七十年史編纂委員会編『東北学院七十年史』1959 年
・東北学院百年史編集委員会編『東北学院百年史』1989 年

大河原中学～宮城県大河原中学校(町立大河原高等女学校附設)

・国立公文書館蔵「夜間中等学校台帳」「学則・規則・認可」
・『仙南日日新聞』1941・42 年
・教育週報社『教育週報』1943 年
・宮城県大河原商業高等学校校史編纂委員会編『宮城県大河原商業高等学校創立 60 周年記念誌　六十年の歩み』1982 年
・大河原町史編纂委員会編『大河原町史』通史編・諸史編，1982・84 年

秋田県

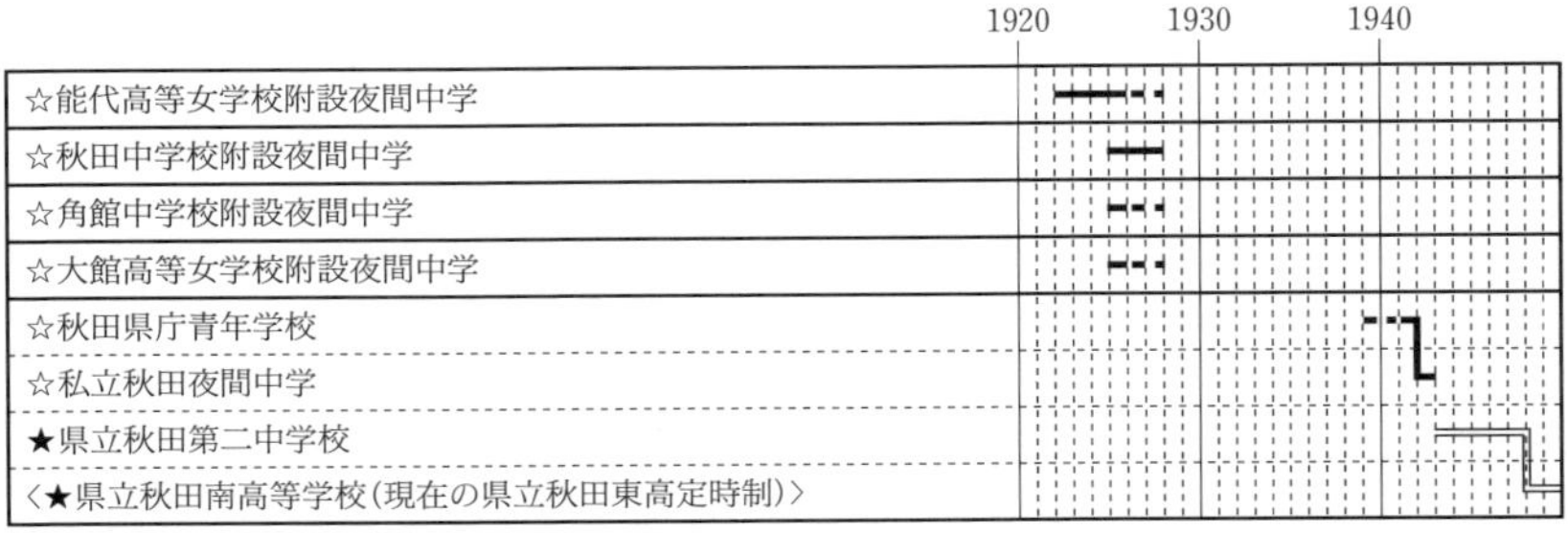

能代高等女学校附設夜間中学

・『秋田魁新報』1924・25 年
・秋田県立能代北高等学校創立全日制七十周年定時制三十五周年記念事業実行委員会編『創立七十周年記念誌』1984 年

秋田中学校附設夜間中学

・『秋田魁新報』1925・26 年
・教育週報社『教育週報』1928 年

・秋高創立百周年記念事業実行委員会秋高百年史編纂委員会編『秋高百年史』1973 年

角館中学校附設夜間中学

・『秋田魁新報』1924・25 年

大館高等女学校附設夜間中学

・『秋田魁新報』1924・25 年

秋田県庁青年学校～県立秋田第二中学校（県立秋田中学校附設）

・国立公文書館蔵「各種学校設置廃止」「夜間中等学校台帳」「各種学校台帳」「中学校設置廃止認可」「学則・規則・認可」
・『秋田魁新報』1942・43 年
・内閣印刷局『官報』1943 年
・教育週報社『教育週報』1943 年
・秋田県編『秋田県史』資料大正昭和編・第 6 巻大正昭和編，1961・65 年
・秋高創立百周年記念事業実行委員会秋高百年史編纂委員会編『秋高百年史』1973 年
・秋田県教育委員会編『秋田県教育史』第 3・4・6 巻，1983・84・86 年

山形県

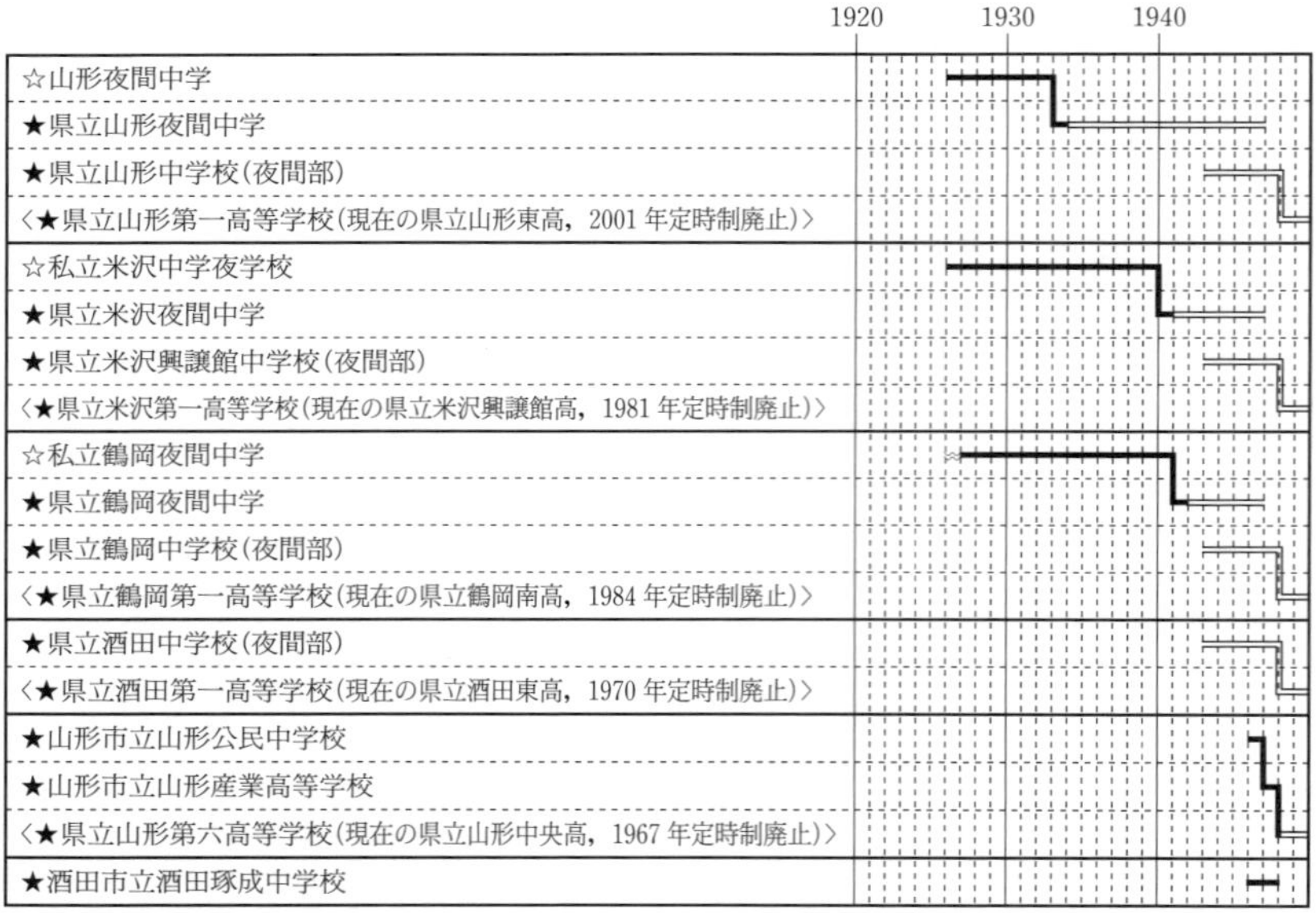

山形夜間中学～県立山形中学校（夜間部）

・国立公文書館蔵「夜間中等学校台帳」「公立各種学校設置廃止認可」「兵役法及文官任用令認定各種学校台帳」「学則・規則・認可」
・防衛研究所蔵「陸軍省大日記　甲輯」

・『米沢新聞』1926年
・『山形民報』1926年
・山形県『山形県統計書』1933年度
・鉄道省『鉄道公報』1933年
・内閣印刷局『官報』1934・35・39・43年
・教育週報社『教育週報』1934年
・中等教育会『中等教育』1934年
・山形市『山形市統計一斑』1935・36・40年度
・上倉裕二『山形県教育史』1952年
・山形県教育史資料編集委員会編『山形県教育史資料』第4・5巻，1978・79年
・山形県教育委員会編『山形県学校史年表』1973年
・山形県立山形東高等学校校史編纂委員会編『山形東高等学校百年史』1987年

私立米沢中学夜学校～県立米沢興譲館中学校(夜間部)

・国立公文書館蔵「夜間中等学校台帳」「公立各種学校設置廃止認可」「兵役法及文官任用令認定各種学校台帳」「学則・規則・認可」
・『米沢新聞』1926年
・『山形民報』1926年
・平仲次『山形県立米沢興譲館中学校沿革史』1934年
・内閣印刷局『官報』1940・43年
・上倉裕二『山形県教育史』1952年
・山形県教育委員会編『山形県学校史年表』1973年
・山形県教育史資料編集委員会編『山形県教育史資料』第4・5巻，1978・79年
・閉校記念誌編集委員会編『青雲』1981年[県立米沢興譲館高校]
・山形県立米沢興譲館高等学校創立百年記念事業実行委員会編『興譲館世紀』1986年
・米沢市史編さん委員会編『米沢市史』第4・5巻，1995・95年

私立鶴岡夜間中学～県立鶴岡中学校(夜間部)

・国立公文書館蔵「夜間中等学校台帳」「各種学校台帳」「公立各種学校設置廃止認可」「学則・規則・認可」
・『荘内新報』1938～40年
・内閣印刷局『官報』1941～43年
・教育週報社『教育週報』1941・42年
・上倉裕二『山形県教育史』1952年
・山形県教育委員会編『山形県学校史年表』1973年
・鶴岡市役所編『鶴岡市史』下巻，1975年
・山形県教育史資料編集委員会編『山形県教育史資料』第4・5巻，1978・79年
・山形県立鶴岡南高等学校定時制の課程を閉じる会実行委員会編『山形県立鶴岡南高等学校定時制の課程を閉じる会記念誌　星窓』1984年
・大瀬欽哉・斎藤正一・佐藤誠朗・阿部博行編『山形県立鶴岡南高等学校百年史』1994年
・藤沢周平『半生の記』文藝春秋，1994年

県立酒田中学校(夜間部)

・国立公文書館蔵「夜間中等学校台帳」「学則・規則・認可」

・山形県教育委員会編『山形県学校史年表』1973 年
・山形県教育史資料編集委員会編『山形県教育史資料』第 5 巻，1979 年

山形市立山形公民中学校

・創立二十周年記念誌編集委員会編『山形県立山形中央高等学校創立二十周年記念誌』1967 年
・山形県教育委員会編『山形県学校史年表』1973 年
・佐藤源治『占領下の山形県教育史』高陽堂書店，1980 年
・山形県教育委員会編『山形県教育史』通史編下巻，1993 年

酒田市立酒田琢成中学校（市立浜田小学校附設）

・山形県立酒田商業高等学校八十年史編集委員会編『山形県立酒田商業高等学校八十年史』1987 年

福島県

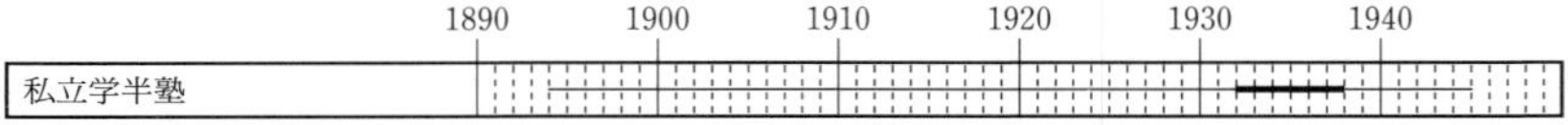

私立学半塾

・国立公文書館蔵「中学校設置廃止認可」
・福島県『福島県学事年報』1905～07・09～16 年
・福島県『福島県学事一覧』1914・16～18・27 年
・福島県福島市役所『福島県福島市学事一覧表』1914・16・19・22・24～25 年
・福島市役所『福島市学事一覧』1926～30 年
・福島県『福島県学事要覧』1928～32・34・36～37 年
・私立学半塾学窓会『小田里人』1929 年
・『福島民友新聞』1932 年
・『福島民報』1932 年
・鉄道省『鉄道公報』1932・37 年
・福島市役所『福島市学事要覧』1932～35・37・38・40～42 年
・明治百年福島県教育回顧録編集委員会編『明治百年福島県教育回顧録』1969 年
・福島市史編纂委員会編『福島市史』第 11 巻近代資料Ⅱ（資料編 6），1973 年
・福島民報社編『福島大百科事典』1982 年

茨城県

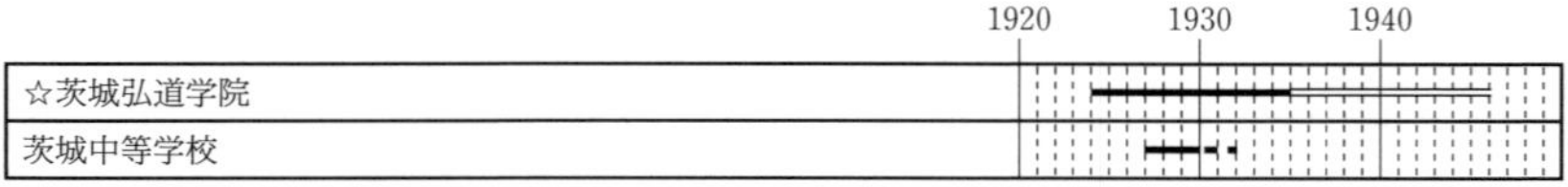

茨城弘道学院（県立水戸中学校附設）

・国立公文書館蔵「各種学校設置廃止」「認定指定総規」「各種学校台帳」「中学校設置廃止認可」
・茨城県『茨城県統計書』1924～37 年度

・茨城県『茨城県統計書』1924～37 年度
・鉄道省『鉄道公報』1932・37 年
・帝国教育会『帝国教育』1932 年
・内閣印刷局『官報』1935 年
・水戸一高百周年記念誌編集委員会編『水戸一高百年史』1978 年

茨城中等学校(私立茨城中学校附設)

・国立公文書館蔵「各種学校設置廃止」

栃木県

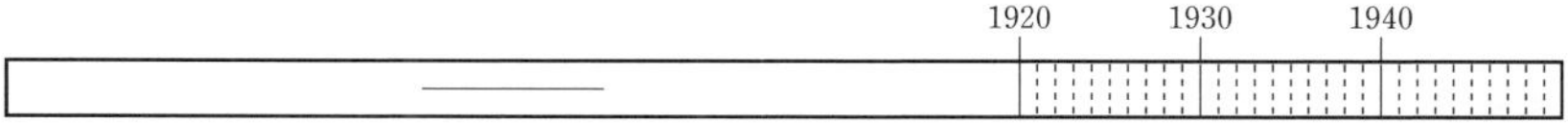

※管見の限り，設置の事実なし

群馬県

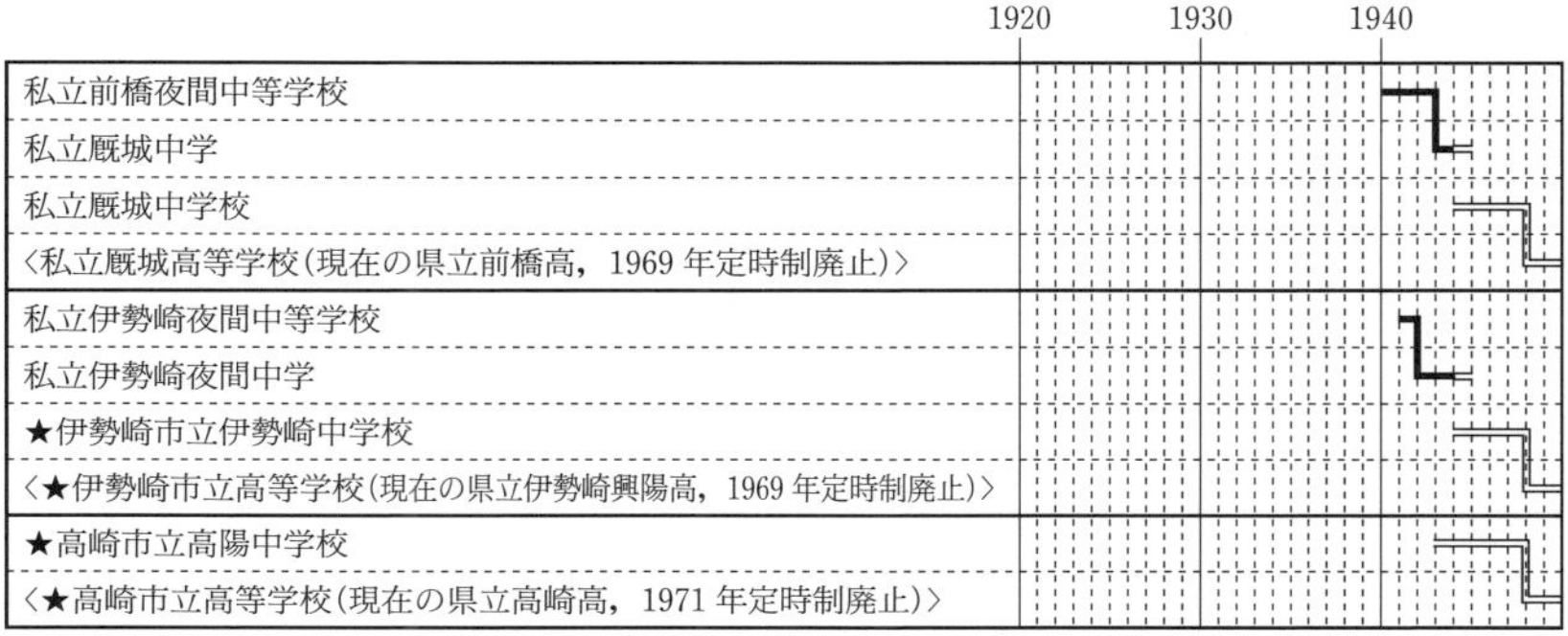

私立前橋夜間中等学校～私立厩城中学校(県立前橋中学校附設)

・国立公文書館蔵「夜間中等学校台帳」「中学校設置廃止認可」「学則・規則・認可」
・内閣印刷局『官報』1944 年
・前橋高等学校校史編纂委員会編『前橋高校八十七年史』1964 年
・戦後における群馬県教育史研究編さん委員会編『群馬県教育史戦後編』上巻，1966 年
・群馬県教育史研究編さん委員会編『群馬県教育史』第 4 巻(昭和編)，1975 年
・前橋高等学校校史編纂委員会編『前橋高校百三年史』1983 年
・群馬県史編さん委員会編『群馬県史』通史編 9(近代現代 3)，1990 年

私立伊勢崎夜間中等学校～伊勢崎市立伊勢崎中学校(県立佐波農学校附設)

・国立公文書館蔵「夜間中等学校台帳」「中学校設置廃止認可」「学則・規則・認可」
・内閣印刷局『官報』1944 年
・戦後における群馬県教育史研究編さん委員会編『群馬県教育史戦後編』上巻，1966 年

・群馬県立佐波農業高等学校創立50周年記念誌編集委員会編『佐波農五十年』1973年
・群馬県教育史研究編さん委員会編『群馬県教育史』第4巻(昭和編)，1975年
・伊勢崎市立図書館編『伊勢崎市立図書館のあゆみ』1982年
・群馬県史編さん委員会編『群馬県史』通史編9(近代現代3)，1990年

高崎市立高陽中学校(県立高崎中学校附設)

・国立公文書館蔵「夜間中等学校台帳」「中学校設置廃止認可」「学則・規則・認可」
・内閣印刷局『官報』1943年
・教育週報社『教育週報』1943年
・戦後における群馬県教育史研究編さん委員会編『群馬県教育史戦後編』上巻，1966年
・高崎市史編さん委員会編『高崎市史』第1巻，1969年
・高崎高等学校校史編集委員会編『高崎高校八十年史』下巻，1980年
・群馬県史編さん委員会編『群馬県史』通史編9(近代現代3)，1990年

埼玉県

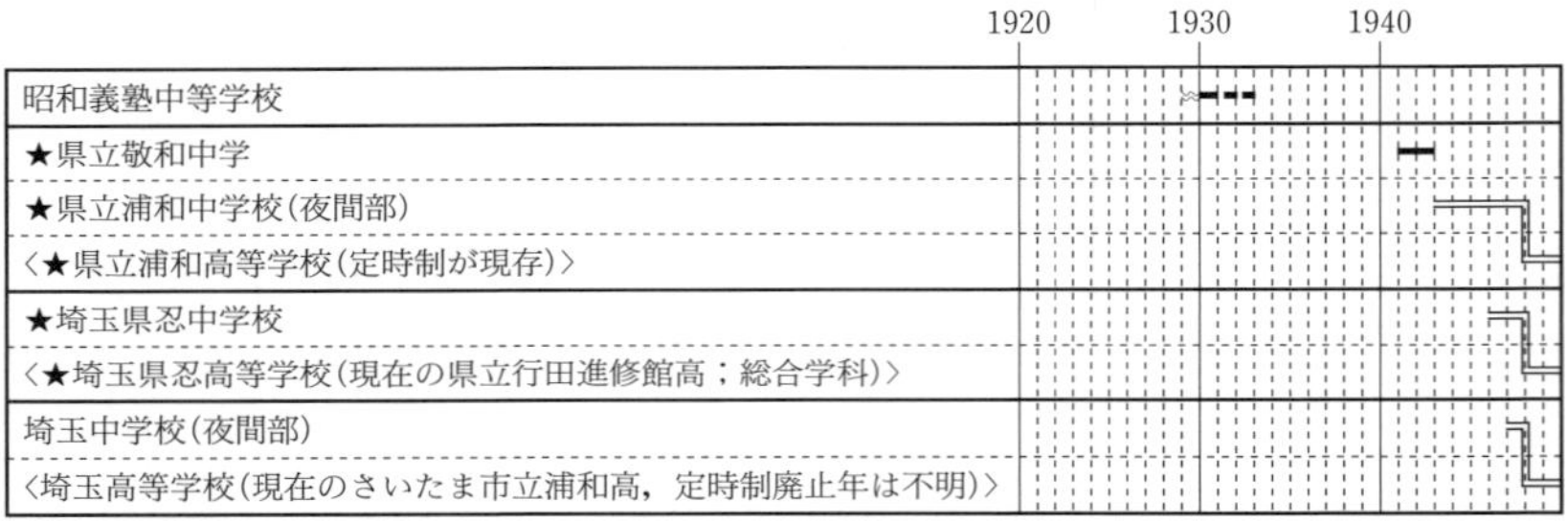

昭和義塾中等学校

・埼玉県立文書館蔵「昭和義塾中等学校設立ノ件」
・埼玉県教育委員会編『埼玉県教育史』第5巻，1972年

県立敬和中学～県立浦和中学校(夜間部)

・国立公文書館蔵「各種学校台帳」「公立各種学校設置廃止認可」「学則・規則・認可」
・埼玉県『埼玉県統計書』1947年度
・埼玉県教育委員会編『埼玉県教育史』第5・6巻，1972・76年
・埼玉県立浦和高等学校創立八十周年誌編集委員会編『銀杏樹――八十周年誌――』1975年
・浦和市総務部市史編さん室編『浦和市史』第4巻近代史料編II・第5巻通史編III，1978・92年
・埼玉県立浦和高等学校創立九十周年記念誌編集委員会編『銀杏樹――九十周年記念誌――』1985年
・埼玉県編『新編埼玉県史』資料編26(近代・現代8教育・文化2)，1990年
・創立百周年記念誌編集委員会編『百年誌　銀杏樹』雄飛編・礎編，1995年

埼玉県忍中学校(町立忍実業学校附設)

・国立公文書館蔵「夜間中等学校台帳」「中学校設置廃止認可」「学則・規則・認可」

・埼玉県『埼玉県統計書』1947 年度
・行田市史編纂委員会編『行田市史』1964 年
・埼玉県教育委員会編『埼玉県教育史』第 6 巻，1976 年

埼玉中学校(夜間部)

・国立公文書館蔵「夜間中等学校台帳」「学則・規則・認可」
・埼玉県『埼玉県統計書』1947 年度
・埼玉県教育委員会編『埼玉県教育史』第 5 巻，1972 年
・埼玉新聞社編『埼玉大百科事典』第 2・4 巻，1974・75 年
・記念誌編集委員会編『創立五十周年記念誌』1989 年[浦和市立高校]

千葉県

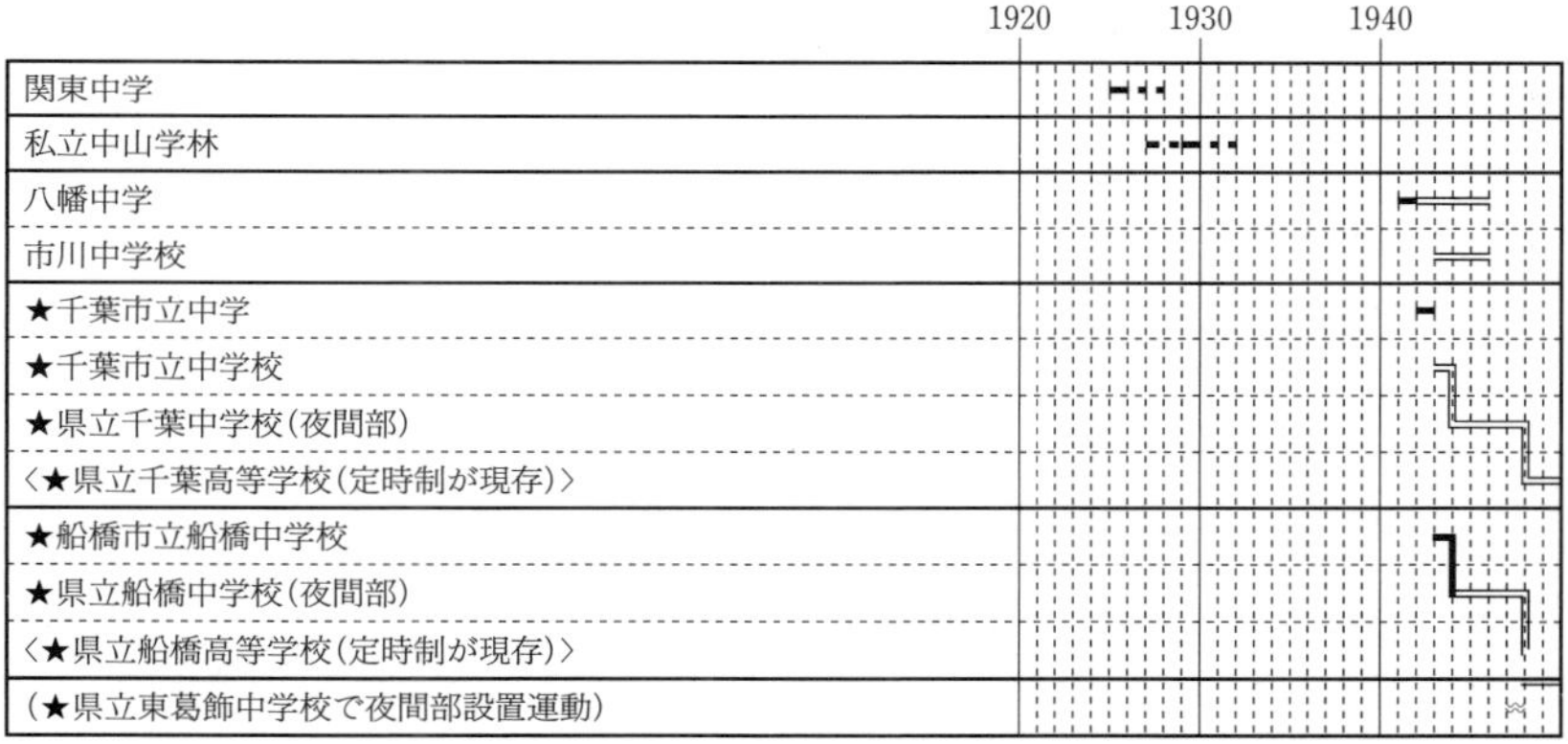

関東中学

・国立公文書館蔵「各種学校設置廃止」

私立中山学林

・国立公文書館蔵「認定指定総規」

八幡中学〜市川中学校(夜間部)

・国立公文書館蔵「各種学校台帳」「夜間中等学校台帳」「学則・規則・認可」
・千葉県教育総合センター蔵「文部省　千葉県庁　示達書類　市川学園」「昭和十七年度　発翰綴　市川中学校」「昭和十八年度(二号)　来翰綴　市川中学校」「昭和十八年度　発翰綴　市川中学校」「昭和十九年度　来翰綴　市川中学校」「昭和十九年度　発翰綴　市川中学校」「昭和二十年度(市川一号)　来翰綴　市川中学校」「昭和二十年度　発翰綴　市川中学校」
・『千葉新報』1942・43 年
・内閣印刷局『官報』1942 年
・市川学園五十年の歩み編集委員会編『市川学園五十年の歩み』1987 年

千葉市立中学〜県立千葉中学校(夜間部)

・国立公文書館蔵「夜間中等学校台帳」「中学校設置廃止認可」「学則・規則・認可」「公立各種

学校設置廃止認可」
- 『千葉新報』1942・43年
- 内閣印刷局『官報』1943年
- 千葉県教育百年史編さん委員会編『千葉県教育百年史』第2巻，1974年
- 千葉県立千葉高等学校創立100周年記念事業期成会編『創立百年』1979年
- 県立千葉商業高校60周年記念誌編集委員会編『創設82年創立60周年記念誌』1984年

船橋市立船橋中学校～県立船橋中学校(夜間部)

- 国立公文書館蔵「夜間中等学校台帳」「中学校設置廃止認可」「学則・規則・認可」
- 『千葉新報』1943年
- 千葉県立船橋高等学校五十周年記念誌編集委員会編『創立五十周年記念誌』1971年
- 千葉県教育百年史編さん委員会編『千葉県教育百年史』第2巻，1974年
- 千葉県立船橋高等学校編『千葉県立船橋高等学校七十年史』1992年

(県立東葛飾中学校で夜間部設置運動)

- 千葉県立東葛飾高等学校五十周年記念誌編集委員会編『千葉県立東葛飾高等学校五十周年記念誌』1975年

東京都

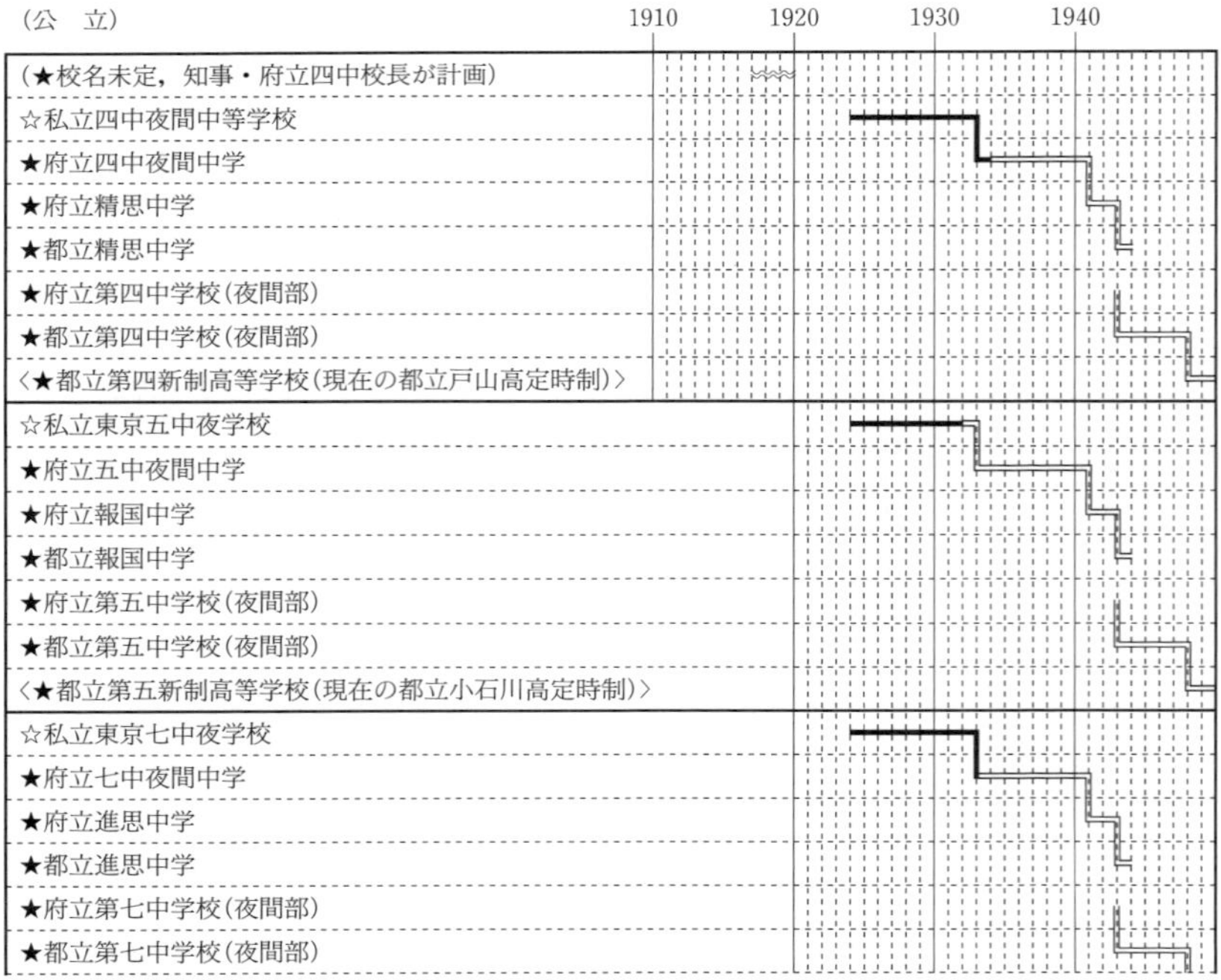

〈★都立第七新制高等学校（現在の都立墨田川高定時制）〉
☆東京六中夜学校（私立六中夜間中学）
★府立六中夜間中学
★府立興国中学
★都立興国中学
★府立第六中学校（夜間部）
★都立第六中学校（夜間部）
〈★都立第六新制高等学校（現在の都立新宿高定時制）〉
☆私立東京三中夜学校
★府立三中夜間中学
★府立桂友中学
★都立桂友中学
★府立第三中学校（夜間部）
★都立第三中学校（夜間部）
〈★都立第三新制高等学校（現在の都立両国高定時制）〉
☆私立上野二中夜間中学
★東京市立上野中学
★都立上野中学
★第二東京市立中学校（夜間部）
★都立上野中学校（夜間部）
〈★都立上野新制高等学校（現在の都立上野高定時制）〉
☆私立第一東京夜間中学
★東京市立九段中学
★都立九段中学
★第一東京市立中学校（夜間部）
★都立九段中学校（夜間部）
〈★都立九段新制高等学校（現在の都立九段高定時制）〉
★府立八中夜間中学
★府立弘道中学
★都立弘道中学
★府立第八中学校（夜間部）
★都立第八中学校（夜間部）
〈★都立第八新制高等学校（現在の都立小山台高定時制）〉
★府立一中夜間中学
★府立養正中学
★都立養正中学
★府立第一中学校（夜間部）
★都立第一中学校（夜間部）
〈★都立第一新制高等学校（現在の都立日比谷高定時制）〉
★府立二中夜間中学

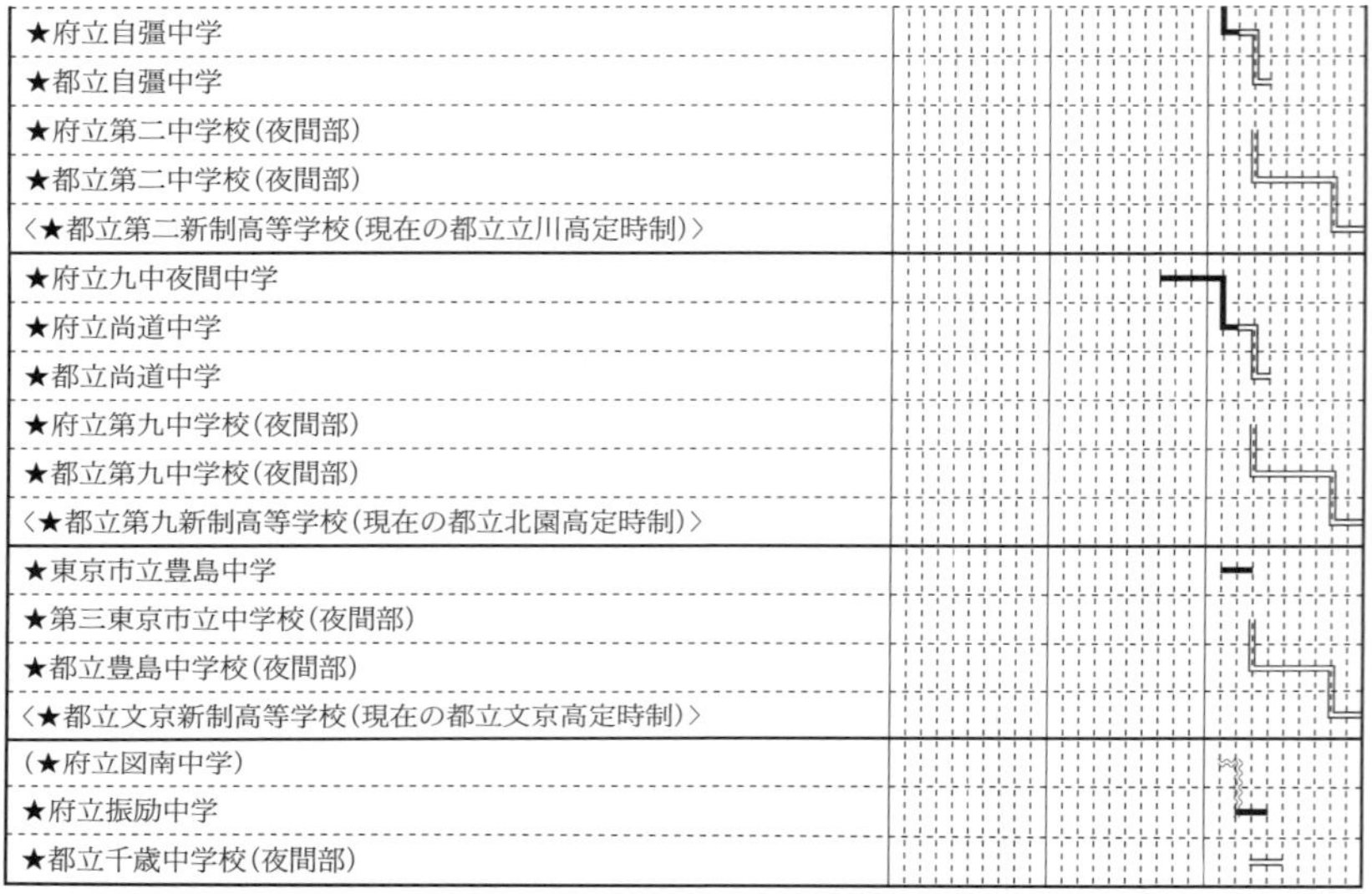
★府立自彊中学
★都立自彊中学
★府立第二中学校(夜間部)
★都立第二中学校(夜間部)
〈★都立第二新制高等学校(現在の都立立川高定時制)〉
★府立九中夜間中学
★府立尚道中学
★都立尚道中学
★府立第九中学校(夜間部)
★都立第九中学校(夜間部)
〈★都立第九新制高等学校(現在の都立北園高定時制)〉
★東京市立豊島中学
★第三東京市立中学校(夜間部)
★都立豊島中学校(夜間部)
〈★都立文京新制高等学校(現在の都立文京高定時制)〉
(★府立図南中学)
★府立振励中学
★都立千歳中学校(夜間部)

(私　立)

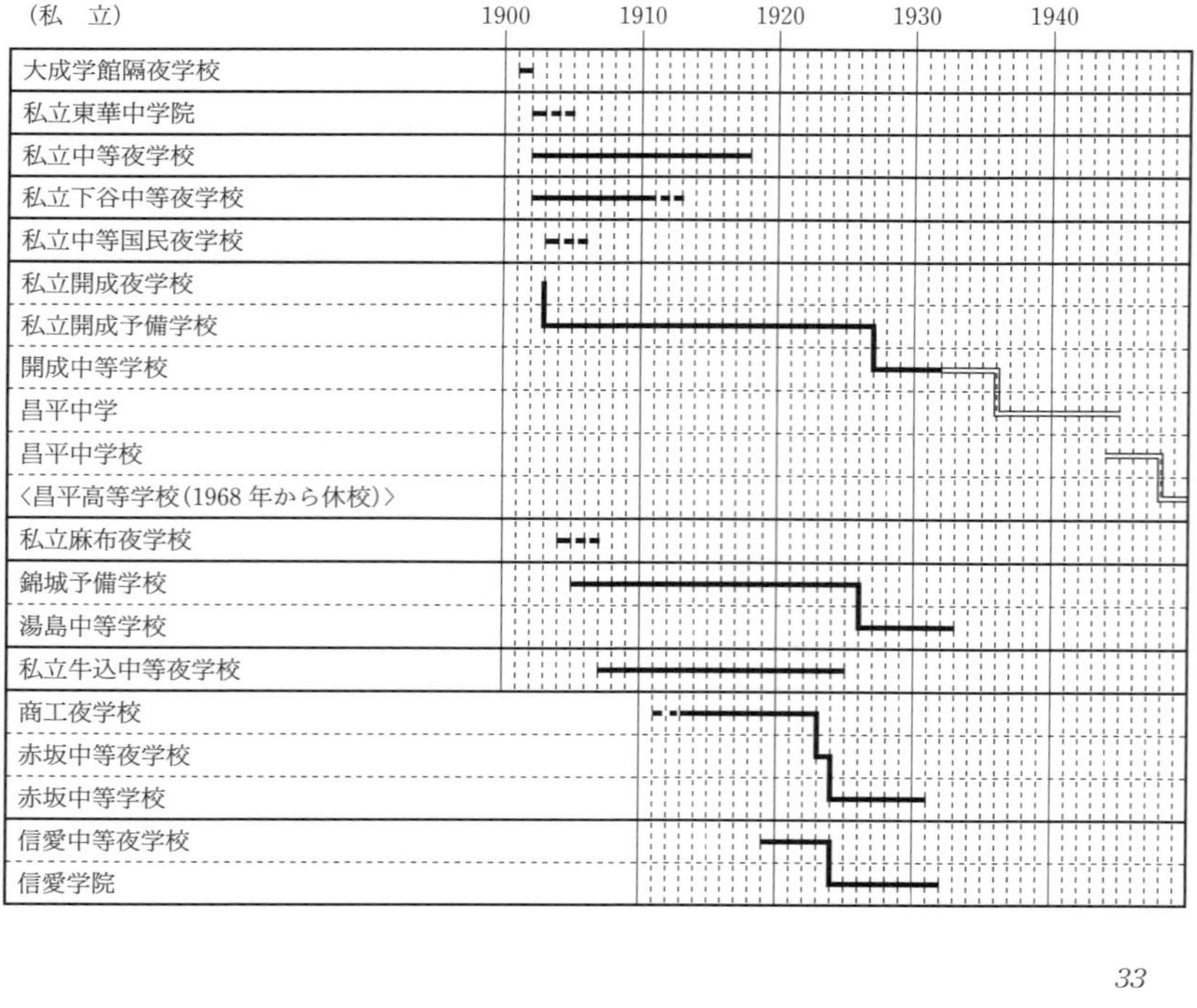
1900
1910
1920
1930
1940
大成学館隔夜学校
私立東華中学院
私立中等夜学校
私立下谷中等夜学校
私立中等国民夜学校
私立開成夜学校
私立開成予備学校
開成中等学校
昌平中学
昌平中学校
〈昌平高等学校(1968 年から休校)〉
私立麻布夜学校
錦城予備学校
湯島中等学校
私立牛込中等夜学校
商工夜学校
赤坂中等夜学校
赤坂中等学校
信愛中等夜学校
信愛学院

大成中等学校
大成第二中学
大成第二中学校
〈大成第二高等学校(1953 年に廃校)〉
労学院夜間中学部校舎
東京鉄道中学
東京育英中学
東京育英中学校
〈東京育英高等学校(現在の芝浦工大高，1971 年定時制廃止)〉
ヱビス中等夜学校
巣鴨中等学校
大日本国民中学会高等予備学校
豊山中等予備学校
豊山第二中学
豊山第二中学校
〈豊山高等学校(現在の日大高，1976 年定時制廃止)〉
海城学校
茗渓中学
(校名未定，武蔵高等学校で計画)
成城中等学校
麻布中等夜学校
麻布夜間中学
麻布中学校(夜間部)
〈麻布高等学校(1957 年定時制休校)〉
京北中等学校
早稲田中等夜学校
錦城中等学校
名教中等夜学校
芝中夜学校
順天中等学校
明治中等学校
天理教高安大教会東本分教会附属修徳夜学校中等部
青山予備学校
労働中学
私立愛隣中等学校
日本体育会荏原第二中学
日本体育会荏原第二中学校
明治大学附属明治第二中学
明治大学附属明治第二中学校
〈明治大学附属明治第二高等学校(1961 年廃校)〉

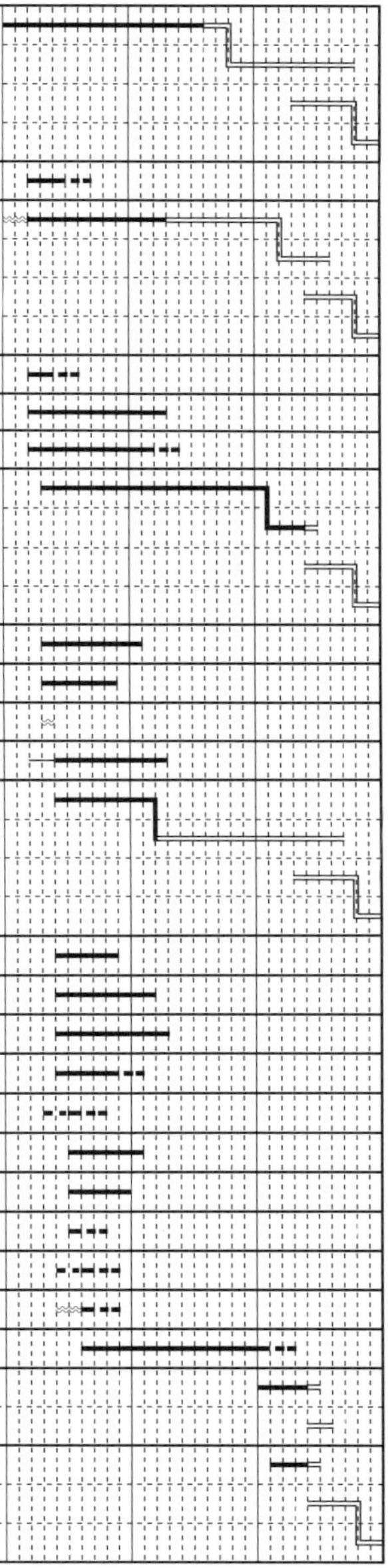

青山学院第二中学部
堀之内夜間中学
堀之内中学校
(校名未定，中央大学で計画)
杉並夜間中学
杉並中学校(第二部)
〈杉並高等学校(のちの中央大杉並高，1961年廃校)〉
正則第二中学
正則第二中学校
〈正則第二高等学校(1958年定時制廃止)〉
正則学園中学
正則学園中学校
〈正則学園高等学校〉
城西学園第二中学
城西学園第二中学校
〈城西学園高等学校(現在の城西大城西高，1976年定時制廃止)〉

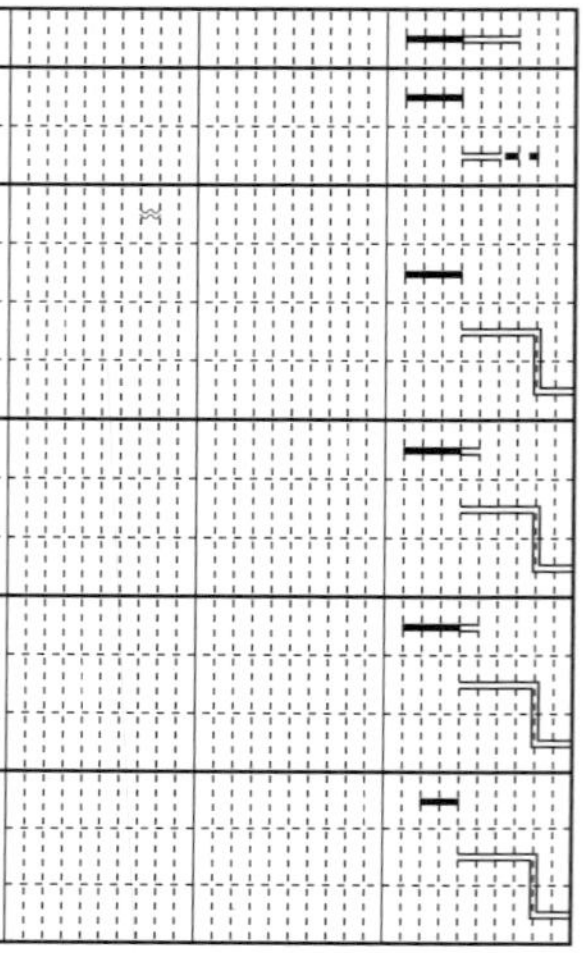

(公　立)

私立四中夜間中等学校～都立第四中学校(夜間部)

・国立公文書館蔵「各種学校設置廃止」「公立各種学校設置廃止認可」「認定指定総規」「夜間中等学校台帳」「兵役法及文官任用令認定各種学校台帳」
・防衛研究所蔵「陸軍省大日記　甲輯」
・開発社『教育時論』1916・20・21・23～25年
・『東京朝日新聞』1920・21・24・38・40・41・44年
・教育週報社『教育週報』1925～27・32～35・38・41・43年
・東京市役所編『東都学校案内』三省堂，1926・28年
・博文館『中学世界』1928年
・鉄道省『鉄道公報』1932・37・41・42年
・内閣印刷局『官報』1933～35・39・43年
・東京市役所『東京市統計年表』1933・34・36～38・41年度
・中等教育会『中等教育』1934年
・小石川区役所編『小石川区史』1935年
・鉄道青年会本部『鉄道青年』1937年
・東京府学務部視学課『公私立中等学校一覧』1941年
・桑原三二『東京府における公立夜間中学設置の経緯(東京府公立夜間中学発達史)』東京都立九段高等学校，1978年
・両国高校八十年編集委員会編『両国高校八十年』1982年
・東京都立戸山高等学校定時制課程編『創立六十周年記念誌』1983年
・百周年記念事業実行委百年史編集委員会編『府立四中　都立戸山高　百年史』1988年
・東京都立教育研究所編『東京都教育史資料総覧』第2巻，1992年
・東京都立教育研究所編『東京都教育史』通史編3，1996年

私立東京五中夜学校～都立第五中学校(夜間部)

・国立公文書館蔵「各種学校設置廃止」「認定指定総規」「夜間中等学校台帳」「兵役法及文官任用令認定各種学校台帳」
・防衛研究所蔵「陸軍省大日記　甲輯」
・『東京朝日新聞』1924・28・40・44年
・開発社『教育時論』1924・25・28・29年
・教育週報社『教育週報』1925～28・30・32～35・37・38・40・41年
・東京市役所編『東都学校案内』三省堂，1926・28年
・博文館『中学世界』1928年
・鉄道省『鉄道公報』1932・33・37・42年
・内閣印刷局『官報』1932・35・39・41・43年
・東京市役所『東京市統計年表』1933・34・36～38・41年度
・東京市役所『東京市学事統計年報』1934・35年度
・中等教育会『中等教育』1934年
・小石川区役所編『小石川区史』1935年
・鉄道青年会本部『鉄道青年』1937年
・東京府学務部視学課『公私立中等学校一覧』1941年
・東京都立教育研究所編『東京教育史資料大系』第9巻，1974年
・桑原三二『東京府における公立夜間中学設置の経緯(東京府公立夜間中学発達史)』東京都立九段高等学校，1978年
・東京都立小石川高等学校定時制編『60年のあゆみ』1983年
・紫友同窓会七十年史刊行委員会編『立志・開拓・創作――五中・小石川高の七十年――』1988年
・東京都立教育研究所編『東京都教育史資料総覧』第2巻，1992年
・東京都立教育研究所編『東京都教育史』通史編3，1996年

私立東京七中夜学校～都立第七中学校(夜間部)

・国立公文書館蔵「各種学校設置廃止」「認定指定総規」「夜間中等学校台帳」「兵役法及文官任用令認定各種学校台帳」
・防衛研究所蔵「陸軍省大日記　甲輯」
・『東京朝日新聞』1924・40・44年
・開発社『教育時論』1924・25・33年
・教育週報社『教育週報』1925・27・30・32・33・35・38・41年
・東京市役所編『東都学校案内　改訂版』三省堂，1928年
・博文館『中学世界』1928年
・鉄道省『鉄道公報』1932・37・42年
・帝国教育会『帝国教育』1932年
・内閣印刷局『官報』1933・35・39・41・43年
・東京市役所『東京市統計年表』1933・34・36～38・41年度
・中等教育会『中等教育』1934年
・鉄道青年会本部『鉄道青年』1937年
・東京府学務部視学課『公私立中等学校一覧』1941年

・桑原三二『東京府における公立夜間中学設置の経緯(東京府公立夜間中学発達史)』東京都立九段高等学校，1978 年
・東京都立教育研究所編『東京都教育史資料総覧』第 2 巻，1992 年
・東京都立教育研究所編『東京都教育史』通史編 3，1996 年

東京六中夜学校～都立第六中学校(夜間部)

・国立公文書館蔵「各種学校設置廃止」「公立各種学校設置廃止認可」「認定指定総規」「夜間中等学校台帳」「兵役法及文官任用令認定各種学校台帳」
・防衛研究所蔵「陸軍省大日記　甲輯」
・『東京朝日新聞』1924・40・44 年
・開発社『教育時論』1924・25・32 年
・教育週報社『教育週報』1925～27・32～35・38・41 年
・東京市役所編『東都学校案内』三省堂，1926・28 年
・鉄道省『鉄道公報』1932・37・42 年
・内閣印刷局『官報』1933～35・39・41・43 年
・東京市役所『東京市統計年表』1933・34・36～38・41 年度
・中等教育会『中等教育』1934 年
・鉄道青年会本部『鉄道青年』1937 年
・考へ方研究社『考へ方』1938 年
・東京府学務部視学課『公私立中等学校一覧』1941 年
・五十周年記念誌編集委員会編『五十年のあゆみ』1973 年[都立新宿高校]
・東京都立教育研究所編『東京教育史資料大系』第 9 巻，1974 年
・桑原三二『東京府における公立夜間中学設置の経緯(東京府公立夜間中学発達史)』東京都立九段高等学校，1978 年
・東京都立新宿高等学校六十周年記念誌編集委員会編『六十周年記念誌』1983 年
・東京都立教育研究所編『東京都教育史資料総覧』第 2 巻，1992 年
・東京都立教育研究所編『東京都教育史』通史編 3，1996 年

私立東京三中夜学校～都立第三中学校(夜間部)

・国立公文書館蔵「各種学校設置廃止」「公立各種学校設置廃止認可」「認定指定総規」「夜間中等学校台帳」「兵役法及文官任用令認定各種学校台帳」
・防衛研究所蔵「陸軍省大日記　甲輯」
・『東京朝日新聞』1920・24・40・44 年
・開発社『教育時論』1924・25 年
・東京市役所編『東都学校案内』三省堂，1926・28 年
・鉄道省『鉄道公報』1932・37・42 年
・内閣印刷局『官報』1933～35・39・41・43 年
・東京市役所『東京市統計年表』1933・34・36～38・41 年度
・教育週報社『教育週報』1926・27・32～35・38・41 年
・中等教育会『中等教育』1934 年
・鉄道青年会本部『鉄道青年』1937 年
・受験界社『受験界』1939 年
・東京府学務部視学課『公私立中等学校一覧』1941 年

・東京都立教育研究所編『東京教育史資料大系』第9巻，1974年
・桑原三二『東京府における公立夜間中学設置の経緯(東京府公立夜間中学発達史)』東京都立九段高等学校，1978年
・両国高校八十年編集委員会編『両国高校八十年』1982年
・両国高校定時制記念誌編集委員会編『60年の歩み——夜学校・夜間中学から定時制高校へ——』1984年
・東京都立両国高等学校編『九十年史稿』1991年
・東京都立教育研究所編『東京都教育史資料総覧』第2巻，1992年
・都立両国高等学校定時制課程編『創立七十周年記念誌』1994年
・東京都立教育研究所編『東京都教育史』通史編3，1996年

私立上野二中夜間中学～都立上野中学校(夜間部)

・国立公文書館蔵「各種学校設置廃止」「認定指定私立各種学校」「認定指定総規」「夜間中等学校台帳」「兵役法及文官任用令認定各種学校台帳」「学則・規則・認可」
・防衛研究所蔵「陸軍省大日記　甲輯」
・東京市役所編『東都学校案内』三省堂，1926年
・教育週報社『教育週報』1926・28・30・32・33・35・39・41年
・開発社『教育時論』1927・33年
・鉄道省『鉄道公報』1932・34・37年
・帝国教育会『帝国教育』1932年
・内閣印刷局『官報』1933～35・39・43年
・東京市役所『東京市統計年表』1933・34・36～38・41年度
・中等教育会『中等教育』1934年
・『東京市政概要』1935～42年度
・東京市下谷区役所編『下谷区史』1935年
・鉄道青年会本部『鉄道青年』1937年
・東京市会事務局編『東京市会史』1938年
・東京府学務部視学課『公私立中等学校一覧』1941年
・東京都立上野高等学校定時制課程編『五十年の歩み』1975年
・桑原三二『東京府における公立夜間中学設置の経緯(東京府公立夜間中学発達史)』東京都立九段高等学校，1978年
・高藤太一郎先生を追憶する会委員会編『高藤太一郎先生を追憶する』1986年
・東京都立教育研究所編『東京都教育史』通史編3，1996年

私立第一東京夜間中学～都立九段中学校(夜間部)

・国立公文書館蔵「各種学校設置廃止」「認定指定私立各種学校」「認定指定総規」「夜間中等学校台帳」「兵役法及文官任用令認定各種学校台帳」「学則・規則・認可」
・防衛研究所蔵「陸軍省大日記　甲輯」
・鉄道省『鉄道公報』1932・34・37年
・帝国教育会『帝国教育』1932年
・内閣印刷局『官報』1933～35・39年
・開発社『教育時論』1933年
・教育週報社『教育週報』1933・35・39年

・東京市役所『東京市統計年表』1933・34・36〜38・41 年度
・中等教育会『中等教育』1934 年
・『東京市政概要』1935〜42 年度
・鉄道青年会本部『鉄道青年』1937 年
・東京市会事務局編『東京市会史』1938 年
・東京府学務部視学課『公私立中等学校一覧』1941 年
・東京都立教育研究所編『東京教育史資料大系』第 10 巻，1974 年
・桑原三二『東京府における公立夜間中学設置の経緯（東京府公立夜間中学発達史）』東京都立九段高等学校，1978 年
・東京都立教育研究所編『東京都教育史』通史編 3，1996 年

府立八中夜間中学〜都立第八中学校（夜間部）

・国立公文書館蔵「夜間中等学校台帳」「公立各種学校設置廃止認可」
・内閣印刷局『官報』1935・38・43 年
・鉄道省『鉄道公報』1935・37・42 年
・東京市役所『東京市統計年表』1936〜38・41 年度
・鉄道青年会本部『鉄道青年』1937 年
・教育週報社『教育週報』1938・40・41 年
・『東京朝日新聞』1940・44 年
・東京府学務部視学課『公私立中等学校一覧』1941 年
・桑原三二『東京府における公立夜間中学設置の経緯（東京府公立夜間中学発達史）』東京都立九段高等学校，1978 年
・六十周年記念誌編集委員会編『創立六十周年記念誌』1984 年［都立小山台高校］
・東京都立教育研究所編『東京都教育史資料総覧』第 2 巻，1992 年

府立一中夜間中学〜都立第一中学校（夜間部）

・国立公文書館蔵「夜間中等学校台帳」「各種学校台帳」「公立各種学校設置廃止認可」
・「教育審議会諮問第一号特別委員会整理委員会会議録」
・開発社『教育時論』1921 年
・内閣印刷局『官報』1937・42・43 年
・鉄道省『鉄道公報』1937・42 年
・教育週報社『教育週報』1937・41 年
・東京市役所『東京市統計年表』1937・38・41 年度
・教育週報社『教育週報』1938 年
・『東京朝日新聞』1937・40・44 年
・東京府学務部視学課『公私立中等学校一覧』1941 年
・桑原三二『東京府における公立夜間中学設置の経緯（東京府公立夜間中学発達史）』東京都立九段高等学校，1978 年
・日比谷高校百年史編集委員会編『日比谷高校百年史』上巻，1979 年
・東京都立教育研究所編『東京都教育史資料総覧』第 2 巻，1992 年

府立二中夜間中学〜都立第二中学校（夜間部）

・国立公文書館蔵「夜間中等学校台帳」「各種学校台帳」「公立各種学校設置廃止認可」
・『東京朝日新聞』1937・40・44 年

・内閣印刷局『官報』1937・42・43 年
・鉄道省『鉄道公報』1937・42 年
・教育週報社『教育週報』1938・41 年
・東京府学務部視学課『公私立中等学校一覧』1941 年
・桑原三二『東京府における公立夜間中学設置の経緯(東京府公立夜間中学発達史)』東京都立九段高等学校，1978 年
・立川高校八十周年誌編集委員会編『八十周年記念誌』1980 年
・東京都立教育研究所編『東京都教育史資料総覧』第 2 巻，1992 年

府立九中夜間中学〜都立第九中学校(夜間部)

・国立公文書館蔵「夜間中等学校台帳」「各種学校台帳」「公立各種学校設置廃止認可」
・『東京朝日新聞』1937・40・44 年
・内閣印刷局『官報』1937・42・43 年
・鉄道省『鉄道公報』1937・42 年
・東京市役所『東京市統計年表』1937・38・41 年度
・教育週報社『教育週報』1938・41 年
・東京府学務部視学課『公私立中等学校一覧』1941 年
・関根俊雄『創立廿五周年記念　校史草案』1953 年[都立北園高校]
・桑原三二『東京府における公立夜間中学設置の経緯(東京府公立夜間中学発達史)』東京都立九段高等学校，1978 年
・東京都立教育研究所編『東京都教育史資料総覧』第 2 巻，1992 年
・東京都立北園高等学校編『28,319 人が，ここで学んだ。——府立九中・都立北園高等学校　創立 70 周年・定時制 60 周年——』1998 年

東京市立豊島中学〜都立豊島中学校(夜間部)

・国立公文書館蔵「夜間中等学校台帳」「公立各種学校設置廃止認可」「学則・規則・認可」
・『東京市政概要』1935〜42 年度
・東京府学務部視学課『公私立中等学校一覧』1941 年
・教育週報社『教育週報』1941 年
・『朝日新聞』1944 年
・桑原三二『東京府における公立夜間中学設置の経緯(東京府公立夜間中学発達史)』東京都立九段高等学校，1978 年
・東京都立教育研究所編『東京都教育史資料総覧』第 2 巻，1992 年

(府立図南中学)〜都立千歳中学校(夜間部)

・国立公文書館蔵「夜間中等学校台帳」「各種学校台帳」「公立各種学校設置廃止認可」
・内閣印刷局『官報』1942・43 年
・『朝日新聞』1944 年
・桑原三二『東京府における公立夜間中学設置の経緯(東京府公立夜間中学発達史)』東京都立九段高等学校，1978 年
・東京都立教育研究所編『東京都教育史資料総覧』第 2 巻，1992 年

（私　立）

大成学館隔夜学校
・学校法人大成学園編『大成七十年史』1967 年

私立東華中学院
・東京都立教育研究所編『東京教育史資料大系』第 8 巻，1974 年

私立中等夜学校
・開発社『教育時論』1909・21 年
・東京府学務兵事課『東京府管内私立学校並教育法人一覧』1918 年度
・政教社『日本及日本人』1920・28 年
・東京都立教育研究所編『東京教育史資料大系』第 8 巻，1974 年

私立下谷中等夜学校（私立愛日尋常高等小学校附設）
・東京府『東京府学事統計書』第 2 編，1911 年度
・鉄道青年会本部『鉄道青年』1924 年
・東京都立教育研究所編『東京教育史資料大系』第 8 巻，1974 年

私立中等国民夜学校
・東京都立教育研究所編『東京教育史資料大系』第 8 巻，1974 年

私立開成夜学校～昌平中学校（開成中学校附設，1926 年より独立校舎）
・国立公文書館蔵「各種学校設置廃止」「認定指定私立各種学校」「認定指定総規」「夜間中等学校台帳」「中学校設置廃止認可」
・防衛研究所蔵「陸軍省大日記　甲輯」
・東京府学務兵事課『東京府管内私立学校並教育法人一覧』1918 年度
・太田英隆『入学選定男女遊学案内と学校の評判』二松堂書店，1918 年
・政教社『日本及日本人』1920 年
・出口競『東京遊学学校案内』大明堂書店，1922 年
・研究社『受験と学生』1923・24 年
・鎌田熊治（長江）『現代立身策と苦学案内』博信社，1923 年
・開発社『教育時論』1924・32 年
・日英書院編『男女青年諸君は斯して立身出世するを得べし』1924 年
・『北海タイムス』1924・30・32 年
・教育週報社『教育週報』1925・30・32・33・35 年
・東京市役所編『東都学校案内』三省堂，1926・28 年
・博文館『中学世界』1928 年
・荻原太平治編『向上会小史』全国私立中等学校教員向上倶楽部，1930 年
・鉄道省『鉄道公報』1932・36・37 年
・東京市役所『東京市統計年表』1933・34・36～38・41 年度
・内閣印刷局『官報』1935・36・39・44 年
・高瀬真之丞編『東京開成中学校校史資料』1936 年
・鉄道青年会本部『鉄道青年』1937 年
・東京府学務部視学課『公私立中等学校一覧』1941 年
・開成学園九十年史編纂委員会編『開成学園九十年史』1959 年
・東京都立教育研究所編『東京教育史資料大系』第 8・10 巻，1974 年

・開成・昌平史編集委員会編『開成・昌平史』1993 年
・東京都立教育研究所編『東京都教育史』通史編 2・3，1995・96 年

私立麻布夜学校（谷小学校附設）

・東京都立教育研究所編『東京教育史資料大系』第 8 巻，1974 年

錦城予備学校～湯島中等学校（錦城中学校附設）

・国立公文書館蔵「各種学校設置廃止」「認定指定総規」
・東京府『東京府学事統計書』第 2 編，1911 年度
・鉄道青年会本部『鉄道青年』1916 年
・東京府学務兵事課『東京府管内私立学校並教育法人一覧』1918 年度
・太田英隆『入学選定男女遊学案内と学校の評判』二松堂書店，1918 年
・出口競『東京遊学学校案内』大明堂書店，1922 年
・日英書院編『男女青年諸君は斯して立身出世するを得べし』1924 年
・教育週報社『教育週報』1925 年
・学事研究会編集局編『私学の熱叫　東京遊学案内』1925 年
・東京市役所編『東都学校案内』三省堂，1926・28 年
・博文館『中学世界』1928 年
・萩原太平治編『向上会小史』全国私立中等学校教員向上倶楽部，1930 年
・錦城学園百年史編纂委員会編『錦城百年史』1984 年

私立牛込中等夜学校

・国立公文書館蔵「各種学校設置廃止」
・東京府『東京府学事統計書』第 2 編，1911 年度
・東京府学務兵事課『東京府管内私立学校並教育法人一覧』1918 年度
・出口競『東京遊学学校案内』大明堂書店，1922 年
・日英書院編『男女青年諸君は斯して立身出世するを得べし』1924 年
・学事研究会編集局編『私学の熱叫　東京遊学案内』1925 年
・森山正雄『東京自活勉強法』啓文社書店，1925 年
・萩原太平治編『向上会小史』全国私立中等学校教員向上倶楽部，1930 年
・東京都立教育研究所編『東京教育史資料大系』第 8 巻，1974 年

商工夜学校～赤坂中等学校（日本大学赤坂中学校附設）

・国立公文書館蔵「各種学校設置廃止」「認定指定総規」
・伊藤忍軒『入試就職　独学成功法』光文社，1913 年
・開発社『教育時論』1924 年
・日英書院編『男女青年諸君は斯して立身出世するを得べし』1924 年
・教育週報社『教育週報』1925 年
・森山正雄『東京自活勉強法』啓文社書店，1925 年
・東京市役所編『東都学校案内』三省堂，1926・28 年
・博文館『中学世界』1928 年
・萩原太平治編『向上会小史』全国私立中等学校教員向上倶楽部，1930 年
・東京都立教育研究所編『東京教育史資料大系』第 9 巻，1974 年
・日本大学編『日本大学九十年史』下巻，1982 年

信愛中等夜学校〜信愛学院

・国立公文書館蔵「各種学校設置廃止」
・『東京朝日新聞』1919・23・24 年
・開発社『教育時論』1919・26 年
・中央慈善協会『社会と救済』1919 年
・『神戸新聞』1924 年
・『海南新聞』1924 年
・学事研究会編集局編『私学の熱叫　東京遊学案内』1925 年
・東京市役所編『東都学校案内』三省堂，1926・28 年
・阪本勝「労働組合と労働者教育」『社会問題講座』5，新潮社，1926 年
・有馬頼寧『農人形』岡倉書房，1938 年
・有馬頼寧『無雷庵雑記』改造社，1940 年
・有馬頼寧『七十年の回想』創元社，1953 年
・有馬頼寧『ひとりごと』作品社，1957 年
・石戸谷哲夫『日本教員史研究』講談社，1967 年
・東京都立教育研究所編『東京教育史資料大系』第 9 巻，1974 年
・東京都台東区教育委員会編『台東区教育史資料』1980 年
・木戸日記研究会編『木戸幸一日記　東京裁判期』東京大学出版会，1980 年
・東京大学出版会編『帝国議会貴族院委員会会議録』7/昭和編，1989 年
・尚友倶楽部・伊藤隆編『有馬頼寧日記――2　大正八年〜昭和三年』山川出版社，1999 年

大成中等学校〜大成第二中学校(大成中学校附設)

・国立公文書館蔵「各種学校設置廃止」「各種学校台帳」「夜間中等学校台帳」「中学校設置廃止認可」
・日英書院編『男女青年諸君は斯して立身出世するを得べし』1924 年
・教育週報社『教育週報』1925・26・39・40 年
・学事研究会編集局編『私学の熱叫　東京遊学案内』1925 年
・森山正雄『東京自活勉強法』啓文社書店，1925 年
・東京市役所編『東都学校案内』三省堂，1926・28 年
・博文館『中学世界』1928 年
・萩原太平治編『向上会小史』全国私立中等学校教員向上倶楽部，1930 年
・鉄道省『鉄道公報』1932〜38 年
・東京市役所『東京市学事統計年報』1933〜36 年度
・鉄道青年会本部『鉄道青年』1934・37 年
・中等教育会『中等教育』1934 年
・内閣印刷局『官報』1936・38・41・43 年
・東京市役所『東京市統計年表』1937・38・41 年度
・寺田春助『大成学報』1938 年
・東京府学務部視学課『公私立中等学校一覧』1941 年
・学校法人大成学園編『大成七十年史』1967 年
・東京都立教育研究所編『東京教育史資料大系』第 9 巻，1974 年
・東京都立教育研究所編『東京都教育史資料総覧』第 3 巻，1993 年

労学院夜間中学部校舎

・『東京朝日新聞』1921 年
・日英書院編『男女青年諸君は斯して立身出世するを得べし』1924 年
・阪本勝「労働組合と労働者教育」『社会問題講座』5，新潮社，1926 年
・萩原太平治編『向上会小史』全国私立中等学校教員向上倶楽部，1930 年
・東京都立教育研究所編『東京教育史資料大系』第 9 巻，1974 年

東京鉄道中学～東京育英中学校（鉄道省東京鉄道教習所附設）

・国立公文書館蔵「各種学校設置廃止」「認定指定私立各種学校」「夜間中等学校台帳」「兵役法及文官任用令認定各種学校台帳」「中学校設置廃止認可」
・防衛研究所蔵「陸軍省大日記　甲輯」
・鉄道省『鉄道公報』1921～37・39・41～44・48 年
・開発社『教育時論』1921・22・33 年
・鉄道共攻会『鉄道』1921・22 年
・鉄道青年会本部『鉄道青年』1922～41 年
・帝国鉄道協会『帝国鉄道協会会報』1922・23 年
・東京市役所編『東都学校案内』三省堂，1926・28 年
・札幌鉄道局『札幌鉄道局報』1928～39 年
・萩原太平治編『向上会小史』全国私立中等学校教員向上倶楽部，1930 年
・日本交通学会『鉄道知識』1931 年
・『東京朝日新聞』1932・44 年
・内閣印刷局『官報』1933・40・42・44 年
・教育週報社『教育週報』1933 年
・東京市役所『東京市学事統計年報』1934 年度
・東京鉄道中学『大空』1939・42 年
・東京府学務部視学課『公私立中等学校一覧』1941 年
・鉄道合同雑誌社『鉄道』1941 年
・東京市役所『東京市統計年表』1941 年度
・東京都立教育研究所編『東京教育史資料大系』第 10 巻，1974 年
・鉄中育英六十五周年記念事業委員会編『鉄中育英六十五周年[1922-1986]』1986 年
・東京都立教育研究所編『東京都教育史資料総覧』第 3 巻，1993 年
・東京都立教育研究所編『東京都教育史』通史編 3，1996 年

ヱビス中等夜学校

・東京都立教育研究所編『東京教育史資料大系』第 9 巻，1974 年
・萩原太平治編『向上会小史』全国私立中等学校教員向上倶楽部，1930 年

巣鴨中等学校（巣鴨中学校附設）

・国立公文書館蔵「各種学校設置廃止」
・『東京朝日新聞』1922 年
・開発社『教育時論』1924・28 年
・日英書院編『男女青年諸君は斯して立身出世するを得べし』1924 年
・学事研究会編集局編『私学の熱叫　東京遊学案内』1925 年
・森山正雄『東京自活勉強法』啓文社書店，1925 年

・萩原太平治編『向上会小史』全国私立中等学校教員向上倶楽部，1930 年
・鉄道省『鉄道公報』1932・37 年
・東京都立教育研究所編『東京教育史資料大系』第 9 巻，1974 年
・巣鴨学園剣友会編『巣鴨の剣道――一つの巣鴨学園史――』1990 年

大日本国民中学会高等予備学校（駿台高等予備学校附設）

・国立公文書館蔵「各種学校設置廃止」
・日英書院編『男女青年諸君は斯して立身出世するを得べし』1924 年
・学事研究会編集局編『私学の熱叫　東京遊学案内』1925 年
・東京市役所編『東都学校案内』三省堂，1926・28 年
・萩原太平治編『向上会小史』全国私立中等学校教員向上倶楽部，1930 年
・鉄道省『鉄道公報』1932・37 年
・東京市役所『東京市学事統計年報』1934～36 年度
・駿河台学園七十年史編纂委員会編『駿河台学園七十年史』1988 年

豊山中等予備学校～豊山第二中学校（豊山中学校附設）

・国立公文書館蔵「各種学校設置廃止」「夜間中等学校台帳」「中学校設置廃止認可」
・学事研究会編集局編『私学の熱叫　東京遊学案内』1925 年
・東京市役所編『東都学校案内』三省堂，1926 年
・萩原太平治編『向上会小史』全国私立中等学校教員向上倶楽部，1930 年
・『朝日新聞』1944 年
・内閣印刷局『官報』1944 年
・東京都立教育研究所編『東京教育史資料大系』第 9 巻，1974 年
・日本大学編『日本大学九十年史』下巻，1982 年

海城学校（海城中学校附設）

・国立公文書館蔵「認定指定総規」
・教育週報社『教育週報』1925～27 年
・学事研究会編集局編『私学の熱叫　東京遊学案内』1925 年
・東京市役所編『東都学校案内』三省堂，1926・28 年
・博文館『中学世界』1928 年
・萩原太平治編『向上会小史』全国私立中等学校教員向上倶楽部，1930 年
・海城六十年史編纂委員会編『海城六十年史』1951 年
・百周年記念誌編集委員会編『百年史』1991 年[海城高校]

茗渓中学（東京高等師範学校附属中学校附設）

・国立公文書館蔵「各種学校設置廃止」
・『小樽新聞』1923 年
・北海道連合教育会『北海道教育』1923 年
・中等教育会『中等教育』1923・24・34 年
・教育週報社『教育週報』1925～28 年
・東京府編『東京府大正震災誌』1925 年
・東京市役所編『東都学校案内』三省堂，1926 年
・開発社『教育時論』1928 年
・萩原太平治編『向上会小史』全国私立中等学校教員向上倶楽部，1930 年

・東京都立教育研究所編『東京教育史資料大系』第9巻，1974年
・茗渓会百年史編集委員会編『茗渓会百年史』1982年

(校名未定，武蔵高等学校で計画)

・『東京朝日新聞』1923年
・開発社『教育時論』1923年
・武蔵高等学校編『武蔵高等学校六年史』1927年

成城中等学校(成城中学校附設)

・国立公文書館蔵「各種学校設置廃止」「認定指定総規」
・森山正雄『東京自活勉強法』啓文社書店，1925年
・東京市役所編『東都学校案内』三省堂，1926・28年
・博文館『中学世界』1928年
・萩原太平治編『向上会小史』全国私立中等学校教員向上倶楽部，1930年
・鉄道省『鉄道公報』1932・33年
・成城学校八十年編纂委員会編『成城学校八十年』1965年
・校史編集委員会編『成城学校百年』1985年

麻布中等夜学校～麻布中学校(夜間部)

・国立公文書館蔵「各種学校設置廃止」「認定指定私立各種学校」「夜間中等学校台帳」「中学校設置廃止認可」「認定指定総規」「兵役法及文官任用令認定各種学校台帳」
・麻布高等学校蔵「昭和七年　夜間中学指定ニ関スル書類」「麻布夜間中学々則」
・防衛研究所蔵「陸軍省大日記　甲輯」
・開発社『教育時論』1921・27・28年
・学事研究会編集局編『私学の熱叫　東京遊学案内』1925年
・森山正雄『東京自活勉強法』啓文社書店，1925年
・東京市役所編『東都学校案内』三省堂，1926・28年
・『東京朝日新聞』1927・28・42・44年
・教育週報社『教育週報』1928・33・35・37・38・40年
・政教社『日本及日本人』1928年
・萩原太平治編『向上会小史』全国私立中等学校教員向上倶楽部，1930年
・鉄道省『鉄道公報』1932・37年
・内閣印刷局『官報』1932・33・39・43年
・『北海タイムス』1932年
・東京市役所『東京市統計年表』1933・34・36～38・41年度
・鉄道青年会本部『鉄道青年』1934・37年
・中等教育会『中等教育』1934年
・東京市麻布区役所編『麻布区史』1941年
・東京都立教育研究所編『東京教育史資料大系』第9巻，1974年
・辻真澄『駿河新書①　江原素六』英文堂書店，1985年
・百年史編纂委員会編『麻布の丘に――創立百周年記念文集――』1992年[麻布中学校・麻布高校]
・東京都立教育研究所編『東京都教育史資料総覧』第3巻，1993年
・麻布学園百年史編纂委員会編『麻布学園の一〇〇年』第1～3巻，1995年

・東京都立教育研究所編『東京都教育史』通史編 3，1996 年

京北中等学校(京北中学校附設)

・国立公文書館蔵「各種学校設置廃止」
・学事研究会編集局編『私学の熱叫　東京遊学案内』1925 年
・森山正雄『東京自活勉強法』啓文社書店，1925 年
・東京市役所編『東都学校案内』三省堂，1926・28 年
・博文館『中学世界』1928 年
・萩原太平治編『向上会小史』全国私立中等学校教員向上倶楽部，1930 年
・東京都立教育研究所編『東京教育史資料大系』第 9 巻，1974 年
・京北学園八十年史編集委員会編『京北学園八十年史』1978 年
・京北学園九十年史編纂委員会編『京北学園九十年史』1988 年

早稲田中等夜学校(早稲田中学校附設)

・国立公文書館蔵「各種学校設置廃止」「認定指定総規」
・「教育審議会諮問第一号特別委員会整理委員会会議録」
・学事研究会編集局編『私学の熱叫　東京遊学案内』1925 年
・森山正雄『東京自活勉強法』啓文社書店，1925 年
・東京市役所編『東都学校案内』三省堂，1926・28 年
・萩原太平治編『向上会小史』全国私立中等学校教員向上倶楽部，1930 年
・堀切善次郎編『早稲田中学校創立六十周年記念録』1955 年
・早稲田大学大学史編集所編『早稲田大学百年史』第 2 巻・別巻 II，1981・89 年
・早稲田中・高等学校校史編纂委員会編『早稲田中学校　早稲田高等学校　百年の軌跡』1995 年

錦城中等学校(錦城中学校附設)

・国立公文書館蔵「各種学校設置廃止」「認定指定総規」
・教育週報社『教育週報』1925・27 年
・東京市役所編『東都学校案内』三省堂，1926・28 年
・博文館『中学世界』1928 年
・『北海タイムス』1929 年
・『千葉毎日新聞』1929 年
・萩原太平治編『向上会小史』全国私立中等学校教員向上倶楽部，1930 年
・鉄道省『鉄道公報』1932・37 年
・帝国教育会『帝国教育』1932 年
・東京都立教育研究所編『東京教育史資料大系』第 10 巻，1974 年
・錦城学園百年史編纂委員会編『錦城百年史』1984 年

名教中等夜学校(名教中学校附設)

・国立公文書館蔵「各種学校設置廃止」「認定指定総規」
・博文館『中学世界』1928 年
・萩原太平治編『向上会小史』全国私立中等学校教員向上倶楽部，1930 年
・東京都立教育研究所編『東京教育史資料大系』第 9 巻，1974 年

芝中夜学校(芝中学校附設)

・萩原太平治編『向上会小史』全国私立中等学校教員向上倶楽部，1930 年

・日本私立中学高等学校連合会編『私学の創立者とその学風』1977 年

順天中等学校(順天中学校附設)

・国立公文書館蔵「各種学校設置廃止」
・萩原太平治編『向上会小史』全国私立中等学校教員向上倶楽部，1930 年
・東京都立教育研究所編『東京教育史資料大系』第 9 巻，1974 年
・渡辺孝蔵編『順天百五十五年史』1994 年

明治中等学校(明治大学附属明治中学校附設)

・国立公文書館蔵「各種学校設置廃止」
・東京市役所編『東都学校案内　改訂版』三省堂，1928 年
・博文館『中学世界』1928 年
・萩原太平治編『向上会小史』全国私立中等学校教員向上倶楽部，1930 年
・明治大学百年史編纂委員会編『明治大学百年史』第 3・4 巻，1992・94 年
・東京都立教育研究所編『東京都教育史資料総覧』第 3 巻，1993 年

天理教高安大教会東本分教会附属修徳夜学校中等部

・国立公文書館蔵「各種学校設置廃止」

青山予備学校

・芳信堂編集部編『最新東京学校案内』1926 年

労働中学

・『東京朝日新聞』1924 年
・『神戸新聞』1924 年
・『海南新聞』1924 年
・『北海タイムス』1926 年
・『長崎新聞』1926 年
・阪本勝「労働組合と労働者教育」『社会問題講座』5，新潮社，1926 年
・萩原太平治編『向上会小史』全国私立中等学校教員向上倶楽部，1930 年
・横山春一『賀川豊彦伝』警醒社，1959 年

私立愛隣中等学校

・萩原太平治編『向上会小史』全国私立中等学校教員向上倶楽部，1930 年
・鉄道省『鉄道公報』1932・37 年
・東京市役所『東京市学事統計年報』1933〜36 年度
・東京市荒川区役所編『荒川区史』1936 年
・東京都立教育研究所編『東京教育史資料大系』第 10 巻，1974 年

日本体育会荏原第二中学〜日本体育会荏原第二中学校(日本体育会荏原中学校附設)

・国立公文書館蔵「各種学校設置廃止」「各種学校台帳」「夜間中等学校台帳」「中学校設置廃止認可」
・『朝日新聞』1944 年
・内閣印刷局『官報』1944 年
・学校法人日本体育会日本体育大学八十年史編纂委員会編『学校法人日本体育会日本体育大学八十年史』1973 年
・学校法人日本体育会百年史編纂委員会編『学校法人日本体育会百年史』1991 年

明治大学附属明治第二中学～明治大学附属明治第二中学校(明治大学附属明治中学校附設)

- 国立公文書館蔵「各種学校設置廃止」「各種学校台帳」「夜間中等学校台帳」「中学校設置廃止認可」
- 『朝日新聞』1944 年
- 内閣印刷局『官報』1944 年
- 明治大学百年史編纂委員会編『明治大学百年史』第 3・4 巻，1992・94 年
- 東京都立教育研究所編『東京都教育史資料総覧』第 3 巻，1993 年

青山学院第二中学部(青山学院中学部附設)

- 国立公文書館蔵「各種学校設置廃止」「認定指定私立各種学校」「中学校設置廃止認可」
- 鉄道省『鉄道公報』1943 年
- 『朝日新聞』1944 年
- 内閣印刷局『官報』1944 年
- 古坂嵓城編『青山学院八十五年史』1959 年
- 青山学院編『青山学院九十年史』1965 年
- 東京都立教育研究所編『東京都教育史資料総覧』第 3 巻，1993 年

堀之内夜間中学～堀之内中学校(立正高等女学校附設)

- 国立公文書館蔵「各種学校設置廃止」「各種学校台帳」「夜間中等学校台帳」「中学校設置廃止認可」
- 『朝日新聞』1944 年
- 大学史編纂委員会編『立正大学の 120 年』1992 年
- 東京都立教育研究所編『東京都教育史資料総覧』第 3 巻，1993 年

杉並夜間中学～杉並中学校(第二部)

- 国立公文書館蔵「各種学校台帳」「夜間中等学校台帳」「中学校設置廃止認可」
- 『朝日新聞』1944 年
- 中央大学七十年史編纂所編『中央大学七十年史』1955 年

正則第二中学～正則第二中学校(正則中学校附設)

- 国立公文書館蔵「各種学校設置廃止」「各種学校台帳」「夜間中等学校台帳」「中学校設置廃止認可」
- 鉄道省『鉄道公報』1943 年
- 『朝日新聞』1944 年
- 内閣印刷局『官報』1944 年
- 正則学院百年史編集委員会編『正則学院百年史』1989 年
- 東京都立教育研究所編『東京都教育史資料総覧』第 3 巻，1993 年

正則学園中学～正則学園中学校(正則商業学校附設)

- 国立公文書館蔵「各種学校設置廃止」「夜間中等学校台帳」「中学校設置廃止認可」
- 『朝日新聞』1944 年
- 内閣印刷局『官報』1944 年

城西学園第二中学～城西学園第二中学校(城西学園中学校附設)

- 国立公文書館蔵「各種学校設置廃止」「各種学校台帳」「夜間中等学校台帳」「中学校設置廃止認可」
- 『朝日新聞』1944 年

・城西学園校史編集委員会編『資料城西学園六十年史』1978 年
・東京都立教育研究所編『東京都教育史資料総覧』第 3 巻，1993 年

神奈川県

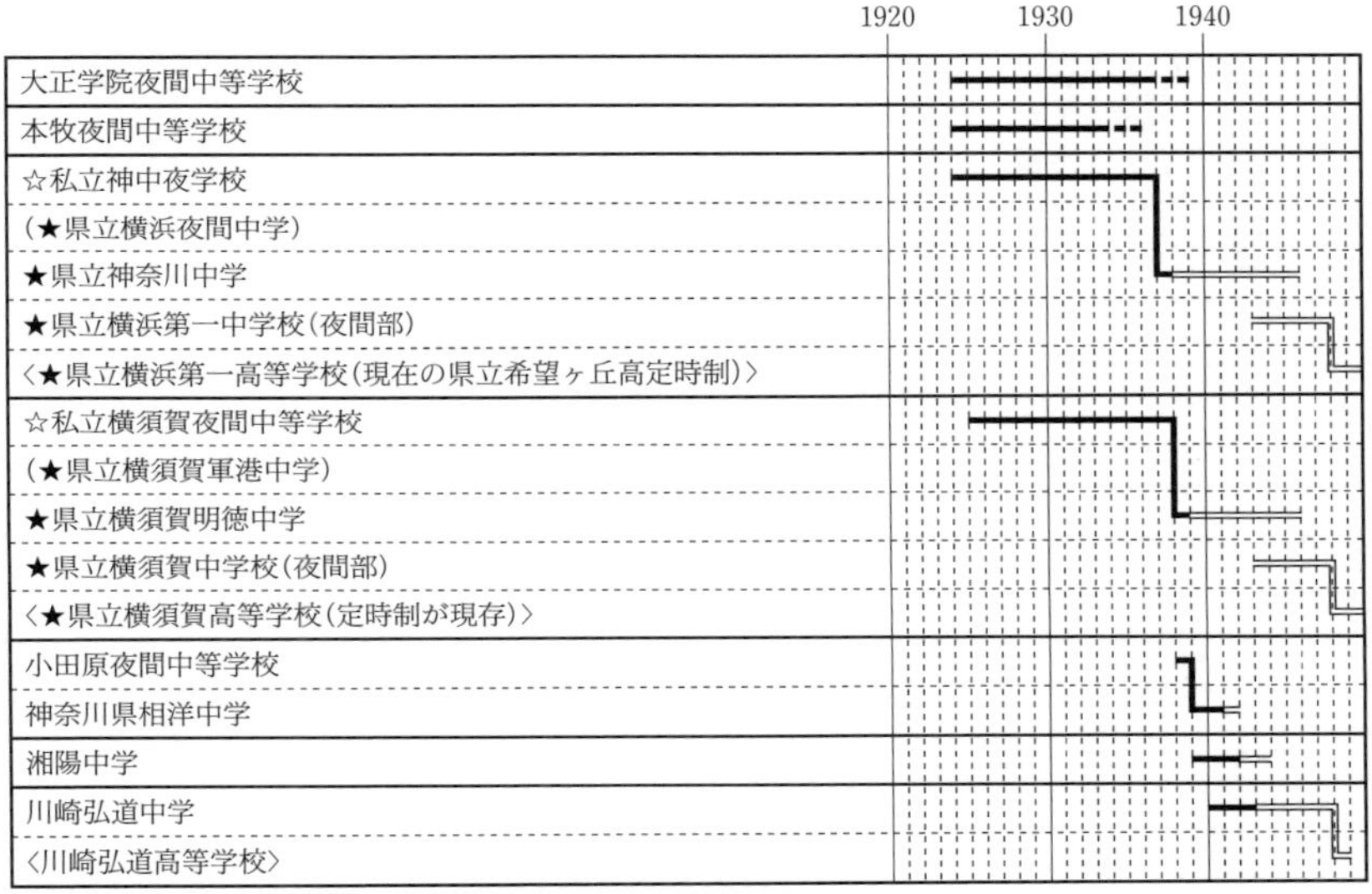

大正学院夜間中等学校

・国立公文書館蔵「各種学校設置廃止」
・『横浜貿易新報』1924 年
・横浜市『横浜市統計書』1925・26・30・31・33 年度
・石野瑛『横浜近郊文化史』1927 年
・中央報徳会『斯民』1932 年
・横浜市役所編『横浜市史稿』1932 年
・鉄道省『鉄道公報』1932・37 年
・神奈川県立教育センター編『神奈川県教育史』通史編下巻，1980 年

本牧夜間中等学校

・国立公文書館蔵「各種学校設置廃止」
・『横浜貿易新報』1925 年
・横浜市『横浜市統計書』1925・26・30・31・33 年度
・石野瑛『横浜近郊文化史』1927 年
・中央報徳会『斯民』1932 年
・横浜市役所編『横浜市史稿』1932 年
・神奈川県立教育センター編『神奈川県教育史』通史編下巻，1980 年

私立神中夜学校～県立横浜第一中学校(夜間部)

- 国立公文書館蔵「各種学校設置廃止」「認定指定私立各種学校」「公立各種学校設置廃止認可」「夜間中等学校台帳」「各種学校台帳」「認定指定総規」「兵役法及文官任用令認定各種学校台帳」
- 防衛研究所蔵「陸軍省大日記　甲輯」
- 『横浜貿易新報』1924年
- 横浜市『横浜市統計書』1925・26・30・31・33年度
- 石野瑛『横浜近郊文化史』1927年
- 鉄道省『鉄道公報』1932・37～39年
- 横浜市役所編『横浜市史稿』1932年
- 中央報徳会『斯民』1932年
- 神奈川県『神奈川県通常県会会議録』1935年
- 内閣印刷局『官報』1940年
- 横浜市教育委員会編『横浜市教育史』上巻，1976年
- 創立八十周年記念事業実行委員会編『神中・神高・希望ヶ丘高　八十周年記念誌』1977年
- 神奈川新聞社編『母校いま昔――神中・神高・希望ヶ丘高の80年――』1977年
- 神奈川県立教育センター編『神奈川県教育史』通史編下巻，1980年

私立横須賀夜間中等学校～県立横須賀中学校(夜間部)

- 国立公文書館蔵「各種学校設置廃止」「公立各種学校設置廃止認可」「認定指定私立各種学校」「夜間中等学校台帳」「各種学校台帳」「兵役法及文官任用令認定各種学校台帳」
- 防衛研究所蔵「陸軍省大日記　甲輯」
- 鉄道省『鉄道公報』1932・37・39年
- 中央報徳会『斯民』1932年
- 横須賀市『横須賀市勢要覧』1936年度
- 内閣印刷局『官報』1938・40年
- 横須賀市史編纂委員会編『横須賀市史』1957年
- 神奈川県立横須賀高等学校編『神奈川県立横須賀高等学校創立七十周年記念誌』1978年
- 神奈川県立教育センター編『神奈川県教育史』資料編第3巻・通史編下巻，1973・80年
- 横須賀市編『横須賀市史』1988年
- 神奈川県立横須賀高等学校八十周年記念誌編集委員会編『沿革史関係資料収録抄』1988年
- 神奈川県立横須賀高等学校八十年史編集委員会編『神奈川県立横須賀中学校・高等学校八十年史』1989年
- 横須賀市教育研究所編『横須賀市教育史』通史編，1993年

小田原夜間中等学校～神奈川県相洋中学(県立小田原中学校附設)

- 国立公文書館蔵「各種学校設置廃止」「各種学校台帳」
- 内閣印刷局『官報』1942・43年
- 鉄道省『鉄道公報』1938年
- 神奈川県立教育センター編『神奈川県教育史』通史編下巻，1980年
- 小田原市教育研究所編『小田原近代教育史』資料編第5巻，1983年
- 相洋45周年記念誌編集委員会編『相洋――創立45周年記念誌――』1983年
- 創立五十周年記念誌編纂委員会編『創立五十周年記念誌』1988年

湘陽中学

・国立公文書館蔵「認定指定私立各種学校」「中学校設置廃止認可」
・鉄道省『鉄道公報』1939 年
・神奈川県立横須賀高等学校編『神奈川県立横須賀高等学校創立七十周年記念誌』1978 年
・神奈川県立教育センター編『神奈川県教育史』通史編下巻，1980 年

川崎弘道中学(県立川崎中学校附設)

・国立公文書館蔵「各種学校設置廃止」「認定指定私立各種学校」「各種学校台帳」「中学校設置廃止認可」
・内閣印刷局『官報』1943 年
・神奈川県立川崎高等学校編『川高五十年史——年表と資料——』1977 年
・五十周年記念誌編集委員会編『創立五十周年記念誌』1977 年[県立川崎高校]
・川崎市教育委員会編『続川崎教育史』学校沿革誌編・通史編，1977・78 年
・神奈川県立横須賀高等学校編『神奈川県立横須賀高等学校創立七十周年記念誌』1978 年
・神奈川県立教育センター編『神奈川県教育史』通史編下巻，1980 年

新潟県

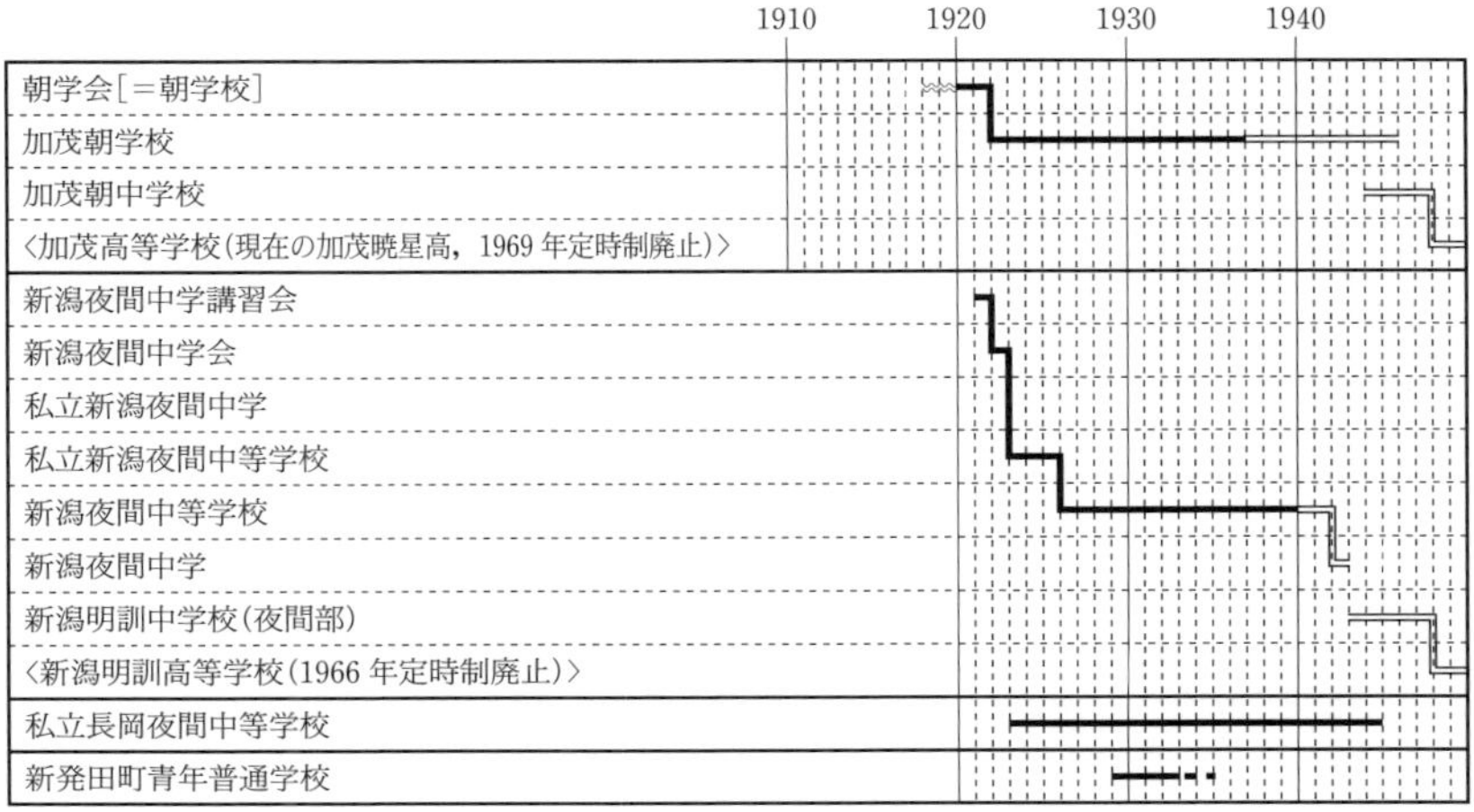

朝学会〜加茂朝中学校

・国立公文書館蔵「各種学校設置廃止」「認定指定総規」「各種学校台帳」「夜間中等学校台帳」「中学校設置廃止認可」
・加茂朝学校『暁鐘』1924〜29 年
・加茂朝学校文芸部『在校乃花』1926 年
・新潟県『新潟県統計書』1928〜30・36〜38・40 年度
・帝国教育会『帝国教育』1932 年
・中等教育会『中等教育』1934 年

・内閣印刷局『官報』1937・44 年
・鉄道省『鉄道公報』1937 年
・新潟県教育百年史編さん委員会編『新潟県教育百年史』大正昭和前期編・昭和後期編，1973・76 年
・加茂暁星学園創立 60 周年記念事業実行委員会編『暁鐘　加茂暁星学園六十年史』1980 年

新潟夜間中学講習会～新潟明訓中学校(夜間部)

・国立公文書館蔵「各種学校設置廃止」「認定指定総規」「各種学校台帳」「兵役法及文官任用令認定各種学校台帳」「夜間中等学校台帳」「中学校設置廃止認可」「学則・規則・認可」
・新潟県『新潟県統計書』1923・25～30・36～38・40 年度
・鉄道省『鉄道公報』1932・37 年
・『東京朝日新聞』1932 年
・帝国教育会『帝国教育』1932 年
・新潟市役所編『新潟市史』1934 年
・中等教育会『中等教育』1934 年
・受験界社『受験界』1938 年
・内閣印刷局『官報』1940・42・43 年
・教育週報社『教育週報』1942 年
・新潟明訓高等学校編『学校沿革誌』1966 年
・新潟県教育百年史編さん委員会編『新潟県教育百年史』大正昭和前期編・昭和後期編，1973・76 年
・新潟明訓高等学校編『学校沿革史稿』1982 年
・新潟明訓高等学校編『明訓』1983 年
・新潟市史編さん近代史部会編『新潟市史』史料編 7 近代Ⅲ，1994 年

私立長岡夜間中等学校

・国立公文書館蔵「各種学校設置廃止」「認定指定総規」「各種学校台帳」
・新潟県『新潟県統計書』1925～30・36～38・40 年度
・鉄道省『鉄道公報』1932・37 年
・帝国教育会『帝国教育』1932 年
・中等教育会『中等教育』1934 年
・新潟県教育百年史編さん委員会編『新潟県教育百年史』大正昭和前期編，1973 年

新発田町青年普通学校

・新発田町教育会編『新発田町教育史』1936 年

富山県

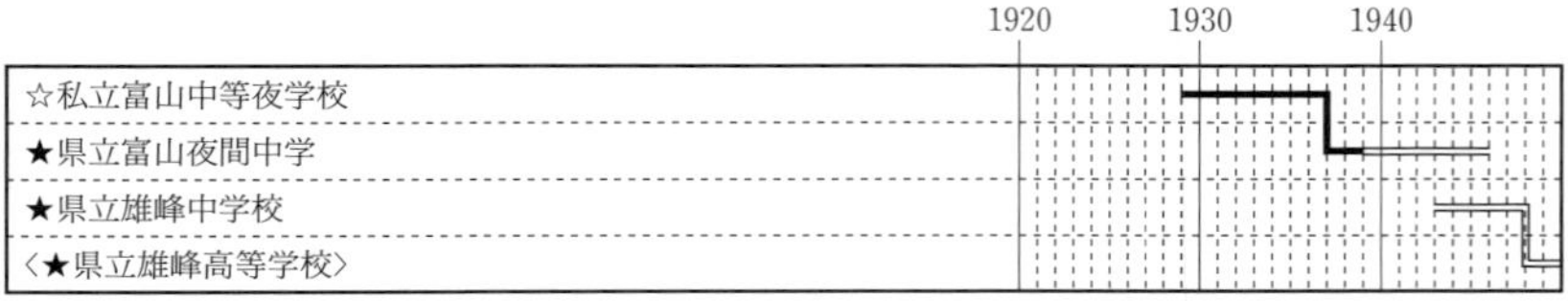

私立富山中等夜学校～県立雄峰中学校(県立神通中学校附設)

・国立公文書館蔵「各種学校設置廃止」「公立各種学校設置廃止認可」「夜間中等学校台帳」「各種学校台帳」「兵役法及文官任用令認定各種学校台帳」「中学校設置廃止認可」「学則・規則・認可」
・防衛研究所蔵「陸軍省大日記　甲輯」
・富山県教育会編『富山教育』1924～37 年
・『富山日報』1929・36・37・39 年
・『富山新報』1929 年
・『高岡新報』1929 年
・富山県『富山県統計書』1929～31・33～35 年度
・富山県教育会『議案』1930・31・34・39 年
・鉄道省『鉄道公報』1932・37 年
・中等教育会『中等教育』1934 年
・『北陸日日新聞』1936・39 年
・『北陸タイムス』1936 年
・『高岡新聞』1936 年
・『大阪朝日新聞』(富山版)，1936 年
・内閣印刷局『官報』1937・39・40・43 年
・富山県編『富山県政史』第 7 集，1939 年
・富山県教育会編『富山県教育会五十年史』1940 年
・考へ方研究社『考へ方』1941 年
・富山市史編修委員会編『富山市史』第 2 巻，1960 年
・創校四十周年記念誌編集委員会編『富山夜間中学　雄峰中学校　雄峰高等学校　四十年の歩み』1977 年
・富山県教育会百年誌編集委員会編『富山県教育会百年誌』1989 年
・富山県立雄峰高等学校編『雄峰高 60 年史』1997 年

石川県

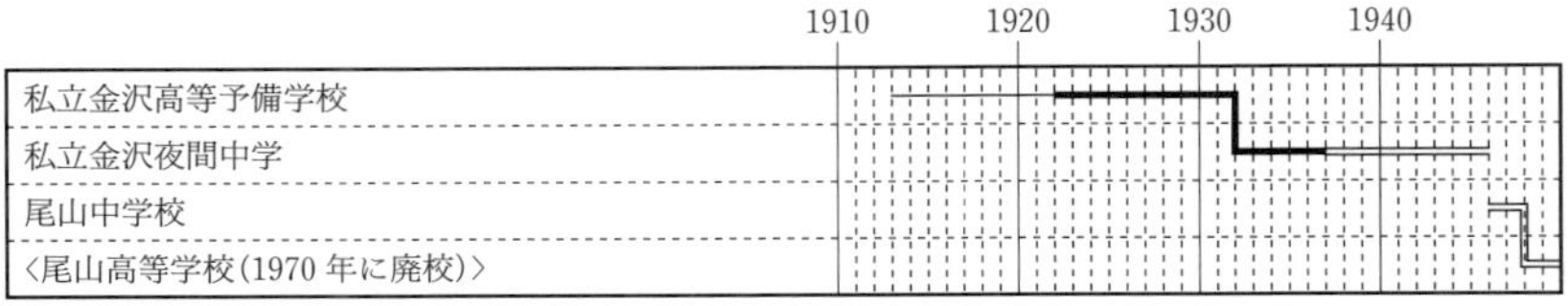

私立金沢高等予備学校～尾山中学校

・国立公文書館蔵「認定指定総規」「兵役法及文官任用令認定各種学校台帳」「中学校設置廃止認可」
・防衛研究所蔵「陸軍省大日記　甲輯」
・『北国新聞』1922・37 年
・石川県『石川県統計書』1923～25・32・35・36 年度

・金沢市『金沢市統計書』1923～37 年度
・金沢市『金沢市勢一覧』1924～28・30・32～37 年度
・金沢市『金沢市勢一斑』1938～41 年度
・鉄道省『鉄道公報』1932・33・37 年
・石川県会『昭和九年石川県通常県会々議録』1934 年
・内閣印刷局『官報』1937～39 年
・石川県教育史編さん委員会編『石川県教育史』第 2 巻，1975 年
・尾山高等学校同窓会編『尾山高等学校同窓会会員名簿　金沢夜間中学・尾山中学校・尾山高等学校』1980 年

福井県

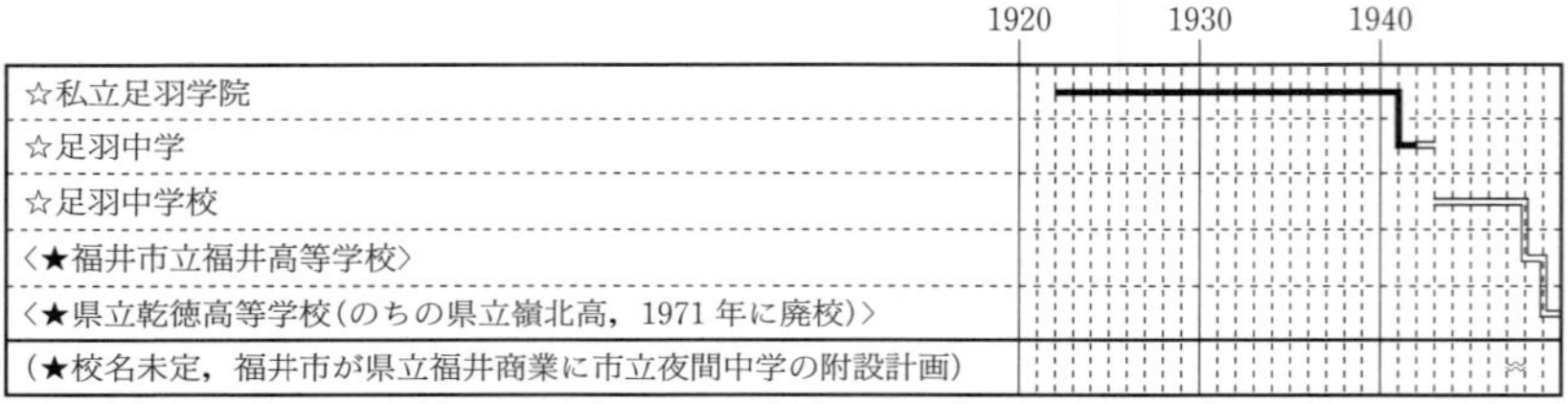

私立足羽学院～足羽中学校(市立足羽小学校附設)

・国立公文書館蔵「認定指定総規」「各種学校台帳」「中学校設置廃止認可」
・『大阪朝日新聞』(北陸版)，1922 年
・福井県『福井県統計書』1922～25・27・29～39・41 年度
・鉄道省『鉄道公報』1932・37 年
・帝国教育会『帝国教育』1932 年
・『福井新聞』1941 年
・内閣印刷局『官報』1942 年
・福井県立福井商業高等学校編『福商六十年史』1967 年
・百周年記念誌編集委員会編『足羽小学校百年誌』1973 年
・福井県教育史研究室編『福井県教育百年史』第 1・2・3・4 巻，1978・79・75・76 年
・福井県立道守高等学校十周年記念誌編集委員会編『道守高等学校十周年記念誌　道はここから』1980 年

(校名未定，福井市が県立福井商業に市立夜間中学の附設計画)

・福井県立福井商業高等学校編『福商六十年史』1967 年

山梨県

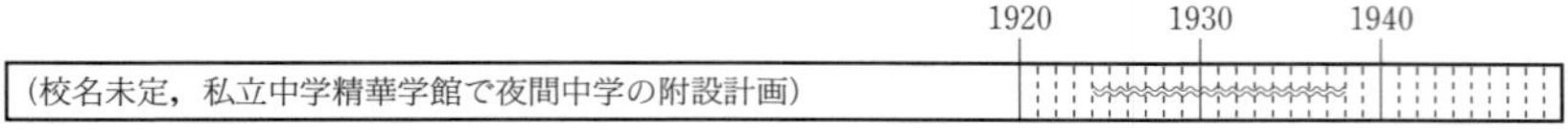

(校名未定，私立中学精華学館で夜間中学の附設計画)

・山梨県編『山梨県政五十年誌』1942 年
・山梨県教育委員会編『山梨県教育百年史』第 2 巻大正・昭和前期編，1978 年
・甲府市市史編さん委員会編『甲府市史』通史編第 3 巻・4 巻，1990 年

長野県

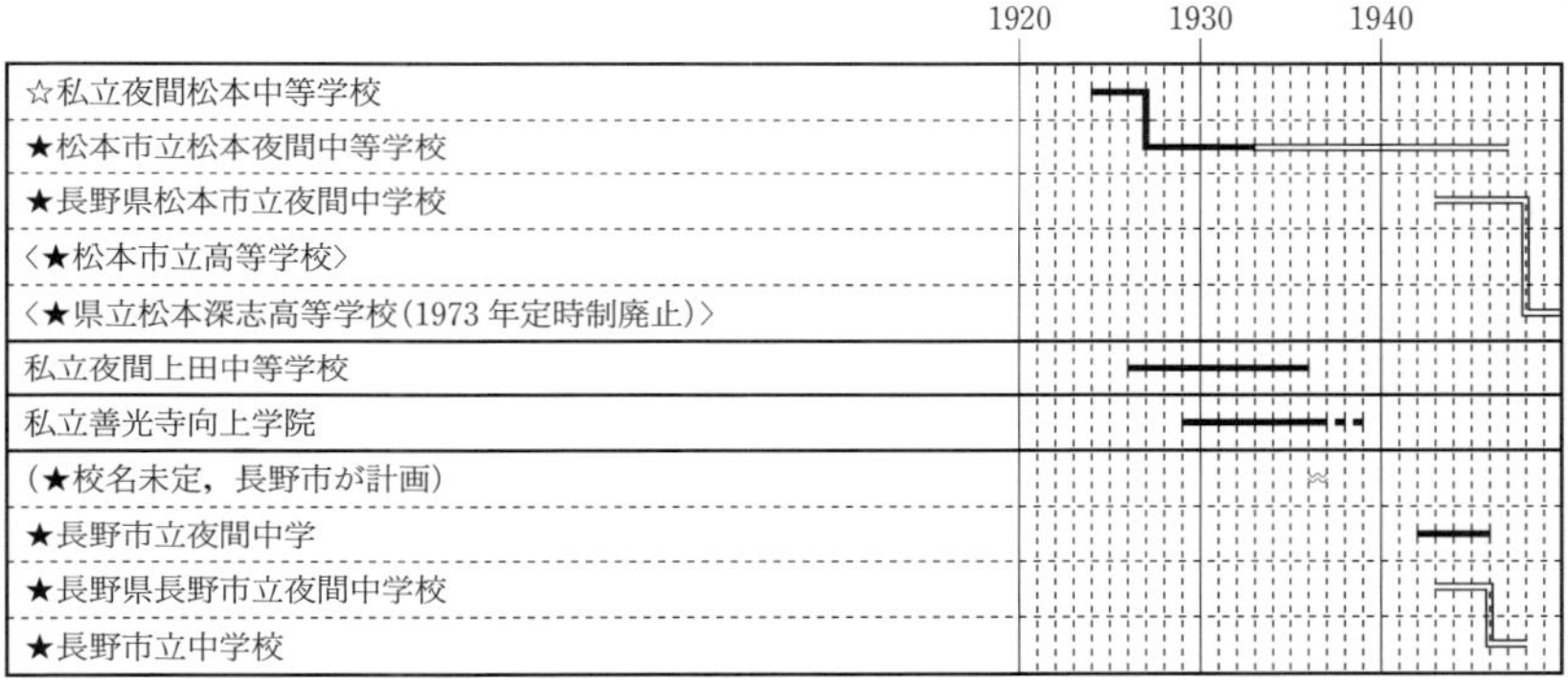

私立夜間松本中等学校〜長野県松本市立夜間中学校(県立松本中学校附設)

・国立公文書館蔵「各種学校設置廃止」「認定指定総規」「各種学校台帳」「夜間中等学校台帳」「兵役法及文官任用令認定各種学校台帳」「中学校設置廃止認可」「学則・規則・認可」
・防衛研究所蔵「陸軍省大日記　甲輯」
・『信濃毎日新聞』1924・26・27・30・33 年
・内閣印刷局『官報』1933・39・43 年
・長野県『長野県統計書』1925〜36 年度
・松本市役所編『松本市史』1933 年
・中等教育会『中等教育』1934 年
・長野県松本中学校　長野県松本深志高等学校　九十年史刊行委員会編『長野県松本中学校　長野県松本深志高等学校　九十年史』1969 年
・記念誌委員会編『松本夜間中学校　松本深志高等学校定時制　記念誌』1972 年
・長野県教育史刊行会編『長野県教育史』第 3・14 巻・別巻 1，1983・79・75 年
・深志同窓会深志百年刊行委員会編『深志百年』1978 年
・松本市教育百年史刊行委員会編『松本市教育百年史』1978 年
・毎日新聞松本支局編『高校風土記　松本深志高校ものがたり』郷土出版社，1989 年
・松本市教育会百十周年記念事業準備委員会編『松本市教育会百十年のあゆみ』1994 年

私立夜間上田中等学校

・国立公文書館蔵「各種学校設置廃止」
・『信濃毎日新聞』1926 年
・長野県『長野県統計書』1927〜36 年度

・鉄道省『鉄道公報』1932・37 年

私立善光寺向上学院

・国立公文書館蔵「各種学校設置廃止」
・鉄道省『鉄道公報』1932・37 年

長野市立夜間中学～長野市立中学校(長野市立中学校附設)

・国立公文書館蔵「各種学校台帳」「夜間中等学校台帳」「公立各種学校設置廃止認可」「中学校設置廃止認可」「学則・規則・認可」
・『信濃毎日新聞』1942 年
・内閣印刷局『官報』1943 年
・長野県教育史刊行会編『長野県教育史』第 3 巻・別巻 1，1983・75 年
・長野高校八十年史刊行委員会編『長野高校八十年史』1980 年

岐阜県

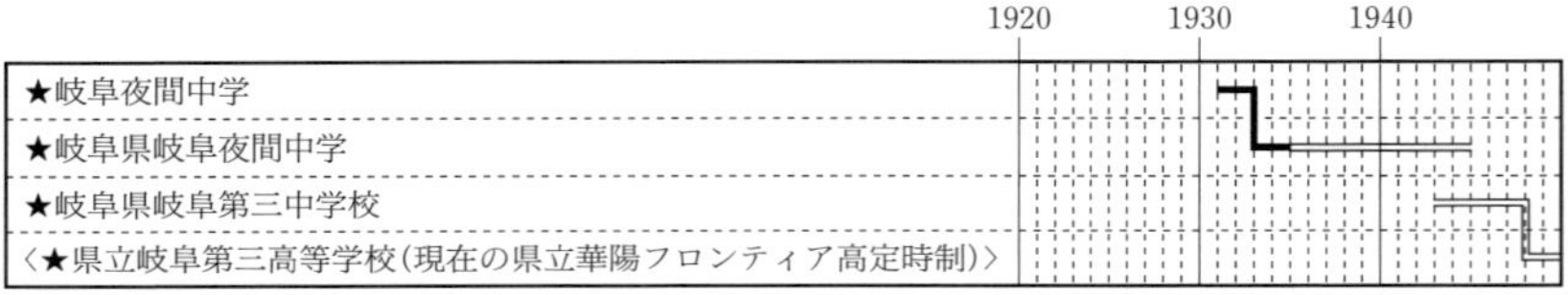

岐阜夜間中学～岐阜県岐阜第三中学校(県立岐阜第一中学校附設)

・国立公文書館蔵「認定指定総規」「各種学校台帳」「夜間中等学校台帳」「兵役法及文官任用令認定各種学校台帳」「公立各種学校設置廃止認可」「中学校設置廃止認可」「学則・規則・認可」
・岐阜県歴史資料館蔵「昭和十五年五月　地方長官会議要望事項」
・防衛研究所蔵「陸軍省大日記　甲輯」
・『大阪朝日新聞』(岐阜版)，1930・31・35 年
・帝国教育会『帝国教育』1932 年
・内閣印刷局『官報』1933・35・36・39・43 年
・岐阜県会『昭和七年通常岐阜県会速記録』1933 年
・岐阜県『岐阜県統計書』1933～35・38～40 年度
・中等教育会『中等教育』1934 年
・岐阜県『岐阜県勢の概要』1936・38 年
・鉄道省『鉄道公報』1937 年
・岐阜県立華陽高等学校編『蛍雪二十年』1951 年
・岐阜県立華陽高等学校編『蛍雪三十年』1961 年
・岐阜県立華陽高等学校四十周年記念誌編集委員会編『蛍雪四十年』1972 年
・三十周年記念会記念誌部編『岐阜県定通教育三十年記念誌』1978 年
・岐阜市編『岐阜市史』史料編近代 2・通史編近代，1978・81 年
・岐阜県立華陽高等学校創立五十周年校舎竣工記念事業実行委員会編『蛍雪五十年』1981 年
・岐阜県立華陽高等学校同窓会編『創立 60 周年記念　同窓会員名簿』1991 年

静岡県

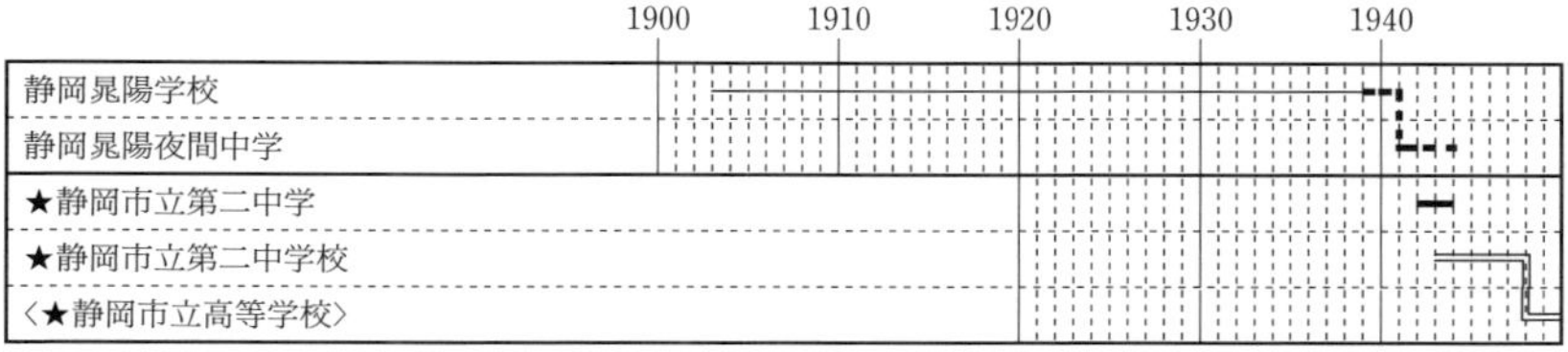

静岡晃陽学校～静岡晃陽夜間中学

・国立公文書館蔵「各種学校台帳」
・鉄道省『鉄道公報』1937 年

静岡市立第二中学～静岡市立第二中学校(静岡市立第一中学校附設)

・国立公文書館蔵「各種学校台帳」「夜間中等学校台帳」「公立各種学校設置廃止認可」「中学校設置廃止認可」「学則・規則・認可」
・静岡県会『静岡県会通常会速記録』1928・29 年
・『静岡新聞』1942 年
・鉄道省『鉄道公報』1942 年
・内閣印刷局『官報』1943 年
・教育週報社『教育週報』1943 年
・創立 30 年史作成委員会編『創立 30 年史』1970 年[静岡市立高校]
・静岡県立教育研修所編『静岡県教育史』通史篇下巻，1973 年
・静岡市立高等学校創立 50 周年記念事業委員会編『静岡市立高等学校 50 年史』1989 年

愛知県

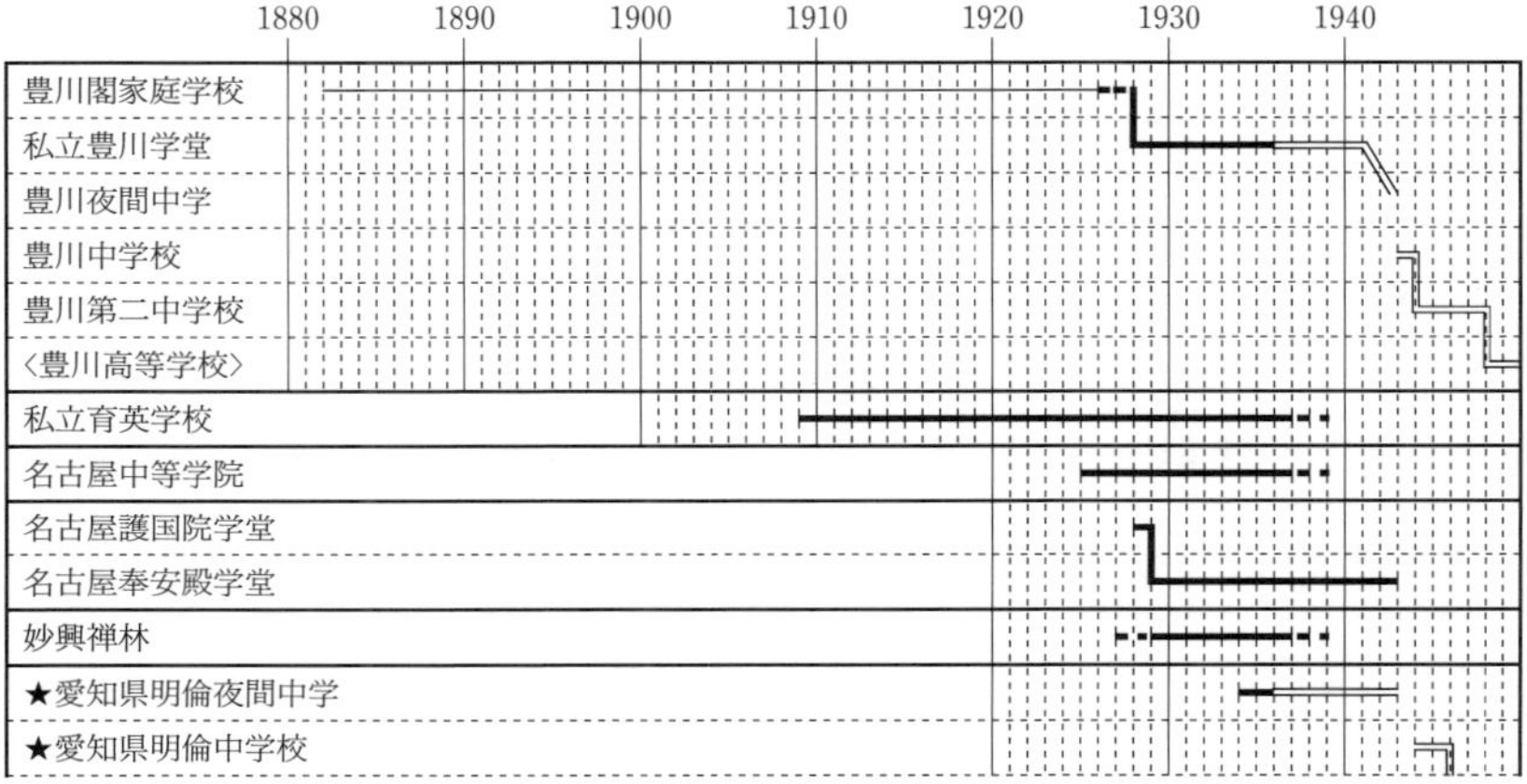

★愛知県明倫第二中学校	
〈★県立明倫高等学校(現在の県立明和高定時制)〉	
私立東海夜間中学	
東海中学校(夜間部)	
★愛知県熱田夜間中学	
★愛知県熱田中学校	
★愛知県熱田第二中学校	
〈★県立熱田高等学校(現在の県立瑞陵高定時制)〉	
愛知中学校(夜間部)	
〈愛知高等学校(1976年定時制廃止)〉	

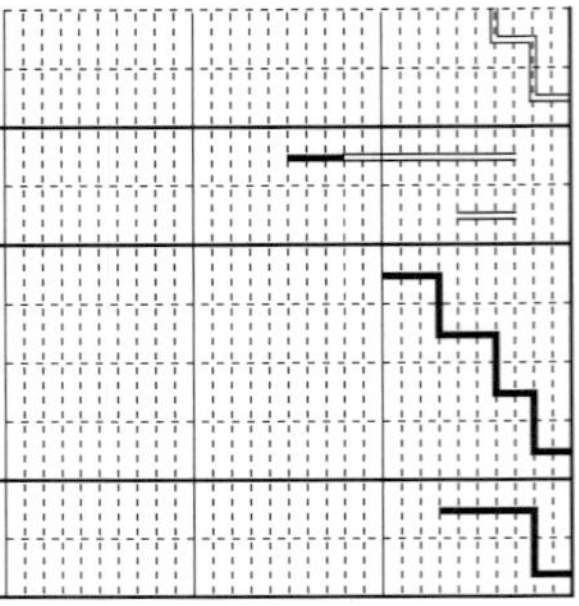

豊川閣家庭学校～豊川第二中学校(豊川中学校附設)

・国立公文書館蔵「各種学校設置廃止」「認定指定総規」
・鉄道省『鉄道公報』1932・37年
・帝国教育会『帝国教育』1932年
・愛知県『愛知県統計書』1933～38年度
・内閣印刷局『官報』1936・43年
・文部省社会教育局『青年学校名簿』1937年
・教育週報社『教育週報』1943年
・愛知県定時制通信教育振興会編『定通教育十年史』1960年

私立育英学校

・愛知教育会『愛知教育雑誌』1910年
・名古屋市役所編『名古屋市史』学芸編，1915年
・愛知師範同窓会『愛知師範同窓会誌』1916年
・研究社『受験と学生』1924年
・『大和日報』1926年
・名古屋市役所教育部『昭和七年調査　名古屋市学事要覧』1932年
・鉄道省『鉄道公報』1932・37年

名古屋中等学院

・国立公文書館蔵「各種学校設置廃止」
・名古屋市役所教育部『昭和七年調査　名古屋市学事要覧』1932年
・鉄道省『鉄道公報』1937年

名古屋護国院学堂～名古屋奉安殿学堂

・国立公文書館蔵「各種学校設置廃止」「認定指定総規」
・名古屋市役所教育部『昭和七年調査　名古屋市学事要覧』1932年
・帝国教育会『帝国教育』1932年
・鉄道省『鉄道公報』1937年

妙興禅林

・国立公文書館蔵「認定指定総規」
・鉄道省『鉄道公報』1937年
・愛知県教育委員会編『愛知県教育史』資料編現代1，1997年

愛知県明倫夜間中学～愛知県明倫第二中学校(県立明倫中学校附設)

・国立公文書館蔵「夜間中等学校台帳」「兵役法及文官任用令認定各種学校台帳」「公立各種学校設置廃止認可」「中学校設置廃止認可」「学則・規則・認可」
・防衛研究所蔵「陸軍省大日記　甲輯」
・内閣印刷局『官報』1934・36・37・39 年
・愛知県『愛知県統計書』1934～38 年度
・名古屋市『名古屋市統計書』1934～40 年度
・中等教育会『中等教育』1934 年
・鉄道青年会本部『鉄道青年』1936 年
・鉄道省『鉄道公報』1937 年
・愛知県定時制通信教育振興会編『定通教育十年史』1960 年
・愛知県編『愛知県昭和史』下巻，1972 年
・愛知県教育委員会編『愛知県教育史』第 4 巻・資料編現代 1，1975・97 年

私立東海夜間中学～東海中学校(夜間部)

・国立公文書館蔵「夜間中等学校台帳」「兵役法及文官任用令認定各種学校台帳」「各種学校台帳」「中学校設置廃止認可」
・鉄道青年会本部『鉄道青年』1936 年
・鉄道省『鉄道公報』1937・44 年
・内閣印刷局『官報』1938・42 年
・愛知県教育委員会編『愛知県教育史』第 4 巻，1975 年
・東海学園創立九十周年史編集委員会編『東海学園創立九十周年史』1978 年

愛知県熱田夜間中学～愛知県熱田第二中学校(県立熱田中学校附設)

・国立公文書館蔵「中学校設置廃止認可」「公立各種学校設置廃止認可」「中学校設置廃止認可」「学則・規則・認可」
・内閣印刷局『官報』1940・43 年
・名古屋市『名古屋市統計書』1940 年度
・愛知県定時制通信教育振興会編『定通教育十年史』1960 年
・愛知県編『愛知県昭和史』下巻，1972 年
・愛知県教育委員会編『愛知県教育史』第 4 巻・資料編現代 1，1975・97 年

愛知中学校(夜間部)

・国立公文書館蔵「夜間中等学校台帳」「学則・規則・認可」
・愛知学院九十年誌編集委員会編『愛知学院九十年誌』1966 年
・愛知県教育委員会編『愛知県教育史』第 4 巻，1975 年
・愛知学院 100 年史編集委員会編『愛知学院 100 年史』1976 年

三重県

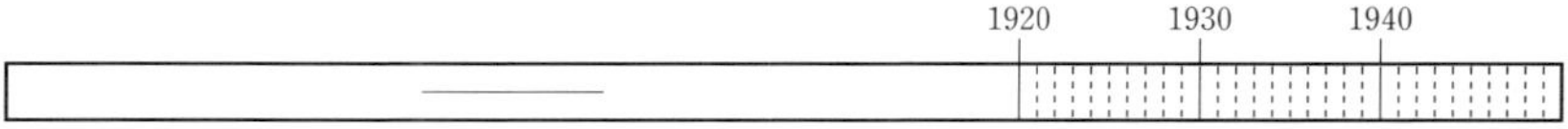

※管見の限り，設置の事実なし

滋賀県

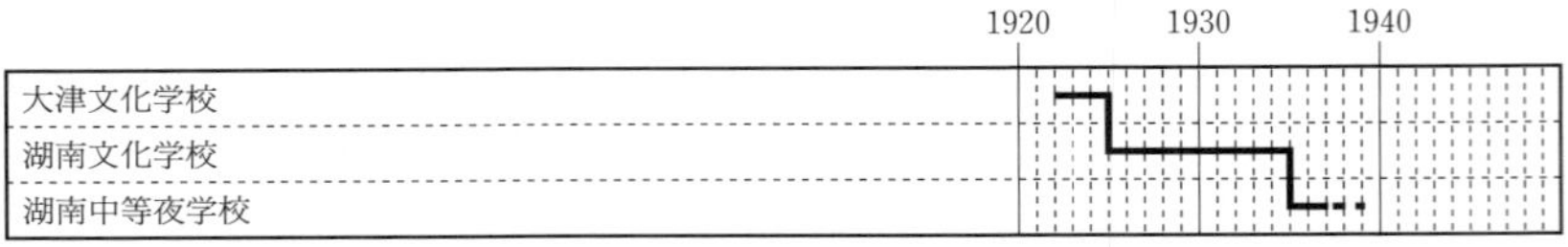

大津文化学校～湖南中等夜学校

・滋賀県『滋賀県統計全書』1922～37 年

・鉄道省『鉄道公報』1932・37 年

京都府

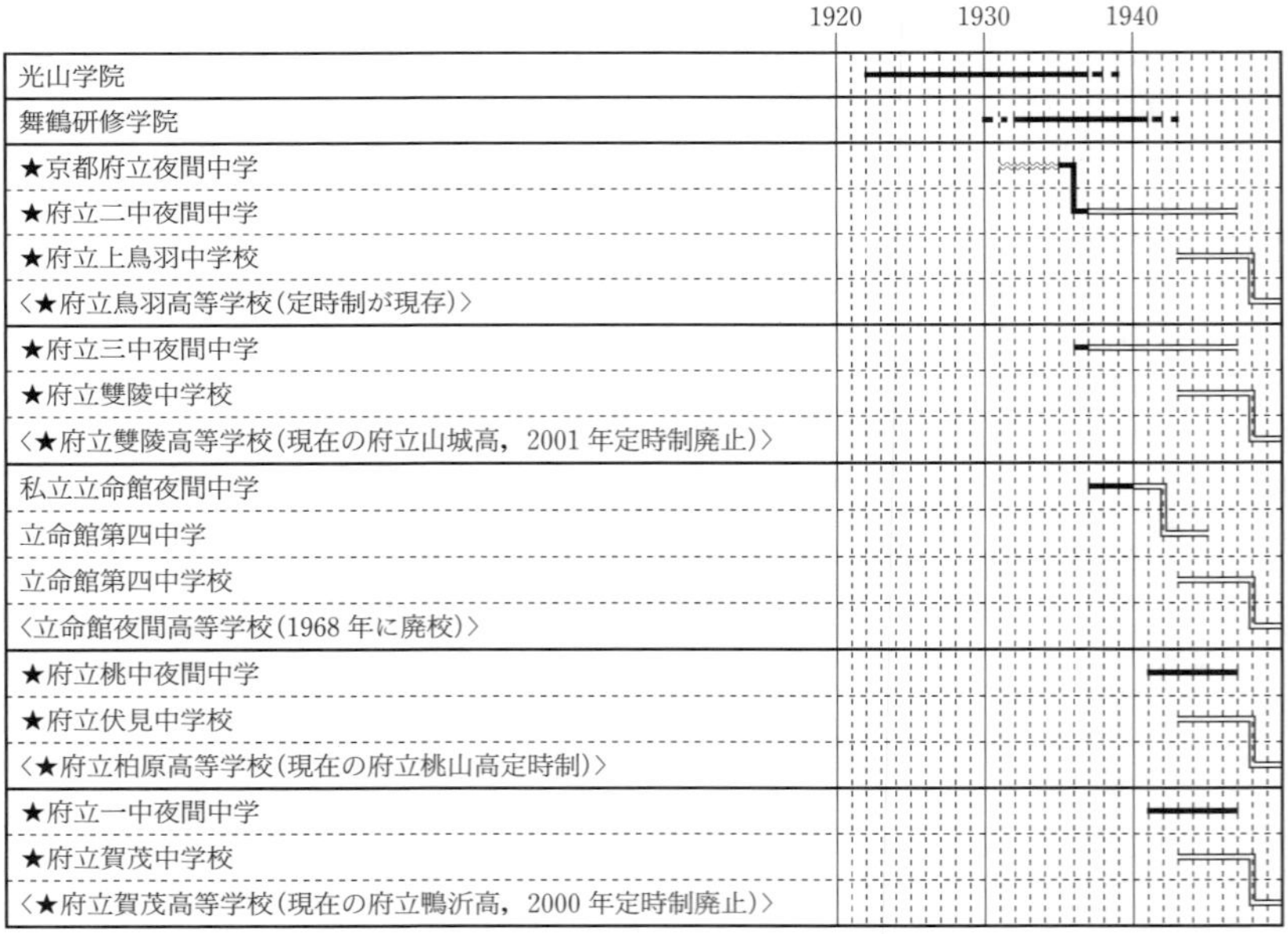

光山学院

・『京都日出新聞』1922 年

・京都教育社編『一読明瞭京都遊学学校案内』文港堂書店，1922 年

・京都市教育会『京都市教育』1927 年

・鉄道省『鉄道公報』1932・37 年

舞鶴研修学院

・国立公文書館蔵「各種学校設置廃止」

・鉄道省『鉄道公報』1932 年
・鉄道技術社『鉄道技術』1936 年

京都府立夜間中学～府立上鳥羽中学校(府立第二中学校附設)

・国立公文書館蔵「夜間中等学校台帳」「各種学校台帳」「兵役法及文官任用令認定各種学校台帳」「公立各種学校設置廃止認可」「中学校設置廃止認可」「学則・規則・認可」
・防衛研究所蔵「陸軍省大日記　甲輯」
・『京都日出新聞』1931・33・35 年
・内閣印刷局『官報』1935・37・39 年
・京都府『京都府統計書』1936 年度
・鉄道省『鉄道公報』1937 年
・京都府立二中夜間中学の記録編集委員会編『京都府立二中夜間中学の記録』1985 年

府立三中夜間中学～府立雙陵中学校(府立第三中学校附設)

・国立公文書館蔵「夜間中等学校台帳」「各種学校台帳」「兵役法及文官任用令認定各種学校台帳」「公立各種学校設置廃止認可」「中学校設置廃止認可」「学則・規則・認可」
・防衛研究所蔵「陸軍省大日記　甲輯」
・内閣印刷局『官報』1936・37・39 年
・京都府『京都府統計書』1936 年度
・鉄道省『鉄道公報』1937・43 年

私立立命館夜間中学～立命館第四中学校(立命館第一中学校附設)

・国立公文書館蔵「夜間中等学校台帳」「中学校設置廃止認可」「学則・規則・認可」
・鉄道省『鉄道公報』1937・43 年
・内閣印刷局『官報』1940・41・43 年
・京都市教育会『京都市教育』1938～41 年
・立命館五十年史編纂委員会編『立命館五十年史』1953 年
・立命館史編纂委員会編『立命館八十五年史資料集』第 8 集，1990 年

府立桃中夜間中学～府立伏見中学校(府立桃山中学校附設)

・国立公文書館蔵「夜間中等学校台帳」「各種学校台帳」「公立各種学校設置廃止認可」「中学校設置廃止認可」
・内閣印刷局『官報』1941 年
・教育週報社『教育週報』1941 年
・鉄道省『鉄道公報』1942 年

府立一中夜間中学～府立賀茂中学校(府立第一中学校附設)

・国立公文書館蔵「夜間中等学校台帳」「各種学校台帳」「公立各種学校設置廃止認可」「中学校設置廃止認可」「学則・規則・認可」
・内閣印刷局『官報』1941 年
・鉄道省『鉄道公報』1942 年
・校史編集委員会編『京一中洛北高校百年史』1972 年

大阪府

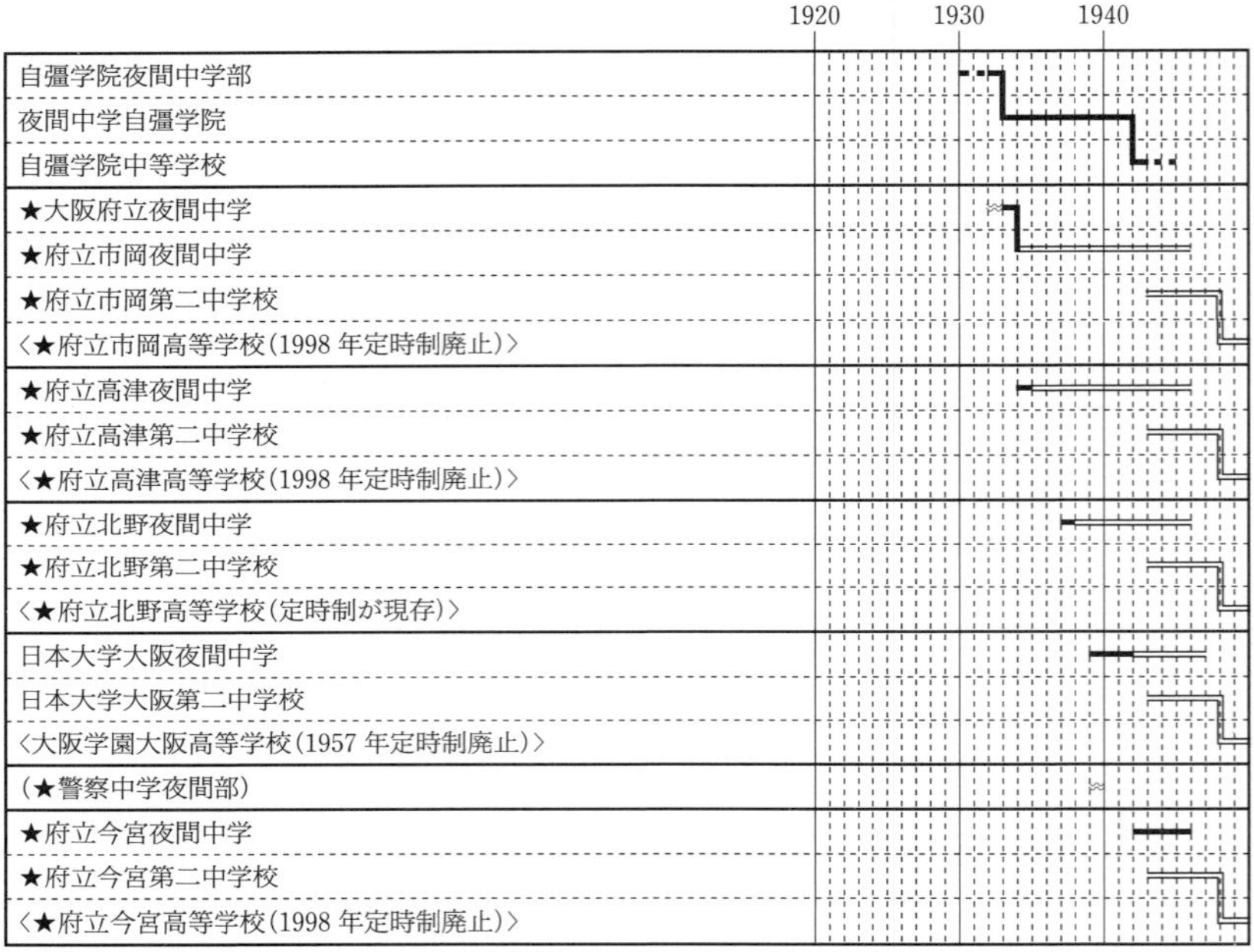

自彊学院夜間中学部～自彊学院中等学校

- 鉄道省『鉄道公報』1932・37 年
- 『大阪朝日新聞』1933 年
- 大阪府『昭和十四年十二月末現在　在留朝鮮人(台湾人)ノ状況』
- 『和歌山新聞』1942 年

大阪府立夜間中学～府立市岡第二中学校(府立市岡中学校附設)

- 国立公文書館蔵「夜間中等学校台帳」「兵役法及文官任用令認定各種学校台帳」「公立各種学校設置廃止認可」「中学校設置廃止認可」「学則・規則・認可」
- 「陸軍省大日記　甲輯」
- 開発社『教育時論』1921 年
- 大阪府会『通常大阪府会予算(教育費)委員会速記録』1925・27・28・30・32 年
- 大阪府会『通常大阪府会速記録』1925・27・32 年
- 『北海タイムス』1932 年
- 内閣印刷局『官報』1933～35・39・43 年
- 大阪市『大阪市統計書』1933～41 年度
- 教育週報社『教育週報』1934・38・41・43 年
- 大阪市役所教育部『中等学校入学状況調』1936・37・39・40 年

・鉄道省『鉄道公報』1937年
・『毎日新聞』1943年
・大阪府会史編纂委員会編『大阪府会史』第4巻上編，1959年
・市岡高校定時制課程校史編纂委員会編『田龍三十年の歩み――大阪府立市岡高校定時制課程沿革史――』1963年
・大阪府教育委員会編『大阪府教育百年史』第1・4巻，1973・74年
・新修大阪市史編纂委員会編『新修大阪市史』1994年
・大阪府立市岡高等学校定時制課程閉校記念誌編纂委員会編『65年の輝き　我らの市岡』1998年

府立高津夜間中学～府立高津第二中学校(府立高津中学校附設)

・国立公文書館蔵「夜間中等学校台帳」「兵役法及文官任用令認定各種学校台帳」「公立各種学校設置廃止認可」「中学校設置廃止認可」「学則・規則・認可」
・防衛研究所蔵「陸軍省大日記　甲輯」
・内閣印刷局『官報』1934～36・39年
・大阪市『大阪市統計書』1934～41年度
・大阪市役所教育部『中等学校入学状況調』1936・37・39・40年
・鉄道省『鉄道公報』1935・37年
・鉄道青年会本部『鉄道青年』1937年
・教育週報社『教育週報』1941年
・考へ方研究社『考へ方』1941年
・『毎日新聞』1943年
・大阪府会史編纂委員会編『大阪府会史』第4巻上編，1959年
・大阪府教育委員会編『大阪府教育百年史』第1・4巻，1973・74年
・高津高等学校定時制50年史編集委員会編『高陵の五十年』1984年

府立北野夜間学校～府立北野第二中学校(府立北野中学校附設)

・国立公文書館蔵「夜間中等学校台帳」「各種学校台帳」「中学校設置廃止認可」
・防衛研究所蔵「陸軍省大日記　甲輯」
・内閣印刷局『官報』1937・40・43年
・大阪市役所教育部『中等学校入学状況調』1937・39・40年
・鉄道省『鉄道公報』1937年
・大阪市『大阪市統計書』1937～41年度
・教育週報社『教育週報』1941年
・『毎日新聞』1943年
・大阪府会史編纂委員会編『大阪府会史』第4巻上編，1959年
・大阪府立北野高等学校校史編纂委員会編『北野百年史――欧学校から北野高校まで――』1973年
・大阪府教育委員会編『大阪府教育百年史』第1・4巻，1973・74年
・村川行弘編『北野定時制四十年史』1977年

日本大学大阪夜間中学～日本大学大阪第二中学校(日本大学大阪中学校附設)

・国立公文書館蔵「各種学校設置廃止」「夜間中等学校台帳」「中学校設置廃止認可」「学則・規則・認可」

・内閣印刷局『官報』1942・43 年
・『毎日新聞』1943 年
・大阪学園大阪高等学校編『大阪学園創立 50 周年記念誌』1977 年
・日本大学編『日本大学 90 年史』上巻・年表，1982 年
(警察中学夜間部)
・『北海タイムス』1939 年
・『小樽新聞』1939 年
府立今宮夜間中学～府立今宮第二中学校(府立今宮中学校附設)
・国立公文書館蔵「夜間中等学校台帳」「各種学校台帳」「中学校設置廃止認可」「学則・規則・認可」
・大阪府会『大阪府会学務部審査委員会速記録』1934 年
・内閣印刷局『官報』1942 年
・鉄道省『鉄道公報』1942 年
・『毎日新聞』1943 年
・大阪府立今宮高等学校定時制課程編『今宮高校定時制課程〝30 年のあゆみ〟』1972 年
・大阪府教育委員会編『大阪府教育百年史』第 1・4 巻，1973・74 年
・今宮高校記念誌編集委員会編『大阪府立今宮高等学校創立七十周年記念誌　いまみや　なには文化と今宮』1976 年

兵庫県

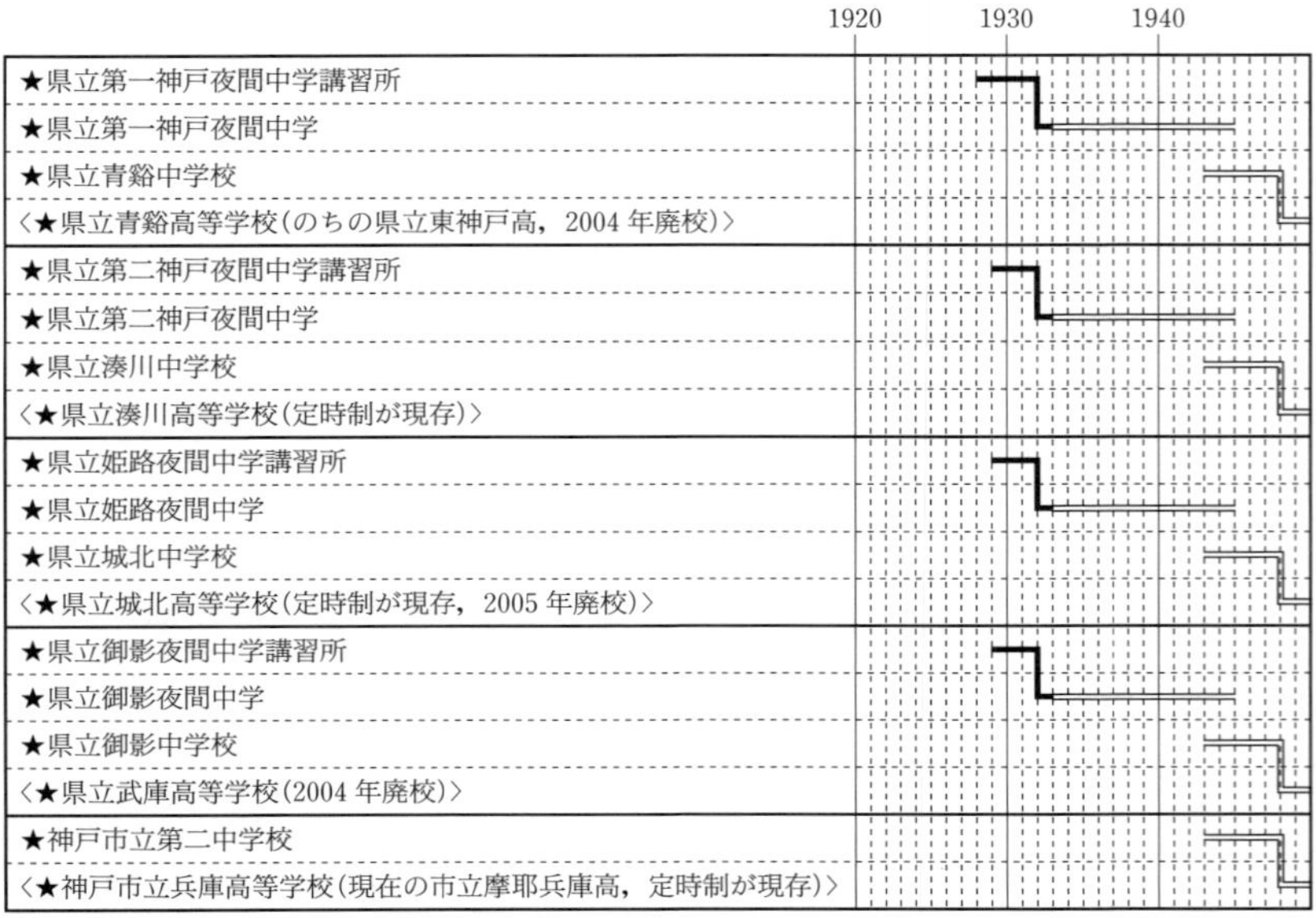

県立第一神戸夜間中学講習所〜県立青谿中学校(県立第一神戸中学校附設)

・国立公文書館蔵「夜間中等学校台帳」「兵役法及文官任用令認定各種学校台帳」「公立各種学校設置廃止認可」「中学校設置廃止認可」「学則・規則・認可」
・防衛研究所蔵「陸軍省大日記　甲輯」
・『神戸又新日報』1927・28 年
・兵庫県『兵庫県統計書』1928〜31・34〜41 年度
・内閣印刷局『官報』1933・34・38・39 年
・『神戸新聞』1933・43 年
・中等教育会『中等教育』1934 年
・鉄道省『鉄道公報』1937 年
・鉄道青年会本部『鉄道青年』1937 年
・『毎日新聞』1943 年
・教育週報社『教育週報』1943 年
・兵庫県会事務局県会史編纂室編『兵庫県会史』第 3 集第 1 巻下，1953 年
・兵庫県教育委員会編『兵庫県教育史』1963 年
・神戸市教育史編集委員会編『神戸市教育史』第 1 集，1966 年
・兵庫県立神戸高等学校編『70 年のあゆみ』1966 年
・兵庫県立東神戸高等学校編『創立六十周年記念誌』1988 年
・兵庫県立東神戸高等学校編『創立七十周年記念誌』1998 年
・同窓会報ひかり編集委員会編『ひかり』1999 年[県立東神谷高校]

県立第二神戸夜間中学講習所〜県立湊川中学校(県立第二神戸中学校附設)

・国立公文書館蔵「夜間中等学校台帳」「兵役法及文官任用令認定各種学校台帳」「公立各種学校設置廃止認可」「中学校設置廃止認可」「学則・規則・認可」
・防衛研究所蔵「陸軍省大日記　甲輯」
・兵庫県『兵庫県統計書』1928〜31・34〜41 年度
・内閣印刷局『官報』1933・34・39 年
・『神戸新聞』1933・43 年
・中等教育会『中等教育』1934 年
・鉄道省『鉄道公報』1937 年
・鉄道青年会本部『鉄道青年』1937 年
・『朝日新聞』1941 年
・『毎日新聞』1943 年
・教育週報社『教育週報』1943 年
・兵庫県教育委員会編『兵庫県教育史』1963 年
・神戸市教育史編集委員会編『神戸市教育史』第 1 集，1966 年
・兵庫県立湊川高等学校五十年史編纂委員会編『音高く流れぬ――湊川高等学校五十年史――』1979 年

県立姫路夜間中学講習所〜県立城北中学校(県立姫路中学校附設)

・国立公文書館蔵「夜間中等学校台帳」「兵役法及文官任用令認定各種学校台帳」「公立各種学校設置廃止認可」「中学校設置廃止認可」「学則・規則・認可」
・防衛研究所蔵「陸軍省大日記　甲輯」

- 兵庫県『兵庫県統計書』1928〜31・34〜41年度
- 内閣印刷局『官報』1933・34・39年
- 神戸新聞社『神戸新聞』1933・43年
- 鉄道省『鉄道公報』1937年
- 『毎日新聞』1943年
- 教育週報社『教育週報』1943年
- 兵庫県教育委員会編『兵庫県教育史』1963年
- 神戸市教育史編集委員会編『神戸市教育史』第1集，1966年
- 姫中・姫路西高百年史編集委員会編『姫中・姫路西高百年史』1978年
- 兵庫県立城北高等学校編『夜高魂　兵庫県立城北高等学校創立60周年記念誌』1989年

県立御影夜間中学講習所〜県立御影中学校(御影師範学校附設)

- 国立公文書館蔵「夜間中等学校台帳」「兵役法及文官任用令認定各種学校台帳」「公立各種学校設置廃止認可」「中学校設置廃止認可」「学則・規則・認可」
- 防衛研究所蔵「陸軍省大日記　甲輯」
- 兵庫県『兵庫県統計書』1929〜31・34〜41年度
- 内閣印刷局『官報』1933・34・38〜40年
- 『神戸新聞』1933・43年
- 兵庫県御影師範学校同窓義会『兵庫県御影師範学校創立六十周年記念誌』1936年
- 御影町役場編『御影町誌』1936年
- 鉄道省『鉄道公報』1937年
- 『毎日新聞』1943年
- 教育週報社『教育週報』1943年
- 兵庫県会事務局県会史編纂室編『兵庫県会史』第3集第2巻，1953年
- 兵庫県教育委員会編『兵庫県教育史』1963年
- 神戸市教育史編集委員会編『神戸市教育史』第1集，1966年

神戸市立第二中学校(神戸市立第一中学校附設)

- 国立公文書館蔵「夜間中等学校台帳」「学則・規則・認可」
- 『神戸新聞』1943年
- 内閣印刷局『官報』1943年
- 兵庫県教育委員会編『兵庫県教育史』1963年
- 神戸市教育史編集委員会編『神戸市教育史』第2集，1964年
- 神戸市高等学校定時制教育振興会編『40年の歩み　神戸市立定時制高等学校　1987』1987年
- 神戸市立葺合高等学校創立五十周年記念誌編集委員会編『筒陵　創立五十周年記念誌』1989年

奈良県

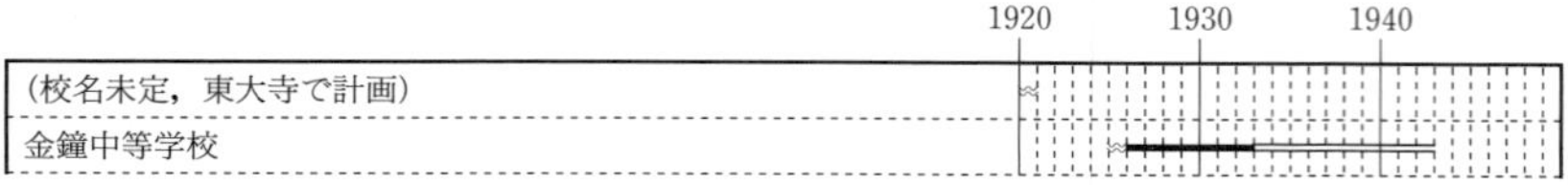

金鐘中学校
〈金鐘高等学校(現在の東大寺学園高，1974 年定時制廃止)〉
南都正強中学
奈良県正強中学校
〈奈良正強高等学校(現在の奈良大附高，1957 年定時制廃止)〉
私立天理青年訓練所
私立天理青年訓練所中等夜学部
天理中等学校
天理中学校(夜間部)
〈天理高等学校(定時制が現存)〉

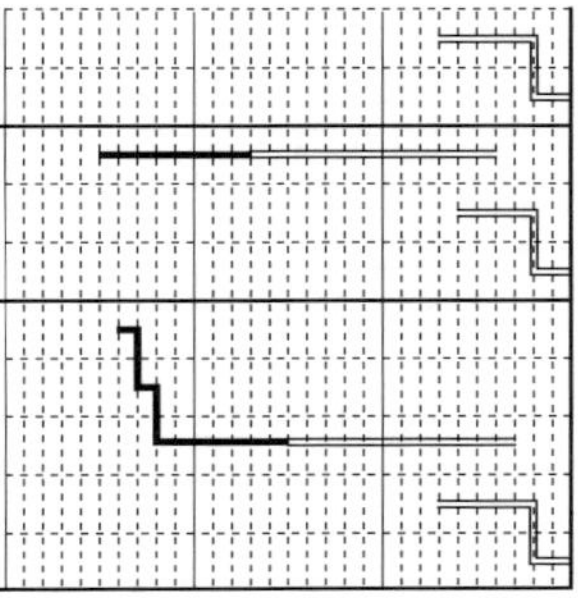

金鐘中等学校～金鐘中学校

- 国立公文書館蔵「各種学校設置廃止」「認定指定総規」「夜間中等学校台帳」「中学校設置廃止認可」「学則・規則・認可」
- 奈良県立図書館蔵「其ノ一　教育ニ関スル法人設立　教育課」
- 『大和日報』1926 年
- 奈良県『奈良県報』1926 年
- 奈良県『奈良県統計書』1926～29 年度
- 『奈良新聞』1928 年
- 鉄道省『鉄道公報』1932・37 年
- 帝国教育会『帝国教育』1932 年
- 内閣印刷局『官報』1933・43 年
- 教育週報社『教育週報』1943 年
- 奈良県教育委員会編『奈良県教育八十年史』1957 年
- 堀池春峰編『東大寺学園創立六十周年誌』1986 年
- 奈良市史編集審議会編『奈良市史』通史 4，1995 年

南都正強中学～奈良県正強中学校

- 国立公文書館蔵「各種学校設置廃止」「認定指定総規」「夜間中等学校台帳」「兵役法及文官任用令認定各種学校台帳」「中学校設置廃止認可」「学則・規則・認可」
- 防衛研究所蔵「陸軍省大日記　甲輯」
- 奈良県立図書館蔵「其ノ一　教育ニ関スル法人設立　教育課」
- 奈良県『奈良県報』1925 年
- 『大和日報』1926 年
- 奈良県『奈良県統計書』1926～29 年度
- 帝国教育会『帝国教育』1932 年
- 内閣印刷局『官報』1933・34・39 年
- 鉄道省『鉄道公報』1932・37 年
- 教育週報社『教育週報』1933 年
- 奈良県教育委員会編『奈良県教育八十年史』1957 年
- 『大和タイムス』1961 年
- 故藪内敬次郎先生追悼誌編集発刊委員会編『故藪内敬次郎先生を偲びて』1979 年

・奈良県正強学園編『創立四十周年記念誌』1986 年
・奈良大学二十五年史編纂委員会編『奈良大学二十五年史』1993 年
・奈良市史編集審議会編『奈良市史』通史 4，1995 年

私立天理青年訓練所〜天理中学校(夜間部)

・国立公文書館蔵「各種学校設置廃止」「認定指定私立各種学校」「認定指定総規」「各種学校台帳」「兵役法及文官任用令認定各種学校台帳」「学則・規則・認可」
・防衛研究所編「陸軍省大日記　甲輯」
・奈良県立図書館蔵「其ノ二　教育ニ関スル法人設立ノ件　教育課」
・奈良県『奈良県報』1928 年
・鉄道省『鉄道公報』1932・37 年
・帝国教育会『帝国教育』1932 年
・中等教育会『中等教育』1934 年
・内閣印刷局『官報』1935・36・39・43 年
・奈良県教育委員会編『奈良県教育八十年史』1957 年
・天理市史編纂委員会編『天理市史』1958 年
・天理市教育委員会編『天理市教育百年史』1975 年
・天理柔道史編集部編『天理柔道史』1977 年

和歌山県

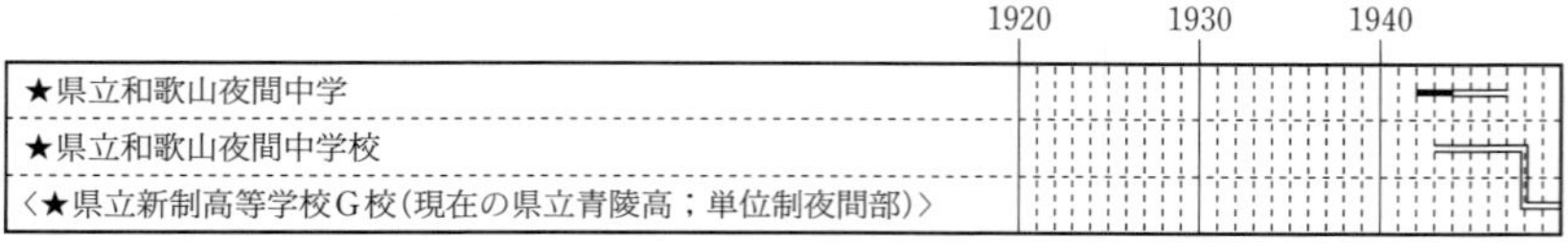

県立和歌山夜間中学〜県立和歌山夜間中学校(県立和歌山中学校附設)

・国立公文書館蔵「各種学校台帳」「夜間中等学校台帳」「公立各種学校設置廃止認可」「中学校設置廃止認可」
・『和歌山新聞』1942 年
・内閣印刷局『官報』1943・44 年
・教育週報社『教育週報』1943 年
・和歌山県『和歌山県統計書』1943・44 年度
・鉄道省『鉄道公報』1943 年
・和中開校百年桐蔭三十周年記念誌編集委員会編『和中百年』1978 年
・桐蔭高等学校定時制・青陵高等学校創立 40 周年記念誌編集委員会編『桐蔭高等学校定時制・青陵高等学校創立 40 周年　記念誌』1988 年
・和歌山県戦後(占領下時代)教育史研究グループ編『和歌山県戦後(占領下時代)教育史』1996 年

鳥取県

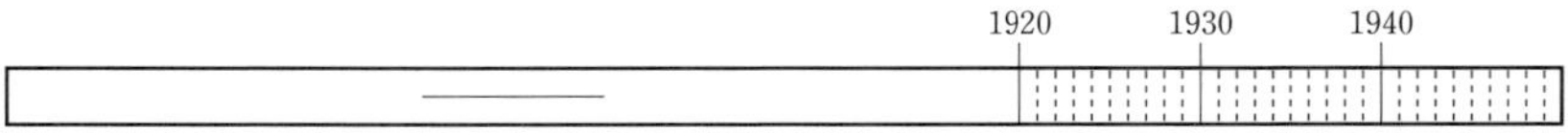

※管見の限り，設置の事実なし

島根県

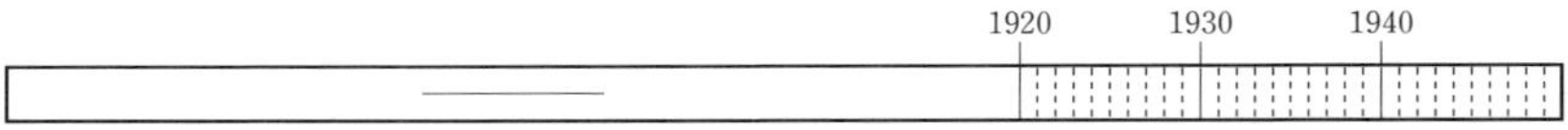

※管見の限り，設置の事実なし

岡山県

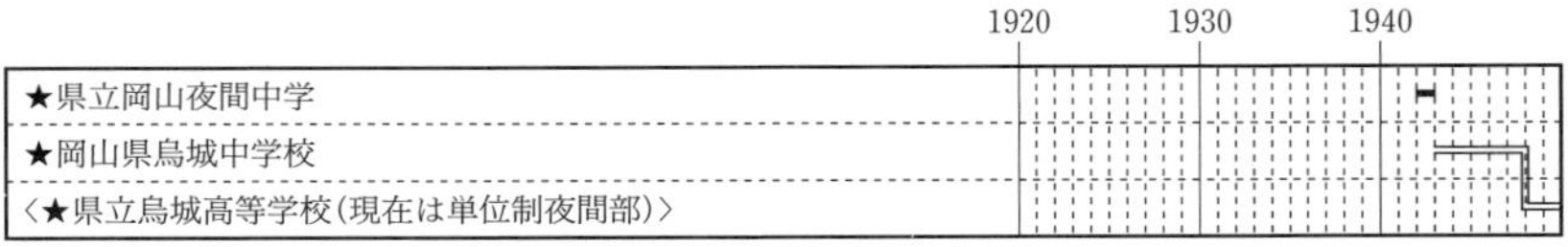

県立岡山夜間中学～県立烏城中学校(県立第一岡山中学校附設)

- 国立公文書館蔵「各種学校台帳」「夜間中等学校台帳」「公立各種学校設置廃止認可」「中学校設置廃止認可」「学則・規則・認可」
- 開発社『教育時論』1924 年
- 『合同新聞』1942・43 年
- 岡山県教育会編『岡山県教育史』中，1942 年
- 内閣印刷局『官報』1943 年
- 岡山県立烏城高等学校編『ともしび二十五年(創立二十五周年記念)』1967 年
- 岡山市史編集委員会編『岡山市史』宗教・教育編，1968 年
- 岡山県教育委員会編『岡山県教育史』続編，1974 年
- 同窓資料室編『岡山朝日高等学校教育史資料』第 10 集，1982 年
- 同窓資料室編『岡山朝日高等学校写された 110 年』1984 年
- 岡山県史編纂委員会編『岡山県史』10・30，1986 年
- 岡山市百年史編さん委員会編『岡山市百年史』上・下，1989・91 年
- 岡山県立烏城高等学校 50 周年記念誌編集委員会編『夜間定時制高校の半世紀　烏城高等学校 50 周年記念誌』1992 年

広島県

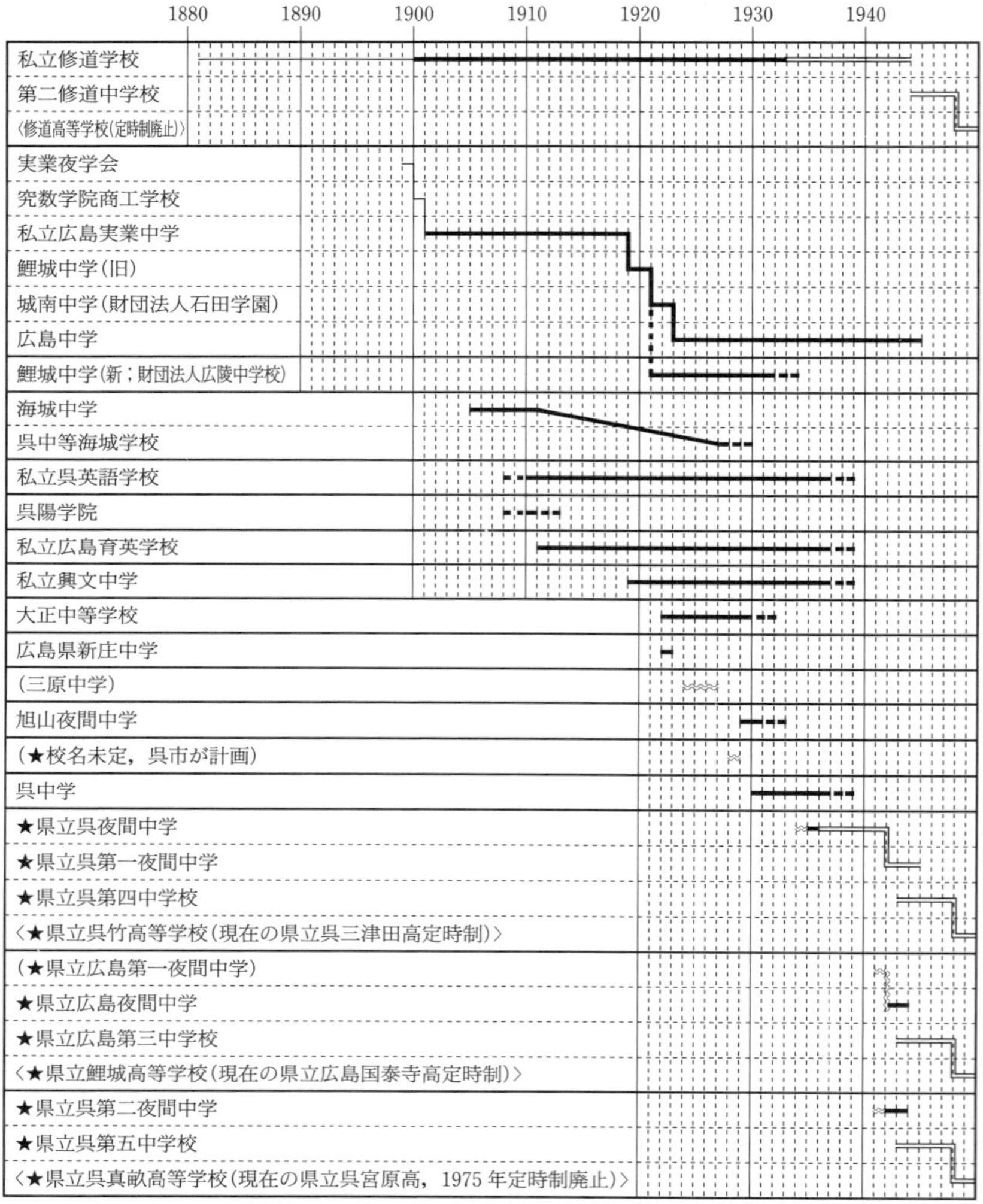

私立修道学校～第二修道中学校(修道中学校附設)

・国立公文書館蔵「認定指定総規」「各種学校台帳」「夜間中等学校台帳」「兵役法及文官任用令認定各種学校台帳」「公立各種学校設置廃止認可」「中学校設置廃止認可」
・防衛研究所蔵「陸軍省大日記　甲輯」

・広島県『広島県統計書』1927〜35 年度
・広島市『広島市統計年表』1930〜35 年度
・香川秀作編『修道中学校史』1931 年
・鉄道省『鉄道公報』1932・37 年
・帝国教育会『帝国教育』1932 年
・内閣印刷局『官報』1933・36・39 年
・教育週報社『教育週報』1933 年
・中等教育会『中等教育』1934 年
・井口鉄雄編『創始二百三十三年　私学八十年　記念　修道学園史』1957 年
・学校法人修道学園編『創始二百五十三年　私学百年　記念　修道学園史』1978 年
・広島市教育センター編『広島市学校教育史』1990 年

実業夜学会〜広島中学(山陽中学校附設)

・国立公文書館蔵「各種学校設置廃止」「認定指定総規」「夜間中等学校台帳」「各種学校台帳」「中学校設置廃止認可」
・広島県『広島県統計書』1927〜35 年度
・広島市『広島市統計年表』1930〜35 年度
・鉄道省『鉄道公報』1932・37・39 年
・帝国教育会『帝国教育』1932 年
・石田学園編『石田学園五十周年記念誌』1957 年
・広島市役所編『新修広島市史』第 4・5 巻，1958・62 年
・広島市教育センター編『広島市学校教育史』1990 年
・石田米荘文集刊行会編『石田米荘文集』1998 年

鯉城中学(広陵中学校附設)

・国立公文書館蔵「認定指定総規」「夜間中等学校台帳」「各種学校台帳」
・私立芸備教育会『芸備教育』1908 年
・広島県『広島県統計書』1927〜32 年度
・広島市『広島市統計年表』1930・31 年度
・広島市役所編『新修広島市史』第 4・5 巻，1958・62 年
・学校法人広陵学園編『広陵学園八十年史稿』1976 年
・広島市教育センター編『広島市学校教育史』1990 年
・学校法人広陵学園編『広陵百年史』1994 年

海城中学〜呉中等海城学校

・私立芸備教育会『芸備教育』1910 年
・広島県『広島県統計書』1927 年度

私立呉英語学校

・私立芸備教育会『芸備教育』1910 年
・広島県『広島県統計書』1927 年度
・鉄道省『鉄道公報』1932・37 年
・呉市史編纂委員会編『呉市史』第 5 巻，1987 年

呉陽学院

・私立芸備教育会『芸備教育』1910 年

私立広島育英学校
・広島県『広島県統計書』1927・29～35 年度
・広島市『広島市統計年表』1934 年度
・鉄道省『鉄道公報』1932・37 年

私立興文中学(私立興文中学校附設)
・国立公文書館蔵「認定指定総規」
・広島県『広島県統計書』1927～35 年度
・鉄道省『鉄道公報』1932・37 年
・帝国教育会『帝国教育』1932 年
・『大阪朝日新聞』1933 年

大正中等学校(私立大正中学校附設)
・広島県『広島県統計書』1927・29・30 年度
・『呉新聞』1930 年
・日本私立中学高等学校連合会編『私学の創立者とその学風』1977 年

広島県新庄中学
・国立公文書館蔵「各種学校設置廃止」

(三原中学)
・国立公文書館蔵「各種学校設置廃止」

旭山夜間中学(私立旭山中学校附設)
・国立公文書館蔵「認定指定総規」
・広島県『広島県統計書』1929～31 年度
・広島市『広島市統計年表』1930・31 年度
・内閣印刷局『官報』1933 年

(校名未定，呉市が計画)
・『呉新聞』1928 年

呉中学
・広島県『広島県統計書』1930～35 年度
・鉄道省『鉄道公報』1932・37 年

県立呉夜間中学～県立呉第四中学校(県立呉第一中学校附設)
・国立公文書館蔵「各種学校台帳」「夜間中等学校台帳」「兵役法及文官任用令認定各種学校台帳」「公立各種学校設置廃止認可」「中学校設置廃止認可」「学則・規則・認可」
・防衛研究所蔵「陸軍省大日記　甲輯」
・教育週報社『教育週報』1927 年
・『呉新聞』1934・35・42 年
・内閣印刷局『官報』1935・36・39・42・44 年
・広島県『広島県統計書』1935 年度
・鉄道省『鉄道公報』1937 年
・『中国新聞』1942 年
・広島県教育委員会事務局調査課編『広島県教育八十年誌』1954 年
・広島県呉三津田高等学校編『三津田ヶ丘　創立 60 周年記念誌』1966 年
・広島県立呉三津田高等学校定時制課程創立五十周年記念誌編集委員会編『創立五十周年記念誌

付同窓会会員名簿』1984 年
- 呉三津田高等学校創立八十周年記念実行委員会編『創立八十周年記念誌　三津田ケ丘』1986 年
- 呉市史編纂委員会編『呉市史』第 5 巻，1987 年

県立広島夜間中学～県立広島第三中学校（県立広島第一中学校附設）

- 国立公文書館蔵「各種学校台帳」「夜間中等学校台帳」「公立各種学校設置廃止認可」「中学校設置廃止認可」「学則・規則・認可」
- 内閣印刷局『官報』1942・44 年
- 『中国新聞』1942 年
- 広島県教育委員会事務局調査課編『広島県教育八十年誌』1954 年
- 広島県広島国泰寺高等学校編『創立八十周年記念誌』1957 年
- 創立九十周年記念誌編集委員会編『鯉城　創立九十周年記念誌』1967 年
- 広島県立広島国泰寺高等学校百年史編集委員会編『広島一中国泰寺高百年史』1977 年
- 広島市教育センター編『広島市学校教育史』1990 年

県立呉第二夜間中学～県立呉第五中学校（県立呉第二中学校附設）

- 国立公文書館蔵「各種学校台帳」「夜間中等学校台帳」「公立各種学校設置廃止認可」「中学校設置廃止認可」「学則・規則・認可」
- 内閣印刷局『官報』1942・44 年
- 『呉新聞』1942 年
- 広島県教育委員会事務局調査課編『広島県教育八十年誌』1954 年
- 九嶺宮原同窓会編『創立五十周年記念誌　広島県立呉宮原高等学校』1974 年
- 広島県立呉宮原高等学校・九嶺宮原同窓会編『創立六十周年記念誌』1984 年
- 呉市史編纂委員会編『呉市史』第 5 巻，1987 年

山口県

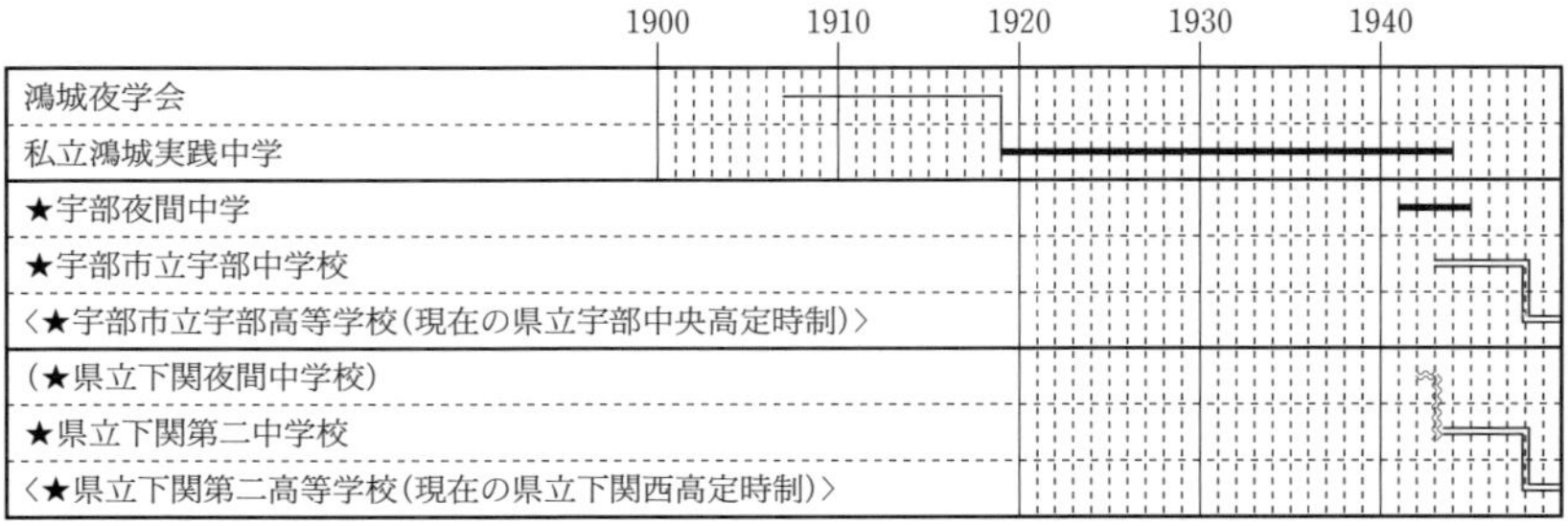

鴻城夜学会～私立鴻城実践中学（鴻城中学校附設）

- 国立公文書館蔵「各種学校設置廃止」「各種学校台帳」「中学校設置廃止認可」
- 『防長新聞』1919 年
- 鉄道省『鉄道公報』1932・37 年
- 鴻城義塾百年史編纂委員会編『創立百周年記念　鴻城義塾百年史』1991 年

宇部夜間中学〜宇部市立宇部中学校(宇部市立宇部商業学校附設)

- 国立公文書館蔵「各種学校台帳」「夜間中等学校台帳」「公立各種学校設置廃止認可」「中学校設置廃止認可」「学則・規則・認可」
- 『関門新聞』1943年
- 内閣印刷局『官報』1943年
- 教育週報社『教育週報』1943年
- 山口県立宇部高等学校編『かたばみ——山口県立宇部高等学校創立50周年沿革小史——』1969年
- 山口県立宇部中央高等学校編『創立三十周年記念　山口県立宇部中央高校史』1972年

県立下関第二中学校(県立下関第一中学校附設)

- 国立公文書館蔵「夜間中等学校台帳」「中学校設置廃止認可」「学則・規則・認可」
- 内閣印刷局『官報』1943年
- 『関門新聞』1942・43年
- 下関市役所編『下関市史』市制施行以後，1958年
- 旭陵同窓会資料整備委員会編『旭陵史　山口県立下関西高等学校創立七十五周年記念誌』1994年

徳島県

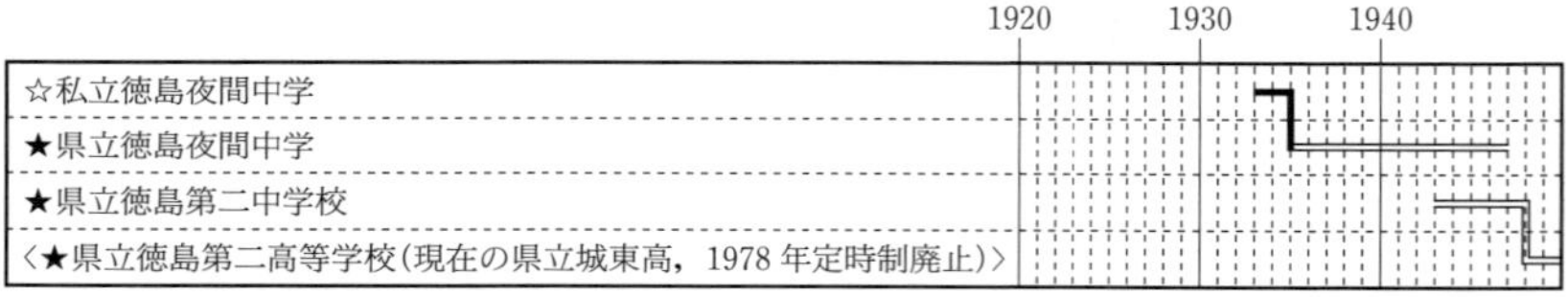

私立徳島夜間中学〜県立徳島第二中学校(徳島師範学校附設)

- 国立公文書館蔵「各種学校台帳」「夜間中等学校台帳」「兵役法及文官任用令認定各種学校台帳」「公立各種学校設置廃止認可」「中学校設置廃止認可」「学則・規則・認可」
- 防衛研究所蔵「陸軍省大日記　甲輯」
- 『大阪朝日新聞』(徳島版)，1933・35年
- 鉄道省『鉄道公報』1933・37年
- 徳島県『徳島県統計書』1933〜36年度
- 中等教育会『中等教育』1934年
- 『徳島毎日新聞』1935年
- 内閣印刷局『官報』1935・36・39年
- 徳島県教育委員会編『徳島県教育八十年史』1955年
- 徳島県教育会編『徳島県教育沿革史』続編，1959年
- 徳島県教育委員会編『徳島県教育委員会三十年史』1979年
- 徳島県立城東高等学校定時制同窓会編『働学両全』1980年
- 徳島中央高等学校十周年記念誌編集委員会編『徳島中央高等学校十周年記念誌』1987年

香川県

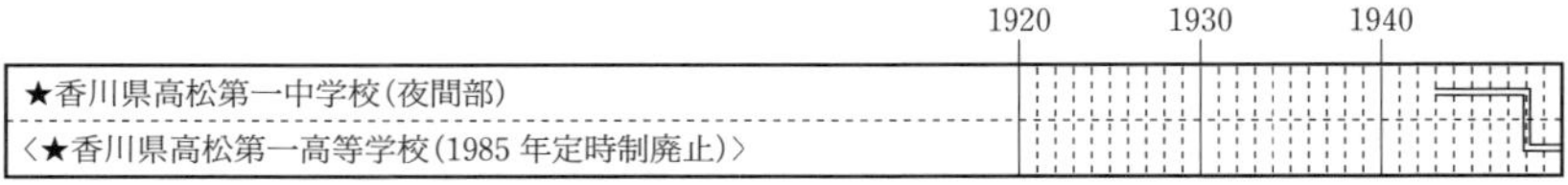

香川県高松第一中学校(夜間部)

- 国立公文書館蔵「夜間中等学校台帳」
- 『大阪朝日新聞』(香川版), 1933 年
- 『香川日日新聞』1943 年
- 高松第一高等学校編『創立 40 周年記念誌』1968 年
- 高松市史編修室編『新修高松市史』Ⅲ, 1969 年
- 高松第一高等学校 60 周年記念誌編集委員会編『高松第一高等学校創立 60 周年記念誌』1988 年

愛媛県

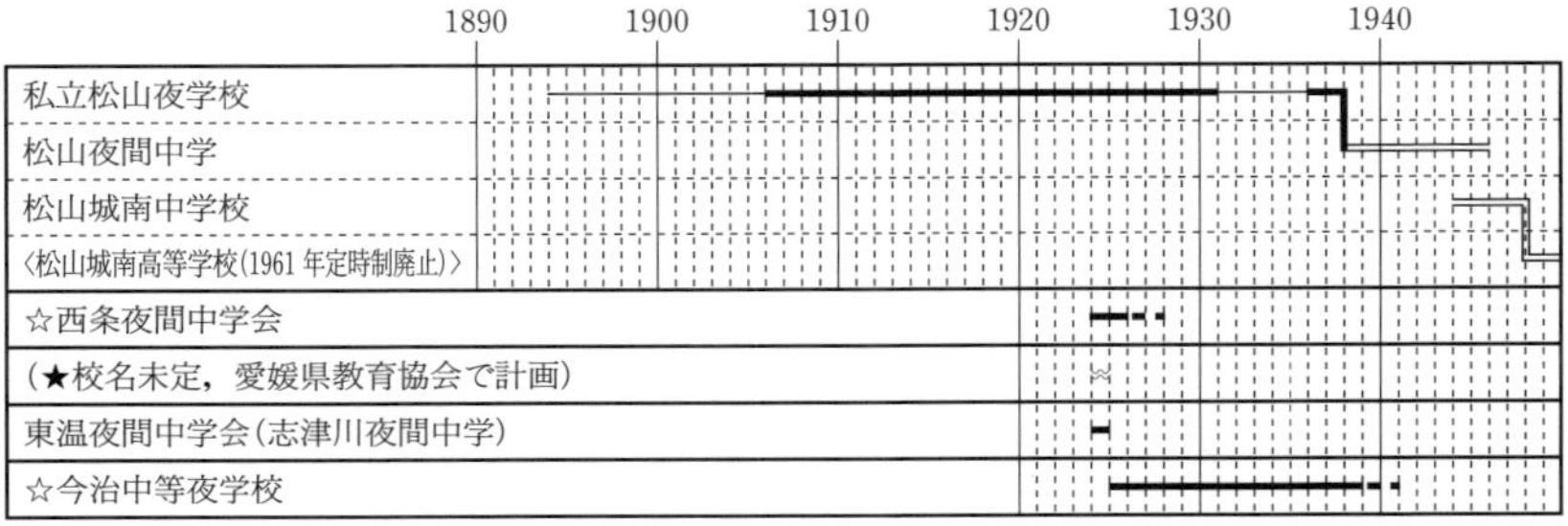

私立松山夜学校〜松山城南中学校

- 国立公文書館蔵「各種学校設置廃止」「認定指定総規」「各種学校台帳」「夜間中等学校台帳」「中学校設置廃止認可」「学則・規則・認可」
- 愛媛県『愛媛県統計書』1913〜19・22〜39 年度
- 松山教会(みつばさ社)『みつばさ』1924〜51 年
- 鉄道省『鉄道公報』1932・37 年
- 帝国教育会『帝国教育』1932 年
- 中等教育会『中等教育』1934 年
- 文部省社会教育局『青年学校名簿』1937 年
- 愛媛県『愛媛県勢要覧』1938 年度
- 西村清雄編『恩寵と犠牲』1941 年
- 『朝日新聞』(愛媛版), 1945 年
- 松山城南高等学校・中学校同窓会編『昭和参拾参年度　会員名簿』1958 年
- 松山城南高等学校編『沿革略史』1958 年

・松山市誌編集委員会編『松山市誌』1962 年
・二神喜十『松山城南高等学校 80 年誌』1971 年
・松山城南高等学校・中学校同窓会編『会員名簿　昭和 46 年度(創立 80 周年記念号)』1971 年
・教育史編集室編『愛媛県教育史』第 1 巻，1971 年
・愛媛県史編さん委員会編『愛媛県史』学問宗教・教育・人物，1985・86・89 年
・松山城南高等学校創立一〇〇周年記念誌編集委員会編『松山城南百年の譜』1991 年
・松山城南高等学校創立 110 周年記念写真集編集委員会編『目で見る 110 年の軌跡』2001 年

西条夜間中学会(県立西条中学校附設)

・愛媛教育会『愛媛教育』1925 年
・西条高校七十周年記念誌編集委員会編『西条高校七十周年記念誌』1968 年
・西条高校 80 周年記念誌作成委員会編『80 周年記念誌　輝け　道前の群像』1979 年
・愛媛県立西条高等学校編『創立 90 周年記念誌』1985 年

(校名未定，愛媛県教育協会で計画)

・『海南新聞』1924 年

東温夜間中学会

・『海南新聞』1924 年
・重信町誌編纂委員会編『重信町誌』1988 年

今治中等夜学校(県立今治中学校附設)

・国立公文書館蔵「各種学校台帳」「認定指定総規」
・宮内庁書陵部蔵「御写真録　昭和四年」
・『海南新聞』1925 年
・愛媛県『愛媛県統計書』1926〜39 年度
・鉄道省『鉄道公報』1932 年
・帝国教育会『帝国教育』1932 年
・愛媛県立今治西高等学校創立七十周年記念沿革誌刊行委員会編『創立七十周年記念沿革誌』1973 年

高知県

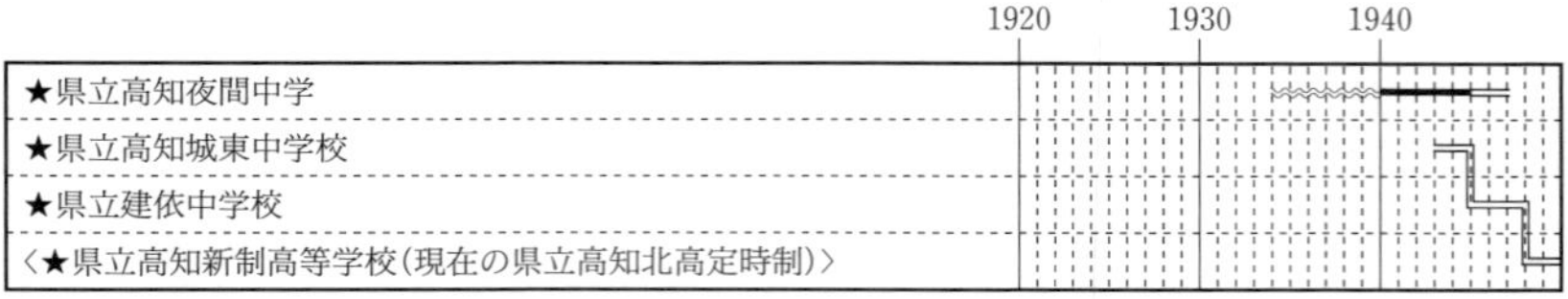

県立高知夜間中学〜県立建依中学校(県立高知城東中学校附設)

・国立公文書館蔵「夜間中等学校台帳」「公立各種学校設置廃止認可」「中学校設置廃止認可」「学則・規則・認可」
・『土陽新聞』1939 年
・内閣印刷局『官報』1940・43 年
・『大阪朝日新聞』(高知版)，1940・44 年

・高知県『高知県統計書』1943 年
・高知県教育史編集委員会編『近代高知県教育史』1964 年
・高知県教育史編集委員会編『戦後高知県教育史』1972 年
・高知県立高知小津高等学校編『海南百年　高知小津高等学校百年誌』1973 年
・高知追手前高校百年史編集委員会編『高知追手前高校百年史』1978 年
・高知県教育委員会編『高知県昭和教育年表』1989 年
・前田和男編『高知追手前高等学校資料集』第 3・4・5 巻，1992・92・93 年
・創立百二十周年記念誌編纂委員会『創立百二十周年記念誌』1999 年［県立追手前高校］

福岡県

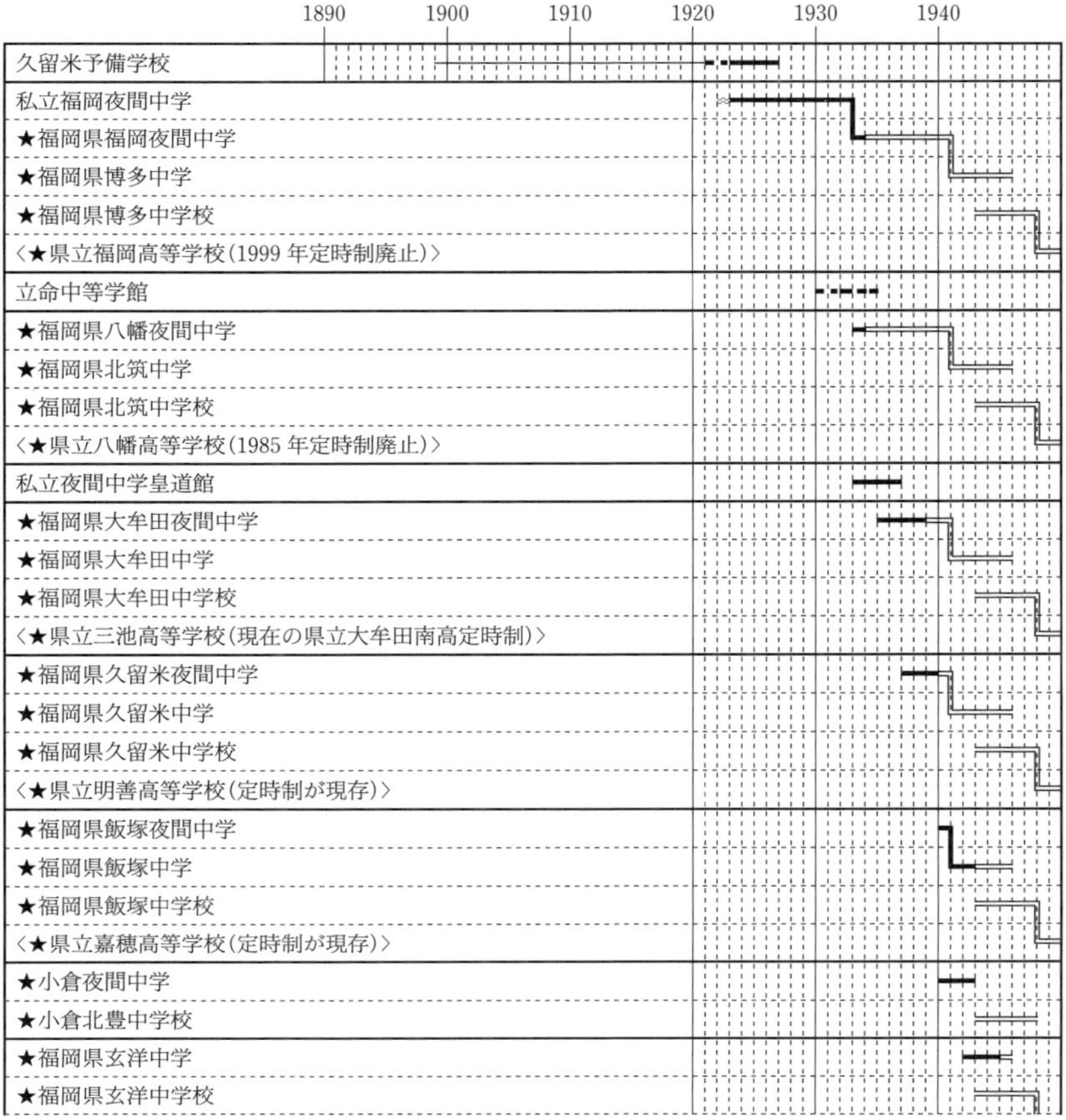

〈★県立高等学校修猷館(現在の県立修猷館高定時制)〉
★福岡県関門中学
★福岡県関門中学校 〈★県立門司高等学校(定時制が現存)〉
★福岡県企救中学校 〈★県立小倉高等学校(1985 年定時制廃止)〉
★福岡県天籟中学校 〈★県立戸畑高等学校(1985 年定時制廃止)〉
★福岡県洞海中学校 〈★県立若松高等学校(定時制が現存)〉
★福岡県三宅中学校 〈★県立筑紫高等学校(現在の県立筑紫丘高)〉
★福岡県直方中学校 〈★県立鞍手高等学校(定時制が現存)〉
★福岡県英彦中学校 〈★県立田川高等学校(1965 年定時制廃止)〉
★福岡県甘木中学校 〈★県立朝倉高等学校(定時制が現存)〉

久留米予備学校

・『福岡日日新聞』1923・33・39 年
・福岡県『福岡県統計書』1923〜25 年度
・福岡県教育会久留米支会『学制頒布第五十周年祝典記念久留米市教育沿革史』1923 年
・久留米市史編さん委員会編『久留米市史』第 3 巻，1985 年

私立福岡夜間中学〜福岡県博多中学校(県立福岡中学校附設)

・国立公文書館蔵「各種学校設置廃止」「認定指定総規」「各種学校台帳」「夜間中等学校台帳」「兵役法及文官任用令認定各種学校台帳」「公立各種学校設置廃止認可」「中学校設置廃止認可」「学則・規則・認可」
・防衛研究所蔵「陸軍省大日記　甲輯」
・福岡県立図書館蔵「明治三十六年以降　福岡県教育会代議員会決議要項　山門郡教育会」
・『福岡日日新聞』1923・33・34・40 年
・福岡県『福岡県統計書』1923〜26・29・30 年度
・鉄道省『鉄道公報』1932・37・42 年
・開発社『教育時論』1932 年
・帝国教育会『帝国教育』1932 年
・内閣印刷局『官報』1934・35・39・41・43 年
・教育週報社『教育週報』1934・41 年
・福岡県教育委員会編『福岡県教育史』1957 年
・福岡県立福岡高等学校編『福高四十周年誌』1958 年
・福岡市役所編『福岡市史』第 2・4・7 巻・昭和編資料集前編，1963・66・74・83 年
・福岡県立福岡高等学校編『福高五十周年誌』1968 年

・福岡県教育百年史編さん委員会編『福岡県教育百年史』第6・7巻，1981・80年
・福岡県立福岡高等学校定時制課程創立七十周年記念誌月影ふみて編集委員会編『福岡県立福岡高等学校　定時制課程創立七十周年記念誌　月影ふみて』1993年
立命中等学館
・鉄道省『鉄道公報』1932・37年
福岡県八幡夜間中学〜福岡県北筑中学校(県立八幡中学校附設)
・国立公文書館蔵「各種学校台帳」「夜間中等学校台帳」「兵役法及文官任用令認定各種学校台帳」「公立各種学校設置廃止認可」「中学校設置廃止認可」「学則・規則・認可」
・防衛研究所蔵「陸軍省大日記　甲輯」
・『福岡日日新聞』1933・34年
・内閣印刷局『官報』1934・35・39・41・43年
・教育週報社『教育週報』1934・41年
・福岡県八幡市役所編『八幡市史』1936年
・福岡県教育委員会編『福岡県教育史』1957年
・福岡県教育百年史編さん委員会編『福岡県教育百年史』第6巻，1981年
・福岡県立八幡高等学校定時制課程閉校記念誌編集委員会編『定時制課程閉校記念誌　夜間中学から五十二年の歩み』1984年
・北九州市史編さん委員会編『北九州市史』近代・現代(教育・文化)，1986年
私立夜間中学皇道館
・国立公文書館蔵「公立各種学校設置廃止認可」「各種学校設置廃止」
・鉄道省『鉄道公報』1934・37年
・久留米市史編さん委員会編『久留米市史』第3・11巻，1985・96年
福岡県大牟田夜間中学〜福岡県大牟田中学校(大牟田市立大牟田商業学校附設)
・国立公文書館蔵「夜間中等学校台帳」「兵役法及文官任用令認定各種学校台帳」「公立各種学校設置廃止認可」「中学校設置廃止認可」「学則・規則・認可」
・防衛研究所蔵「陸軍省大日記　甲輯」
・内閣印刷局『官報』1935・39〜41・43年
・『福岡日日新聞』1935年
・教育週報社『教育週報』1941年
・福岡県教育委員会編『福岡県教育史』1957年
・大牟田市史編集委員会編『大牟田市史』下巻，1968年
・新藤東洋男『大牟田教育史の寸描』1978年
・福岡県立大牟田商業高等学校創立五十五周年記念誌編集委員会編『創立五十五周年記念誌』1979年
・福岡県教育百年史編さん委員会編『福岡県教育百年史』第6巻，1981年
・三池高等学校創立七十周年記念誌部会編『創立七十周年記念誌』1988年
福岡県久留米夜間中学〜福岡県久留米中学校(県立中学明善校附設)
・国立公文書館蔵「夜間中等学校台帳」「各種学校台帳」「兵役法及文官任用令認定各種学校台帳」「公立各種学校設置廃止認可」「中学校設置廃止認可」「学則・規則・認可」
・防衛研究所蔵「陸軍省大日記　甲輯」
・教育週報社『教育週報』1935・41年

・鉄道省『鉄道公報』1937 年
・内閣印刷局『官報』1940・41・43 年
・福岡県教育委員会編『福岡県教育史』1957 年
・篠原正一『久留米中学校　明善校定時制の沿革』1967 年
・杉本寿恵男編『明善校九十年史』1970 年
・福岡県立筑紫丘高等学校定時制編『年表・定時制 30 年』1974 年
・福岡県立明善高等学校編『明善　百周年記念写真集』1979 年
・福岡県教育百年史編さん委員会編『福岡県教育百年史』第 6 巻，1981 年
・久留米市史編さん委員会編『久留米市史』第 3・4・11 巻，1985・89・96 年

福岡県飯塚夜間中学～福岡県飯塚中学校(県立嘉穂中学校附設)

・国立公文書館蔵「夜間中等学校台帳」「各種学校台帳」「公立各種学校設置廃止認可」「中学校設置廃止認可」「学則・規則・認可」
・内閣印刷局『官報』1940・43 年
・教育週報社『教育週報』1940 年
・福岡県教育委員会編『福岡県教育史』1957 年
・福岡県立嘉穂高等学校編『六十年史』1961 年
・福岡県立嘉穂高等学校編『嘉穂 80 年誌』1981 年
・福岡県教育百年史編さん委員会編『福岡県教育百年史』第 6 巻，1981 年

小倉夜間中学～小倉北豊中学校(小倉市立小倉商業学校附設)

・国立公文書館蔵「夜間中等学校台帳」「各種学校台帳」「公立各種学校設置廃止認可」「中学校設置廃止認可」「学則・規則・認可」
・内閣印刷局『官報』1943 年
・教育週報社『教育週報』1943 年
・福岡県教育委員会編『福岡県教育史』1957 年
・小倉商業高等学校編『小倉商業高等学校五十年史』1966 年
・福岡県教育百年史編さん委員会編『福岡県教育百年史』第 6 巻，1981 年
・北九州市史編さん委員会編『北九州市史』近代・現代(教育・文化)，1986 年
・小倉商業高校創立七十周年記念誌編集委員会編『創立七十周年記念誌』1986 年

福岡県玄洋中学～福岡県玄洋中学校(県立中学修猷館附設)

・国立公文書館「夜間中等学校台帳」「各種学校台帳」「公立各種学校設置廃止認可」「中学校設置廃止認可」「学則・規則・認可」
・内閣印刷局『官報』1942・43 年
・福岡県立修猷館高等学校編『修猷館七十年史』1955 年
・福岡県教育委員会編『福岡県教育史』1957 年
・福岡市役所編『福岡市史』第 7 巻・昭和編資料集前編，1974・83 年
・福岡県教育百年史編さん委員会編『福岡県教育百年史』第 6 巻，1981 年
・修猷館二百年史編集委員会編『修猷館二百年史』1985 年
・福岡県立修猷館高等学校定時制課程編『定時制五十周年記念誌　五十年のあゆみ』1992 年

福岡県関門中学～福岡県関門中学校(県立門司中学校附設)

・国立公文書館蔵「夜間中等学校台帳」「各種学校台帳」「公立各種学校設置廃止認可」「中学校設置廃止認可」「学則・規則・認可」

・内閣印刷局『官報』1942 年
・福岡県教育委員会編『福岡県教育史』1957 年
・福岡県立門司高等学校編『創立五十年誌』1973 年
・福岡県教育百年史編さん委員会編『福岡県教育百年史』第 6 巻，1981 年
・北九州市史編さん委員会編『北九州市史』近代・現代(教育・文化)，1986 年
・福岡県立門司高等学校創立七十年史編纂委員会編『創立七十年史』1993 年
福岡県企救中学校(県立小倉中学校附設)
・国立公文書館蔵「夜間中等学校台帳」「中学校設置廃止認可」「学則・規則・認可」
・内閣印刷局『官報』1943 年
・福岡県立小倉高等学校定時制課程編『拾周年記念誌』1954 年
・福岡県教育委員会編『福岡県教育史』1957 年
・福岡県立小倉高等学校創立六十年史編集委員会編『創立六十年史』1968 年
・松本治彦編『北九州の青春　小倉高校 60 年のあゆみ』1968 年
・福岡県教育百年史編さん委員会編『福岡県教育百年史』第 6 巻，1981 年
・福岡県立小倉高等学校定時制課程閉校記念誌編集委員会編『あゝ愛宕山の灯』1985 年
・北九州市史編さん委員会編『北九州市史』近代・現代(教育・文化)，1986 年
福岡県天籟中学校(県立戸畑中学校附設)
・国立公文書館蔵「夜間中等学校台帳」「中学校設置廃止認可」「学則・規則・認可」
・内閣印刷局『官報』1943 年
・福岡県教育委員会編『福岡県教育史』1957 年
・戸畑市役所編『戸畑市史』第 2 集，1961 年
・福岡県教育百年史編さん委員会編『福岡県教育百年史』第 6 巻，1981 年
・閉校記念誌編集委員会編『福岡県立戸畑高等学校定時制課程閉校記念誌　怒濤』1985 年
・戸畑高等学校創立五十年史編集委員会編『創立五十年史』1985 年
・北九州市史編さん委員会編『北九州市史』近代・現代(教育・文化)，1986 年
福岡県洞海中学校(県立若松中学校附設)
・国立公文書館蔵「夜間中等学校台帳」「中学校設置廃止認可」「学則・規則・認可」
・内閣印刷局『官報』1943 年
・福岡県教育委員会編『福岡県教育史』1957 年
・若松市史第二集編纂委員会編『若松市史』第 2 集，1957 年
・福岡県立若松高等学校六十年史編集委員会編『若高六十年史』1975 年
・福岡県教育百年史編さん委員会編『福岡県教育百年史』第 6 巻，1981 年
・北九州市史編さん委員会編『北九州市史』近代・現代(教育・文化)，1986 年
福岡県三宅中学校(県立筑紫中学校附設)
・国立公文書館蔵「夜間中等学校台帳」「中学校設置廃止認可」「学則・規則・認可」
・内閣印刷局『官報』1943 年
・福岡県教育委員会編『福岡県教育史』1957 年
・福岡県立筑紫丘高等学校定時制編『年表・定時制 30 年』1974 年
・福岡県立筑紫丘高等学校編『筑紫丘高校五十年史』1977 年
・福岡県教育百年史編さん委員会編『福岡県教育百年史』第 6 巻，1981 年
・福岡県立筑紫丘高等学校創立六十周年記念誌編集委員会編『福岡県立筑紫丘高等学校創立六十

周年記念誌』1987 年
・福岡県立筑紫丘高等学校編『五十年の道程』1993 年

福岡県直方中学校(県立鞍手中学校附設)

・国立公文書館蔵「夜間中等学校台帳」「中学校設置廃止認可」「学則・規則・認可」
・内閣印刷局『官報』1943 年
・福岡県教育委員会編『福岡県教育史』1957 年
・福岡県立鞍手高等学校五十年史編集委員会編『五十年史』1967 年
・福岡県立鞍手高等学校定時制二十五年史編集委員会編『二十五年史』1968 年
・直方市史編さん委員会編『直方市史』下巻，1978 年
・福岡県教育百年史編さん委員会編『福岡県教育百年史』第 6 巻，1981 年
・福岡県立鞍手高等学校鞍高七十年編集委員会編『鞍高七十年』1987 年

福岡県英彦中学校(県立田川中学校附設)

・国立公文書館蔵「夜間中等学校台帳」「中学校設置廃止認可」「学則・規則・認可」
・内閣印刷局『官報』1943 年
・福岡県教育委員会編『福岡県教育史』1957 年
・校史編集委員会編『わが校の 50 年』1967 年[県立田川高校]
・福岡県立田川高等学校校誌編集委員会編『記念誌　六十周年』1977 年
・福岡県教育百年史編さん委員会編『福岡県教育百年史』第 6 巻，1981 年
・福岡県立田川高等学校創立七十周年記念誌編集委員会編『嶽南七十年』1986 年

福岡県甘木中学校(県立朝倉中学校附設)

・国立公文書館蔵「夜間中等学校台帳」「中学校設置廃止認可」「学則・規則・認可」
・内閣印刷局『官報』1943 年
・福岡県立朝倉高等学校編『創立五十年史』1957 年
・福岡県教育委員会編『福岡県教育史』1957 年
・福岡県甘木市教育委員会・福岡県朝倉郡町村教育委員会連絡協議会編『甘木朝倉教育史』1975 年
・福岡県教育百年史編さん委員会編『福岡県教育百年史』第 6 巻，1981 年
・甘木市史編さん委員会編『甘木市史』下巻，1981 年

佐賀県

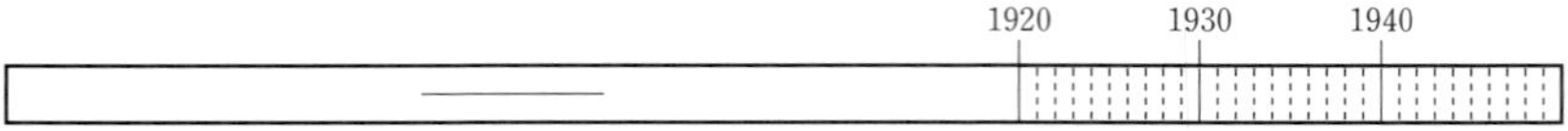

※管見の限り，設置の事実なし

長崎県

★佐世保市立夜間中学	
★佐世保市立中学校	
〈★佐世保市立高等学校(現在の県立佐世保中央高定時制)〉	
★長崎夜間中学	
★長崎市立夜間中学	
★長崎市立中学校	
〈★長崎市立高等学校(のちの市立長崎高，2002 年廃校)〉	

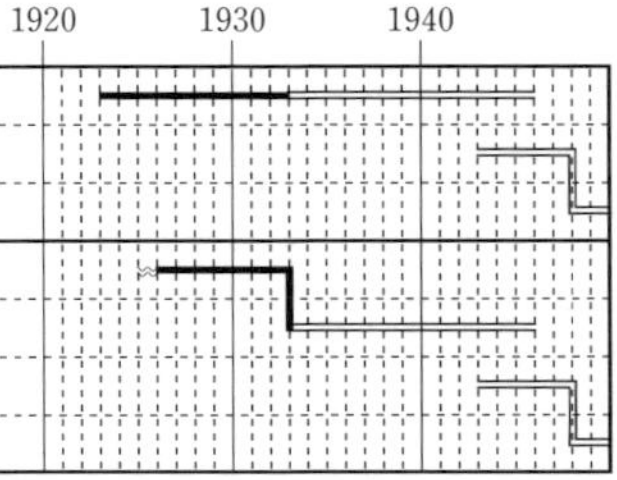

佐世保市立夜間中学～佐世保市立中学校(県立佐世保中学校附設)

- 国立公文書館蔵「認定指定総規」「各種学校台帳」「夜間中等学校台帳」「兵役法及文官任用令認定各種学校台帳」「中学校設置認可申請」「学則・規則・認可」
- 防衛研究所蔵「陸軍省大日記　甲輯」
- 『福岡日日新聞』1923・26 年
- 教育週報社『教育週報』1925・33 年
- 『長崎新聞』1926・33 年
- 『北海タイムス』1932 年
- 帝国教育会『帝国教育』1932 年
- 内閣印刷局『官報』1933・35・39・43 年
- 長崎県『長崎県統計書』1934・35・38 年度
- 中等教育会『中等教育』1934 年
- 鉄道省『鉄道公報』1938 年
- 佐世保市役所編『佐世保市史』教育編，1953 年
- 長崎県立佐世保中央高等学校編『長崎県立佐世保中央高等学校創立十周年記念誌』1987 年

長崎夜間中学～長崎市立中学校(県立瓊浦中学校附設)

- 国立公文書館蔵「認定指定総規」「各種学校台帳」「夜間中等学校台帳」「兵役法及文官任用令認定各種学校台帳」「中学校設置廃止認可」「学則・規則・認可」
- 防衛研究所蔵「陸軍省大日記　甲輯」
- 教育週報社『教育週報』1925・33 年
- 『長崎新聞』1926・33 年
- 帝国教育会『帝国教育』1932 年
- 『北海タイムス』1932 年
- 内閣印刷局『官報』1933・34・39・43 年
- 長崎県『長崎県統計書』1934・35・38 年度
- 中等教育会『中等教育』1934 年
- 長崎市立夜間中学同窓会『昭和十一年十一月現在　会員名簿　第二号』1936 年
- 鉄道省『鉄道公報』1937 年
- 長崎市『長崎市学事一覧』1941 年度
- 長崎県教育会編『長崎県教育史』1976 年

・塚野克己編『長崎の青春　旧制中学校高等女学校の生活誌』長崎文献社，1998 年

熊本県

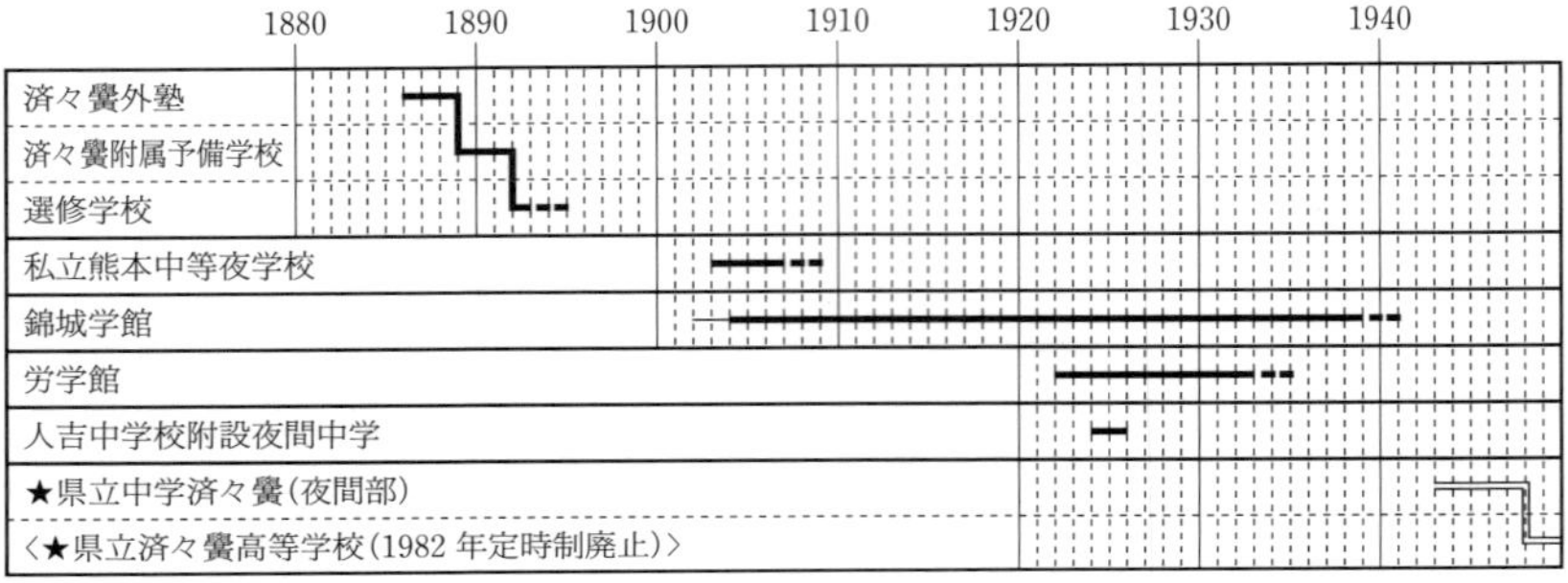

済々黌外塾～選修学校

・『紫溟新報』1886 年
・熊本県『熊本県統計書』1890・92～94 年
・西日本新聞社出版部編『済々黌物語』1982 年
・熊本県立済々黌高等学校定時制・済々黌同窓会黌友会編『定時制課程閉止記念誌　黌友(蛍雪 39 年の思い出)』1982 年
・済々黌百周年記念事業会編『済々黌百年史』1982 年

私立熊本中等夜学校

・熊本県『熊本県統計書』1904～07 年度
・熊本県教育会編『熊本県教育史』中巻，1931 年

錦城学館

・熊本県『熊本県統計書』1902・04～18・38 年度
・熊本市『熊本市統計年鑑』1906・07・12・14～18・20・21 年度
・熊本市『熊本市統計書』1922～39 年度
・熊本県教育会編『熊本県教育史』中巻，1931 年
・鉄道省『鉄道公報』1932・37 年

労学館

・国立公文書館蔵「各種学校設置廃止」「認定指定総規」
・熊本市『熊本市統計書』1922～32 年度
・熊本県教育会編『熊本県教育史』付録，1931 年
・帝国教育会『帝国教育』1932 年

人吉中学校附設夜間中学

・熊本県立人吉高等学校編『人吉高校四十年』1967 年
・人吉市史編纂審議会編『人吉市史』第 2 巻下，1989 年

県立中学済々黌(夜間部)

・国立公文書館蔵「夜間中等学校台帳」「学則・規則・認可」

・寺西紀元太『済々黌物語』1972 年
・熊本県立済々黌高等学校編『創立九十周年記念号　多士』1973 年
・熊本県立済々黌高等学校定時制・済々黌同窓会黌友会編『定時制課程閉止記念誌　黌友(蛍雪 39 年の思い出)』1982 年
・済々黌百周年記念事業会編『済々黌百年史』1982 年
・熊本日日新聞社編集局編『キナ線 100 年――済々黌人物誌――』1982 年
・熊本県高等学校教職員組合定通部編『定時制の灯のもとに』1983 年

大分県

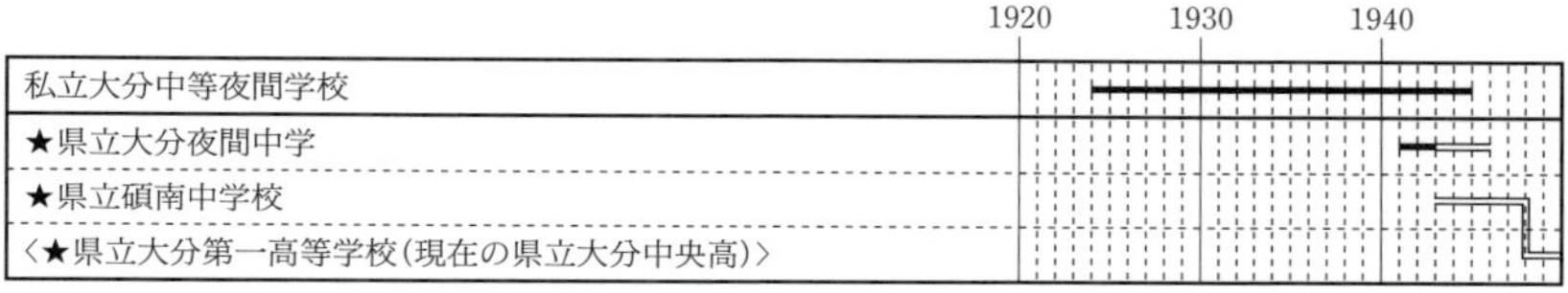

私立大分中等夜間学校

・国立公文書館蔵「各種学校設置廃止」「認定指定総規」「各種学校台帳」「中学校設置廃止認可」
・大分県『大分県統計書』1925～37・39 年
・大分市『大分市勢要覧』1937・40 年
・『大分新聞』1924 年
・大分市・大分市教育会編『大分市教育史』1929 年
・帝国教育会『帝国教育』1932 年
・鉄道省『鉄道公報』1932・37 年
・帝国教育会『帝国教育』1932 年
・『豊州新報』1941 年
・大分県教育庁総務課大分県教育百年史編集事務局編『大分県教育百年史』第 1・2・4 巻，1976 年
・平松折次遺稿集編集委員会編『継続ハカ　平松折次遺稿集』アドバンス大分，1985 年
・芹川憲夫『大分県私立高等学校史稿――私学教育の記録と展開――』1994 年

県立大分夜間中学～県立碩南中学校(県立大分中学校附設)

・国立公文書館蔵「各種学校台帳」「夜間中等学校台帳」「中学校設置廃止認可」「公立各種学校設置廃止認可」「中学校設置廃止認可」「学則・規則・認可」
・『豊州新報』1941 年
・内閣印刷局『官報』1941・43 年
・『大分合同新聞』1943 年
・大分県立上野丘高等学校編『栄光の七十年』1955 年
・大分県立大分上野丘高等学校創立 90 周年誌編集委員会編『創立 90 周年誌』1975 年
・大分県教育庁総務課大分県教育百年史編集事務局編『大分県教育百年史』第 2 巻，1976 年
・大分県教育庁総務課編『大分県の教育 30 年の歩み』1978 年
・中川茂編『一世紀の青春　大中・上野丘高物語』西日本新聞社，1979 年

・大分上野丘高校同窓会碩友会編『丘の灯』1984 年

宮崎県

	1920 / 1930 / 1940
(☆校名未定，宮崎県教育会理事会で計画)	
★県立宮崎中学校(夜間部)	
〈★県立宮崎大宮高等学校(現在の県立宮崎東高定時制)〉	
★県立都城中学校(夜間部)	
〈★県立都城泉ヶ丘高等学校(定時制が現存)〉	
★県立延岡中学校(夜間部)	
〈★県立延岡恒富高等学校(現在の県立延岡第二高定時制)〉	

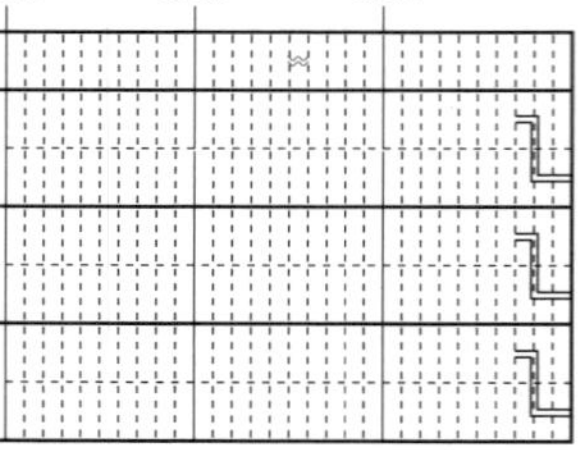

(校名未定，宮崎県教育会理事会で計画)
・『宮崎新聞』1935 年
・教育週報社『教育週報』1935 年

県立宮崎中学校(夜間部)
・国立公文書館蔵「学則・規則・認可」
・『日向日日新聞』1947 年
・宮崎県立宮崎大宮高等学校創立七十周年記念事業委員会編『創立七十周年記念誌』1959 年
・宮崎県立宮崎大宮高等学校創立百周年記念事業委員会大宮高校百年史編集委員会編『大宮高校百年史』1991 年
・宮崎日日新聞社編『大宮百年』1991 年
・写真に見る県立学校の歩み編集委員会編『写真に見る県立学校の歩み』1999 年

県立都城中学校(夜間部)
・国立公文書館蔵「学則・規則・認可」
・『日向日日新聞』1947 年
・宮崎県立都城泉ヶ丘高等学校定時制創立四十周年記念事業実行委員会編『創立四十周年記念誌　四十年の歩み』1987 年
・写真に見る県立学校の歩み編集委員会編『写真に見る県立学校の歩み』1999 年

県立延岡中学校(夜間部)
・国立公文書館蔵「学則・規則・認可」
・『日向日日新聞』1947 年
・写真に見る県立学校の歩み編集委員会編『写真に見る県立学校の歩み』1999 年

鹿児島県

	1920 / 1930 / 1940
鹿児島夜間中等学校	
鹿児島総合中等学校(夜間中学→昼間中学)	

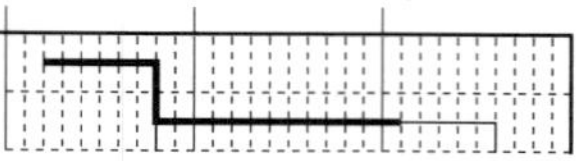

鹿児島実科中等学校(夜間商業)
鹿児島敬天工業学校(夜間工業)
鹿児島敬天中学校
(★県立第一鹿児島中学校)
★県立履正中学校
〈★県立鹿児島高等学校(のちの県立鹿児島西高，2003 年定時制廃止)〉

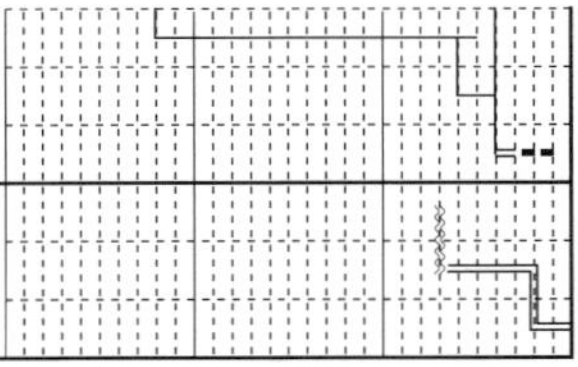

鹿児島夜間中等学校～鹿児島敬天中学校

・国立公文書館蔵「認定指定総規」「各種学校台帳」「夜間中等学校台帳」「中学校設置廃止認可」「学則・規則・認可」
・防衛研究所蔵「陸軍省大日記　甲輯」
・鹿児島県『鹿児島県統計書』1923・26・28～39 年度
・鹿児島県学務部学務課『鹿児島県教育概要』1927 年度
・鹿児島市役所『鹿児島市学事一覧』1927 年度
・鹿児島市『鹿児島市統計書』1927・32～37・39 年度
・内閣印刷局『官報』1928・42 年
・全国夜間甲種実業学校連合会・東京府下商業学校連合会編『実業学校夜間甲種規程実施十周年』1931 年
・帝国教育会『帝国教育』1932 年
・鉄道省『鉄道公報』1932・37 年
・研究社『受験と学生　独学受験大観』1934 年
・澁木直一『夜間実業教育』1935 年
・鹿児島県教育委員会編『鹿児島県教育史』下巻，1961 年
・鹿児島市史編さん委員会編『鹿児島市史』II，1970 年

県立履正中学校(県立第一鹿児島中学校附設)

・国立公文書館蔵「夜間中等学校台帳」「中学校設置廃止認可」「学則・規則・認可」
・内閣印刷局『官報』1943 年
・教育週報社『教育週報』1943 年
・創立七十周年記念事業委員会編『鹿児島県立鶴丸高等学校創立七十周年記念誌』1965 年
・鹿児島市史編さん委員会編『鹿児島市史』II，1970 年

沖縄県

☆私立沖縄夜間中学

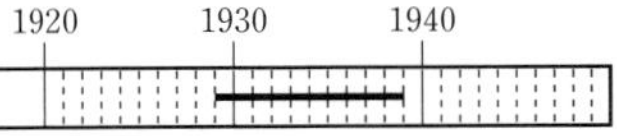

私立沖縄夜間中学

・国立公文書館蔵「認定指定総規」「各種学校台帳」
・帝国教育会『帝国教育』1932 年
・鉄道省『鉄道公報』1932・37 年
・沖縄県『沖縄県統計書』1934～37 年度

・沖縄県『沖縄県勢要覧』1935〜37 年度
・琉球政府編『沖縄県史』第 4 巻，1966 年
・前泊朝雄『普及叢書第二号　琉球教育史』琉球大学校外普及部，出版年不明

朝　鮮

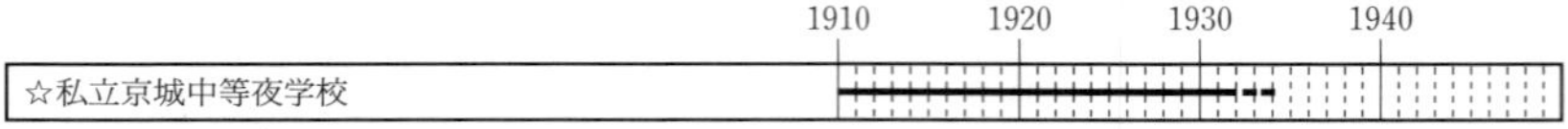

私立京城中等夜学校
・朝鮮総督府学務局『朝鮮諸学校一覧』1918・19・26・29・31・32 年
・朝鮮総督府『朝鮮教育要覧』1919 年
・(名称不明の中学校名簿，早稲田大学蔵)，1922 or 23 年
・鉄道省『鉄道公報』1932・37 年

台　湾

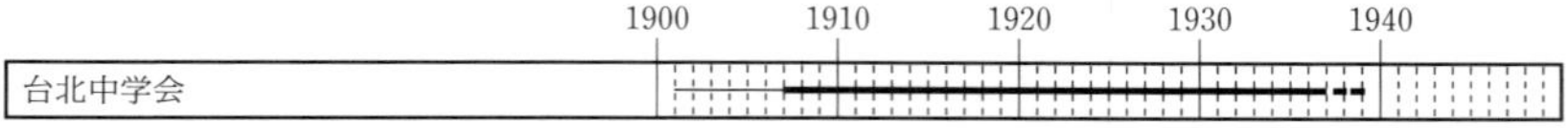

台北中学会
・台北庁『台北庁治便覧』1907 年度
・鉄道省『鉄道公報』1932・37 年
・台湾教育会『台湾教育会沿革誌』1939 年
・台湾時報発行所『台湾時報』1943 年

関東庁

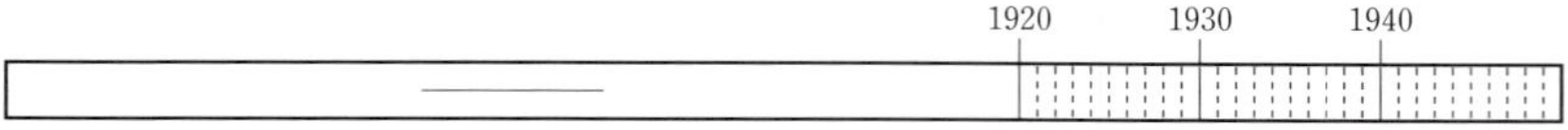

※管見の限り，設置の事実なし

南満州鉄道附属地/満州国

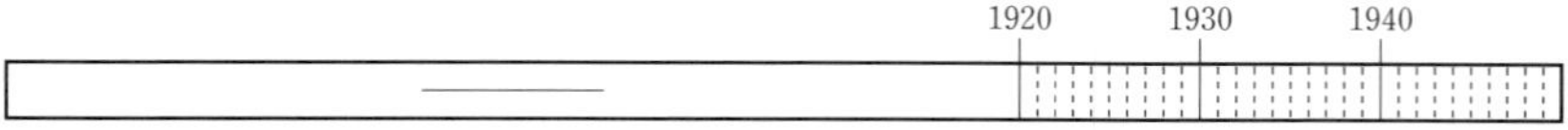

※管見の限り，設置の事実なし

南洋庁

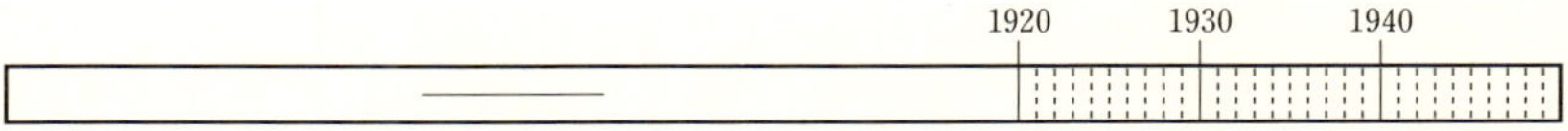

※管見の限り，設置の事実なし